한국사

45

신문화운동 1

국사편찬위원회

자문위원

신 용 하 유 영 익 정 창 렬

편찬위원

권 태 억 유 영 렬 최 창 희

집필(신문화 운동 Ⅰ)

권 오 만 김 재 현 김 흥 수
노 동 은 변 승 웅 손 인 수
오 광 수 유 미 희 유 민 영
이 기 문 이 만 열 이 인 숙

기획 · 편집

이 해 준 강 영 철 이 근 택
고 성 훈 고 숙 화 이 민 원

복간 간행 : 김 용 곤 · 장 득 진

한국사 간행취지

우리 겨레가 앞으로 어떻게 살아갈 것인가 하는 문제는 우리들은 물론 우리와 더불어 살아가는 세계인들의 관심사일 것이다. 이에 대한 해답은 과거에 어떻게 살아왔는가 하는 우리 역사에 대한 인식을 통해 찾을 수 있을 것이라고 생각된다.

본 위원회에서는 이미 1970년대에 『한국사』 25권을 간행하여 해방 이후 한국사의 연구성과를 집대성함으로써 한국사에 대한 인식을 새롭게 한 바 있다. 그 이후 한국사회는 놀라운 성장과 발전을 이루었고 역사학계도 상당한 연구성과를 축적하였다. 이러한 변화에 발맞추어 한국사학계는 새로운 『한국사』 편찬의 필요를 느끼게 되었다.

이에 본 위원회는 일차적으로 한국사 연구지원비를 마련하여 역사학계로 하여금 1980년대 중반까지 연구성과가 미진하다고 생각되는 분야를 연구할 수 있도록 하였다. 이어서 1989년부터 1990년까지의 준비를 거쳐 1991년에는 '신편 한국사 편찬위원회'를 따로 구성하고 총 60권에 달하는 새로운 『한국사』를 편찬하기로 하였다. 그리고 다음과 같은 『한국사』 편찬의 목표를 세웠다.

① 한국의 역사와 문화에 대한 객관적 인식의 토대를 제공할 수 있는 한국사를 편찬한다.

② 민족의 창조적 문화활동과 민족사의 내재적 발전을 드러내는 한국사를 편찬한다.

③ 최근까지의 연구성과를 체계화하고 새로운 영역을 개척함으로써 한국사 연구의 지평을 넓힌다.

④ 한국사 연구와 관련하여 고고학·인류학·사회학·경제학 등 인접학문의 연구성과를 수용하여 한국사 인식의 폭을 넓히는 데 기여한다.

새로운 『한국사』를 펴내면서 우리 모두가 바라는 바는, 민족의 통일에 대비해야 하고 급격히 변화하는 시대상황 속에서, 한국사 연구자의 깊이 있는 연구를 도와주고 독자들의 역사인식을 드높일 수 있는 길잡이 구실을 할 수 있었으면 하는 것이다.

국사편찬위원회 위원장

목 차

Ⅱ. 근대적 학문의 수용과 성장

Ⅲ. 근대 문학과 예술

개 요

I

개항 이후 한국사는 그 전에 거의 예기치 않았던 세력을 대하게 되면서 변화에 직면하게 되었다. 일본을 비롯한 서구 세력의 침투는, 그러지 않아도 붕괴되고 있던, 봉건 말기의 한국 사회에 심한 충격을 가하면서 한국 사회 변화의 중요한 요인으로 등장했다. 한국은 당시 세계사의 흐름이라 할 서세동점의 상황으로 점차 빠져들면서, 이 같은 세계사적인 도전에 수동적이긴 하지만 응전하지 않을 수 없었다.

한국 사회는 외부의 충격으로 변화하기 전에, 내부의 자생적인 각성과 진통에 의해 사회변화를 시도한 적이 있었다. 17세기 이후에 나타났던 實學的인 개혁이 그것이었다. 그러나 19세기에 이르면 학파로서의 실학은 勢道政治의 등장과 파행성으로 더 지속될 수가 없었다. 왕조의 권위와 정통성을 회복하여 국력을 신장시키려는 大院君의 노력도 봉건 말기의 조선조를 근대사회로 변화시키려는 개혁의지와는 동떨어진 것이었기 때문에 서세동점의 추세 앞에서는 폐쇄적인 자기 방어에 불과한 것이었다. 그러나 실학적인 개혁의지는 봉건 말기의 혼란 속에서도 자생적인 근대화에 일정하게 기여하고 있었다.

외부 세계 특히 서양에 대해서는 거의 단절되다시피 했던 한국은 '洋夷'를 맞으면서 자기 변신을 꾀하지 않을 수 없었다. 서양의 근대문물을 수용하는 일에 더 이상 시간을 끌 수가 없었기에, 우선 중국과 일본을 통해 서양을 배우려고 노력했다. 해외에 사절단을 파견하고 서양인들을 고빙하여 세계를 이해하는 데에 힘을 쏟았다. 정치와 제도를 개혁하기 위해 서양문화와의 접촉을 기피할 수가 없었다. 실학적인 자생성에다 외래적인 자극은, 힘겹지만 종래의 봉건사회를 변화시키는 기본적인 역량으로 총화될 수 있었다.

서세동점의 추세 속에서 한국이 자신을 보전하기 위한 노력은 결국 변화를 통해서만이 가능했다. 그 변화는 일차적으로 정치제도와 정부의 기구 개편, 신식군대의 양성과 외부와의 경제 교류 등으로 나타났다. 외세의 침략에 대비하면서 국권을 보위하려는 무력운동과 민간운동도 나타났다. 동학농민운동과 의병운동 및 독립협회운동과 애국계몽운동이 그런 것이다. 이러한 운동과 함께 민족운동의 성격을 띠면서 한국 근대화의 내실을 다지는 운동으로 나타난 것이 신문화운동이다.

한말 일제강점 초기에 걸쳐 진행된 신문화운동은 여러 방면에 걸쳐 있다. 이 책은 먼저 애국계몽운동의 성격을 띠면서 가장 열렬하게 추진된 근대 교육운동을 살펴보고, 이어서 근대적 학문의 수용과정과 국어・국사 등 국학연구 운동을 살핀 후 신시가와 신소설 등의 근대 문학과, 음악・미술・연극・영화・무용・체육 등 근대 예술을 다루려고 한다.

II

한국의 신문화운동 중 가장 괄목할 만한 것은 교육이다. 근대식 교육으로 불려지던 신교육은 개항 후 외세의 침략에 맞서서 근대적인 국민과 국가를 이룩하기 위한 과정에서 성립・발전되었다. 그 이전에는 중앙의 성균관과 4부학당, 지방의 향교가 있어서 지배층의 자제들을 교육하였고, 촌락에서는 서당을 통해 초보적인 교육을 담당하였다. 이들 기관에서는 주로 유교의 經史를 가르쳐 관료들을 양성하였다. 이 밖에도 통역・천문・법률 등을 가르치는 특수교육기관이 있었다.

신교육을 시행해야 한다는 논의는 1876년 강화도조약 이후 일본 등을 돌아보고 귀국한 수신사들에 의해 건의되고 있었다. 金綺秀・金允植・池錫永 등이 신교육의 필요성을 역설했다. 1882년 말, 고종은 전국에 綸音을 내려 農工商賈의 자제 등 신분의 귀천을 논하지 말고 학교에 입학시켜 공부시킬 것을 명했다. 1884년에는 《한성순보》는 서양의 국민교육제도와, 실업교육기관을 소개하면서 '국가위주의 교육'을 강조하였다. 이러한 추세 속에서 정부는 외교의 필요상 영어교육기관으로 1883년에 同文學을 설립했다. 이어서 서양식 신교육기관으로 育英公院을 설립했다.

1885년 선교사들이 입국함에 따라 선교교육기관이 설립되었는데, 이에 앞서 한국인에 의한 근대학교로서 원산학교가 설립되었던 것으로 알려진 바 있다. 초기에 세워진 선교학교는 배재학당을 비롯하여 제중원 의학당 · 경신학교 · 이화학당 및 정신학교 등이 있었다. 이들 개신교 선교사들의 교육활동은 의료활동과 함께 선교의 방편으로 진행된 것이지만, 한국 근대교육의 성립과 발전에 크게 기여했다.

1890년대에 이르러 정국의 주도권을 쥐고 있던 온건개화파는 한국이 자주독립을 이룩하는 길은 근대교육과 산업발전에 있다고 생각했다. 갑오개혁은 근대교육제도를 설치하는 데에 중요한 계기가 되었다. 군국기무처가 學務衙門 관제를 제정하면서, 학무아문이 국내교육과 학무를 관장토록 하고, 그 아래 전문학무국에서는 중학교 · 대학교 · 기예학교 · 외국어학교 등을, 보통학무국에서는 소학교 · 사범학교 등을 관장하며 편집국에서는 국문철자와 교과서를 관장토록 했다. 이 같은 조치에 따라 1894년 9월에는 교동에 사범학교와 소학교를 설치하고 근대교육을 본격화했다. 학무아문이 學部로 개칭되면서 학부관제가 다시 제정되었고, 한성사범학교관제가 마련되면서 국민보통교육을 위한 교육제도가 정비되었다.

1895년에 한성사범학교와 소학교를 설립하고 1899년에 중학교를 설립한 정부는 1890년대에 외국어학교(日語 · 英語 · 法語 · 俄語 · 漢語 및 德語)와 電務학당 · 郵務학당 · 상공학교 · 鑛務학교 및 1899년에는 경성의학교를 설립했다.

근대교육은 재래의 유교적 가치관을 가르치는 經史 교육과는 달랐다. 교육내용은 학교의 설립목적에 따라 다르지만, 국민보통교육의 경우, 대체로 수신 · 국문 · 한문 · 역사 · 지리 · 수학 · 물리 · 화학 · 습자 · 작문 · 체조 등을 기본으로 하고 각 학교의 정도와 성격에 따라 수준을 높이거나 전문성을 살리는 교과목을 가르쳤다. 특히 애국계몽기의 민족주의 계열의 사립학교는 국어와 국사 교육을 강조하고 애국심을 고양하기 위해 작문 · 음악 · 체육 등에 중점을 두고 있었는데, 체육의 경우 군사훈련을 겸하고 있었다. 이들의 교육정신은 자강사상을 밑바탕에 깔고 실업교육을 통해 부국강병을 기하려는 것이었다.

일제는 1904년의 고문정치로 학부고문을 한국 정부에 들여다 놓고 1905년 '을사늑약'으로 통감부를 설치하는 등 침략을 노골화하면서, 먼저 애국운동의 가장 중요한 방편이었던 근대교육을 압살하는 데에 주력했다. 그들은 한국민에 대해 우민화정책을 쓰고 일본교사를 배치하고 일본어보급에 앞장을 섰으며, 교과서의 내용을 우민·식민화하는 데에 활용했다. 때문에 민족주의자들과 선교사들 중에는 이 같은 교과서를 쓸 수 없다고 주장하는가 하면, 申采浩 같은 이는 이 같은 교육정책을 쓰는 학부를 '나라를 망하게 하는 학부'라고 극언으로 비판하기도 했다.

일제의 침략이 노골화하자 민지를 깨우고 실력을 양성하려는 교육은 애국계몽운동의 가장 중요한 방편이 되었다. 따라서 1900년대 초의 애국계몽기에 이르게 되면 한국인에 의한 본격적인 사립학교의 설립이 더 활발하게 이뤄진다. 종래에는 외국선교사들이 근대학교 설립에 주력했는데, 이 때에는 불교와 천도교 등의 종교단체에서도 근대학교를 설립했을 뿐만 아니라 富民·유생층과 애국계몽단체, 학회 등에서도 학교설립에 진력했다.

이 때 사립학교를 세워 교육자강운동에 나선 이는 李昇薰(오산학교)을 비롯하여 安昌浩(대성학교), 閔泳徽(휘문의숙), 嚴柱益(양정의숙), 李容翊(진성학교), 李東輝(보창학교 계), 金九(양산학교 등), 全德基와 周時經(공옥학교 등), 南宮檍(현산학교), 金東三(협동학교) 등이 있었다. 또 학회로는 서우학회(서우사범학교)와 한북흥학회(한북의숙), 두 학회를 통합, 서북학회를 재조직하면서 2개 학교도 통합, 서북협성학교를 만들었으며, 기호흥학회(기호학교)·대동학회(대동전수학교)·보인학회(보인학교) 등을 설립했다. 선교단체들 중에는 한말에 이미 고등교육기관도 부설하여 일부에서는 교육을 시키고 있었다. 또 만주 지역에 망명했던 지사들은 거기서도 학교를 세워 국권회복운동을 교육을 통해 성취하려고 했다.

한편 이 무렵 교육의 특이한 면은 여성교육이라 할 것이다. 비교적 초기에는 선교사들에 의해 여성교육이 강조되었다. 초기에 선교의 방편으로 여성선교에 힘썼던 기독교는 그들의 신문 잡지를 통해 여성교육론을 활발하게 전개하였다. 세계의 문명한 나라에서는 모두 여성교육에 앞장서고 있다고 주장하면서 한국도 부국강병하려면 여성도 남성과 같이 교육시켜야 한다는 주장이었다. 여학교 설립을 위해 1905년에는 여성교육단체인 진명부인회·여자교육회·양정여자교육회를 조직하고 태평동여학교를 비롯하여 진명·숙명 등이 한국인에 의해 설립되었다. 이런 여학교들은 선교사들이 초기에 세운 이화·정신·배화·숭의·정의 등의 여학교와 한국 정부에서 세운 관립여학교를 이어서 설립했던 것이다.

이 같은 신교육기관의 설립은 내적으로는 봉건사회를 근대사회로 변화하는 데에 크게 공헌했을 뿐만 아니라, 외세의 침략으로 국권 수호를 위한 의식계발과 실력양성에 크게 기여했다. 그리고 한국의 근대교육은 민주적인 의식을 계발했다는 점에서 뒷날 한국의 민주주의 의식의 보급과 확장에도 일정하게 기여했다고 본다.

Ⅲ

한말 개화운동이 성장 발전하고 있을 때에, 한국은 서구의 학술을 수용하는 한편 자기의 전통적인 학문을 서구적인 방법론과 대비하면서 심화 연구하는 데에도 게으르지 않았다.

우선 해외 학문의 수용과 관련, 서구와 세계를 소개한 서적이 수입됨으로써 세계관이 확대되었다. 당시 중국에서 널리 보급되었던《海國圖志》·《瀛環志略》·《中西見聞錄》및《易言》등이 들어오고, 일본에 갔던 수신사에 의해서는 황준헌이 쓴《朝鮮策略》이 보급되었다. 또 이들보다는 늦게《萬國公法》·《群學肆言》·《天然論》·《飮氷室文集》등도 보급되어 지식인들에게 읽혀지고 있었다. 한국인에 의해서도 외국의 문물이 소개되고 있었는데, 유길준의《西遊見聞》을 비롯하여 1880년대 중반에 간행된《한성순보》와 1890년대 후반부터 간행되기 시작한 여러 종류의 신문들은 세계에 대한 한국인들의 의식을 깨우고 있었다. 이를 통해 종래까지의 전통적인 세계관이 점차 무너지고 있었다.

서양학문은 이미 앞에서 언급한 서적들에 의해 소개되고 있었다. 철학 분야에서는 유학자였던 李定稷이 1868년경부터 서양철학의 베이컨이나 데카르트를 이해하고 있었으며, 칸트의 《실천이성비판》에도 주목하고 있었다. 李寅梓도 중국과 일본을 통해 서양철학에 주목하고 1912년 이전에 《希臘古代哲學攷辯》이라는 저술을 남길 정도였다. 철학과 심리학 등의 수용에는 선교사들의 공헌도 컸다.

한말에 서양 학문의 수용에서 한국의 지식인들에게 가장 큰 영향을 미친 것은 사회진화론이다. 자연계와 마찬가지로 인간사회에도 생존경쟁·약육강식이 지배한다는 것을 강조한 사회진화론은 외세의 침략으로 나라를 부국강병하지 않으면 안된다는, 자강주의 이론의 바탕이 되었다. 사회진화론은 한말 지식인들에게 국제사회에서만 적용되고 국내사회에서는 거의 적용하지 않았다는 점과 "지식인들이 사회진화론을 통해 강자의 권리를 옹호하면서 제국주의의 속성에 대해 비판하지 못하고 스스로 그들을 정당화하게 되었다"는 것은 일정하게 비판의 대상이 될 수 있다.

사회진화론과 함께 《만국공법》·《국제공법지》 등이 소개되었다는 것은 중국 중심의 폐쇄적인 동양적 세계관에 머무르고 있던 한국인의 의식을 국제공법적인 질서로 이행하는 데에 가교적인 역할을 감당했다는 점에서 의의가 크다고 할 것이다.

신문화운동에서 가장 주목되는 것은 언문운동과 한국어연구의 활성화라고 할 것이다. 이로써 한글이 민족문자로 정착되고 민중의 일상어가 우리의 언어로 정착되어 갔기 때문이다. 언문운동은 언문일치를 위한 노력에서 시작된다. 전근대에는 입으로는 우리말을 하면서 글로는 漢文을 쓰는 기형적인 문자생활을 해왔는데, 이런 모순된 언문생활을 청산하고 '말하는 대로 글을 쓰는' 언문일치의 실현을 강렬하게 요구하게 되었다. 그것은 국문체의 실현이었다. 그러나 이것은 궁극적으로 도달할 목표이었지, 지식인층이 한문으로 의사표현을 해 온 우리 나라와 같은 경우는 당장 실현할 수 있는 것은 못되었다. 개화기에 노력한 문체의 단일화작업이 성공하지 못하고 결국 국한문체와 국문체의 어문생활에 도달하게 되었다.

개화기의 국문연구는 池錫永(국문론, 신정국문), 李鳳雲(국문정리), 周時經(국문론, 대한국어문법) 및 李能和(국문일정의견) 등에 의해 이뤄졌다. 특히 주시경은 독립신문사 안에 國文同式會를 조직하여 국문연구를 조직화했다. 1907년에는 학부 안에 국문연구소를 설립했는데, 이는 훈민정음 창제 당시의 正音廳 이후의 최초의 국문연구기관으로 국문에 관한 제설을 통일하는 방법을 모색하기 위해 설치했던 것이다. 魚允迪·이능화·주시경·權輔相·지석영·宋綺用·李敏應·이돈구 등 당시 국문에 해박한 지식을 갖춘 이들을 위원으로 하고 있던 국문연구소는 1909년 국문의 字體에서부터 철자법에 이르는 〈국문연구 의정안〉을 제출했으나 그것이 의결 혹은 공포·실시되지는 않았던 것 같다.

개화기의 국문연구의 특징의 하나는 문법의 연구라고 할 것이다. 처음에 한국에 접근했던 서양인들(John Ross, John MacIntyre, H. G. Underwood, J. S. Gale 등 개신교 선교사들과 프랑스 선교사들 그리고 영국 외교관 J. Scott 등)에 의해 시작된 문법연구는 1923년의 에카르트의 《朝鮮語 交際文典》과 1939년에 핀랜드 알타이어학자 람스테트의 《한국어 문법》으로 발전하였다. 한국인으로서는 '우리 나라 최초의 문법가라는 명예'를 지닌 유길준의 《대한문전》(1904, 1909)과, 최광옥의 《대한문전》(1908)이 나왔다. 그러나 국어문법 연구에 가장 독창적이며 후대에 큰 영향을 미친 사람은 주시경이라고 할 것인데, 그는 1906년 《대한국어문법》을 펴내고 1908년의 《國語文典音學》 간행을 거쳐, 1910년 4월에 《국어문법》을 출판했다. 국권을 강탈당하기 전에 그는 국어 독립성의 뼈대가 되는 나라글의 문법을 나름대로 체계화했던 것이다. 이 밖에도 어윤적, 金熙祥(초등국어어전) 등의 연구가 있었다.

한국어연구의 활성화는 한글의 민중문화화를 위하는 작업으로서 바꿔 말하면 어문의 민족화·민주화를 의미하는 것이라고 할 것이다. 어문의 민족화·민주화는 곧 한국에서 민족주의·민주주의의 발전과 깊은 관계를 갖고 있다는 것을 의미한다. 이것은 또한 한국이 근대국가로 발전하는 과정에서 가장 중요한 정신적인 요인이 되었다.

신문화운동에서 괄목할 만한 것은 한국어 연구 못지 않게 이루어진 한국사연구라 할 것이다. 국사연구는 실학시대의 연구를 계승하면서 이루어졌다. 실학시대의 연구로 국사연구의 지평을 어느 정도 넓혔으나, 19세기 중엽에 이르러서는 각종 농민운동과 함께 향리·서얼·중인들의 역사를 써서 역사 연구의 대상을 넓혀 갔다. 이것은 신분제도가 붕괴되는 시기의 역사인식의 한 추이를 반영하는 것이기도 하다. 실학에서 개화기로 넘어가는 과도기적 역사서술로서 安鍾和의 몇몇 저술이 주목된다.

개화기 계몽주의 역사학으로서는 먼저 정부에서 간행한 각종 교과서들을 들 수 있다. 1895년 각급 학교령이 반포된 후에 근대학교의 창설과 더불어 국사교육의 필요성이 절감되었기 때문이다. 학부의 국사교과서 편집에 참여한 사람으로는 玄采와 金澤榮을 들 수 있고, 그 밖에 교과서 편집자로는 元泳義·柳瑾 등이 있었다. 이 밖에도 개화기에 사서를 남긴 사람으로서는 崔景煥·鄭喬·張志淵 및 黃玹 등을 들 수 있다.

한말·일제강점기에는 외세의 침략으로 강렬할 민족의식이 고조되면서 국사운동이 전개되었다. 국사운동은 일제가 한국에 대한 침략과 지배를 역사적으로 정당화하기 위해 '식민주의사학'을 안출하게 되자 거기에 자극을 받아 더욱 고조되었다. 한국의 '민족주의사학'은 이 같은 시대적인 배경에서 형성 발전되었다. 민족의식을 배양하기 위한 역사학으로서는 金敎獻·李相龍·黃義敦·南宮檍 등과 朴殷植·申采浩 등을 들 수 있는데, 이 중 박은식이 민족주의사학을 열었다면 신채호는 근대민족주의사학을 일단계로 완성했다고 할 것이다.

이렇게 볼 때, 국문운동이 언어·문자 생활을 통해 한국인의 평등성과 동질성을 확보하는 기초라고 한다면, 국사연구는 그 연구를 통해 한국인의 정체성을 확인시켜 한국인의 정신적 일체감을 담보하는 것이었다. 그래서 국어와 국사는 근대민족을 형성하는 가장 핵심적인 요소라고 한다. 한국이 근대국가로 거듭나는 데는 이 같은 국문·국사운동이 있었기 때문이라고 할 수 있다.

Ⅳ

신문화운동에서 국어·국사 등의 학문운동이 근대 한국인의 정신과 뼈대를 형성하는 작업이라고 한다면, 문학과 예술 등 문예운동은 근대 한국인의 피와 살을 만드는 작업이라고 할 것이다. 문예운동이 성장·발달함으로 한국인의 정체성에 활기가 돌고 정서상의 풍요함을 누릴 수 있게 되는 것이다.

우선 문학운동과 관련, 개화기에는 위정척사파와 '온건보수파' 및 개화자강파를 비롯하여 일본 체험파·민중 계몽파·'친기독교 개화파' 등의 작가적 유형이 있었다. 이들은 성향에 따라 다양한 장르의 시가(애국·독립가와 우국가, 민요개작 및 新體詩)를 발전시켰는데, 이 중 특히 주목할 것은 개화기에 '신체시'가 등장하고 있다는 점이다. 개화기의 서사 장르로는 신소설과 역사·전기 소설·토론체 소설을 들 수 있다. 신소설에서는 "국가와 민족 수호와 개화라는 개화기의 중차대한 시대적 과제에 대하여 미미하거나 제한된 대응" 밖에 할 수 없었지만, '괄목할 성과'를 이루어 내었다고 평가되고 있으며, 역사·전기 소설에서는 국가적 위기를 구하기 위해 영웅전을 써서 애국심을 고취하고 있었던 것이 주목된다.

예술 분야에서는 음악·미술·연극·영화·무용·체육 등에서 우리의 전통적인 것을 비판적으로 계승하는 한편 서구의 것을 수용하여 폭넓게 발전시켰다. 이 중 서구의 예술을 수용함에 가장 활발했던 것이 음악 분야였다. 선교사들의 입국과 일제의 침략으로 서구음악과 악기가 대량 유입되면서 7음계의 음악체계가 민족적인 음악체계를 점차 흔들어 놓았으며, 전통음악은 많은 노력에도 불구하고 점차 위기에 직면하게 되었다. 미술분야에서는 전통회화와 민화가 주종을 이뤄오다가 개항 이후에는 점차 서양의 미술이 소개되어 서양식 회화수법을 익히게 되었다. 20세기에 들어서서 高羲東을 비롯한 서양화가가 출현하게 되었고, 서화미술회(1910)와 서화협회(1918) 등이 결성됨으로써 '근대적 성격의 화단'이 만들어지게 되었다.

연극·영화와 관련, 개화기에는 연극관객층이 '귀족층과 하류층으로 구성'되었고, 원각사와 협률사의 건립, 혁신단(1911) 공연 등은 신극 발전에 크게 기여했다. 한편 영화가 처음 도입되어 우리 나라 예술활동의 새로운 기원을 이루기도 했다. 개화기에는 민속무와 민속악의 전통이 전승되면서 궁중춤과 민속춤이 한 무대에 어우러짐으로써 정악과 속악의 경계선이 붕괴되었다는 점이 지적되는데, 이 점은 사회의 민주화와 관련해서도 주목되는 점이다. 개화기의 근대춤은 전통적인 유교사상과 봉건적 인습으로 다른 예술 장르에 비해 다소 후진적이었지만, 한국식 전통춤이 서구식 극장무대에 진출하면서 대중들의 호응을 받기 시작했다는 점에서 주목된다.

한편 체육은 신문화운동에서 가장 괄목할 만한 것의 하나다. 선교사들의 교육에서 체육이 적극적으로 소개된 데다가 근대 교육에서 智德體를 중시하는 분위기가 형성되면서 더욱 발전하게 되었다. 특히 국망의 위기를 맞아 체육교육은 군사훈련을 겸하는 것이어서 중요시되었다. 개화기 체육에서 빼놓을 수 없는 것은 개항과 서양 선교사의 입국으로 각종 스포츠, 이를테면 육상경기·축구·야구·농구·테니스·수영·빙상·사이클·골프 등이 소개, 발전하였고, 각종 체육단체가 결성되어 체육을 조직화하면서 발전시켰다는 것이다.

〈李萬烈〉

Ⅰ. 근대 교육운동

1. 근대 교육의 성립
2. 근대 교육의 발전
3. 근대 교육의 확대
4. 교육 구국운동의 추진
5. 근대적 교과서 편찬

Ⅰ. 근대 교육운동

1. 근대 교육의 성립

1) 근대 교육 성립의 역사적 배경

한국 근대 교육은 19세기 후반 조선 사회가 제국주의 세력의 침략에 맞서 근대적 국민·민족국가로 발돋움하는 과정에서 성립 발전되었다. 근대 교육이 성립되기 이전 조선의 재래교육은 유교적 가치관을 교육하는 經史교육이 중심이었다고 할 수 있다. 조선 초기 정부는 중앙인 서울에 四部學堂(처음에는 5부학당)과 성균관, 지방의 부·목·군·현에 향교를 설치하여 지배층의 자제들을 교육하였다. 관학이라 불려지는 이 곳에서는 경사교육을 통해 유교적 가치관에 입각하여 국왕을 보필하고 백성들을 통치할 관료 군을 양성하였다.[1)]

정부가 세운 이들 교육기관 외에 서당·서재·정사·서원 등으로 불리는 사설 교육기관 역시 그 교육은 경사 중심으로 이루어지고 있었고 관료가 되기 위한 과거시험 준비에 더 많은 비중을 두고 있었다. 특히 서원은 재지 양반지주층이 그들의 정치·경제적 지위를 확고히 하기 위한 수단으로 활용되고 있었다.

조선 후기 사회는 농업생산력의 증대와 상품화폐경제의 발달에 따라 신분의 혼효가 심화되고 있었다. 농공상업으로 富를 축적한 자들이 신분상승을 도모하는가 하면 유민화한 사족들의 일부는 몰락하여 정치·경제적으로 열악한 처지에 놓이게 되었다.

---

1) 백성을 통치하는 일반 관료 외에 법률·회계·천문·통역 등 각종 실무를 집행하는 관료들은 해당 부서에서 양성되었다.

그리하여 유형원 이래 실학파는 사족이 벼슬말고는 생업을 기피함에서 비롯되는 유민화 현상을 제거하기 위한 수많은 제안을 하였다. 星湖 李瀷은 士農合一論을 제안하였고, 茶山 丁若鏞은 士의 農工商 등으로의 전업을 주장하였다. 그리고 성리학 중심의 교육과 학문이 正德만을 내세우며 利用厚生의 실학에 어두워 국가사회에 아무런 기여를 못하고 있었으므로 燕岩 朴趾源은 후세에 농민과 工人과 商賈가 업을 잃게 된 것은 곧 사족이 실학을 하지 않은 허물이라고 지적하고 사족의 학문은 농공상에 관한 것을 모두 포함하여 士가 농공상업을 발전시키는데 기여해야한다고 역설하였다. 또한 湛軒 洪大容은 四民간의 신분적 차이를 부정하고 인재등용에 있어서 능력본위, 교육에 있어서 기회균등의 원칙을 주장하였다. 신분을 뛰어넘는 인재등용은 교육의 기회균등을 통해서만 가능한 것이었으므로 담헌은 초등교육에서부터 대학에 이르기까지 능력본위의 교육을 실시하고, 초등교육의 의무교육제를 실시하자고 주장하였다.[2)]

다시 말해서 실학자들은 조선 후기의 사회변화에 부응하지 못하는 성리학의 정덕 일변도의 교육체제를 비판하면서 이용후생과 사민평등의 교육을 실시하자고 주장하였다. 그러나 이와 같은 실학자들의 교육개혁론은 조선정부에 수용되어지지 않은 채 개항을 맞이하게 되었다.

(1) 개화정책의 추진과 신교육 수용론 대두

중상주의와 산업혁명을 통해 그 부를 축적해 온 서구 자본주의 열강의 끊임없는 통상요구를 거절하던 조선은 1876년 서구와의 교역을 먼저 시작하여 힘을 기른 일본의 강압적 요구를 수용, 강화도조약을 체결함으로써 새로운 국제질서에 편입되었다. 조선은 이후 서구 여러 나라와 수호조약을 체결하고 통상교역을 계속 확대하게 되었고, 영토의 확장과 식민지 개척을 도모하고 있던 제국주의 세력의 침략 위협에 직면하였다.

농업중심의 자급 자족적 경제와 유교적 가치관에 기초한 사대교린의 국제질서에 자족하던 조선사회는 근대 자본주의와 국민·민족국가들간에 전개되

2) 姜在彦 著, 鄭昌烈 譯, 〈實學思想의 近代指向的 性格〉(《韓國의 開化思想》, 比峰出版社, 1981), 79~121쪽.

고 있던 약육강식의 새로운 국제질서에 대응하여 자강을 통한 국가와 민족의 독립을 지켜야하는 상황에 놓이게 된 것이었다.

조선이 부강한 국가를 이루기 위해서는 서구의 선진기술을 배워들여 근대산업을 발전시키고 새로운 무기로 무장된 군대를 양성하는 것이 급선무였다. 따라서 조선정부는 서구문물을 먼저 수용한 일본과 청나라의 실상을 파악하는 한편, 이들 나라들이 서구문물을 수용했던 방식에 따라 서구의 새로운 문물을 수용하고자 하였다. 그리하여 조선정부는 이른 바 개화정책을 추진하게 되었다.

서구와의 교역을 확대하고 새 문물을 수용하기 위한 개화정책을 추진하기 위해서는 그에 적응할 수 있는 새로운 의식과 많은 인재가 필요하였다. 그러나 재래의 성리학적 가치관과 교육으로 길러진 인재들은 오히려 개화정책의 추진에 장해요인으로 작용하고 있었다. 따라서 개화정책을 효과적으로 추진해야하는 당시의 시대적 상황은 무엇보다 우선적으로 교육개혁을 필요로 하고 있었다.

1876년 일본과 근대적 수호조약을 맺은 조선정부는 같은 해 4월 金綺秀를 정사로 하는 제1차 수신사를 일본에 파견하였다. 김기수는 각 분야에서 활약하고 있던 근대 일본의 많은 지도자와 교류하고 또 여러 시설을 시찰한 뒤 그 견문을 상세히 기록한《日東記游》를 국왕 고종에게 제출하였다. 여기에서 김기수는 같은 시기의 일본교육에 대하여 다음과 같이 보고하였다.[3)]

이른바 학교에서 사람을 가르치는 방법은 사대부의 자제로부터 민의 준수한 자에 이르기까지 7, 8세 때부터 가르치는 데, 書를 배우고 글자를 익히게 한다. 먼저 일본 글자를 가르치고 다음에 한자를 가르친다. 16세가 되면 다시는 경전을 읽히지 않으며, 크게는 天文, 地理, 句股(數學)의 學, 작게는 農器, 軍器 도형의 說을 눈으로 조사하고 손으로 점검하며 잠시도 그치지 않는다. 또한 여자에 이르기까지도 학교가 있어서 크게는 天·地·兵·農, 작게는 詩·文·書·畵에 대하여 모두 한 가지 재주를 오로지 한다. 美日和親條約 체결 이후 일본은 이미 의무교육제를 실시하고 있었는데 이를 김기수가

3) 金綺秀,《日東記游》권 4, 還朝(《修信使記錄》, 國史編纂委員會, 1971, 108쪽).

견학한 것이었다.

제1차 수신사에 이어 1880년 金弘集을 정사로 하는 제2차 수신사가 일본을 방문하여 일본의 새로운 문물을 시찰하고 귀국하였다. 김홍집은 일본방문길에 중국의 사상가 鄭觀應이 쓴 《易言》을 얻어 돌아왔다. 이는 개화와 자강에 관한 저술로 복간본과 번역본까지 간행되어 국민들에게 보급됨으로써 상당한 영향을 끼치게 되었다. 조선정부는 이 해 말(1880. 12) 새로운 정세에 부응하기 위하여 관제개혁에 착수하였고, 다음해에는 청나라에 金允植을 領選使로 하여 38명의 학도와 工匠을 파견하여 군기제조를 학습케 하였다. 한편 일본에도 紳士遊覽團을 파견하여 일본의 새로운 문물을 시찰하게 하였다.[4] 일본과 청이 받아들인 서구의 새로운 문물을 배워 국가자강을 이루려는 의도에서였다. 개화사상의 鼻祖인 朴珪壽로부터 일찍이 청나라가 서양문물을 받아들여 실리를 얻고 있음을 보고 받은 고종은 이들 나라로부터 서양의 문물을 배워들이려 하였다.[5] 그리하여 고종은 개화정책을 추진하기 시작하였다.

그러나 개항 이후 국왕과 개화파 정부의 개화정책에 불안을 느낀 유생들은 김홍집이 가지고 들어온 《朝鮮策略》을 구실로 위정척사운동을 강렬하게 전개하였다. 서구사상과 자본주의세력의 위협에 대항하여 성리학적 가치와 그에 기초한 조선왕조를 지키려 했던 보수 유생들은 정부의 통상·개화정책이 국가와 민족을 위기에 빠뜨리고 있다고 주장하며, 구미제국과의 수호·통상에 반대하는 상소운동을 전개하였다. 이와 더불어 개화정책의 추진과정에서 소외된 구식군인들이 민씨 척족들의 부정부패를 계기로 이른바 壬午軍亂을 일으켜 대원군을 옹립하고 개화정책에 반항하였다.

그러나 청나라의 무력지원으로 임오군란을 평정한 고종은 개화정책의 계속적 추진을 다음과 같이 천명하였다.

> 저들의 敎는 사특하니 마땅히 음탕한 소리나 치장한 여자를 멀리 하듯이 해야 하지만, 저들의 器는 이로우니 진실로 이용후생을 할 수 있다면 농업·양잠·의약·병기·배·수레의 제도는 무엇을 꺼려서 피하겠는가. 그 교는 배척하

---

4) 李光麟, 〈開化思想의 發生과 그 展開〉(《韓國史講座》 V, 近代篇, 一潮閣, 1981), 121~136쪽.

5) 姜在彦, 〈朴珪壽의 思想과 開國問題〉(앞의 책), 176~191쪽.

> 되 그 기는 본받는 것이 진실로 병행하여 거스르지 않는 것이다. 하물며 강약의 형세가 이미 크게 차이가 벌어졌는데, 만약 저들의 기를 본받지 않는다면 어떻게 저들에게 모욕당하고 저들이 욕보이는 것을 막을 수 있겠는가(《高宗實錄》, 고종 19년 8월 5일 ; 金允植, 《雲養集》 권 5, 綸音布論·曉諭國內大小民人 임오).

즉 고종은 김윤식 등의 도움을 얻어 東道西器論의 입장에서 서구의 문물을 배워들여 국가자강을 이루려 하였다.

일찍이 박규수의 문하에 출입하면서 개화사상에 눈을 떴던 김윤식은 1881년에는 영선사로 청나라에 건너가 새로운 무기 제조술을 배워들이는데 진력하고 있었다. 김윤식은 영선사로 청나라의 天津에 파견되어 양무파 인사들과의 접촉을 통해 그의 생각을 더욱 가다듬게 되었다. 김윤식은 許其光과의 필담에서 富民 위주로 추진되는 일본의 개화자강정책에 의문을 품고 서양과 사정이 다른 우리 동양은 서양과 같은 법을 수용할 수는 없다고 생각하게 되었다. 또한 일본의 부는 國債로 채워졌다는 劉含芳의 지적을 듣고[6] 일본의 개화자강방식을 따르려는 金玉均·朴泳孝 등과는 생각을 달리하게 되었다. 즉 김윤식은 청나라의 양무론적 개화방식이 조선에 적합하다고 보아 김옥균 등과는 달리 점진적 개화노선을 선택하게 되었다.

김윤식 등을 중심으로 하는 양무론적 개화파는 기존의 전통적 지배질서와 이해관계를 온존시키면서 외형적 부국강병을 이룩하려 하였다. 즉 군주전제권을 강화하고 양반지주와 봉건적 특권상인층을 근대적 자본가로 전환시켜 농업증산과 상업발전을 촉진함으로써 제국주의 열강의 침략에 대응하고 독립을 지킬 수 있는 부강한 근대국가를 이룩하려 하였다. 그리하여 이들은 서구의 사상과 사회체제의 수용은 거부하고 서양기술의 수용과 시설의 도입만을 추진하였다. 즉 동양의 사상과 사회체제는 유지하면서 서양의 기술만을 도입하자는 주장이었으므로 이를 東道西器論이라고 한다.

그리하여 동도서기론의 입장에서 개화를 추진하고자 한 대표적 인물 중의 하나인 김윤식은 서양의 부강이 학교교육이 성한데 있다고 보고 먼저 時務

---

6) 金允植, 《陰晴史》 상, 是日軍機所與劉鄕林談草(《韓國史料叢書》 6, 國史編纂委員會, 94~97쪽).

의 학으로 인재를 양성한 뒤 이들을 관인으로 등용하여 국가 부강을 이룩해야 한다고 생각하였다.[7)]

이와 같은 입장은 고종에게 올려진 개화파 유생과 전·현직관료들의 상소에 의해 더욱 뒷받침되었다.

충주 幼學 池錫永은 1882년 8월 서양의 과학기술을 적극적으로 도입하여 그것을 연구하고 교육시키는 연구기관의 설치를 주장하였다. 그는 《萬國公法》을 비롯하여 《朝鮮策略》·《博物新編》 등 개화에 필요한 모든 서적들을 여러 사람에게 열람시키고, 또 수차 농기구·직조기·화륜기·무기 등을 사들여 각 도의 모든 고을로부터 유생과 관리들을 각각 1명씩 선출하여 개화관계 서적과 기계를 연구케 하자고 상소하였다.[8)] 또 典籍 卞鋈은 국왕에게 기독교는 엄금하되 서양의 학문과 기술은 수용하여야 한다고 상소하였다.[9)] 出身 尹善學도 군신·부자·부부·붕우·장유의 도는 지키고 舟·車·軍·農·器械와 관계되는 富國之術은 받아들이자고 상소하고 있다.[10)]

즉 이와 같이 일부 개화파 유생과 전·현직관료들은 동도서기론적 입장에서 정부가 하루 빨리 서구의 기술과 교육 등을 받아들여 개화자강을 이루어야 한다고 상소하였다. 이들은 개화관계 서적의 간행에서부터 외국어의 교수, 외국인 기사의 채용, 훈련원의 설치, 상회소와 국립은행의 설치, 탄광의 채굴, 화륜선의 건조, 군항의 설치에 이르기까지 다양하게 부국강병을 위한 정책을 상소하였다.

이는 하루 빨리 서구 문물을 수용하여 부국강병을 이루어야만 국가를 보존할 수 있다는 위기의식에서 비롯된 것이었다. 새로운 문물 수용을 위한 개화정책의 추진에는 새로운 의식을 가진 인재가 필요하다고 생각하였으므로 고종은 1882년 12월 28일(음력) 8道4都에 綸音을 내려 양반도 상업에 종사하고 農工商賈의 자제라도 학교에 입학할 것을 허락하며 출신의 귀천을 논하지 말고 才學의 如何를 보도록 諭하였다.[11)]

---

7) 金允植, 《續陰晴史》 권 4, 私議 16條, 養才編, 고종 26년 윤2월 8일.
8) 《承政院日記》, 고종 19년 8월 23일.
9) 《承政院日記》, 고종 19년 10월 7일.
10) 《承政院日記》, 고종 19년 12월 22일.
11) 《高宗實錄》, 고종 19년 12월 28일.

고종의 개화의지를 지원하는 개화상소가 이어지는 한편에서 보수세력의 척사운동도 강렬하게 일어나고 있었으므로 개화파 인사들은 《漢城旬報》를 창간하고 개화의 필요성을 계몽하는데 진력하였다.[12] 또한 개화파는 교육개혁을 통해서 만이 개화가 가능하다고 믿고 있었으므로 《한성순보》는 서양의 근대 교육제도와 교육상황을 상세히 소개하였다.[13]

《한성순보》에서는 첫째, 서양의 국민교육제도를 소개하면서 교육사무는 국가에서 장악하고 교육심의기관을 두어 자문을 구하지만 어디까지나 교육문제에 대한 결정은 국가에서 한다고 하며 국가위주의 교육을 소개하고 있다. 서양제국 중에서도 특히 국가의 교육통제가 강한 프랑스의 교육제도에 대한 상세한 설명을 곁들이고 있다. 그리고 영국·프랑스·독일·스페인·오스트리아 등의 학교에 대해 소개하고 소학·중학·대학교의 단계적 진학이 제도화되어 피교육자의 발달정도에 따라 단계별 학습이 이루어지고 있음을 밝히고 있다. 특히 소학교 교육에 많은 관심을 가지고, 서양 여러 나라의 소학교에 대해 자세히 설명하고 소학교육이 국민교육의 기초로서 의무교육제도에 의해 뒷받침된다는 것을 소개하고 있다. 또한 실업교육기관인 농상공학교에 대해 자세히 소개하고 있다.[14] 다시 말해서 《한성순보》의 간행을 관장하게 된 洋務論的 개화파는[15] 서구문물의 수용을 통한 부강한 국가의 건설을 추구하면서도 교육에 있어서는 국가위주의 교육을 추구하였다. 그리고 이들은 국민계몽을 통해서 부강한 국가를 건설할 수 있다고 보았으므로 서구 여러 나라의 국민교육을 소개하고 실용주의 교육을 주장하였다.

(2) 동도서기주의적 신교육 수용의 실패

동도서기론의 이론적 뒷받침과 양무론적 개화파의 주도 아래 조선정부는 서양기술의 수용과 시설도입을 추진하고 이에 필요한 교육기관들을 설립하

12) 李光麟, 앞의 글 참조.
13) 《漢城旬報》, 1884년 3월 8일, 〈各國學業所同〉.
14) 魯仁華, 《大韓帝國時期 官立學校 敎育의 性格 硏究》(이화여대 박사학위논문, 1988).
15) 李光麟, 〈漢城旬報와 漢城週報에 대한 一考察〉(《韓國開化史硏究》, 一潮閣, 1969), 60~102쪽.

였다. 조선정부는 우선 영어교육기관으로 同文學을 설립하였다. 서양제국과 조약을 체결하고 교섭을 갖게 되자 서양어를 말할 줄 아는 사람이 필요하게 되었고, 이에 外衙門協辦兼 總稅務司였던 독일인 묄렌도르프의 주도에 의해 동문학이 1882년 12월 외아문의 부속기관으로 설립되어 이듬해 개교하였다. 金晩植이 掌敎(校長)로 부임하여 당시 해관에서 일하던 중국인 吳仲賢과 唐紹威를 교사로 삼아, 40명의 학생을 오전과 오후반으로 나누어 영어를 교육하였다.[16]

조선정부에 의해 본격적인 서양식 신교육기관으로 설립된 것은 育英公院이었다. 조선정부는 미국과 수호조약을 체결한 뒤 閔泳翊을 대표로 하는 보빙사 일행을 미국에 파견하였다. 미국시찰을 마치고 돌아 온 민영익은 미국의 발달된 문물에 대하여 고종에게 보고하였고 신식교육기관의 설립을 건의하였다. 이에 따라 고종은 학교설립을 명하였고, 미국 국무성으로부터 헐버트·길모어·벙커어 등 세 명의 교사를 추천받아 육영공원을 설립하였다. 육영공원은 왕명에 따라 內外衙門의 당상관과 낭청의 子壻弟姪族親과 연소한 문무관리들 가운데서 학생을 선발하여 讀書·習字·數學·自然科學·歷史·政治學 등 서양학문을 교육하였다. 철저하게 연소한 관료와 양반자제들로 하여금 서양학문을 배우게 하여 동도서기론적 입장에서 개화정책을 추진코자 설립한 신식학교였다. 그러나 이 학교는 운영상 난맥상을 보이다가 1894년에 이르러 완전히 폐지되기에 이르렀다. 즉 육영공원은 국왕 고종의 각별한 관심에도 불구하고 학생들이 이미 관료이거나 특권의식에 젖은 양반관료의 자제로서 서구식 교육방식과 학업에 열의를 보이지 않고, 학교 운영 당국자들의 부패하고 불성실한 학교관리에 대한 미국인 교사들의 불만으로 폐쇄되는 상황에 이르렀던 것이다.[17] 동도서기론적 입장에서 개화정책을 추진코자 한 조선정부는 또한 서양의 발달된 농업과 목축기술을 배워들이고자 1884년 農務牧畜試驗場(→農務學堂)을 설립하였고, 미국의 군사기술을 배워들이기 위해 1888년 鍊武公院을 설립하였다. 농무목축시험장 역시 그 경영에 열성적이었

---

16) 孫仁銖, 〈韓國近代敎育의 類型 普及과 그 實態〉(《韓國敎育硏究》 1, 韓國精神文化硏究院 敎育硏究室, 1980), 139~272쪽.

17) 李光麟, 〈育英公院의 設置와 그 變遷〉(앞의 책, 1969), 103~133쪽.

던 최경석의 죽음과 뒤를 이은 영국인 재프리의 죽음 및 정부당국자의 불성실로 흐지부지되었다.[18] 이러한 현상은 연무공원의 경영에도 나타났다. 정부의 재정난, 담당관료들의 무능과 부패, 담당관료와 미국인 교관들과의 불화, 기성군인과 청나라 원세개의 방해공작 등으로 교관과 학생들이 의욕을 상실한 채 부진을 보이다가 동학농민전쟁을 계기로 조선에 진출한 일본군이 1894년 7월 조선군을 무장해제 시키는 한편, 신식무기를 약탈한 뒤 개혁을 강요함으로써 자연히 폐쇄되었다.[19] 이와 같이 조선정부가 개화정책을 추진할 인재를 양성하기 위해 시도했던 신교육 수용과 학교 운영은 실패를 거듭하고 있었다.

(3) 선교사의 교육활동과 교육평등의식 계몽

조선사회가 근대 서구의 신학문과 신교육을 수용하고 한국 근대 교육이 성립, 발전되는 과정에는 천주교와 기독교, 선교사들의 활동과 공헌이 또한 지대하였다.

조선에 제일 먼저 입국한 서양선교사들은 천주교 신부들이었다. 조선에 입국한 천주교 신부들은 한국인 교역자를 양성하기 위하여 한국인 신도들을 마카오 등지에 유학시키거나 국내에 신학교를 비밀리에 설립하고 라틴어와 신학을 교수하기도 하였다.[20] 천주교는 조선왕조의 척사정책에 의해 심한 탄압을 받으며, 비밀리에 성직자를 양성하기 위한 교육을 추진했을 뿐만 아니라 교회를 중심으로 성서를 읽히기 위해 신도들에게 글을 가르침으로써 천대받고 있던 민중을 일깨우고 있었다.[21]

이들 교회를 중심으로 한 교육활동은 조선의 척사정책이 이완되기 시작한 1890년대에 점차 학교교육체계로 이행되어 갔다.[22]

---

18) 李光麟, 〈農務牧畜試驗場의 設置에 대하여〉(앞의 책, 1969), 214~217쪽.

19) 李光麟, 〈美軍軍事敎官의 招聘과 鍊武公院〉(위의 책), 178~193쪽.

20) 샤를르 달레 原著, 安應烈·崔奭祐 譯註(《韓國天主敎會史》 中, 분도출판사, 1980), 269·341·384쪽.

21) 李忠浩, 〈舊韓末 天主敎會의 敎育活動〉(《歷史敎育論集》 4, 1983), 63쪽.

22) 천주교계통의 초등학교가 1893년에 京畿道 華城郡 峰潭面 旺林里에, 1895년에는 江原道 橫城郡 書院面 六里에 세워지고 있음을 볼 수 있다(韓國天主敎中央協議會, 《韓國天主敎年鑑》, 1956, 233~249쪽).

천주교가 개항 이전부터 선교자체에 역점을 두고 조선사회에 침투하여 비밀리에 敎役者 양성과 신도교육을 도모했던 것과는 달리 개신교는 1880년대 중반 선교활동에 앞서 교육과 의료활동을 내세워 선교기반을 구축하여 갔다. 개신교 선교사들의 조선에서의 활동은 1882년의 조미수호조약체결과 보빙사 민영익의 1883년 미국방문을 계기로 시작되었다. 민영익을 만났던 가우쳐(John. F. Goucher)의 권고에 따라 일본에서 선교하고 있던 감리교 선교사 매클레이(R. S. Maclay)는 1884년 여름 조선에 입국하여 김옥균의 도움으로 고종으로부터 교육과 의료사업의 윤허를 받아내는데 성공하였다. 매클레이의 보고가 선교본부에 전달되자 이후 미국 북장로교 선교사 알렌(H. N. Allen), 언더우드(H. G. Underwood), 미국 북감리교 선교사 아펜젤러(H. G. Appenzeller), 스크랜튼(M. F. Scranton)부인 등이 선교활동을 위하여 조선에 입국하였다. 이들은 조선정부가 척사정책을 취하여 직접적인 기독교의 선교활동이 어렵다는 것을 알고 의료활동과 교육사업으로 선교사업을 시작하였다.

알렌은 미국공사관 의관의 직책으로 조선에 체류하는 가운데 갑신정변에서 부상당한 민영익을 치료함으로써 신임을 얻어낸 뒤 1885년 4월 광혜원을 설립하고 의료활동을 전개하다가 1886년 3월에 이르러 16명의 학생을 뽑아 의학실습교육을 실시하였다. 아펜젤러는 1885년 여름부터 두 명의 학생에게 영어를 가르치기 시작하여 1886년 6월 고종의 도움으로 培材學堂을 설립하는데 성공하였다. 언더우드는 1885년 4월 5일에 입국하여 광혜원에서 화학과 물리학을 가르치는 한편 집으로 찾아오는 소년에게 영어를 가르쳤고, 1886년 5월 고아원을 세워 교육사업을 병행하였다(→경신학교). 한편 1885년 6월 입국한 스크랜튼 부인은 1886년 5월 한 부인에게 영어를 가르치기 시작한 것을 계기로 여자교육기관인 梨花學堂을 창설하였다. 이들 선교계 학교의 등장은 조선의 개화정책과 미국 기독교계의 선교정책의 화합물이었다. 선교사들의 활동에 대한 조선인들은 그 정치적 입장에 따라 대응을 달리하였다. 변법개화파였던 김옥균·박영효 등은 기독교까지도 포함하는 모든 서구의 신문물을 수용함으로써 국민을 일깨워 부강한 근대국가를 수립할 수 있다고 생각하였다. 그리하여 이들은 개신교 선교사들이 조선에 입국하여 교육과 의료사업을 전개하고 기독교를 선교하려는데 대하여 적극적으로 환영하고 협력하였다.[23]

그러나 이들은 甲申政變으로 실각하였고 선교사들의 조선내 활동에 크게 기여할 수는 없었다. 선교사들은 보다 개방적인 변법개화파들이 실각하고 기독교의 선교에 대하여는 거부반응을 보이는 동도서기주의적·양무론적 개화파들이 정부를 주도하는 가운데 조선에 입국하였다. 따라서 선교사들은 초기 2, 3년 동안 선교활동을 삼간 채 의료활동과 교육만을 내세워 활동을 개시하였다.

선교사들의 교육활동은 고종과 민비의 적극적인 배려로 정착되었다. 고종과 민비는 선교사들이 소수의 학생들을 상대로 교육을 시작하자 교명을 지어주고 하사금을 주어 격려하였다. 그것은 서구문물을 하루 빨리 수용하여 부강한 국가를 이룩하고자 하는 의욕의 표출이었다. 서구의 새 문물을 수용하기 위해서는 무엇보다 영어를 아는 것이 급선무라고 생각되고 있었으므로 자연히 영어를 배우고자 하는 자들이 이들 선교사들을 찾게 되었고 선교사들은 이들을 상대로 교육을 시작하였다. 어떻게든지 교육사업을 통해 조선에 활동기반을 구축하려고 했던 선교사들은 기독교의 박애정신과 평등사상으로 신분과 문지에 관계없이 학생들을 맞이하였다. 그리하여 배재학당에는 자연히 신분이나 문지가 미약하여 육영공원 등에 입학할 수 없었던 사람들이 찾아들었다고 생각된다. 배재학당과 더불어 여자교육기관인 이화학당, 불행한 처지의 고아와 소년들을 상대로 교육을 시작한 고아원학교(뒤의 경신학교)는 교육을 통해 신분평등과 남녀평등 사상을 전파하고, 민중의 신교육에 대한 열망과 평등의식, 민권의식을 싹트게 하는 기지가 되었다.[24]

그러나 선교사들의 교육활동이 순탄하게 이루진 것만은 아니었다. 조선내의 수구세력은 기독교사상의 유입을 염려하였기 때문에 미국 선교사들의 고아원과 학교운영을 방해하였다.[25] 또한 청나라 역시 미국세력의 진출을 견제하고자 이를 부추김으로써 한때 미국선교사들의 교육활동은 위기에 처하였다.[26] 또한 조선정부의 척사정책과 민간인의 기독교에 대한 오해가 상존하고

23) 孫仁銖, 앞의 글.

24) 培材學堂, 《培材八十年史》(1965).
梨花女子高等學校, 《梨花九十年史》(1975).
경신중·고등학교, 《경신사》(1991).

25) *The Foreign Missionary*, Vol. 451, No. 5, ㏘ 224(1886. 10).

있는 상태에서 선교사들이 은연중 선교활동을 함으로써 反宣敎師 감정을 자극하기도 하였다.

동도서기론적 입장에서 서양의 '器'만을 수용하려고 했던 조선정부는 선교사들의 지방에 대한 선교활동을 파악하고 1888년 4월 미국 공사에게 정부가 승인한 자 이외의 학당설립을 금하도록 요청하였다.[27] 이 요청을 받은 딘스모어(Dinsmore)공사는 평안도지방을 순회 전도 중이던 언더우드를 소환하여 이러한 금령이 내려진 원인은 "당신들의 경거망동한 순회전도가 그 원인이라"고 지적하고 "차후 이러한 사태가 재현될 경우 기독교 선교가 아주 불가능해질지도 모른다"고 경고하였다.[28] 이에 선교사들은 동학농민전쟁과 청일전쟁이 일어나 조선사회가 동요를 일으킴으로써 선교기회가 확장되어 간 1894년경까지 선교활동을 자제하면서 기왕에 설립한 광혜원·배재학당·이화학당·경신학교를 중심으로 의료와 교육활동에 보다 많은 노력을 기울이게 되었다. 결국 이들 개신교 선교사들의 교육활동은 1890년대 이후 한국근대 교육의 성립과 발전에 중요한 기여를 하게 되었다.

(4) 변법개화파의 국민교육론 전개

국민적 기초역량을 배양함이 없이 지배층 중심으로 일부 인재를 배양하여 개화정책의 일군으로 삼고자하는 조선정부의 교육시책은 앞에서 살펴본 바와 같이 소기의 성과를 거두지 못한 채 표류하였다. 당시의 시대적 상황은 일부 지배층 중심의 교육이 아니라 사회변화에 대응하고 서구의 발달된 산업기술과 문물을 수용하기 위한 일반 국민의 기초역량 배양을 필요로 하고 있었다. 그럼에도 불구하고 임오군란과 청의 간섭으로 개화정책이 혼미를 거듭하자 김옥균·박영효 등은 급진적 변법개화를 통한 自修自强으로 자주독립을 이루고자 하였다.

급진개화파는 청나라의 간섭을 배제하는 한편 부패 무능한 양반세력의 발

26) *The Korean Repository*, Vol. Ⅲ. No. 1, 1896, 1, p. 6.
27) 《舊韓國外交文書》 10권, 美案 1, 耶蘇敎傳道禁止의 件(高麗大 亞細亞問題研究所), 353쪽.
28) L. H. Underwood, *Underwood of Korea*, New York Fleming H. Revell, 1918, p. 70.

호를 억제하고 인민의 지혜를 개발하여 산업을 발전시킴으로써 자주독립을 이룰 수 있다고 생각하였다. 그리하여 급진개화파의 주요 인사인 김옥균은 그의 친구에게 다음과 같이 편지하였다.

> 자래로 청국이 자의로 (조선을) 속국으로 생각해 온 것은 참으로 부끄러운 일이며 나라가 진작의 희망이 없는 것은 역시 여기에 원인이 없지 않다. 여기서 첫째로 해야할 일은 기반을 철퇴하고 특히 獨全自主之國을 수립하는 일이다. 독립을 바라면 정치와 외교를 불가불 자수자강해야 한다(金玉均, 《金玉均全集》, 朝鮮改革意見書, 110~111쪽).

또한 갑신정변에 실패한 뒤 김옥균은 일본에 망명하여 국왕에게 다음과 같이 상소하였다.

> 臣이 여러 해 동안 見聞에 의하여 陛下께 말씀드린 바 있아온데 폐하는 이를 기억하시나이까. 그 뜻은 금일 우리 나라의 소위 양반을 겸제함에 있나이다. 우리 나라 中古 이전 국운이 융성할 시에는 일체의 기계산물이 동양삼국에 통하였는데 지금은 모두 폐절에 속하여 다시 그 흔적도 없음은 다른 것이 아니옵고 양반의 발호 전횡에 인하여 그렇게 되었나이다… 방금 세계가 상업을 주로 하여 서로 생업의 많음을 경쟁할 때에 당하여 양반을 겸제하여 그 폐원을 없애는 일을 힘쓰지 아니하면 국가의 폐망을 기다릴 뿐이오니… 폐하 다행히 이를 맹성하사… 인민의 신용을 얻고 널리 학교를 세워서 인민의 지혜를 개발하고 외국의 종교를 유입하여 교화에 도움을 주는 것이 또한 하나의 방편이라 하나이다(閔泰瑗, 《甲申政變과 金玉均》, 1947, 68~75쪽).

한편 박영효는 갑신정변에 실패한 뒤 일본에 망명하여 국왕 고종에게 建白書를 올려 다음과 같이 주장하였다.

> 만약에 군주의 전제권을 견고히 하려면 인민을 어리석게 함만 못하다. 어리석고 약해지면 실로 군주의 전제권이 견고해진다. 그러나 인민이 어리석고 약해지면 나라도 또한 이에 따라 약해지는 것이다. 천하의 만국이 모두 어리석고 약해진 연후에 가히 그 나라를 보존하고 그 지위를 평안케 한다는 것은 거짓말이다. 어찌 그럴 수가 있겠는가. 그러므로 진실로 한 나라를 부강케 하고 만국과 대항케 하려면 군권을 줄여 국민들로 하여금 응분의 자유를 누리게 하고 보국의 책임을 다하게 함만 못하다. 그런 연후에 점차 문명이 발달해지고 인민이 평안해

지며 나라가 무사해지고 종묘 사직과 왕위가 영구히 보존될 수 있을 것이다(《日本外交文書》 21, 106 朝鮮國關係雜件, 〈朝鮮國內政ニ關スル朴泳孝建白書〉).

즉 이들 변법개화파는 양반제도를 타파하고 군주권을 억제하는 한편, 교육을 통해 국민적 역량을 배양하고 국민의 권한을 신장시켜 부강한 근대적 국민국가를 건설하려고 하였다. 따라서 이들은 교육정책에 있어서도 근본적인 개혁을 추구하였다. 이러한 급진개화파의 교육이념은 앞에서 살펴본 박영효의 건백서에 반영되었다.

국정개혁에 관한 박영효의 건백서는 총론과 8개조에 걸친 각론으로 이루어져 있는데, 그 제6조에 해당되는 '敎民才德文藝以治本'에서 교육·문화 및 종교에 관해 다음과 같이 피력하고 있다.

1. 소학교·중학교를 설치하여 6세 이상의 모든 남녀 아동을 취학시킬 것.
2. 장년학교를 설치하여 한문 또는 언문으로 정치 재정 법률 역사 지리 산술 등의 외국서적을 번역하고 소장 관료 및 장년의 선비를 교육하여 과거시험을 통해 문관으로 채용할 것.
3. 인민에게 국어·국사·국문을 가르칠 것.
4. 외국인 교사를 채용하여 인민에게 법률·재정·정치·의술·궁리 및 여러 가지 재예를 가르칠 것.
5. 서적을 널리 인쇄·출판할 것.
6. 박물관을 설치할 것.
7. 집회 연설을 허락하여 고루함을 벗어날 것.
8. 외국어를 배워 교제를 편리하게 할 것.
9. 민간신문의 발행을 허락할 것.
10. 종교의 자유를 인정할 것.

(《日本外交文書》 21, 106 朝鮮國關係雜件, 〈朝鮮國內政ニ關スル朴泳孝建白書〉, 305~308쪽)

《한성순보》가 양무론적 개화파에 의해 운영되면서[29] 국가주의 교육에 역점을 두고 논지를 전개했던 것과는 달리 변법개화론자인 박영효는 의무교육과 국민교육에 초점을 맞추어 논지를 전개하고 있음을 볼 수 있다.

29) 李光麟, 〈앞의 글〉(앞의 책, 1969), 60~102쪽.

그러나 이들이 추구했던 근대적 국민국가건설을 위한 변법개화파의 국민교육에 대한 이러한 주장은 받아들여지지 않은 채, 앞에서 살펴본 바와 같이 동도서기론적 입장에서 신교육이 일부 실험적으로 수용되었을 뿐이었다.

2) 근대적 국민교육제도의 성립

(1) 교육제도와 관리등용제도의 개혁

동도서기주의적 입장에서 점진적 개화정책을 추진하던 조선정부는 동학농민전쟁으로 보다 적극적인 정치개혁을 단행하지 않을 수 없었다. 개항 이후 조선의 농촌사회는 자본주의 열강의 침탈과 지배층의 증가되는 착취로 피폐되어 갔다. 이로 말미암아 농민들의 불만은 증대되어 갔고, 동학이 그 교세를 확장하였다. 농민들은 동학의 인간평등사상과 사회개혁사상에 포용되어 갔고, 동학은 包接組織으로 농민세력을 규합하였다. 교세확장에 성공한 동학의 지도자들은 惑世誣民한다는 구실로 처형된 敎祖 崔濟愚의 伸寃運動을 일으킴으로써 힘의 결집을 보여주었다. 이들은 더 나아가 결집된 동학교도들을 중심으로 농민운동을 전개하여 농촌피폐의 원인이 되고 있었던 탐관오리의 숙청과 왜·양의 축출을 요구하였다. 드디어 고부군수 조병갑의 횡포와 착취를 계기로 봉기한 동학 농민군은 輔國安民과 除暴救民의 기치를 내걸고 반봉건·반제국주의전쟁을 전개하였다.

동학농민군의 봉기로 국가적 위기감을 느낀 고종은 1894년 5월12일, 부득이 兩湖지방민에 대하여 특별 윤음을 내려 大更張할 것을 약속하였다.[30] 그리고 일본의 간섭 속에 새로 수립된 친일정권은 즉시 국왕으로 하여금 "사색당론을 타파하고 門地에 상관없이 인재를 등용하여 보국안민의 策을 도모할 것이라"는 詔勅을 내리게 하였다.[31] 이어 軍國機務處를 설치하고[32] 일련의 정치개혁을 시작하였다. 김홍집을 총재로 하는 군국기무처는 이후 약 3개월간에 걸쳐 210건의 제도개혁안 내지 정책건의안을 의결하였다.[33] 군국기무

---

30) 《高宗實錄》, 고종 31년 5월 12일.
31) 《高宗實錄》, 고종 31년 6월 22일.
32) 《高宗實錄》, 고종 31년 6월 25일.

처는 정부조직의 개편을 결의하였고 이에 따라 다음과 같이 學務衙門官制도 새로이 제정하였다.

一. 學務衙門은 국내교육·학무 등의 행정을 관장한다.
一. 大臣一員·協辦一員·參議六員·主事十八員 다음과 같이 各局을 分設한다.
一. 總務局 ; 아직 설치되지 않은 各局의 서무 관장, 참의 1·주사 2·兼秘書官
一. 成均館及庠校書院事務局 ; 先聖·先賢·祠廟 및 經籍 등 관장, 參議 1·主事 2
一. 專門學務局 ; 中學校·大學校·技藝學校·外國語學校·專門學校 관장, 參議 2·主事 4
一. 普通學務局 ; 小學校·師範學校 관장, 參議 1·主事 4
一. 編輯局 ; 國文綴字·各國文飜譯 및 敎科書編輯 관장, 參議 1·主事 4
一. 會計局 ; 本衙門出納財簿 관장, 參議 1·主事 2員
(《高宗實錄》, 고종 31년 6월 28일)

이와 같이 학무아문관제를 정비함과 동시에 문벌과 양반·상민의 등급을 劈破하고 귀천에 관계없이 인재를 선용하기로 결의하였다.[34] 그리고 국왕으로 하여금 조칙으로 대소민인에게 유신에 적극 참여하라는 윤음을 내리게 하였다.[35] 학무아문관제의 정비와 더불어 銓考局條例를 제정하여 관리의 선발방식을 개혁하였다. 과거시험과 달리 國文·漢文·寫字·算術·內國政略·外國事情 등을 策으로 출제하기로 하였다. 또한 選擧條例를 제정하여 朝野紳士·京鄕貴賤을 논하지 않고 품행이 바르고 재주와 슬기, 예술이 있고 시무를 아는 자를 선발토록 결의하였다.[36]

군국기무처의 구성에는 개항 이후 실무와 외국사정 등에 밝은 인물들이 필요하였고 그 결과 신분에 구애됨이 없이 여러 경로를 통해 당시 이러한 능력을 함양할 수 있었던 인물들이 선정되었다. 그리하여 金弘集·朴定陽·金允植·魚允中·趙義淵 등을 제외하고는 대체적으로 한미한 가문과 지방출신, 양반의 서자와 중인 등 주변인들이 군국기무처를 주도했던 것으로 논급되고 있다.[37] 따라서 모든 개혁은 신분제를 부정하는 토대 위에서 추진되었

33) 柳永益, 〈軍國機務處議案의 分析〉(《甲午更張硏究》, 一潮閣, 1990), 134~177쪽.
34) 《高宗實錄》, 고종 31년 6월 28일.
35) 《高宗實錄》, 고종 31년 7월 4일.
36) 《高宗實錄》, 고종 31년 7월 12일.

다. 이는 위에서 살펴본 바와 같이 교육제도와 관리선발제도의 개혁에 있어서도 그대로 투영되었다.

(2) 근대적 국민교육제도 정립

관제개혁에 따라 학무아문대신이 된 박정양은 우선 소학교의 설립을 위하여 소학교 교과서 편찬을 추진하는 한편,[38] 1894년 9월 서울 校洞에 師範學校와 소학교를 설치하였다. 박정양은 1881년 신사유람단원으로 일본을 시찰하였고 1887년부터 1889년까지 초대 주차미국전권대신을 지낸 바 있으므로 하루 빨리 신교육을 보급하는 것이 국가 부강의 지름길이라고 생각하였다. 그리하여 박정양은 학부대신이 되어 사범학교와 소학교를 설립한 이후 일과의 대부분을 학부와 校洞의 사범학교, 소학교, 그리고 이전부터 설립되어 있던 鑄洞의 日語學校와 磚洞의 英語學校에서 보내고 있음을 볼 수 있다.[39]

이 무렵 조선의 보호국화를 획책하던 일제의 수뇌부는 주한일본공사를 교체하였다. 일제의 수뇌부는 공사 오오토리(大鳥圭介)가 신중한 태도로 조선의 내정개혁에 적극적인 간섭을 하지 않는데 불만이었다. 그리하여 일제는 그들의 정치적 목적을 관철시키고자 내무대신을 지낸 거물급의 이노우에 카오루(井上馨)를 駐韓特命全權公使로 임명하였다.[40] 이어 대원군은 일본의 압력 속에 정계은퇴 성명을 냈고 김홍집·박영효 연립내각이 출범하였다.[41] 오오토리의 뒤를 이어 부임한 이노우에 공사는 더욱 철저한 내정개혁을 요구하였다. 일본측이 내정개혁을 강력하게 요구하는 가운데 군국기무처는 폐지되고 국정에 관한 회의는 중추원에서 주관하게 되었다. 일본측의 지원을 얻어 새 내각에 참여하게 된 박영효 일파는 과감한 개혁을 추진하였다. 이러한 개혁

37) 柳永益, 앞의 글, 134~177쪽.

38) 《高宗實錄》, 고종 31년 7월 28일.

39) 朴定陽, 《從宦日記》 권 11, 갑오 9월~12월(《朴定陽全集》 3, 亞細亞文化社, 1984, 176~188쪽).

40) 柳永益, 〈淸日戰爭中 日本의 朝鮮保護國化 企圖와 甲午, 乙未改革 : 井上公使의 活動을 中心으로〉(앞의 책, 1990), 22~87쪽.

41) 《高宗實錄》, 고종 31년 11월 21일.

추진은 김홍집파와 심지어 그를 지원했던 일본공사 이노우에의 반발을 사기도 하였으나 이들은 개의치 않고 정치·군사·사법 등 여러 분야에 걸쳐 근대적 國民國家의 기초를 마련하려고 노력하였다. 이들은 국왕에게 개혁에 대한 결단을 요구하였고, 이에 따라 고종은 내정개혁과 청나라와의 관계단절을 포함한 정치의 기본 강령으로서 〈洪範14條〉를 宗廟에 誓告하였다.[42] 조선국왕은 〈홍범14조〉에서 밖으로 조선이 자주독립국임을 선언하고, 안으로는 법에 의한 국민의 생명과 재산보호, 관료등용에 대한 신분차별의 폐지 등을 임시방편으로서가 아니라 國是로 확정지었다. 이어서 중외 신민에게 칙령으로 다음과 같은 윤음을 포고하였다.

> 너희들 모든 관료와 선비와 서민들은 모두 朕의 誥를 들으라… 嗚呼라 너희들 庶民이 實로 나라의 근본이니 自主함도 오직 民이며 獨立함도 오직 民이라. 임금이 비록 自主코자 하나 民이 아니면 어디에 의지하며 나라가 비록 獨立코자 하나 民이 아니면 어찌하리오. 너희들 庶民은 이에 마음을 한결같이 하여 오직 나라를 사랑하며 너희의 기운을 함께 하여 오직 임금께 충성하라… 이제 인재 등용하기에 域이 없게 하노니 오직 너희들 民은 수양만을 생각하라. 너희들의 生命이 있고 財産이 있으니 朕이 그것을 지키며 편안케 하며 法이 아니어든 너희를 殺하거나 刑하지 아니하고 律이 아니어든 너희에게 賦하고 取하지 아니하여, 오직 너희의 생명과 재산을 한결 같이 法律에 따라 보호할 것이니 오직 너희들 民은 더욱 힘쓸지어다… 學識을 萬國에 널리 求하며 또한 技藝도 좋은 것을 좇아 취하여 써 我의 獨立自主하는 基를 鞏固케 하라…(《高宗實錄》, 고종 31년 12월 13일).

새 정부는 철저한 법치주의를 내세우며 法律學校 설치를 추진하였다.[43] 그리고 각 지방관에게 문지에 구애하지 말고 德行·才藝·賢能·方正한 士가 있거든 천거하도록 지시하였다.[44] 이어서 국왕으로 하여금 다음과 같이 국민교육에 관한 조칙을 내리게 하였다.

> 짐이 생각건대… 오호라 民을 가르치지 아니하면 국가를 공고케 하기 심히

---

42) 《高宗實錄》, 고종 31년 12월 12일.
43) 《奏本》, 개국 503년 12월 16일.
44) 《高宗實錄》, 고종 32년 1월 29일.

어려우니 宇內의 형세를 돌아보건대 부강하여 독립웅시하는 諸國은 모두 그 인민의 지식이 개명하고 지식의 개명함은 교육의 善美함으로써인즉 교육이 실로 국가 보존하는 근본이라 … 짐이 교육하는 강령을 보여 허명을 버리고 실용을 숭상하노니 … 이 세 가지(德·體·智)는 교육하는 綱紀니 짐이 정부에 명하여 학교를 광설하고 인재를 양성함은 너희 신민의 학식으로 국가의 중흥대공을 찬성하기 위함이라. 너희 신민은 忠君愛國하는 心性으로 德·體·智를 기르라 … (《舊韓國官報》, 개국 504년 2월 2일(이하 《官報》)).

위의 교육조서는 국가자강주의교육을 추구하는 국왕의 입장과 국민자강주의교육을 추구하는 변법개화파의 입장이 절충되어 마련되었다고 할 것이다. 물론 변법개화파의 '國民'에 대한 사상적 한계성에도 불구하고 위의 교육조서를 통해 변법개화파가 1880년대 이래 추구해 왔던 國民敎育制度의 이념적 기초가 놓이게 되었다고 할 것이다.

박영효 일파의 주도하에 조선정부는 정부조직을 개혁하여 종래의 議政府를 內閣이라 개칭하고 各衙門은 部로 개칭하였다. 이에 따라 學務衙門은 學部로 개칭되고 다음과 같은 새로운 學部官制가 제정 공포되었다.

제1조 學部大臣은 學政敎育에 관하는 사무를 맡아 관리함.
제2조 大臣官房에서는 官制通則에 揭한 자 외에 左開 사무를 맡음.
1. 公立學校 직원의 진퇴 신분에 관하는 사항.
2. 교원의 검정에 관하는 사항.
3. 본부 소관경비 및 諸收入의 예산·결산과 아울러 회계에 관하는 사항.
4. 본부 소관 官有財産 및 물품 맡음 其 帳簿調製에 관하는 사항.
제3조 (생략)
제4조 學部에 左開하는 2局을 둠. 學務局·編輯局.
제5조 (생략)
제6조 學務局에서는 左開하는 사무를 맡음.
1. 小學校 및 學齡兒童의 취학에 관하는 사항.
2. 師範學校에 관하는 사항.
3. 中學校에 관하는 사항.
4. 외국어학교·專門學校 및 技藝學校에 관하는 사항.
5. 외국 파견하는 留學生에 관하는 사항.
제7조 編輯局에서는 敎科圖書의 編輯·飜譯 및 檢定에 관하는 사무를 맡음.
제8조 學部主事는 11인으로써 정원함.

제9조 (생략)
제10조 本令은 개국 504년 4월 1일로부터 시행함.
(《官報》, 개국 504년 3월 25일, 칙령 46호 <學部官制>).

새로이 제정된 학부관제는 철저하게 신교육과 관련된 조직으로 되어 있음을 볼 수 있다. 학부관제에 이어 學部分課規程이 제정 공포되어, 秘書課·文書課·會計課·編輯局 등의 소관업무가 상세히 규정되었다. 개정된 학부대신에 유임된 박정양은 국민교육을 담당할 교사의 양성이 시급하다고 판단하였다. 그리하여 박정양은 國漢文稍解者를 시험으로 선발하고 苕泉洞에 학부 직할의 速成學校를 설립하는 한편 사범교육을 실시하였다.[45] 그리하여 다음과 같은 漢城師範學校官制가 마련되었다.[46] 그리고 漢城師範學校職員官等俸給令도 동시에 마련되었다.

제1조 漢城師範學校는 敎官을 양성하는 곳으로 함.
제2조 漢城師範學校에 本科와 速成科의 二科를 둠.
제3조 本科는 2개년으로써 졸업기로 함.
제4조 速成科는 6개월로써 졸업기로 함.
제5조 漢城師範學校에 附屬小學을 두어 아동을 교육케 함.
附屬小學을 尋常科와 高等科의 이과로 하니 매과를 3년으로써 졸업기로 함.
제6조 漢城師範學校에 左開하는 직원을 둠.
學校長 1인(奏任), 敎官 2인 이하(奏任 또는 判任), 副敎官 1인, 敎員 3인 이하(判任), 書記 1인(判任).
제7조 學校長은 學部參書官으로 겸임케 하니 學部大臣의 명을 받아 교무를 장리하야 소속직원을 統督함.
제8조 敎官은 生徒의 교육을 맡음.
제9조 副敎官은 敎官의 직무를 도움.
제10조 敎員은 附屬小學校 兒童의 敎育을 맡음.
제11조 書記는 學部主事로 겸임케 하니 學校長의 명을 받아 庶務會計에 종사함.
제12조 本科와 速成科 및 附屬 小學의 學科 정도는 學部大臣이 정함.

---

45) 朴定陽, 《從宦日記》, 을미 4월 27·28·29일 및 5월 1·7일(앞의 책, 202~203쪽) 참조.
《議奏》 5, 漢城府에 敎員養成을 위한 學校를 설립하는 건, 개국 504년 3월 29일(《韓末近代法令資料集》 1, 國會圖書館, 1971, 279쪽).
46) 《官報》, 개국 504년 4월 19일, 칙령 79호 <漢城師範學校官制>.

제13조 本令은 개국 504년 5월 1일부터 시행함.
(《官報》, 개국 504년 4월 19일, 칙령 80호 〈漢城師範學校職員官等俸給令〉).

그리고 이와 같은 國民普通敎育을 위한 교육제도의 정비와 달리 국가를 관리할 관료를 시급히 양성하기 위하여 法部 소관으로 法官養成所를 설치하였다.[47] 또한 칙령 제88호 외국어학교관제와 제89호 외국어학교 직원의 관등 봉급에 관한 건이 제정 공포되어, 1883년 同文學으로부터 시작된 외국어교육 제도가 재정비되었다.[48] 더 나아가 박영효 일파가 주도하는 새 정부는 군비의 강화가 시급하다고 생각하고 있었으므로 군사권을 장악하자, 훈련대를 확장하고 工兵·輜重兵(輸送兵)·騎馬兵 등 特科隊 편성을 추진하였다.[49] 그리고 일반 국민 가운데서 지원자를 모집하여 속성으로 사관을 양성하고자 訓練隊 士官養成所 관제를 마련하였다.[50]

내외로부터의 반발에 개의치 않고 과감한 정치개혁을 추진하던 박영효는 王妃弑害陰謀說이 구실이 되어 실각하였다.[51] 박정양·박영효내각 대신에 박정양·유길준내각이 성립되고, 궁내부 특진관에 鄭範朝 같은 보수적 인물도 포용되었다.[52] 貞洞派와 宮廷派의 공격으로 갑오개혁파가 위협을 느끼고 있는 가운데[53] 李載崑은 성균관이 교육개혁으로 버림받았다고 항의하고 성균관 재건을 상소하였다.[54] 이에 이어 申箕善·李舜範 등이 재래교육의 전통을 존중하도록 상소하였다.[55] 이에 국왕은 이 문제를 논의하여 품의케 하였고 정부는 성균관관제를 개정 공포하였다. 성균관관제는 그 제1조에 "成均館은 學部大臣의 관리에 속하여 文廟를 虔奉하고 經學科를 肄習한다"라고 규정하였다. 이는 보수세력의 무마책으로 재래의 교육에 신교육을 병행토록

47) 《官報》, 개국 504년 3월 25일, 칙령 49호 〈法官養成所規程〉.
48) 《官報》, 개국 504년 5월 12일.
49) 《官報》, 개국 504년 5월 30일.
50) 《官報》, 개국 504년 5월 20일, 칙령 91호 〈訓練隊士官養成所官制〉.
51) 李光麟, 앞의 책, 360~365쪽.
《高宗實錄》, 고종 32년 윤5월 14일.
52) 《高宗實錄》, 고종 32년 윤5월 14일.
53) 柳永益, 〈甲午開化派 官僚의 執權經緯 背景 및 改革構想〉(앞의 책), 182쪽.
54) 《高宗實錄》, 고종 32년 6월 10일.
55) 《高宗實錄》, 고종 32년 6월 20·24일.

한 조치였다.[56]

외세와 국내의 각 정파들이 계속 세력각축을 벌이는 가운데 새로이 김홍집·박정양내각이 출범하였다.[57] 이른바 제3차 김홍집내각으로 정동파 즉 친미·친로파가 주도권을 장악한 가운데, 학부는 다음과 같이 소학교·사범학교 관계법령 등을 제정 공포하였다.

小學校令(고종 32년 ; 1895년 7월19일, 칙령 145호)
官立 公立小學校敎員官等俸給令(고종 32년 ; 1895년 7월19일, 칙령 146호)
漢城師範學校敎員의 官等俸給令(고종 32년 ; 1895년 7월19일, 칙령 147호)
漢城師範學校 및 附屬小學校規則(고종 32년 ; 1895년 7월24일, 학부령 1호)
小學校敎則大綱(개국 504년 ; 1895년 8월15일, 학부령 3호)

위와 같은 교육법제의 정비와 더불어 조선정부는 우선 漢城府內 4개처에 관립소학교를 설립하였다. 즉 학부는 告示를 통해 壯洞(梅洞으로 이설), 貞洞, 桂洞(齋洞으로 이설), 廟洞(惠洞으로 이설) 등에 소학교를 설립하고 한성부민들에게 자제들을 입학시키도록 권유하고 있다.[58] 이후 학부는 다시 한성의 銅峴과 安洞에 관립소학교를 증설하였고[59], 지방공립소학교를 설립할 곳으로 漢城府·水原·忠州·公州·全州·光州·大邱·晋州·海州·平壤·定州·春川·咸興·鏡城·開城府·江華府·仁川港·釜山港·元山港·慶興港·濟州牧·楊州郡·坡州郡·淸州郡·洪州郡·林川郡·南原郡·順天郡·靈光郡·慶州郡·安東郡·安岳郡·義州郡·江界郡·成川郡·原州郡·江陵郡·北靑郡 등을 지정하였다.[60]

이로써 근대적 국민교육제도의 기초가 놓이게 되었고 교육근대화의 제1보를 내딛게 되었다. 즉 근대화 추진에 요구되는 근대적 법치질서 확립에 요구되는 법관요원의 양성을 위한 법관양성소의 설치, 해외문물의 도입에 필요한 외국어교육을 위한 외국어학교의 설치, 재래교육에서 근대적 고등교육으로의

---

56) 《高宗實錄》, 고종 32년 7월 2일, 칙령 136호.
57) 《高宗實錄》, 고종 32년 7월 5일.
58) 《官報》, 개국 504년 9월 30일, 학부고시 4호.
59) 《官報》, 건양 원년 8월 5일.
60) 《官報》, 건양 원년 9월 21일, 학부령 5호.

점진적 전환을 의도한 성균관 경학과의 정비, 국방요원의 양성을 위한 훈련대사관양성소의 설치, 국민보통교육을 위한 사범학교와 소학교의 설립 등으로 근대적 국가운영을 위한 국민교육제도가 법적·제도적으로 일단 정립되었다.61)

〈邊勝雄〉

2. 근대 교육의 발전

1) 근대 교육의 이념

(1) 실용주의 교육 지향

한국 근대 교육발전에는 실용주의와 자강주의가 표리관계를 이루며 그 발전의 이념적 바탕을 제공하였다고 생각된다.

조선정부는 개항 이후 국제관계의 확대와 근대국가로의 발전과정에서 각종의 근대학교를 설립하고 실용주의 교육을 표방하였다.

1880년대의 교육실험을 거쳐 갑오년 이래의 개혁과정에서 정립된 조선의 근대 교육은 농업중심, 성리학적 가치관이 중심이 되어 있는 재래교육과는 그 교육이념을 달리하게 되었다. 조선사회가 근대 세계자본주의 질서 속에서 국가와 민족을 보전하기 위해서는 하루 속히 선진적 서구문물을 수용하여 자급자족의 농업을 위주로 한 경제체제를 극복하고 근대산업을 개발하는 것이 급선무라고 생각되고 있었으므로 국왕 고종은 갑오개혁에 이어 을미교육개혁에서 다음과 같이 利用厚生의 실용주의 교육을 표방하였다.

- 교육도 그 道가 있는지라 虛名과 實用의 분별을 먼저 세워야 할 것이니
- 今에 朕이 교육하는 綱領을 제시하여 虛名을 버리고 實用을 是崇하노니

---

61) 李元浩, 〈甲午改革期의 近代敎育定立과 그 展開〉(《開化期敎育政策史》, 文音社, 1987), 59-93쪽.

• 風敎를 扶植함으로써 人世의 질서를 유지하고 사회의 행복을 증진하라. (《高宗實錄》, 고종 32년 2월 2일)

교육에 있어서 실용주의 채택은 근대 교육이 재래의 제도교육과 달리 지배층 중심의 엘리트교육체제에서 벗어나 근대 국가의 일반 국민을 교육하는 보통교육체제를 지향하게 될 때 필연적으로 초래될 결과라고 할 수 있을 것이었다. 이제 조선의 교육이 실용주의를 표방하고 새로운 교육을 지향하게 된 근본적인 이유는 보편적 가치교육에 심혈을 기울이는 正德 위주의 학문 대신에 이용후생의 실질적 학문을 가르치고 배워, 현실적 대응능력을 배양하고자하는 自强主義가 그 바탕을 이루고 있었다.

(2) 자강주의 교육

한국 근대 교육에서 자강주의는 교육을 실현하는 주체와 시대의 흐름에 따라 국가자강·국민자강·민족자강을 지향하였다.

가. 국가자강주의

개항 이후 조선정부는 서세동점의 위기 속에서 국가의 독립과 자존을 지키기 위하여 개화정책을 추진하였다. 고종과 집권세력은 부국강병만이 조선의 자주독립을 지킬 수 있으며, 이는 서구의 문물 특히 산업과 과학기술 군사무기의 수용을 통해서 가능하다고 생각하였다. 서구의 문물을 수용하기 위해서는 새로운 인재의 양성이 필요하였고, 그것은 새로운 교육에 의해 가능한 것이었다. 그리하여 정부와 집권 개화파 세력은 여러 유형의 근대학교, 즉 동문학·육영공원·연무공원·경학원·농무학당 등을 설립하고 일부 지배층 자제들을 중심으로 새로운 교육을 실시하였다. 그러나 개화정책의 원동력을 배양하기 위한 1880년대의 이러한 교육실험은 기대한 성과를 이루지 못한 채 지지부진하였다.

집권세력의 부패와 무능, 수구·보수세력의 저항으로 개화정책이 혼선을 일으키고, 외세의 경제침략으로 민생이 도탄에 빠지면서 동학농민전쟁이 야기되어 국가는 위기상황에 빠지게 되었다. 이에 고종은 앞에서 서술한 바와 같이 갑오개혁을 선언하였다. 개혁의 추진에는 무엇보다 교육개혁이 중요하다고 생각되었으므로 고종은 1895년 2월 교육 조칙에서 "오호라 民을 가르치지 아니하면 국가를 공고케 하기 심히 어려우니, 宇內의 형세를 돌아보건대 부강하여 獨立雄視하는 諸國은 모두 그 인민의 지식이 개명하고 지식의 개명함은 교육의 善美함으로써인즉, 교육이 실로 국가 보존하는 근본이라… 朕이 정부에 명하여 학교를 광설하고 인재를 양성함은 너희 신민의 학식으로 국가의 中興大功을 이루기 위함이라. 너희 신민은 忠君愛國하는 심성으로 德·體·智를 기르라"[1]고 선언하였다.

조선의 재래교육이 성리학적 가치에 입각하여 군왕을 보필하고 백성을 통치할 관료를 양성하고, 성리학적 질서에 순응하는 국민을 양성하고자 했다면, 위의 조칙이 지향하는 바는 교육으로 인민의 지식을 개명하여 국가를 보존하고 국가중흥을 이루고자 하였다. 즉 현실 대응능력이 있고 군주에게 충성하는 신민을 양성함으로써 국가자강을 이루려 하였다.

그리하여 위의 조칙은 교육에 있어서 이용후생을 위한 실용주의를 강조하면서도 첫째로 '五倫의 행실을 닦아 풍속과 기강을 어지럽히지 말고 교화에 힘써 세상질서를 유지하고 사회의 행복을 증진하도록' 德養을 앞세우고 있음을 볼 수 있다.

현실 대응능력이 있으면서 군주에게 충성하는 신민을 양성하여 국가자강을 이루고자 했던 조선정부의 교육정책은 建陽·光武연간에 이르러 經本藝參의 교육정책으로 나타나게 되었다.

갑오개혁정부는 재래의 학문과 교육을 허명과 무용의 것으로 규정하는 한편, 과거제도를 폐지하고 관료임용제도를 개혁하였다. 이로 말미암아 유생들은 관료와 스승이 될 자격을 박탈당하였다. 이에 분개한 유생들은 이를 천지대변으로 규정하고, 성균관교육을 비롯한 재래교육의 존중과 聖學守護를 외치며 을미사변을 계기로 갑오개혁정부와 왜의 타도를 내세워 의병전쟁을 일으키기에 이르렀다. 이에 고종은 정부를 개편하고 舊本新參정책을 내세워 재래의 것을 기본으로 하고 새로운 것을 참작하는 점진적 개혁정책을 표방하여 보수유생들의 반발을 무마하는 한편, 이를 계기로 군주권을 더욱 강화하

---

1) 《舊韓國官報》, 개국 504년 2월 2일(이하 《官報》).

고자 하였다. 이는 大韓國制의 선포로 나타나게 되었다.

구본신참정책이 전개되는 가운데 교육에 있어서는 經本藝參정책이 추진되었다. 정부는 공립소학교 부교원제를 마련하여 유생이 교원으로 활동할 수 있도록 조치하는 한편, 성균관관제를 개정 강화하였다. 학부대신 申箕善은 성균관경학과 교육을 강화하여 유생들이 구학문과 겸하여 신학문을 공부하도록 하고 그 위치를 높이는 한편, 유생들이 관료로 진출할 수 있도록 배려하고 조치하였다.[2]

새로운 국제로 출발한 대한제국 정부는 황제권력 강화를 통한 국가자강을 더욱 공고히 하고자 하였으므로 교육에 있어서 도덕 특히 충효를 강조하였다. 그리하여 학부대신 신기선은 공립소학교에 훈령하여, 교원은 한갓 文字·藝術敎育으로 능사를 삼지 말고 학동들에게 먼저 예절과 도덕교육을 실시하고 과정에 이르도록 지시하였다.[3] 이는 광무 3년(1899) 제정된 중학교관제에도 반영되어, 중학교관제 제1조는 "중학교는 實業에 就코져 하는 인민에게 正德利用厚生하는 중학교육을 보통으로 교수하는 處로 정함이라"[4]고 명시하여 정덕을 선행의 교육지표로 삼고 있음을 볼 수 있다.

황제권력을 강화하고 실용중의 교육으로 국민적 역량을 배양하여 부강한 국가를 건설하여 자주독립을 이루려는 국가자강주의 교육은 개신유학파 학자와 保皇主義者들의 사립학교 설립과 신교육운동에 의해 뒷받침되었다.

개신유학자들이 중심이 되어 운영되었던 《황성신문》은 유생들에게 소학교 과정이 經·史·文·算이므로 교육에 적극 참여하도록 권장하였고,[5] 유교적 가치관으로 양성된 상당수의 유생들이 자신들의 지식을 바탕으로 신학문을 익혀 신교육에 임하고 있음을 볼 수 있다. 이들 유생들이 忠君愛國교육에 앞장서는 가운데 일본 등지에 유학하고 돌아온 인사들도 문명개화의 실용주의 교육으로 황제를 도와 대한제국의 기반을 튼튼히 하는 것을 그들의 직분으로 여기며 국가자강주의 교육에 앞장서고 있음을 볼 수 있다.[6]

---

2) 邊勝雄, 〈大韓帝國政府의 經本藝參政策과 儒生層의 新敎育參與〉(《建大史學》 7, 1989), 89~119쪽 참조.
3) 《皇城新聞》, 광무 3년 3월 13일, 잡보 〈訓令各校〉.
4) 《官報》, 광무 3년 4월 6일, 칙령 11호 〈中學校官制〉.
5) 《皇城新聞》, 광무 5년 2월 4일, 논설 〈地方儒生勿自暴棄〉.

특히 관료임용제도의 개혁에 부응하여 많은 수의 전·현직 관료와 황제의 측근세력들은 신식학교를 설립하고 법률·경제·통상지식 등 현실 응용학문 교육에 정치적 역량을 기울이고 있다. 이들은 자연히 황제권력을 중심으로 한 국가권력의 강화를 지향하는 국가자강주의 교육실현을 그들의 직분으로 생각하였다.[7)]

나. 국민자강주의

정부와 개신유학자, 정부파견의 유학생 출신 인사, 전·현직관료들이 국민교육의 목표를 황제권력을 중심으로 한 국가권력의 강화를 통한 국가자강주의를 기본이념으로 삼았던 것과는 달리, 변법개화파, 독립협회의 민권파, 상인과 부농 등 신흥의 자산가, 서양선교사 및 기독교인들을 비롯한 종교계 인사들은 민권의 신장과 인민의 역량 배양에 교육의 목표를 둔 국민자강주의 교육을 지향하였다.

변법개화파 박영효는 앞에서 살펴보았듯이 일본 망명 중에 고종에게 상소를 올려 "만약에 군주의 전제권을 견고히 하려면 인민을 어리석게 함만 못하다. 인민이 어리석고 약해지면 실로 군주의 전제권이 견고해진다. 그러나 인민이 어리석고 약해지면 나라도 또한 약해지는 것이다… 그러므로 진실로 한나라를 부강케 하고 만국과 대항케 하려면 군권을 줄여 국민들로 하여금 응분의 자유를 누리게 하고 보국의 책임을 다하게 함만 못하다"고 주장하였다.

즉 변법개화파는 교육으로 인민을 개명시켜 군주권을 억제하고 민권을 신장함으로써 참된 근대적 국민국가를 건설하고자 하였다.

변법개화파의 인민교육론은 독립협회의 민권파들에 의해 더욱 발전되었다. 독립협회 인사들은 국가 성립의 기초는 인민이고, 인민은 교육을 통해 강력한 국민으로 양성해야만 부강한 독립국가를 이룰 수 있다고 보았다.[8)]

---

6) 呂炳鉉, 《親睦會會報》, 勸學說.
李吉相·丁淳佑 共編, 《韓國敎育史料集成》 開化期篇 1(한국정신문화연구원, 1991), 26쪽.

7) 邊勝雄, 〈韓末私立學校 設立動向과 愛國啓蒙運動〉(《國史館論叢》 18, 국사편찬위원회, 1990), 29~55쪽.

8) 《大朝鮮獨立協會會報》 7호, 1897. 2, 〈敎育의 急務〉.

그리하여 독립협회는 '인민교육이 조선의 최우선 급무임'을 환기시키는 한편, 국민교육을 위하여 가장 기초적인 사업으로 소학교와 여학교의 설립을 강조하였다.[9] 독립협회의 민권자강운동에서 한 걸음 더 나아간 萬民共同會 역시 정부에 대하여 각 학교의 설립을 요청하고, 특히 인민의 생명을 구원하여 살리는 醫學校의 설립을 강력히 촉구하였다.[10]

인민의 권리를 신장시키고 개명한 국민을 양성하여 열강의 간섭과 침략으로부터 나라의 자주독립을 지키려고 활동하던 독립협회와 만민공동회는 광무황제의 조칙으로 광무 2년(1898) 12월 25일 해산되었다. 독립협회와 만민공동회가 군주주권을 부정하고 국민주권에 입각한 공화정치를 획책하고 있다고 보아 이를 탄압하고 해산을 명하였다.[11]이로써 조직적인 민권자강운동 즉 국민자강주의운동은 일단 중단되었다.

국민주의는 국민이 국가성립의 기초요 국가의 부강과 자주독립은 국민의 힘에 의해 좌우된다는 사상에서부터 출발한다고 할 수 있을 것이다. 국민이 힘을 자각하면서 국민의 권리의식 또한 잉태되고 성장한다고 할 수 있기 때문이다. 조선사회는 을미사변과 아관파천의 와중에서 독립협회와 만민공동회 운동으로 외세와 부패관료의 만행을 어느 정도 견제하는데 성공하면서 국민의식과 민권의식이 민중 속에서 배태되고 발전되어갔다.

외세와 부패 관료의 침탈로부터 자신들의 이익과 권리를 확보하기 위해서는 스스로 강해져야 한다는 자강의식이 국민 속에서 성장하였다. 국민의 자강의식은 개항이후 외국상인과의 접촉이 많아진 개항장의 상인층과 지방 수령들의 불법적 수탈대상이 된 지방의 부농층을 중심으로 먼저 성장하였다.

외국 상인이 출입하는 이른바 개항장에서는 국제법이나 통상지식에 어두워 치외법권을 내세우는 외국인과의 거래에서 손해 보는 일이 발생하여도 정부의 보호를 제대로 받지 못하는 경우가 허다하였다.[12] 이에 개항장의 상

9) 愼鏞廈, 〈신교육론〉(《獨立協會硏究》, 一潮閣, 1976), 223~229쪽.
10) 《獨立新聞》, 1898년 7월 18일, 잡보 〈사민편지〉.
11) 鄭 喬, 《大韓季年史》 상, 402~403쪽.
12) 李鉉淙, 〈開港場·開市場·開放地·雜居地의 性格〉(《韓國開港場硏究》, 一潮閣, 1975), 18~26쪽.
《皇城新聞》, 광무 4년 1월 19일, 잡보 〈通漁章程과 津浦船價〉.

인과 시민들은 자신들의 권익을 스스로 지켜야겠다는 생각을 갖게 되었고, 이는 신교육의 수용과 사립학교의 설립으로 나타나게 되었다.[13]

개항 이후 날로 증가하는 외국문물과 상품유입은 관료들의 사치와 부패를 더욱 조장하였고, 이는 관료들의 농민에 대한 수탈로 전이되어 많은 사회적 문제를 야기하고 있었다. 조선 후기 이래 성장해 온 경영형 부농들은 서당을 설립하여 자제들을 교육하고 지식함양과 신분향상을 도모하는 한편, 지방 수령들의 수탈에 항거하여 소청과 벽서운동을 전개하기도 하고 때로는 집단적으로 소요를 일으키고 민란을 지원하거나 주도하기도 하였다. 그러나 동학농민운동과 갑오개혁으로 일단의 개혁이 이루어진 가운데 지방민들 가운데는 새로운 시대를 맞아 새 학문과 지식으로 힘을 키워, 법에 근거하여 수령들의 불법 수탈에 대항하고자 과거의 詩나 賦를 공부하는 서당 대신에 새로운 학교를 설립하고 신교육을 수용하고 있음을 볼 수 있다.[14]

또한 국민 스스로 강해져야 한다는 취지의 국민자강주의 교육은 선교사들의 신교육활동을 통해 민중 속에 깊숙이 뿌리내리기 시작하였다. 선교사들은 '하느님 앞에서 만민은 평등하다'고 복음을 전파하였고, 전도의 목표를 상류층보다 근로계급에 두는 한편, 초등학교와 여학교 설립에 역점을 두고 청소년과 부녀자 교육을 실시하였다.[15] 기독교 선교의 방편으로 시작된 선교사들의 교육활동은 한국 민중을 계몽하여 국민자강의식을 배양하고 근대 교육을 발전시키는데 결정적인 영향을 끼쳤다고 할 수 있다.

선교사들의 이러한 교육활동은 국내의 뜻 있는 인사와 기독교신자들에 의해 뒷받침되었다. 정치범으로 투옥되었다가 1904년 초 석방된 이상재·이원긍·홍재기 등 상당수의 인사들이 연동교회에 입교하였다,[16] 이들은 연동교

《皇城新聞》, 광무 2년 9월 17일, 잡보 〈豈能盡善〉.

13) 《皇城新聞》, 광무 4년 9월 15일, 잡보 〈仁港創校〉.
《皇城新聞》, 광무 7년 12월 15일, 잡보 〈報請設校〉.
趙璣濬, 《韓國企業家史》(博英社, 1973), 373~375쪽.

14) 《皇城新聞》, 광무 3년 3월 7일, 잡보 〈法規類編〉.
《皇城新聞》, 광무 3년 4월 7일, 잡보 〈去舊從新〉.

15) 孫仁銖, 〈近代學校設立의 類型과 展開過程〉(《韓國教育研究》 1, 한국정신문화연구원, 1980. 6), 155~193쪽.

16) 李能和, 《朝鮮基督教及外交史》(朝鮮基督教彰文社, 1928), 203~204쪽.

회를 중심으로 1904년 8월 國民敎育會를 조직하였다.[17] 국민교육회는 '국민교육회규칙대요' 제2조에서 "본회의 목적은 일반국민의 교육을 면려하여 지식을 발달케 하되 완고의 폐습을 혁거하고 유신의 규모를 확립할 사"라 하고 국민교육운동을 전개하였다.[18]

국민교육회가 조직되어 국민교육운동을 전개할 무렵 국민교육을 위한 또 하나의 움직임이 서울의 상동교회를 중심으로 전개되었다. 1904년 10월 한인 목사 全德基가 재미교포 姜天明이 성금을 보내오자 유지들의 추가지원을 받아 尙洞靑年學院을 설립하였다.[19] 상동청년학원의 설립 취지서는 다음과 같이 교육을 통해 인민 스스로 강해져야 한다고 밝히고 있음을 볼 수 있다.

> 우리 인민의 가장 긴급한 일이 생활방도에 있지 않은가. 각국과 통상한 지 수십년래에 본국 대상인들이나 재산가, 식량이 풍부하던 사람들도 점점 줄어들어 빈곤이 날로 심해지고 재원이 날로 고갈되니 가난하고 직업이 없는 사람들은 더욱이 어떻게 살 것인가… 그 까닭은 다만 학업을 먼저 힘쓰지 못하고 당장 생계만 구차히 도모한 데 있는지라. 지금 천하의 사람들이 모든 일에 학문으로 자본을 삼지 않는 자가 없다… 우리 동지 여러 사람은 상동회당 안에 청년학원을 설립하고 內外國 語言文字와 物理·算術·地誌 등 필요한 학과를 교육하는데… 大韓人의 공익을 藉코져 함에 실로 罕有한 사업이더라(《皇城新聞》, 광무 9년 2월 13일, 잡보 〈學院趣旨〉).

위에서 살펴본 민권확충을 위한 인민자강 즉 국민자강주의 교육이념은 러일전쟁 이후 일제의 침략이 노골화되면서 각종의 계몽단체와 학회의 민족자강교육 교육구국운동이념으로 발전하였다.

다. 민족자강주의

러일전쟁에 일본이 승리하면서 한국을 보호국화하고 한국교육에 대한 식민지화 작업을 전개하자 국민교육회 인사들은 이에 대항하기 위하여 국민사범학교의 설립을 추진하였다. 일제가 획책하는 교육식민지화 작업에 대항하여 한국 국민정신을 지키기 위해서는 무엇보다 국민교육 내지 민족주의교육

---

17) 《大韓每日申報》, 1904년 8월11일, 잡보 〈국민학교〉.
18) 《大韓每日申報》, 1904년 9월 9일, 10일, 12일, 잡보 〈국민교육회규측의 대요〉.
19) 韓圭茂, 〈舊韓末 尙洞靑年會의 설립과 활동〉(1988, 서강대 석사학위논문).

을 담당할 교사의 양성이 시급하다고 느낀 국민교육회는 교사 양성에 많은 시간을 할애할 수 없다고 판단하고 사범속성과를 설립하고 교사양성에 진력하였다.[20]

국민교육회 활동에 이어 한국 계몽주의세력은 大韓自强會 · 西北學會 등을 비롯한 각종의 계몽단체와 학회들을 조직하고 민족자강 교육을 통한 구국운동을 전개하였다.[21]

이 시기 한국의 신지식인들은 청일전쟁과 을미사변, 러일전쟁 등을 겪으면서 '優勝劣敗' · '적자생존'의 사회진화론에 영향 받아 "천지창조이래 '생존경쟁' '우승열패는 계속되어 온 것으로, 처음에는 인류와 짐승간의 경쟁이었으며, 인류의 승리 후에는 인류간의 경쟁으로, 지금에 이르러서는 국가와 국가, 민족과 민족간의 경쟁으로 확대되어 우수한 민족 · 국가가 열등한 민족 · 국가를 약탈 침략하기에 이르렀다"고 보아 弱肉强食 · 우승열패의 현실 속에서 우리 민족이 살아 남는 길은 스스로 힘을 길러 강자가 되는 수밖에 없다고 보았다. 그리하여 이들은 "현금은 세계인류가 智力競爭으로 우승열패하고 약육강식하는 시대라, 吾族의 智力이 他族을 대적하지 못하면 짓밟히고 삼킴을 당해 도태되는 것이 세상의 이치라"고 보고[22] 한국이 종래 自强之術을 강구하지 않았기 때문에 국민이 어리석어지고 국력이 쇠퇴하여 외인의 보호를 받게 되었으니,[23] "오직 교육을 넓혀 民智를 발달하게 하는 것이 가장 힘쓸 일이다… 교육의 힘이 타락한 국운을 만회하고 죽음에 이른 인민을 살아나게 할 것이다"라고 역설하였다.[24]

당시에 있어서 계몽주의 지식인들의 최대 조직이었던 대한자강회는 약육강식 · 적자생존의 국제사회에서 교육을 통한 국민의 개명과 문명의 고도화가 약자를 강자로 만드는 길이라고 생각하고 교육자강을 위한 의무교육운동을 전개하였다.[25] 그런데 대한자강회가 전개한 의무교육운동은 정부는 재정

---

20) 《皇城新聞》, 광무 9년 10월 19일 광고, 20일, 잡보 〈師範募集〉.

21) 趙東杰, 〈韓末啓蒙主義의 構造와 獨立運動上의 位置〉(《韓國民族主義의 成立과 獨立運動史硏究》, 지식산업사, 1989), 97~140쪽.

22) 《西北學會月報》, 창간호, 1908년 6월 1일, 〈論說〉.

23) 《大韓自强會月報》, 제1호, 9쪽, 〈大韓自强會趣旨書〉.

24) 《大韓每日申報》, 1906년 1월 6일, 論說 〈務望興學〉.

이 어려워 의무교육을 실시할 수 없는 형편이므로 국가차원에서 의무교육령을 반포하고 국민이 경비를 분담하여 의무교육을 실시하자는 것이었다. 대한자강회가 구상한 의무교육실시안은 ① 적당한 행정구역을 단위로 학구를 정하여 區立소학교를 설치하고, ② 구립소학교의 설비와 유지비용은 구내주민이 부담하며, ③ 구내주민은 학무위원을 설치하여 교과서의 선정 등 학무 일체를 담당시키며 ④ 의무교육의 연한은 5년간으로 한다는 것이었다.[26]

대한자강회의 이러한 의무교육안에 대하여 《만세보》와 《황성신문》도 적극적으로 지지하였다. 그런데 이 의무교육안은 일제의 식민지화 교육정책이 진행되는 상황에서, 이에 대항하여 교육권을 한국의 민간인이 장악하려는 것이었다고 할 수 있다. 즉 정부가 교육재정을 마련하기 어렵다는 구실 하에 지역주민이 교육비를 부담하고 학무위원을 선출하여 교과서의 선정 등 학무 일체를 주관하자는 것이었다. 그리고 西友學會를 비롯한 계몽단체와 각처의 유지인사들도 의무교육운동을 전개하는 한편, 사립학교 설립을 통한 민족자강교육운동을 적극적으로 전개하였다. 이는 관·공립학교 교육이 일본의 관료주의 및 동화정책 실현의 장으로 바뀌어가고 있었으므로 이에 저항하여 민족보전과 애국정신을 고취하고자 함이었다.[27]

청소년의 교육과 국민지식의 계발에 주안점을 두고 전개되던 사립학교의 설립과 교육은 일제의 국권침탈이 자행되어 국가와 민족이 위기에 처하자 자주독립을 위한 민족주의정신에 기반을 두고 진행되었다.[28] '국가는 민족정신으로 구성된 유기체'라고 인식되고 있었으므로[29] 민족이 강해지면 국가는 다시 소생될 수 있는 것이었다. 민족은 혈통·국가·종교·어문·역사(전통)·풍속 등에서 공통성을 매개로 하여 응집력을 갖는데 당시에 있어 한민족은 종교적으로는 응집력을 보일 수 없었으므로 민족정신을 배양함에 있어

---

25) 柳永烈, 〈大韓自强會와 新民會의 民族運動〉(《大韓帝國期의 民族運動》, 一潮閣, 1997), 180~210쪽.

26) 《大韓自强會月報》, 제8호, 41~42쪽, 〈義務敎育條例大要〉.

27) 孫仁銖, 〈韓國 近代 民族主義 敎育運動硏究-舊韓末 近代私學의 民族保全理念과 敎育救國運動을 중심으로〉(《近代 民族敎育의 展開와 葛藤》, 韓國精神文化硏究院, 1982), 5~46쪽.

28) 孫仁銖, 위의 글.

29) 申采浩, 《大韓每日申報》, 1908년 8월 27일, 〈讀史新論〉 敍論.

서 단군 이래 동일한 혈통을 이어오며 언어와 역사를 같이한 공동체임을 인식시키는 것이 중요하였다. 그리하여 구국계몽운동 세력은 국학·국어·국문·국사의 연구와 교육에 진력하였다.30)

그 결과 학생들은 '만란을 무릅쓰고… 우리 이천만 동포가 각기 그 집을 보존하고 의무를 다하여 국권의 타락을 회복하여야 한다', '우리가 거주하는 이 반도는 선조로부터 이어 받은 것이다… 우리 민족을 멸하려는 저 원수를 강철과 같은 마음으로 殺滅하지 않으면 안된다', '臥薪嘗膽 인내하여 훗날의 부강을 가져오도록 분발하자'고 민족자강과 국권회복에 대한 강한 의지를 갖게 되었다.

이러한 민족자강주의 교육은 일제 강점기에도 사립학교와 한인교사들에 의해 줄기차게 전개되었으며, 3·1운동의 원동력이 되었다. 그리고 일제의 皇民化 교육정책에 대한 현실적 저항운동으로 전개된 조선인본위교육운동의 이념적 바탕을 제공하였다.31)

2) 근대 학교의 설립

한국사회에 새로운 교육을 위해 학교가 설립되기 시작한 것은 1880년대부터이다. 그러나 이 시기의 학교의 설립은 근대적 국민교육을 위한 것이라기보다는 서구의 학문과 기술을 부분적으로 수용하고자 하는 조선정부의 동도서기론적 개화정책이 낳은 산물이었다. 그리하여 1880년대의 이들 학교는 기대할 만한 교육성과를 거두지 못하였다

가. 정부의 근대학교 설립

근대학교의 설립과 발전은 조선정부가 동학농민전쟁을 계기로 추진한 갑오개혁의 일환으로 전개된 을미교육개혁에 의해 본격적으로 전개되었다. 조선정부는 1895년 2월 국민교육을 위한 〈교육입국조서〉를 발표하였고, 뒤이어서 근대적인 국가·국민교육체제를 위한 각종의 학교관제와 규칙을 제정 공

30) 조동걸, 앞의 글.

31) 변승웅, 〈소위 문화정치하의 민족교육운동〉(《한민족독립운동사》 8 -3·1운동 이후의 민족운동 1-, 국사편찬위원회, 1990), 108~140쪽.

포하고, 한성사범학교(1895)를 필두로 일반 국민교육기관으로 서울을 비롯한 각지방 주요도시에 소학교를 설립하였고, 1899년에는 수업 연한 7년의 중학교를 설립하였다.

그리고 실무에 활용할 수 있는 외국어와 법률·기술 등을 교육하기 위하여 외국어학교(日語학교, 1891, 英語학교, 1894, 法語학교, 1895, 俄語학교, 1896, 漢語학교, 1897, 德語학교, 1898), 법관양성소(1895), 電務학당(1897), 郵務학당(1897), 상공학교(1899), 鑛務학교(1900) 등을 계속적으로 설립하였다. 또한 국내외의 각종 의술을 교육하기 위하여 1899년 3월 24일 의학교관제를 공포하고 京城醫學校를 설립하였다.[32]

조선정부는 근대학교를 설립하는 한편으로 유생들을 무마하기 위하여 성균관관제를 개정하고, 성균관경학과규칙을 제정하여 유생들에게 실용에 필요한 새 학문을 학습하도록 조치하였다.[33]

나. 전·현직관료 및 황제 측근세력들의 사립학교 설립

정부의 학교설립에 이어 중앙과 지방의 전·현직관료 및 황실과 측근세력들도 각종의 학교를 설립하였다. 정부가 갑오개혁으로 관료선발방식을 바꾸어 새로운 銓考局條例와 選擧條例를 제정하고,[34] 과거의 經·史 대신 새로운 학문에 밝은 자를 선용하자 중앙의 관료와 실력자들은 새로운 학문을 가르치기 위한 신식의 시무학교를 설립하였다. 흥화학교·광흥학교·낙영학교(한성의숙←을미의숙)·중교의숙(←시무학교)·사립법률학교·광성학교(→광성상업학교)·우산학교·사립철도학교 등을 설립하였다.[35] 즉 이들은 정부의 국가자강주의 교육정책에 발맞추어 새로운 인재를 양성하고자 하였다.

대체로 중앙의 실력자들이 이들 학교들을 설립한 것은 다음과 같은 이유에서였다고 생각된다.

---

32) 손인수, 〈한국근대 교육의 유형·보급과 그 실태〉(《한국교육연구》 1, 한국정신문화연구원, 1980), 155~193쪽.

33) 《官報》, 개국 504년 7월 4일, 칙령 136호 〈成均館官制〉.
《官報》, 개국 504년 8월 12일, 학부령 2호 〈成均館經學科規則〉.

34) 《高宗實錄》, 고종 31년 7월 3일·13일.

35) 姜在彦 著, 鄭昌烈 譯, 〈敎育的 開化와 近代學校의 성립〉(《韓國의 開化思想》, 比峰出版社, 1981), 303~306쪽.

첫째, 개항 이후 국가경영에 참여하면서 현실적으로 재래학문이 아닌 서구의 실상학문인 법률·경제·기술 등에 밝은 관료의 양성이 무엇보다 시급하다는 것을 알게 되었기 때문이었다. 즉 이것만이 제국주의 열강의 정치·경제적 침략을 극복하고 국가의 독립을 지킬 수 있는 국가자강의 방책이라고 생각한 데 있다. 둘째, 이들은 구래의 봉건적인 양반지주제를 주축으로 새로운 자본가적인 지주제, 자본주의 경제체제를 수립하려 하였으므로[36]이를 위한 인재의 양성이 무엇보다 중요하다고 생각한 때문이었다고 보아진다. 셋째, 누구보다도 사회경제적 변화를 신속하게 감지할 수 있었던 이들은 현실적으로 재래의 학문이 아니라 새로운 실상학문을 알아야 새로운 사회에서 지배적 위치를 계속 향유할 수 있다고 생각했기 때문이었다고 하겠다. 넷째, 신교육과 학교설립을 명분으로 義捐金과 贊成員을 모으고, 정치적 실력자와 유대관계를 맺으려 한 경우도 있었다고 보여진다.

그리하여 이들은 의연으로 학교를 설립하고 국내의 신식교육기관과 외국유학 등을 통해 신학문을 수학한 인물들을 교사로 연빙하여 지배층 자제들을 모아 교육하였다.[37] 그리고 이들 학교는 정부의 새로운 시책이나 사업계획에 따라 정부와 약정을 하고,[38] 특수학과를 설립하여 실무관료의 양성에 협력하기도 하였다. 그리고 정부로부터 사립학교 출신 서용을 위한 특별조치를 얻어내기도 하여 그 학교 출신의 관리직 진출을 도모하고 있음을 볼 수 있다.[39] 그리하여 광무년간 초기에 설립된 각종 사립학교 출신들 중 많은 수가 대한제국 관원으로 활약하고 있음을 볼 수 있다.[40]

실상학문과 신식의 시무교육에 대한 필요성은 대외교역이 증대하고 제국

---

36) 金容燮, 〈甲申 甲午改革期 開化派의 農業論〉(《韓國近代農業史硏究》, 一潮閣, 1975), 303~374쪽.

37) 광무년간 당시 《황성신문》 등에 보이는 학원모집광고를 살펴보면, 위의 학교에 입학하기 위해서는 서울에 거주하고 있는 薦主 및 보증인 또는 학교관계자의 보증이 필요하였다. 경우에 따라서는 3인 이상의 보증을 요구하기도 하였다. 그리고 일정 수준 이상의 실력을 요구하고 있었다. 따라서 일반 민인 자제의 입학은 어려웠다고 여겨진다.

38) 《皇城新聞》, 광무 4년 4월 2일, 잡보 〈衙校成約〉.

39) 《官報》, 광무 4년 9월 16일, 法部令 2호.

40) 《大韓帝國官員履歷書》(國史編纂委員會, 1972), 참조.

주의 열강의 경제적 침략이 가중되어 감에 따라 전국적으로 확산되어 갔다. 조선사회는 시간이 흘러감에 따라 1876년의 강화도조약에서 개항하기로 한 인천·부산·원산만이 아니라 전국이 개방되어 갔다. 조약과 통상장정에 의해 합법적으로 개방되지 않은 지역에까지 외국인들이 무상으로 출입하며 경제침략을 일삼고 있었다. 이에 대응 할 수 있는 근본적인 대책은 교육을 통하여 현실대응능력을 함양시키는 것이었다. 그리하여 각 지방에서는 돈을 모아 사립학교를 설립하고 학부에 인허가를 청하는 한편, 교원의 파견을 요청하기도 하였다.[41] 그런데 이와 같은 학교설립에 앞장서고 있었던 인사들은 지방사회의 유력자들이었다. 따라서 지방관들은 이들 지방사회의 유력자들을 포용하기 위해서도 학교설립에 진력할 필요가 있었다. 設校興學은 조선시대 이래 '守令七事'에 속하는 지방수령들의 임무이기도 하였으므로 상당수의 지방관들은 지방 유력자들과 협조 속에 사립학교를 설립하고 새 학문을 교육하는데 진력하였다.[42]

다. 개항장 상인 및 유지 신사들의 사립학교 설립

문호개방과 대외통상의 확대에 가장 민감한 반응을 보인 것은 무엇보다 상인세력이었다. 이들 상인세력이 외세와 주로 부딪히는 곳은 자연히 開放地·開市場·雜居地·開港場 등으로 일컬어지는 통칭 개항장이었다. 개항장은 외국선박이 도착하고 외국상품이 들어오고 외국어와 외국의 풍속과 복장이 혼효를 일으키고 고유의 것이 도전을 받는 곳이었다. 이 곳에는 외국인 거류지가 설정되고 치외법권이 인정되어 부분적으로는 외국의 식민지화된 곳이었다.[43]

문호개방 이후 인천·부산·원산 등 개항장에는 조선 후기 이래 성장해 온 객주·여각들을 비롯해 대소 상인들이 모여들었다. 이들은 자연히 외국상인들과 접촉하며 무역활동을 전개하였다. 개항 초기 외국상인들은 전관거류

41) 《皇城新聞》, 광무 5년 2월 5일, 잡보 〈設校請師〉.
42) 《獨立新聞》, 광무 원년 8월 28일, 잡보 〈라쥬군수〉.
《皇城新聞》, 광무 3년 5월 1일, 잡보 〈南郡文昌〉.
《皇城新聞》, 광무 3년 2월 16일, 잡보 〈可鎭海隅〉.
《皇城新聞》, 광무 3년 5월 3일, 잡보 〈彬彬多士〉.
43) 李鉉淙, 앞의 글, 18~26쪽.

지에서 10리를 넘는 지역에서는 행상할 수 없었으므로 그들의 상거래는 개항장에 한정되었다. 그리고 이들은 언어도 불통했고 내륙의 상거래 관습에도 익숙하지 못하였으므로 부득이 개항장의 객주와 여각·거간·통역 등을 통해 상품을 판매하고 물화를 수집할 수밖에 없었다.[44]

그러나 이들 외상들은 治外法權·沿海測量·任自貿易 등 조약·조항들을 내세워 경제침투를 강화하였다. 이들은 이 곳에 점포를 개설하고 은행지점들을 설립하고 상업회의소 등을 조직하여 경제활동을 증대시켰다.[45] 이에 국내의 私商都賈·객주·여각·상회 등은 통역과 더불어 이들 외국상인과 이해관계에 따라 화응하기도 하고 대립하기도 하였다.[46]

이 곳 개항장은 능력 여하에 따라서 새로운 富를 획득할 수 있는 곳이었다. 즉 외국어의 통달, 상업거래와 무역지식, 만국공법과 통상약장 등 법률이해, 물화의 수집능력과 洋貨에 대한 분별력 등이 곧 부를 획득할 수 있는 길이었다. 그리하여 이 곳에서는 관료·유생·상인 등 재래의 신분에 구애됨이 없이 상업에 투신하는 자들이 증가하였다.[47] 이와 같은 새로운 상황에 대응하기 위해서는 새로운 교육이 필요하였다.[48] 그리하여 개항장의 상인과 유지인사들은 돈을 모아 신교육을 위한 학교를 설립하였다.

그리하여 개항장 원산에서는 한국 최초의 근대학교로 논급되고 있는 원산학사가 1883년에 설립되었고,[49] 부산에서는 개성학교(부산상고 전신)가 1895년 설립되었다.[50] 인천에는 정부가 1895년 관립 인천외국어학교를 설립하였으나, 광무 4년경에 이르러 유지 인사와 상인들이 인천거류 외국인들의 협조도 얻어 修齊學校(博文學校前身)를 설립하였다.[51] 러시아와의 통상장정이 체결되

44) 趙璣濬, 〈開港場의 民族商人〉(앞의 책), 34~37쪽.
45) 韓沽劤, 〈開港後 外國商人의 浸透〉(《韓國開港期의 商業硏究》, 一潮閣, 1970), 45~55쪽.
46) 韓沽劤, 위의 책, 121~232쪽.
47) 韓沽劤, 위의 책.
48) 《皇城新聞》, 광무 7년 12월 15일, 잡보 〈報請設校〉.
49) 愼鏞廈, 〈우리나라 最初의 近代學校設立에 대하여〉(《韓國史硏究》 10, 1974).
50) 《釜商 八十年史》(부산상업고등학교 80년사편찬위원회, 1975).
51) 《皇城新聞》, 광무 4년 9월 15일, 잡보 〈仁港創校〉.
《皇城新聞》, 광무 4년 10월 6일, 잡보 〈改稱博文〉.

어 개방된 경흥부에도 사립 俄語學校가 설립되었고,52) 鏡城에도 사립 咸一學校가 설립되었다.53)

라. 요호·부민·유생 층의 학교 설립

조선 후기 이래 진행된 사회경제적 변화와 신분질서의 혼효에 따라 부를 축적하고 신분향상을 꾀하며, 서당 등을 설립하여 자제교육을 하던 지방의 饒戶·富民층은 개항과 기독교의 유입, 동학농민전쟁과 갑오개혁으로 변화된 사회상황에 발맞추어 새로운 학문으로 자제들을 교육하고 자신들의 권익을 확보하고자 하였다. 이들은 정부가 재정난으로 지방에 학교를 설립하여 국민교육을 실현하지 못하는 상황에서 기독교 선교사들이 설립한 학교에 자제들을 보내거나 자신들이 기금을 모아 학교를 설립하고 자제들에게 신학문을 교육하고 있음을 볼 수 있다.54)

한편 지방사회에서 농업이나 상업에 종사하지 못하고 가난한 교학자로서 만족하던 유생들은 을미교육개혁에 이어 건양·광무년간에 정부가 보조공립소학교규칙을 제정하여 유생들로 하여금 공립소학교 부교원으로 활약할 기회를 제공하고,55) 성균관 경학과 교육을 강화하는 등 經本藝參의 교육정책을 표방하자 기왕에 익힌 유학실력을 바탕으로 신학문을 익히고 학교를 설립하여 교사로서 활동하고 있음을 볼 수 있다.56) 또한 이들은 재래의 교육재원을 장악하기 위한 수단으로 학교를 설립하거나57) 교과운영을 한문중심으로 운영하는 등 폐단을 낳기도 하였다.58)

마. 선교사들의 학교 설립

한국의 근대 교육 발전과 학교 설립의 눈부신 성과는 개신교 선교사들에

52) 《皇城新聞》, 광무 5년 3월 19일, 잡보 〈報得其當〉.
53) 조기준, 앞의 책, 373~375쪽.
54) 《皇城新聞》, 광무 3년 3월 7일, 잡보 〈去舊從新〉.
《皇城新聞》, 광무 3년 4월 7일, 잡보 〈法規類編〉.
55) 《高宗實錄》, 건양 원년 2월 20일, 학부령 1호.
56) 《皇城新聞》, 광무 3년 5월 6일, 별보 〈報請設校〉.
《皇城新聞》, 광무 4년 1월 18일, 잡보 〈楊根郡 私立 永化學校〉.
57) 《皇城新聞》, 광무 3년 2월 21일, 잡보 〈妖言毁校〉.
58) 《皇城新聞》, 광무 3년 7월 11일, 論說.

의해 이루어졌다. 개화정책 추진 초기인 1880년대부터 고종의 각별한 관심과 지원 속에 기독교 선교의 기반 구축을 위해 선교사들은 서울에 배재·이화·경신학교를 설립하였고, 기독교 선교금지정책이 이완되기 시작한 1890년대에는 지방도시로 그 범위를 넓혀 1894년 평양의 광성학교·숭덕학교·정의여학교, 1895년 서울의 정신여학교를 비롯하여 동래·인천·재령·목포·원산·개성·해주·공주·대구 등 전국 각지로 확대하였다. 1905년의 을사조약으로 대한제국 사회가 국가적 민족적 위기에 직면하면서 한국인들의 교육열이 팽배하자 천주교·장로교·감리교 구세군 등 각 교단 선교사들의 학교 설립과 교육활동은 더욱 활기를 띄게 되었다.[59]

바. 구국계몽단체·학회 및 관련인사들의 학교 설립

일제가 통감부를 설치하고 교육권을 장악하여 식민지화 교육정책을 추진해 가자 광무황제는 신민들에게 사립학교를 설립하여 國威와 國光을 선양하고 국가중흥을 이룰 수 있는 교육을 실현하라는 조칙을 발표하였다.[60] 이에 사립학교 설립을 통한 교육구국운동은 사회 각 계층과 세력을 초월하여 전국으로 확대되었다.

특히 변법개화파의 교육이념을 이어받은 독립협회 민권파의 국민자강교육운동은 국민교육회로, 또 대한자강회·서우학회·한북흥학회 등으로 이어지면서 민족자강 교육구국을 위한 사립학교의 설립운동으로 나타나 많은 수의 사립학교가 설립되었다. 이들 학회는 우선적으로 민족교육을 담당할 교사를 양성하기 위하여 사범학교들을 설립하였다. 사범학교는 속성과로 설립하여 이미 舊學에 밝은 사람을 뽑아 산술·지지·역사·법률·물리학·교육학·외국어·작문 등 새 학문을 이수하게 하고 각지에 설립되는 사립학교 교사 수요에 응하였다. 그리고 이들 학회는 각지의 사립학교 설립과 운영 및 교무를 지도하였다. 이렇게 설립된 사립학교들은 민족지도자 양성의 요람으로 자리잡아 항일민족운동의 진원지가 되었다. 특히 서북협성학교·대성학교·오

59) 孫仁銖, 앞의 글.

60) 柳漢喆, 〈1906년 光武皇帝의 私學設立詔勅과 文明學校 設立事例〉(《韓國民族運動史硏究》, 于松趙東杰先生停年紀念論叢 II, 나남출판, 1997), 136~140쪽.

산학교 등의 민족자강교육은 한국 근대 민족주의운동의 핵으로 기여하였다.

초기에 서북지방을 중심으로 전개되던 지방의 사립학교 설립운동은 기호흥학회·대한협회 등이 조직되면서 기호·영남 등 전국 각처로 확산되었다.[61] 이 결과 전국의 사립학교는 한때 5천여 개소에 이르게 되었다.

사. 불교와 천도교 종단의 사립학교 설립

사립학교 설립은 불교·천도교 등 기독교 이외의 종교에 의해서도 활발히 전개되었다. 조선왕조 5백년 동안 불교는 억불정책에 의해 산중불교로 변하여 세속에서의 활동이 억제되어 왔다. 그러나 문호개방 초기에 李東仁·卓挺埴·李允杲·車弘植 등 일부 승려들이 개화운동에 참여하면서 재래의 불교교육기관인 講院에서 서양학문으로 개화세력을 양성했던 것으로 논급되고 있다. 그러나 초기의 개화운동에 참여했던 이동인이 행방불명되고 탁정식이 1883년 일본에서 병사함으로서 불교계의 개화운동은 기대할 만한 성과를 보여주지 못하였다.[62] 그러나 광무년간에 이르자 李寶潭·洪月初 등이 일본 정토종 이노우에(井上玄辰)의 후원을 얻어 원홍사에 불교연구회를 조직하고 明進學校를 설립 경영하였다. 이후 전국 사찰의 재원을 이용한 사립학교 설립이 이루어졌다.[63]

명진학교에는 玄采·張志淵·尹孝定·申海永 등 국가자강주의 인사들이 출강하였고, 이 학교 출신의 한용운이 한국 불교가 친일의 늪으로 빠져들어가는 상황에서 朴漢永·白龍城·白初月 등과 적극적인 민족운동을 전개함으로써 명진학교 교육에 의미를 부여하게 되었다.[64]

동학운동세력의 일부가 정부의 탄압을 벗어나기 위하여 진보회·일진회 등을 조직하고 친일세력화하자 1905년 12월 1일 손병희는 동학을 천도교라 개칭하고 친일세력을 축출하였다. 이어 손병희는 홍화학교·보성학교 등을 비롯하여 각처의 사립학교에 지원금을 제공하고, 경영난에 부딪히고 있던 보

61) 李松姬, 《大韓帝國末期 愛國啓蒙學會硏究》(이화여대 박사학위논문, 1985).
62) 南都泳, 〈近代佛敎의 敎育活動〉(《近代韓國佛敎史論》, 佛敎史學會, 1988), 209~263쪽.
63) 남도영, 위의 글.
64) 金昌洙, 〈불교〉(《한민족독립운동사》 9, 국사편찬위원회, 1991), 494~529쪽.

성학교·동덕여학교 등을 인수 경영하여 민족 자강교육에 기여하였다.65)

그러나 이 시기의 모든 사립학교 설립과 교육이 민족자강 교육구국만을 지향한 것은 아니었다. 청일전쟁 이후부터 일본인들은 동아동문회 등을 조직하여 한국 각지에 학교를 설립하고 일본어와 상업관계 학문을 교육하며, 친일적 매판세력을 양성하였고,66) 러일전쟁 이후에는 친일 매국단체들이 일본의 교육침략에 협조하고 종교계 학교와 기타 사립학교들도 국민교육 내지 민족교육을 외면하는 사태가 생겨남으로써 지탄의 대상이 되기도 하였다.67)

3) 근대 학교의 교육내용

을미교육개혁에서 국민보통교육을 위해 마련된 학교제도는 한성사범학교와 소학교였다. 국민교육을 담당할 교사를 양성하기 위하여 설립된 한성사범학교는 그 편제를 본과와 속성과로 하고, 수업연한은 본과 2년(1899년에 4년으로 개정), 속성과 6개월, 학령은 본과 20세 이상 25세 이하, 속성과는 22세 이상 35세 이하로 규정하였다. 본과의 교과목은 수신·국문 및 한문·교육·역사·지리·수학·물리·박물·화학·습자·작문·체조 등이었고, 속성과의 교과목은 수신·교육·국문 및 한문·역사·지리·수학·이과·습자·작문·체조 등이었다.68)

일반 국민양성을 위한 초등교육관인 소학교는 아동 신체의 발달에 비추어 국민교육의 기초와 그 생활상에 필요한 보통지식 및 기능을 수여함을 목적으로 하고, 종류는 관립·공립·사립·편제는 심상과와 고등과로 나누어, 심상과는 3년, 고등과는 2년 또는 3년을 수업연한으로 하고 있다. 그리고 만 7세로부터 15세까지의 8년간을 학령으로 하여, 각 부·군은 그 관내의 학령아

---

65) 《皇城新聞》, 광무 10년 3월15일, 잡보 〈敎主義助〉.
孫秉熙先生紀念事業會, 《義菴 孫秉熙 先生傳記》.

66) 邊勝雄, 〈淸日戰爭後 日本의 對韓敎育侵略에 관한 小考〉(《建大史學》 9, 朴永錫敎授 停年紀念論叢, 建國大史學會, 1997), 109~127쪽.

67) 《대한매일신보》, 1908년 9월 4일, 論說 〈打破家族的觀念〉.
《대한매일신보》, 1909년 11월 24일, 論說 〈國民敎育을 施하라〉.

68) 《官報》, 개국 504년 7월 24일, 학부령 1호 〈漢城師範學校規則〉.

동을 취학시킬 공립소학교를 세우도록 하였다. 심상과의 교과목은 수신·독서·작문·습자·미술 및 체조 등으로 하고, 그 외에 한국지리·역사·도화·외국어·재봉(여자의 경우) 등을 가할 수 있으며, 고등과의 교과목은 수신·독서·작문·습자·산술·한국역사·한국지리·외국지리·이과·도화·체조 등으로 하고, 그 외에 재봉(여자의 경우)·외국어·외국역사·외국지리 등을 가할 수 있게 하였다.69)

국민보통교육을 담당하는 초등교육기관이 점차 보급되어 가는 가운데 1899년 4월 4일 칙령 제11호로 중등교육을 위한 중학교관제가 제정·공포되었다.70) 중학교관제에 의하면, 중학교는 수업연한 7년으로 그 편제는 심상과 3년, 고등과 4년으로 하였다. 중학교관제에 이어 제정 공포된 중학교규칙에 의하면, 입학자격은 고등소학교 졸업자로 연령은 17세 이상 25세까지이었고, 교과목은 심상과는 윤리·독서·작문·역사·지지·산술·경제·박물·물리·화학·도화·외국어·체조 등이고, 고등과는 독서·산술·경제·박물·물리·법률·정치·공업·농업·상업·의학·측량·체조 등이었다.71)

위와 같은 국민교육을 위한 일반교육제도와 달리 시무에 필요한 사법관양성을 위하여 설립된 법관양성소는 20세 이상의 학생을 선발하여 법학통론·민법·형법·민사소송법·형사소송법·기타 현행법률 등을 교육하였다.72)

국민의 건강과 질병치료를 위하여 서양의학을 수용하고 가르쳤던 광혜원의 경험을 살려, 대한제국 정부가 설립한 京城醫學校는 만 20세 이상 30세 이하로서 중학교를 졸업하거나 그와 동등한 자격이 있는 자를 선발하여, 수업연한 3개년의 속성과로 동물·식물·화학·물리·해부생리·약물·진단내과·외과·안과·婦嬰·위생·法醫·種痘·체조를 교육하고 한두 과목을 증감할 수 있게 하였다. 그리고 국내 의술이 발달한 후에 다시 연한을 정하여 더 심도 있는 의술을 교수토록 조치하고 있음을 볼 수 있다.73)

조선정부는 영어교육을 목적으로 1883년 동문학을 설립한 바 있었고, 1891

69) 《官報》, 개국 504년 7월 22일, 칙령 145호 〈小學校令〉.
70) 《官報》, 광무 3년 4월 6일.
71) 《官報》, 광무 4년 9월 7일, 학부령 12호 〈中學校規則〉.
72) 《官報》, 개국 504년 3월 25일, 〈法官養成所規程〉.
73) 《官報》, 광무 3년 7월 7일, 학부령 9호 〈醫學校規則〉.

년에 일어학교, 1894년에 영어학교를 설립하였다. 그리고 1895년 5월 10일 외국어학교관제를 제정하였다. 광무 4년 7월 2일에 제정된 외국어학교 규칙에 의하면, 외국어학교는 만 15세 이상 23세 이하인 자를 선발하여 일어학·영어학·법어학(프랑스어), 아어학(러시아어), 한어학(중국어), 덕어학(독일어)을 각각 설립하고, 일어학과 한어학은 수업연한 3년, 영어·법어·아어·덕어는 5년으로 하여 외국어로 보통학과를 가르치고 한문으로 독서작문과 본국역사지지를 가르치도록 하였다.[74]

상공학교는 수업연한 4년으로 첫 일년은 예과, 후 3년은 본과로 해서 상업과 공업에 필요한 학과를 교수토록 하였다.[75] 1904년 8월 제정된 농상공학교 규칙에 의하면, 예과과정은 본국역사·본국지지·만국역사·만국지지·화학·물리학·경제학·산술·도화·외국어 등을 교수하는 것으로 되어 있음을 볼 수 있다.[76]

우편사무를 담당할 기술자를 양성하기 위해 설립된 郵務學堂은 15세 이상 30세 이하인 자를 선발하여 국내우체규칙·국내우체세칙·만국연방우체규칙·외국어·산술 등을 교수하였다.[77] 또 電務學堂은 만 15세이상 30세 이하인 자를 선발하여 打報(전보치기)·번역·電理學·전보규칙·외국어·산술 등을 교수하였다.[78]

정부는 을미교육개혁에 반발하는 유생들을 무마하기 위하여 성균관관제를 개정하고[79] 성균관경학과규칙을 제정하여 3개년 과정으로 20세 이상 40세 이하인 자를 三經·四書·諺解講讀, 綱目(宋·元·明史), 작문(일용서류·기사·설·經義), 역사(본국·만국), 衍文(본국지지·만국지지), 산술(加減乘除·比例差分) 등을 교수하였다.[80]

위에서 살펴본 바에 의하면, 국민보통교육을 목표로 설립된 소학교·중학

74) 《官報》, 광무 4년 7월 2일, 학부령 11호 〈外國語學校規則〉.
75) 《高宗實錄》, 광무 3년 6월 24일, 勅令 28호, 〈商工學校官制〉.
76) 《官報》, 광무 8년 8월 22일, 학부령 16호 〈官立農商工學校糾飭〉.
77) 《官報》, 광무 4년 11월 5일, 통신원령 6호 〈郵務學徒糾飭〉.
78) 《官報》, 광무 4년 11월 5일, 통신원령 7호 〈電務學徒糾飭〉.
79) 《高宗實錄》, 고종 32년 7월 2일, 칙령 136호 〈成均館官制〉.
80) 《官報》, 개국 504년 8월 12일, 학부령 2호 〈成均館經學科規則〉.

교·사범학교는 인격도야와 일반교양을 위한 교과, 건강한 신체발달을 위한 체조, 실제 사회생활에 활용할 수 있는 교과목들이 교수과목으로 채택되어 있음을 알 수 있다. 이는 1895년 2월의 교육조칙에서 신교육은 실용을 숭상하며, 德養·體養·智養 삼자를 교육의 綱紀라고 밝힌 데서부터 연유한다고 할 것이다. 그리고 기타의 교육기관들은 새로운 국제질서와 근대국가와 산업사회에 적응 할 수 있는 실상학문과 기술 등을 습득하도록 교육과정이 구성되어 있음도 볼 수 있다. 이러한 교육과정은 사립학교에도 대체적으로 반영되었다.

그러나 소학교 교육을 담당할 교사의 양성이 충분히 이루어지지 못했던 초기에는 교사들의 빈번한 이동과 더불어 보조공립소학교규칙에 의해 지방에서 학행이 있는 유생들이 부교원으로 활약하면서 공립소학교 교과과정이 한문 중심으로 이루어지는 경우가 허다하였으므로 사립의 경우는 더욱 심하였다고 할 수 있을 것이다.[81]

중등학교 이상 전문·대학 정도의 사립학교들은 국가의 정책 실행과 대외통상 등에 필요한 정치·경제·법률·외국어·산술·부기 등 근대적 실상학문을 주요 교과목으로 하여 학생들을 교육하였다. 광무년간에 김신영·민영환 등에 의해 설립되어 상당한 발전을 보았던 홍화학교 같은 경우 대한제국정부가 재원 확보정책으로 量田사업을 전개하자 量地衙門과 계약을 체결하고 양지 속성과를 설치하고 측량술을 교육하기도 하였다.[82]

교육구국운동기의 민족주의 계열의 사립학교들은 국어·국사교육과 애국심 고양을 위한 작문·음악(창가)·체육(군사교련)교육에 많은 비중을 두고 있음을 볼 수 있다.

위에서 살펴본 바와 같이 한국 근대 교육은 1880년대의 서구의 신교육 수용과 실험을 거쳐 갑오개혁에 이은 을미교육개혁 이후 본격적으로 정립되고 발전하였다.

〈邊勝雄〉

81) 邊勝雄, 앞의 글(1989).

82) 《皇城新聞》, 4년 4월 3일, 〈興化學校 學員 募集廣告〉. 홍화학교는 1911년경 일제의 탄압으로 폐쇄되었던 것으로 전해지고 있다.

3. 근대 교육의 확대

1) 통감부의 교육 침략

(1) 우민화교육 방침

을사조약으로 우리의 외교권을 탈취한 일제는 1905년 12월 統監府설치를 공포하더니, 계속해서 1906년 2월 통감부를 설치하고 고문정치를 실시하다가 次官政治로 바꾸었다. 일본인 차관은 해당 部의 실질상의 장관이었다.

1906년 2월 과도적 한국지배를 목적으로 하는 통감부가 이 땅에 설치되자, 초대통감으로 이토 히로부미(伊藤博文)가 부임했다. 그는 취임하자 곧 통감부 서기관인 다와라 마고이치(俵孫一)에게 교육사무를 위탁하였고 또 미쓰치 츠조(三土忠造)에게는 교과서의 편찬사무를 맡겼다. 이로부터 학부직원 총수의 거의 반수가 일본인이 되었다.

이 시기 일제가 쓴 한국관계 교육문헌으로는 오까꾸라 요시사부로(岡倉由三郎)의 《朝鮮國民敎育新案》(1894), 가다 요이치(木多庸一)의 《朝鮮敎育談》(1897), 츠네야 모리후쿠(恒屋盛服)의 《朝鮮開化史》(1901), 마츠미야 슌이치로(松宮春一郎)의 《韓國敎育의 現在 및 將來》(1905), 또 일본인 관리의 손으로 日文으로 씌어진 韓國學部編 《韓國敎育》(1909)·《韓國敎育의 旣往 及 現在》(1909)·《韓國敎育의 現狀》(1910) 등이 있다.[1)]

한·일합병 전까지 통감은 3인이었는데, 초대는 이토 히로부미로 그 재임 기간은 1906년 3월에서 1909년 6월까지였고, 2대는 소네 아라스케(曾禰荒助)로 1910년 5월까지였다. 3대는 데라우치 마사다케(寺內正毅)이었는데, 한·일 합병 후 다시 초대 총독으로 부임하였다. 통감부시대의 교육정책상의 기본방침은 한국인에 대한 文盲政策과 동시에 사립학교의 통제에 있었다.

일제는 전대미문의 동화정책을 사용했다. 특히 교육정책에 있어서 일제는

1) 韓基彦, 〈日帝의 同化政策과 韓民族의 敎育的 抵抗〉(《日帝의 文化侵奪史》, 民衆書館, 1970), 7쪽.

서구 식민국가가 그 원주민들에게 행한 일련의 교육정책을 수립한 것을 배웠다. 그리고는 이것을 다시 일본 특유의 악랄한 식민지 교육정책으로 소화시킨 것이다. 이를 한마디로 요약하면 통감부의 교육침략으로 명명할 수 있을 것이다.

1905년 11월 18일의《報知新聞》조간에 東京府立 第一中學校長이 금후 한국유학생의 교육방침에 관한 기자질문에 대하여 "한국인에게는 고등교육이 필요없다"는 요지의 대답을 한 기사가 발표되었다. 이 때 황실 유학생으로 있던 崔麟을 비롯한 전 유학생은 당일 일제히 府立 제일중학교에 등교를 거부하였다.

이러한 동맹휴학은 한·일간에 국제문제로 등장하여 일본의 외무성·문부성·東京府의 세 기관 관계요인들이 한국공사관으로 몰려와 유학생을 불러놓고 설득을 하였다. 이 때 대부분의 학생은 다시 등교하였으나 崔麟·韓相愚·柳承欽·李承瑾·池成允·姜元求·郭漢卓·全宇榮 등은 끝내 항거하다 퇴학처분을 당하고 말았다.[2] 그러나 고종황제는 그들의 충절을 가상히 여겨 전과 같이 계속 황실비를 지급하라는 명을 내렸다.

우선 통감부는 우리에게 '民度'에 맞는 교육을 위한 혹은 '漸進主義'교육을 한다는 등 한국인을 우민화시켜 그들의 부림을 받는 하급관리·사무원·근로자양성을 목적으로 하였다. 이것이 그들이 말하는 이른바 '實業' 혹은 '實用敎育'이다. 통감부의 교육방침은 우리 민족을 눈뜬 장님으로 만들려는 이른바 문맹정책을 사용했다. 즉 일제통감부의 공통된 의견은, 한국인은 교육시킬 필요가 없고 北海道의 아이누종족처럼 압박을 가해 멸망시켜야 된다는 것이다. 그리고 일본인 교원 역시 한국인들은 교육시킬 필요가 없으며, 한국인 학생들은 是와 非를 가려서는 아니 되고, "일본인이 비록 잘못이 있다 하더라도 한국인은 머리를 숙이고 우리에게 복종해야 된다"고 말하기도 하였다.

그리하여 통감부는 이 방침을 수행하기 위해 학제개혁을 단행하여 수업연한을 단축하였다. 1895년 공포된 小學校令에 의하면 수업연한이 6년(尋常科 3개년, 高等科 2개년 내지 3개년)이었다. 그런데 통감부는 1906년 종래 소학교

---

2) 鄭世鉉,《抗日學生民族運動史硏究》(一志社, 1975), 48~49쪽.

령을 폐지하고 칙령 제44호로 普通學校令을 공포하여 초등교육의 수업연한을 4년으로 단축시켰다. 통감부는 초등교육의 수업연한을 단축시켰을 뿐 아니라, 합병에 이르기까지 우리에게는 中等學校令만[3] 공포하였지 高等敎育令은 공포하지 않았다. 당시 통감부의 교육방침은 앞서 말한 바와 같이, 중등교육 기관으로 하여금 상급학교에 진학하지 못하도록 하여 사실상 '終結'의 교육기관이 되도록 한 것이다.

이는 학부대신 李完用이 1908년 7월 열린 관·공립 보통학교 일본인 敎監會議에서 행한 훈시에서도 잘 나타나 있다.

> 학교수를 늘리기 보다는 소수의 학교를 충실히 운영하여 그 效績을 올림으로써 '新敎育의 眞價'를 국민에게 알려 이를 이해케 하려는 漸進政策을 취하려는 것이다. 다음으로 중등교육기관의 확충은 물론 일의 순서로서 당연한 일이지마는, 국가의 재정형편상 불가능하므로 당분간 보통교육에 힘을 기울이려는 방침을 보이고 있다(學部, 〈第2回 官公立普通學校 敎監會議錄〉).

이처럼 통감부는 우리에게 우민화정책을 수행하기 위해 중등학교 이상의 학교설립에 인색했다. 한국인의 자각은 그들 식민지수행의 기초공사에 장애가 되므로, 통감부의 관리 중에는 '한국인은 전연 가르치지 말라'는 주장이 대두될 정도로 우민화가 기본방침이 되었다.

(2) 동화정책의 방법으로서의 보통학교 확장

일반적으로 열강의 식민지정책의 유형을 보면, 영국이 원주민의 반항을 감소시키고 그 통치의 경비를 절약하기 위해 원주민의 관습·문화·사회조직을 이용하는 간접통치-自治政策-를 택했다면, 프랑스는 '同化政策'에 의거하는 직접통치방식을 취했다고 볼 수 있다. 일제는 프랑스형을 모방하여 직접통치적 동화정책의 원칙을 채용했지만 프랑스의 것과 근본적으로 다른 점은 '同化'라는 미명 아래 민족말살정책을 감행하려 했다는 점이다.[4] 이는 합병 후 그들의 식민지교육정책에 잘 나타나 있다. 실로 우리 민족의 말살을 위한

---

3) 1906년의 高等學校令과 1907년이 高等女學校令이 바로 이것이다.
4) 이에 대해서는 孫仁銖, 《韓國近代敎育史》(延世大 出版部, 1971), 88~97쪽 참조.

일제의 식민지교육정책은 그 어느 식민주의국가보다 무자비했다.

우선 이 시기 통감부는 그들 최대의 종국적 施政目標인 동화정책의 한 방법으로 관·공립 보통학교를 확장하였다. 초대통감 이토가 첫 번째로 한 일은 이른바 施政改善을 위한 借款의 도입이다. 그는 1906년 3월 500만원(실수금 450만원)을 가져 왔는데 그 사용계획을 보면 학교신축을 위한 수리비로 보통학교에 34만원, 중학교에 16만원, 도합 50만원을 교육시설에 투자했다.

그 결과 아래와 같은 관·공립 보통학교가 설치되었다.

第1期(1906) 官立9校, 公立 13校
官立－校洞 齋洞 養賢洞 養士洞 仁峴 水下洞 貞洞 梅洞 安洞
公立－水原 公州 忠州 光州 全州 晉州 大邱 春川 平壤 寧邊 海州 咸興 鏡城
第2期(1907) 公立 27校
開城 仁川 安城 淸州 江景 洪州 南原 群山 木浦 羅州 濟州 慶州 尙州 東萊 馬山 蔚山 黃州 鎭南浦 定州 義州 安州 原州 江陵 元山 北靑 城津 會寧
第3期(1908) 公立 9校
靈岩 古阜 鎭南(慶南) 密陽 溫陽 宣川 驪州 江華 間島
(小田省吾,《朝鮮敎育制度史》, 朝鮮史學會, 1923, 71~72쪽).

이 같이 1906년에 22개 보통학교가, 이듬해에는 27교, 1909년까지 도합 60개 학교가 신설되었으며, 학생 총수는 11,237명을 헤아리게 되었다. 이렇게 통감부가 관·공립 보통학교를 확장한 것은 우리에 대한 민심수습책과 아울러 점진적인 동화정책을 사용하기 위함이었다. 즉 한국의 아동들로 하여금 그들의 식민지정책에 무조건 복종하는 인간상을 형성하려는데 있었던 것이다.

학부는 이 때 관·공립 보통학교에 대해 수업료를 징수하지 않고 교과서를 비롯한 학용품까지 무료로 지급하였으나 학생 모집에 적지 않은 곤란을 겪었다. 그 이유는 일본인이 동화정책으로 세운 관·공립학교에 대한 불신에 있었다. 특히 중류 이상의 가정에서는 자제를 공립학교보다 도리어 설비가 불비하며 수업료를 징수하는 사립학교에 입학시켰다.5)

이상 언급한 각급 학교의 교육정책을 그들의 본국과 비교해 보면 엄청난

---

5) 學部,《韓國敎育》, 11쪽.

차이가 있음을 발견한다. 그들 본국에서는 1872년 이미 의무교육을 실시하기 시작하였으며 또한 전국적으로 53,760개의 소학교, 256개의 중학교, 8개의 대학을 설립할 계획을 세웠다. 그리하여 이로부터 5년뒤인 1877년에는 취학율이 남자 53.5%, 여자 22.5%에 달했으며, 이 해에 東京大學은 法·文·理·醫學部를 갖춘 종합대학으로 출발했다.[6] 그러니 이것은 통감부의 한인에 대한 교육정책과는 너무나 거리가 있음을 알 수 있다.

(3) 일본어 보급

통감부의 교육방침은 그들의 글과 역사를 우리의 글과 역사로, 일본의 조상을 우리의 조상으로 만들려고 하였다. 특히 그들은 동화정책의 한 방법으로 일어 보급에 중점을 두었는데, 이것은 언어가 편의상 쓰는 기호일 뿐 아니라 민족동화의 주된 매개체였기 때문이다. 이는 學部令 제3호로 공포된 보통학교·고등학교의 각 학년 교과과정 및 매주 교수시간으로도 알 수 있다. 보통학교와 고등학교(중학교)에서 일본어는 1학년부터 4학년까지 매주 6시간으로 우리의 국어에 못지 않은 비중을 차지하였다. 그리고 사범학교에서도 4시간을 차지했다. 그러니 통감부의 교육방침은 일본어의 보급을 통한 교육침략에 있었음을 알 수 있다.

학부 서기관 미토는 1908년 6월 개최된 관립보통학교 직원회 석상에서 일어를 보통학교 초학년부터 부과하게 된 이유를 아래와 같이 말하고 있다.

> 오늘과 같이 한·일 양국간의 교통왕래가 빈번하고, 양국인이 서로 제휴하여 公私 사업에 종사하는 시대에는 한국인으로서 日語를 해득하느냐 못하느냐 하는 것은 생존경쟁상 현저히 이해관계가 있다. 즉 일어를 해득하는 사람은 관리로서도 樞要하고 유력한 지위에 오를 수 있으며, 상업을 하는 데 있어서도 또한 이익을 얻기 쉽고, 官民간에 직업을 얻는 데도 대단히 편리하다 … 이와 같은 움직일 수 없는 사실을 생각하고, 한국 아동의 장래 행복을 도모하는 데 일어 교수가 가장 필요하다고 인정되어 당국 大臣 이하가 學部에서 이를 의결하고 각의에서도 이 案을 채택하여 勅裁를 거쳐 결정한 것이다(高橋濱吉, 《朝鮮敎育史考》, 帝國地方行政學會 朝鮮本部, 1927, 172~173쪽).

---

6) 金龍德, 《韓國史의 探究》(乙酉文化社, 1971), 169~170쪽.

또 학부차관 다와라는 일어의 실리적 가치를 강조하여 말하기를 "일어는 護身의 利器이며 또한 財産의 安固, 권리의 보전을 기할 수 있는 要具"라고까지 망언하기도 하였다.

그런데 1910년 제2대 통감 소네가 일본외무대신에게 보고한 글을 통해서도 당시 우리 국민의 민족감정을 짐작케 한다.

> 輓近 도처에 敎育熱이 勃興함에도 불구하고 世人의 다수는 舊學에 拘泥하여 인습이 오래되어 아직 新進의 교육을 이해하는 者가 稀少하여 왕왕 보통학교의 취학 권유에 응하지 않는 者 있는바 何等의 보통학교에 관한 感想을 窺視하면 …時勢에 어두운 儒生과 私立學校 관계자 등이 이들 보통학교를 증상하고 또한 일본어를 교육함을 특히 日本國의 이익을 위한 것이라고 퍼뜨리고 있다(日本外務省, 《日本外交文書》 42, 日本國際聯合協會, 1942, 9쪽).

(4) 교과를 통한 친일교육

통감부의 교육침략의 또 하나는 교과를 통하여 우리들에게 친일교육을 강화하는 데 있었다. 이는 당시 학부가 편찬한 교과서를 보면 알 수 있다. 이를테면 《日語讀本》 제7권에 일본에 관한 것이 5課가 있는데, 이것은 全課數 20의 4분의 1에 해당하는 것이다. 이 5과의 제목은 〈日本〉·〈朝鮮과 日本과의 交通〉·〈日本과 支那와의 交通〉·〈新橋 스테이션〉·〈東京〉 등이다.

그리고 제8권 〈日清戰爭〉이라는 제하에 그 원인을 설명하는 곳에서, "일본에서는 한국은 독립국으로서 청국의 속국이 아니며, 만일 청국이 마음대로 군대를 보낼 것이면 일본도 군대를 보내어 한국에 살고 있는 일본인을 보호할 것이라고 하며 군대를 보냈다. 이것이 日清戰爭의 시초다"라고 하였다. 제8권에서도 일본에 관하여 5과를 제공하고 있다. 학부편찬의 《日本歷史》에 있어서도 임진왜란을 기술하는 대목에서 일본의 전승을 크게 다루는 반면에 한국과 명의 승리를 비교적 가볍게 다루었다.[7]

교과를 통한 친일교육은 위에 열거한 《일어독본》이나 《일본역사》에만 나타난 것이 아니라 학부편찬의 다른 교과서에서도 모두 이러한 방향으로 나

---

7) 吳天錫, 《韓國新敎育史》(現代敎育叢書出版社, 1964), 172~173쪽.

타났었다. 어디까지나 일본에 유리한 설명임은 물론이다. 이에 《大韓每日申報》는 초등학교 학생들에게 일어로 친일교육을 하는 학부방침에 대하여 아래와 같이 논평하였다.

> 학부참여 幣原坦이 한국 아동의 초등교과를 日文으로 하는 사건에 대하여 … 若使幼穉之童으로 不學自國之言文하고 先習 他國之言文이면, 自國之思想이 不存하고 自國도 정신이 全銷하여 그 국가와 민족이 必永滅乃已니 … 今韓國學部에 소위 대신이니, 협변이니, 국장이니 하는 허다한 관인이 모두 한낱 幣原氏 지도하에 굴복하여 莫敢以一辭抗論하니 이것은 韓國無窮之慘禍가 實原因於學部니 可勝切痛하며(《大韓每日申報》, 1906년 3월 29일).

이 같이 정부는 무력하여 통감부의 친일교육시책에 맹종하였으나 국민과 언론은 이에 완강히 저항하였다. 그리하여 교육면에 있어서 이 저항은 통감부가 세운 관립학교를 거부하는 현상으로 나타났다. 그런데 통감부는 일본어 정책과 친일교육이 한국인의 반감을 사고 있음을 알고, 한국정부의 이름을 빌어 학부발간으로 내고 있는 《韓國敎育》이란 책을 통하여 이를 아래와 같이 변명하고 있다.

> 日語를 필수로 하여 보통학교 초급년부터 이를 과한데 대하여 한국인은 이것이 한국언어를 말살하고 한국의 국민성을 말살하려는 기도라고 생각하는 모양이다. 더욱 地方民 중에는 일어를 가르쳐서 후일 일본의 병정을 만들려는 저의가 있다고 보고, 또는 일본에 납치해서 노동자 또는 노예로 만들려 한다는 웃지 못할 천박한 오해도 많이 하는 모양이다(學部, 《韓國敎育》, 1909, 10쪽).

또 통감부는 교육내용을 통제함으로써 친일교육을 실시하기 위하여, 모든 학교로 하여금 학부편찬의 교과서를 사용케 했다. 이러한 도서가 없거나 다른 도서를 교과용으로 사용하려 할 경우에는 미리 당국의 엄격한 檢定 또는 認定을 받도록 하였다.

(5) 일본인 교원배치

통감부는 또 교육침략의 방편으로 일본인 교원 배치에 중점을 두었다. 그들은 동화정책의 한 방법으로 일어교육과 동시에 보통학교, 고등학교, 사범학교, 외국어학교 등 관·공립학교와 그리고 각급 사립학교에 일본인 교원을 초빙케 하여 학교운영의 실권을 장악하도록 했다. 이는 물론 소위 '模範敎育'을 실시한다는 명분하에서였다.

당시 학부차관 다와라는 이 모범교육과 이에 따른 일본인 교감의 필요성을 아래와 같이 말하고 있다.

> 대저 모범교육이란 교육의 모범을 사실에서 보여준다는 것이니, 着實勤勉 다른날 善良한 국민으로서 그 본분을 그르치지 않을 청년자제를 양성함과 동시에 다른 여러 학교가 이를 따르게 되어 遊惰輕薄 쓸 데 없이 시사를 논의하던 교내의 폐습을 矯正하는데 있는 것이다. 그래서 그 학과목은 처세에 필수한 것을 골라 국어·한문·일어는 물론 산수·地歷·이과 등 실제 생활에 適應近切한 지식기능을 가르친다. 특히 중요시하여야 할 것은 德育인데, 이에 관해서는 儒道의 기본인 五倫五常의 도를 주안으로 하고… 이 취지하에 정부는 명치 39년(1906) 이래 전국 樞要地點에 보통학교를 세우고…1교에 반드시 1인의 일인 교원을 두어 敎監으로 하여…경영의 主腦로 삼아서 한인 교원을 지도한다(俵孫一, 《韓國敎育の現狀》, 學部, 1910, 6쪽).

그리하여 통감부는 특히 관·공립 보통학교와 보조지정 사립학교에 의무적으로 일본인 교원을 1명씩 배치하였는데,[8] 보통학교에 온 자는 '敎監'이라 하고, 고등학교 정도는 '校監'이라고 하였다.

당시 보통학교의 교장은 관찰사나 부윤 등이 겸임하고 따로 전임교장을 두지 않았는데, 각 학교에 교감은 일본인으로 배치하였던 만큼 사실상 학교는 일본인 지배하에 움직였던 것이다. 이러한 일은 중등교육기관－고등학교에서도 마찬가지였다. 이에 대해서 통감부는 또 아래와 같이 변명하고 있다.

> 신학제를 시행함에 있어서 경험과 소양이 결여되어 있는 한국인에 방임하여서는 도저히 개선의 實을 올리기 어려우므로 일본인 교원을 고빙하여 학교경영과 교수의 任에 당하게 하였다(學部, 《韓國敎育의 既往와 現在》).

이 말은 어디까지나 변명이다. 실은 한국의 교육을 그들의 지휘하에 둠으

8) 學部, 《敎科用圖書一覽》.

로써 친일교육을 강화하려는데 그 참된 목적이 있었던 것이다. 이때 《大韓每日申報》 논설에서는 일본인교사의 학교에 대한 영향력에 대하여 아래와 같이 날카롭게 비판하고 있다.

> 학부에서 일본인 100명을 聘渡하여 전국 보통학교의 기관을 주장하게 한다고 근일 각 신문에 보도하였더라. 오호 此說이여 … 此說이 果信인대 此實 한국내의 2천만 喉가 일시 俱咽하며 4천만 目이 일시 俱당하여 放聲할 자로다(《大韓每日申報》, 1908년 2월 15일).

당시 일본인교사가 학교에서 차지한 영향력은 막대하였고 시간이 갈수록 그들에 의한 친일교육은 더 강조되었다. 이에 대하여 또다시 《대한매일신보》는 아래와 같이 말해주고 있다.

> 매일 아침에 다수 학생이 실내에 모이면 일인교사가 氣를 厲하고 兀立하여 呼名閱點한 후에 번역자를 左에 立하고 각 학과를 日語로 교수할 새 … 일본만 찬미하며 於是乎心腦幼穉한 한국 아동은 그것만 國仰하고 이를 믿으며, 자국에 대한 정신은 消融되며 자국을 위하는 기개는 퇴폐하여 표연히 自怪하며 공연히 自疲하노니, 오호라 我가 이것을 規함에 자연히 太息함을 不禁하니 …(《大韓每日申報》, 1910년 5월 12일).

그러나 당시 대부분의 학부모들은 일본인이 교편을 잡는다는 것과 일본어를 가르치는 것은 그들의 이익을 도모함에 있다고 생각하여 자제들을 계속 사학에 보내었다. 이에 통감부 당국자들은 학부모 간담회를 갖는다든가 혹은 졸업식·입학식 등을 이용하여 학부모를 회유해 가면서 한국인 자제를 관·공립학교로 입학시키도록 하는 등의 온갖 교묘한 수단을 사용하였다.

이러한 통감부의 교묘한 수단에도 불구하고 학생들은 일본인 교사에 대한 배척운동을 곳곳에서 전개했다. 그 한가지 예를 《대한매일신보》는 아래와 같이 전해 주고 있다.

> 청년학교 전문공업과 교사 日人 모씨가 과정을 교수할 시에 多有模糊說去處하므로 그 학도가 일제 반대하여 그 일인 교사 모씨를 解遣하였다더라(《大韓每日申報》, 1907년 5월 2일).

그런데 학부대신 이완용은 1908년 5월 열린 관찰사회의에서 "日語를 과하고, 일본인을 초빙하여 직원을 삼는 것을 비난하는 자가 있다"고 하고는 다시 "현재와 장래에 있어 일어 修得이 가장 긴요한 일임은 말할 필요도 없다. 그리고 신교육을 실시함에 있어 그에 대한 경험있는 사람을 쓰는 것은 그 효과를 확실케 하려는 데 지나지 않는다. 기회를 엿보아 그 의심을 풀도록 하여 줄 것을 희망한다"고 훈시한 바가 있다.

私學에 일본인 교원을 배치한 것은 1908년 사립학교령 공포 이후부터 두드러지게 나타난다. 1909년 6월 21일에 통감부는 30개소의 사립학교에 학교당국이 원하든 원하지 안든 강제로 일본인 교원을 배치하였다. 사학에 배치된 일본인교원은 그들 중에서도 능수능간이 있는 인물을 골라서 배치하였다. 이를테면 培材學堂에는 평균 3, 4명의 일본인 교원이 늘 있었는데 그들은 한국인의 감정을 잘 알고 있었기 때문에 매우 세심한 주의를 하였다.

첫째로 한국인의 감정을 자극하지 않도록 하였으며, 둘째로 선교사들의 비평을 받지 않도록 하면서 그들은 서서히 한국인에게 친일사상을 피하여 보려고 힘을 썼다. 사학에 들여 보낸 일본인 교사는 한국인 교원이나 학생의 사상을 감시하는 동시에 정치적 음모의 사명도 가지고 있었다.

이로써 보면 통감부의 교육방침은 결국 한국을 완전히 동화시켜 한국 민족성의 자취를 서서히 없애 버리는데 있었다고 볼 수 있다. 이에 대해서는 한국에서 막강한 영향력을 가졌던 어느 일본인이 1906년 매켄지(A. Mckenzie)에게 아주 솔직하게 고백한 말로도 알 수 있다.

당신은 내가 당국의 견해를 대변하는 것이 아님을 알아주기 바라오. 그러나 당신이 우리 정부의 정책이 어떠한 결과를 가져 오게 될 것인가를 나 개인에게 묻는다면, 거기에는 한가지 결말이 있을 뿐이라고 나는 대답하고 싶소. 그것은 여러 세대가 지나야 되겠지만, 결국에는 오게 될 것입니다. 한국민족은 일본인으로 동화되고 말 것이오. 그래서 그들은 우리 일본말을 쓰게 될 것이며, 우리가 사는 생활방식대로 살고 우리에게 없어서는 안될 필요한 부분이 되고야 말 것입니다. 식민지 통치방법에는 오직 두 가지가 있을 뿐이오. 하나는 식민지의 사람들을 異邦人으로 지배하는 것으로, 이것은 당신들 영국인이 인도에서 취한 방법인데 이러한 방법을 썼기 때문에 당신네 나라는 더 견뎌낼 수가 없는 것이고, 인도는 결국 당신네의 지배를 벗어 나지 않을 수 없게 된 것이오. 그 다음

두번째 방법은 동화정책으로 우리들이 실시하고 있는 것으로서 우리의 언어를 가르치고 우리의 제도를 실시하여 그들을 우리와 하나가 되게 하는 것이오(F. A. Mckenzie, *Korea's Fight for Freedom*, Reprinted by Yonsei University Press, 1969, pp. 107~108).

이와 같이 통감부는 그 교육방침을 한국인에 대한 우민화정책, 일본어의 보급, 점진적인 동화정책, 교과를 통한 친일교육, 일본인 교원배치 등에 두고 식민지교육의 정지작업을 해 나가기 시작했다.

2) 민족사학의 발전과 설립 이념

(1) 민족사학의 발전

가. 사인 중심의 사학발전

갑오경장은 안으로부터의 자각과 충분한 기초작업 위에서 다져진 개혁이 아니라 일제로부터의 정치적 종용과 개입에 의하여 이루어진 개혁이기 때문에 알맹이 없는 혁신에 지나지 못한다. 따라서 이는 뒷날 일제의 한국침략의 발판이 되는 길이 되기도 했다.

그렇기 때문에 갑오경장은 근대화의 요소를 지니고 있기는 하였으나 新學制의 제정도 실제상의 개혁이라기 보다는 제도상의 개혁에 지나지 못하였다. 이는 黃玹의 언급을 통해 알 수 있다.

학부에서는 학교를 세운다고 하였는데 內部에서는 혁파한다고 하여 한가지 公帖에 硃筆로 이리 고치고 흘쳐서 보는 사람으로 하여금 눈에 현란하게 하고 있으니 …(黃玹, 《梅泉野錄》 권 6, 〈言事疏〉).

그래서 정부의 노력에도 불구하고 관·공립학교보다 더 활발하게 전개된 것은 민간인 사립학교였다.

민간인사학은 기독교의 직접적인 영향의 학교라고는 말할 수 없으나 대체로 기독교선교에 의한 학교설립이라는 대세와 당시 사회의 요청인 개화열에 커다란 영향을 받은 것이다. 이 개화열은 일본에서 유행되고 있던 '개화', 중국에서 유행하고 있던 '自强'운동에서 영향을 받았다. 당시 개화와 자강은 선진 외국기술을 받아들여 나라를 부강케 하고 文明化한다는 점에서 동일한 개념으로 共用되고 있었던 것 같다.[9)]

당시 다수의 지식인들은 개화와 자강만이 나라의 힘을 키울 수 있고, 그 힘을 갖기 위해 '교육'과 '산업'을 일으켜야 된다고 생각했다. 1897년 8월 29일에 열린 독립협회 주최 제1회 토론회 주제인 〈조선의 급선무는 교육〉이라는 것도 당시 사회의 캐치프레이즈를 우리에게 보여주는 것이다. 그리하여 선각적 지도자들은 이에 대한 계몽활동에 힘쓰는 한편 전국 각처에 사립학교를 세워 교육의 진흥을 꾀하였다. 물론 이 교육운동은 당시의 긴박한 정세하의 강한 정치적 요구와 결부되어 진행되었음을 잊어서는 아니된다.

이는 한말에 전개되었던 우리의 민족주의가 자기발생적으로 일어나지 못하고 외부와의 접촉을 통하여 외부의 힘에 자극되어 일어난 非西歐型의 민족주의임을 보더라도 이해할 수 있다. 따라서 그것은 자기를 방위하려는 운동이요, 다른 민족의 지배로부터 독립을 쟁취하려는 운동이었다. 이러한 시대적 요구에서 초보적인 교육기관이 생겼고 이를 토대로 중등교육기관이 설립되었는데, 당시 사학의 설립이 도시에만 국한되지 않고 지방 농촌에까지 파고 들어갔음은 주목할 일이다.

이 때 독립협회와 《독립신문》은 소학교가 전국적으로 확산되어 어느 정도 정착되면 중학교와 대학교를 설립해서 국민에게 고등교육을 시킬 것을 구상하였다.[10)] 즉 《독립신문》은 전국 주요도시에 중학교·실업학교·전문학교를 세우고, 그 다음 서울에 대학교를 설립하여 학생들에게 전문교육을 시키게 되면 '신교육' 실시의 제1차적 사업이 성공하는 것이라고 생각하였다. 이같이 《독립신문》이 신교육의 중요성을 강조한 까닭은 국가의 전반적 개혁을 민권의 신장에 두었으므로 국민이 신지식을 배우고 세계의 사정을 알아야 한다고 보았기 때문이다.

朴殷植 역시 사학의 홍학을 더욱 도모하기 위하여 1905년의 《學規新論》에서 전국의 市邑鄕村에서는 소학교를 설립하도록 하고 出捐을 많이 하는 국

9) 李光麟, 《韓國開化史硏究》(一潮閣, 1969), 23쪽.
10) 《獨立新聞》, 1898년 7월 6일.

민에게는 포상을 주어 이를 권장하면 사립학교의 설립이 급격히 일어날 것이며, 전국의 각 府에서는 중학교를 설립하고, 國都에는 대학교를 설립하여 학교교육의 단계적 체계를 긴급히 확립할 것을 주장한 바 있다.[11]

당시 대표적 언론기관인 《皇城新聞》은 국세를 만회하는 길은 학교설립으로 교육을 진흥시켜서 실력을 양성하는 길밖에 없다고 주장하였다. 가령 을사조약 체결전의 이 신문논설을 보면, 〈論法學校成立〉(1905. 2. 17)·〈國力振興在教育發達〉(上, 下)(1905. 3. 8, 9)·〈賀學校之鬱興〉(1905. 3. 24)·〈愛國由於開明〉(1905. 9. 13)·〈學部는 廢止언정 學校는 不可廢〉(上, 下)(1905. 10. 5, 6) 등이 있다.

이렇게 교육진흥문제가 압도적으로 많고, 더욱이 을사조약체결 후에는 다음과 같이 증가하여 〈謝孫秉熙氏熱心教育〉(1905. 12. 14)·〈賀圖書館之設立〉(1905. 12. 15)·〈對慶北觀察使申泰休氏興學訓令警告全省〉(1906. 3. 26)·〈對申觀察使興學訓令警告實行〉(1906. 3. 27)·〈賀大同書館之設立〉(1906. 3. 28)·〈興學詔勅函宜實行〉(1906. 3. 29)·〈學部教科書問題〉(上, 下)(1906. 4. 5, 6)·〈平安道學校振興事業〉(1906. 4. 7)·〈警告于學校設立之人〉(1906. 5. 23) 등이 있다.

이처럼 신문의 논조들이 교육진흥문제에 거의 전적으로 경주하였고, 특히 경북관찰사 申泰休(조선일보사장 申錫雨의 부친)가 도내의 학교설립을 위하여 도민에게 훈령한 〈興學訓令〉은 1906년 4월 19일부터 3면 잡보란에 연 5일간 게재되고, 이어서 고종이 〈興學大詔〉를 공포하자(1906. 3. 28) 이를 대서특필하는 등 이 신문이 얼마나 학교의 설립과 발전을 중요시했는가를 알 수 있다.[12]

閔永煥은 1895년 興化學校를 설립했다. 이 학교는 민영환이 34세에 特命全權公使로 미국·영국·화란·오스트리아·독일을 거쳐 페테르그라드에서 러시아황제 니콜라이 2세의 대관식에 참석한 후 돌아와 외국어와 선진기술을 가르치기 위하여 세운 것이다. 여기서는 주로 영어와 일어 이외에 측량술을 가르쳤고, 科로는 尋常科·特別科·量地科를 두었다.

---

11) 愼鏞廈, 〈朴殷植의 教育救國思想에 대하여〉(《韓國學報》 1, 一志社, 1975), 75~76쪽.

12) 趙容萬, 〈日帝下의 우리 新文化運動〉(《日帝下의 文化運動史》, 民衆書館, 1970), 11~12쪽.

1900년 7월 3일자《황성신문》에 의하면 "再昨日 2시에 홍화학교에서 방학식을 집행할 새 심상·특별·양지 三科 學員數 130여 인이라"[13] 한 것으로 보아, 상당한 학생들이 재학하고 있었음을 알 수 있다. 우리가 잘 아는 周時經도 배재학당 보통과를 졸업하고 1906년 6월에 홍화학교 양지과(측량과)에 입학하여 동년 11월 졸업하였다. 그 때 우리 나라에서는 전국적으로 토지 측량이 되어 있지 않아서 測量師가 장차 많이 채용될 것으로 예측하고 측량술을 수학하였던 것이다.

민영환은 홍화학교 설립뿐 아니라 황실의 군악대를 창설하는 데도 크게 공헌했다. 그는 러시아황제 대관식에 참석한 후 고종에게 군대와 정치의 근대화를 상주했고 또한 군대의 사기앙양을 위하여 서양식 군악대를 창설할 것을 상주하였다. 그의 이 상주가 실효를 얻어 1899년도 예산안에 軍樂隊費가 반영되었고, 다음해에는 군악대창설을 공포하게 되었다. 그리하여 그 지도자를 물색하던중 일본에서 다년간 음악교사로 일한 바 있고 악대도 지휘한 바 있는 독일인 프란츠 에케르트(Franz Eckert)와 교섭하여 그를 영접하였다. 그는 악기의 실기와 음악이론에 정통하여 최초의 정식 음악교육가로 일했다.[14]

민영환이 순국한 후 홍화학교 교장에는 林炳恒, 부교장 겸 총무교사에 白象圭가 취임하였다. 백상규는 일찍이 미국의 브라운대학교 정치학과를 졸업했으며, 그 후에는 연희전문학교 교수로 경제학을 담당하였다. 홍화학교와 때를 같이하여 乙未義塾(뒤에 樂英義塾)이, 1896년에는 閔泳綺가 中橋義塾을 시작하였다. 1899년에는 安昌浩가 그의 고향 江西지방으로 돌아가 漸進學校를 세웠다. 이는 西道에 민간인이 세운 최초의 사립학교인 동시에 또한 남녀공학을 실시한 최초의 소학교이기도 하다.

1901년에는 徐光世 외 수명이 洛淵義塾(뒤에 普光學校)을 창설하여 일어를 가르치고, 잠시 사범과를 두어 교사양성에 힘쓰다가 1916년에 폐교되었다. 1902년에는 牛山學校(懿法學敎)가 설치되고, 1904년에는 尙洞敎會 목사 全德基가 靑年學院을 설치하였다. 본래 전덕기는 숯장수였는데 그 후 목사가 되

13)《皇城新聞》, 1900년 7월 13일.
14) 李宥善, 〈西洋音樂·國樂〉(《韓國現代史》6, 新丘文化社, 1971), 436~437쪽.

고 애국지사로서 청년학원을 세운 것이다. 처음에 청년학원은 尙洞 攻玉學校와 기와집 건물을 같이 쓰며 낮에는 공옥학교가 사용하고 야간에는 청년학원에서 중학교 정도의 교육을 하면서 청년들에게 애국심을 고취시켰다. 처음에는 기독청년운동이었으나 범위를 넓혀서 누구나 배우며 애국할 수 있는 청년교육을 목표한 기관이었다. 강화도 개화운동의 선구자 李東輝나 수원의 朴勉洙는 청년학원에서 배우고 향리에 돌아가 교육기관을 세워 애국청년운동을 한 사람들이다.[15] 당시 청년학원은 애국지사들의 총집합소로서 기독교 중견인물을 위시해서 盧伯麟·安泰極·李商在·南宮檍·李東寧·李承晩·申采浩·尹致昊·金九·李儁·崔光玉 등의 인물이 모였으며 新民會의 기관학교로서 독립사상 고취에 노력하다가 1914년에 폐교당했다.

1905년 2월에는 嚴柱益이 養正義塾(오늘의 양정중·고등학교)을 창설하였다. 설립자 엄주익은 1904년 軍部協辨으로 도일하여 당시 일본의 문물을 시찰한 후 일본이 서양의 새로운 사조에 접하고 있음에 크게 감명되어, 귀국하여서는 당시 사회의 급선무가 무엇보다도 교육의 보급이라는 것을 느꼈다. 그리하여 여기에 찬동하는 7, 8인의 발기인과 더불어 나라를 구하는 인재를 배양하기 위해서 '蒙以養正'이라는 기치를 높이 들고 私財를 던져 몸소 塾長이 되어 헌신했다.[16] '몽이양정'이란 올바르게 길러서 깨우쳐 준다는 뜻이다. 설립 이후 3년이 경과되었을 때, 嚴妃는 1907년 5월 慶善宮과 英親王宮에 수속된 전라남도의 함평·무안·광양 및 경기도의 이천·풍덕 각 군 소재의 토지, 총계 약 200만평을 하사하였다.

1905년 5월에는 李容翊이 교육구국의 인재를 양성하기 위하여 普成學校(고려대학교 전신)을 창설했다. 이용익이 보성을 세운 것은 그가 일본으로부터 귀국한 이듬해이며, 그가 일본으로 간 것은 그들에 의하여 납치되었던 때문이다. 그는 체류중에 일본의 근대교육기관을 두루 살펴보았고, 귀국할 때에는 다수의 도서와 인쇄기를 구입하여 왔다.

이것은 우리 나라에 신교육기관을 창설하고자 한 의도였던 것이다. 이에 대하여 《황성신문》은 아래와 같이 전하고 있다.

15) 金世漢, 《周時經傳》(正音社, 1974), 100쪽.
16) 韓基彦, 《韓國敎育史》(博英社, 1963), 286쪽.

副將 李容翊씨가 일본에 유람하여 일본의 교육제도를 시찰하고 回國時에 각종 서적 3천元 가치를 購來할 계약이 있다 하고 자금을 自辨하여 漢城 내외에 普成學敎 7소를 설립할 계획으로 學部에 청원하고 학교 가옥은 처분을 奉承하여 公廳을 倍有할 터인데 우선 天然亭 앞 俄語學校를 승인하였고 교장은 丁明燮, 金重煥 제씨로 정하고 장차 교육을 크게 발달케 한다더라(《皇城新聞》, 1905년 1월 23일).

이 같이 이용익이 다수의 도서와 인쇄기를 구입한 것은 학교교재를 출판키 위한 인쇄소설립을 이미 머리에 두고 있었던 것이다. 그가 서거한 후 손자 李鍾浩가 잠시 학교경영의 책임을 맡다가 1910년 천도교에서 학교경영을 인수했다.

그러다가 1905년 을사조약을 전후하여서는 이 땅에 수많은 私學이 세워졌다. 일반 국민들 역시 민족의 장래가 청소년의 교육에 달려 있다는 사실을 인식하기 시작했다. 그야말로 교육면의 혁신을 가져왔다. 이에 대하여 북한에서 일하고 있던 한 선교사는 이 교육실정을 아래와 같이 보고하고 있다.

우리는 지금 교육혁명의 진행중에 처하여 있다. 기독교나 비기독교 기관을 막론하고 학교들이 하룻밤 새에 생기곤 한다. 관찰사가 학교를 시작하고, 군수가 학교를 세우고, 면장이 학교를 시작하고, 동장이 학교를 세우고 있다 … 선생한 사람을 놓고 서로 빼앗아 가려 한다. 봉급이 올라 갔고, 평양 崇實學校 졸업생이 때를 만났다 … 교육관념이 크게 달라지고 초빙하는 敎員型도 변하여지니 구식 서당의 위신이 떨어지고 한문과 서양과학의 지식을 겸비한 선생들만이 자리를 차지케 되어 있는 현상은 참 흥미있는 일이다(L. G. Paik, *The History of Protestant Missions in Korea,* Pyen Yong ; Union Christian College Press, 1929, pp. 391~392).

을사조약 이후 개인이 세운 사립학교를 보면 1906년 5월에는 閔泳徽가 사재를 던져 徽文義塾을 설립하였다. 민영휘는 평안도관찰사를 거쳐 좌찬성에 이른 한말 관계와 재계를 주름잡던 인물로 그는 청·러시아 세력과 결탁하여 일본의 세력을 이 땅에서 몰아내려고 한 대표적인 인물이었다. 처음 교명은 廣成義塾이었는데, 휘문의숙이란 교명은 고종황제에 의한 賜名이다. 이는 그의 이름 끝자 徽에다가 '文'자를 합쳐 명명한 것이다. 동교에서는 부대사업으로 徽文館을 두어 교과서 및 기타 서적까지 출판했다. 1906년 7월에는 南宮檍이 강원도 양양에 峴山學校를 세웠는데, 이는 지금의 襄陽高等學校의 전신이 되었다.

1906년 9월에는 普成館의 설립자인 이용익이 다시 普成中學校(오늘의 普成中·高等學校)를 설립했다. 초대 교장에 申海永이 취임하여 신입생 240명을 모집하고 동년 9월 22일 서울 中部 磚洞(現 壽松洞)에서 개교하였다. 또 이해 12월에는 中東學校가 세워졌다. 처음에는 申圭植에 의하여 漢語夜學으로 출발했으나, 뒤에 崔奎東의 경영으로 넘어가 오늘날 중동중·고등학교로 발전하였다. 중동학교의 설립 경위를 살펴보면 아래와 같다.

> 관립 한성한어학교 내에 설립한 漢語夜學은 지난 봄에 학부의 인가를 얻어 개막하였으나, 출석 생도가 영성할 뿐 아니라 제반사가 미비하여 개교식의 거행 없더니, 지난 달에 漢語敎官 柳光烈씨와 그 당시 班監 崔興模氏는 某某 學員의 동의에 의하여 日語學 일과를 첨가하고 학원을 모집하니, 생도의 입학이 一增月加하여 출석 생도가 60여 명에 달한지라, 교무를 확장하기 위해 야학의 명칭을 고쳐 中東學校라 명명하고, 교장은 吳在昌씨로 漢語敎師는 柳光烈씨로 日語敎師는 朴在肅씨로 교감은 崔興模씨로 선정하고 지난달 28일에 개교식을 거행하였다(《大韓每日申報》, 1907년 1월 5일).

이 때 최규동은 중동학교의 설비를 갖추고 민족정신을 고취시켜 후일 독립쟁취의 토대를 닦고, 자칫하면 좌절하기 쉬운 민족의식을 이 나라 청소년들의 가슴 속에 불어넣기 위하여 1주일에 50여 시간을 가르쳤다.

그런데 1907년에 일본은 丁未 7조약으로 황제를 폐하고 대한제국 군대를 해산하였다. 이 때 《皇城新聞》은 나와 국가의 일체감을 강력히 주장하며 나섰다.

> 오늘의 우리 한국은 열강에서, 諸人種에서 어떤 지위에 있는가, 위험하니 우리 동포여 분발하며 청년들은 일어나서 2천만의 입으로 세계에 큰 소리로 외쳐 4천만의 눈은 이 세태를 주시하라… 청년들은 시세가 어떻게 돌아가는가를 알고 힘쓰라(《皇城新聞》, 1907년 5월 13일).

바로 이해 2월에 島山 安昌浩는 미국에서 귀국하여 자아혁신과 자기개조를 통하여 민족혁신과 민족개조를 이룩하려고 했다. 그는 전국 방방곡곡을 찾아다니며 교육 유세를 하게 되었는데, 그 강연은 아래와 같은 내용이었다.

> 여러분 우리들은 이 나라의 주인입니다. 이제 이방인이 이 땅의 주인인 양 행세를 하고 있습니다마는 우리가 모두 개화한다면 그들은 이 땅을 강점할 수는 없을 것입니다. 도덕은 의지의 표현입니다. 勇於公戰하고 怯於私鬪하는 우리가 됩시다. 조국 回天의 妙는 덕·체·지의 三育입니다. 勇於公戰하고 怯於私鬪하는 우리가 됩시다. 여러분. 학교를 세워 務實力行하는 인재를 키워 봅시다.

안창호의 이 같은 강연을 들은 각 곳의 군중들은 저마다 교육을 통한 인격완성과 국권회복에 대한 자신감을 지니게 되었다. 안창호는 이를 실천하기 위하여 우선 평양에 大成學校를 세우게 되었다.

대성학교 설립에는 鐵山의 吳熙源이 5천원, 평양의 金鎭厚가 3천원, 선천의 吳致殷이 2천원의 거금을 희사했다. 대성학교 개교일에는 입학생이 90여 명에 달했으며, 내빈이 1천여 명 참석했는데,[17] 한때는 크게 발전하여 입학 지원자가 500~600명이 몰리는 때도 있었다. 1910년부터는 夏期 師範講習所를 부설하여 그 소장을 張膺震에게 맡기고 소학교 교사들의 재교육을 실시하기도 하였다.[18]

李光洙는 그의 작품 《無情》에서 대성학교 成校長의 연설을 통하여 아래와 같은 말을 하고 있다.

> 여러분 … 여러분의 조상은 여러분과 같이 마음이 썩지 아니 하였고, 여러분과 같이 게으르고 기운없지 아니 하였소. 평양성을 쌓은 우리 조상의 기상은 웅대하였고, 을밀대와 부벽루를 지은 우리 조상의 뜻은 컸소이다(李光洙, 《無情》 前篇, 耕眞社, 1954, 134쪽).

다시 이광수는 주인공인 형식과 세 처녀 사이의 대화에서 교육의 중요성을 아래와 같이 강조하고 있다.

---

17) 《大韓每日申報》, 1908년 9월 30일.
18) 《大韓每日申報》, 1910년 1월 16일.

과학! 과학! 하고 형식은 여관에 들어와 혼자 부르짖었다. 세 처녀는 형식을 본다. 조선 사람에게 무엇보다도 먼저 과학을 주어야 하겠어요. 지식을 주어야 하겠어요… 힘을 주어야지요! 문명을 주어야지요! 그리 하려면? 가르쳐야지요! 인도해야지요! 어떻게요? 교육으로, 실행으로…(李光洙, 《無情》 後篇, 耕眞社, 1954, 220~221쪽).

당시 대성학교 학생이었던 金瀅植은 아래와 같이 말하고 있다.

1907년 大成學校 설립의 소식이 세상에 전파되자, 이를 聲援支持하는 소리는 全朝鮮을 흔들었으며, 입학 지원자는 조수와 같이 밀리어 불시에 5, 6백 명의 청년이 모이었다… 그 당시 학교의 과정은 중등학교라 하지마는 지금의 중등학교 보다는 훨씬 고등이어서, 4학년 과정은 어떤 전문학교의 정도와 대등하였고, 학교의 설비도 중등학교로서는 유례가 없을이 만큼 완비하였었다(朱耀翰, 《安島山全書》, 三中堂, 1963, 89쪽).

이 때 李昇薰이 평양에서 안창호를 만난 것은 그의 생애의 일대 전환기가 되었다. 자기 주택을 지으려던 건축 자재를 모두 五山學校를 짓는 데 썼다. 그는 기울어져 가는 나라에 대하여 깊이 깨달은 바 있어 定州 향리로 돌아와, 우선 1907년 8월에 초등교육기관으로 講明義塾을 세웠다.

그러나 그는 강명의숙만으로 도저히 만족스런 민족교육을 전개할 수 없으리라 생각하여 중학교 건립을 목표로 활동한 결과 동년 12월에 다시 오산학교를 설립하게 되었다. 이승훈이 오산학교를 세우는 데는 당시 평안도관찰사 朴勝鳳의 후원이 컸다. 박승봉이 정주 일대의 유림들을 불러 향교재산을 그대로 둘 것이 아니라 일부를 떼어 오산학교에 기증하라고 권고하였더니 그들은 순순히 그 재산을 학교에 기부하였다. 그러나 박승봉이 그 직을 떠나게 됨에 따라 1908년 유림에서는 자기네들이 오산학교를 맡아 경영하겠다고 나섰다.

이 때 이승훈은 유림이 학교경영이 목적이 아님을 알았다. 그리하여 그는 단연 향교토지를 반환하고 자기소유 토지 전부를 내놓고 또한 동지들의 도움을 얻어 학교를 계속 경영하게 되었다. 이승훈은 어디를 가나 오산학교를 위하여 가고, 일을 하여도 학교를 위하여, 말을 하여도 학교를 위하여 꿈을

꾸게 되었기 때문에 주위 사람들은 그를 가리켜 學校狂·敎育狂이라고까지 평하기에 이르렀다. 그리하여 오산은 개교 2주년을 맞을 때에 학생 수가 100명에 이르렀다.

이렇게 오산학교와 대성학교는 같은 뿌리에서 내어 뻗은 두 줄기 푸른 가지였다. 대성학교는 안창호의 망명과 함께 興士團으로 모양을 바꾸었고 오산학교는 줄곧 學園으로 남아 일제의 사나운 서리와 비바람을 맞으면서 뻗어나간 것이 다를 뿐이다.

또 1907년 12월에는 李東輝에 의하여 江華邑에 중학교 과정인 普昌學校가 세워졌다. 그는 이 밖에도 강화군내에 21개의 소학교와 支校를 설립하는 한편, 開城普昌學校·長湍普昌學校·豊德普昌學校·金川普昌學校·安岳普昌學校·咸興普昌學校·忠州湖興普昌學校 등을 설립하였다. 여하튼 이동휘는 1907년 군대해산 이후 윤치호·안창호 등과 손을 잡고 개성·평양·원산 등지에 170여 교, 강화도에 만도 73개교에 달하는 학교를 세웠다.

이밖에 1907년에 설립한 사학으로 李鳳來의 鳳鳴校, 柳一宣의 精理舍, 李鍾浩의 鏡城中學校, 金九가 책임자로 있은 楊山小學校 등이 이름을 떨친 학교들이다. 이 중에서 유일선이 서울 倉洞에 세운 정리사는 수학과 물리학을 주로 가르쳤다. 이 때 周時經은 이 정리사에 입학하여 1909년 12월까지 수학과 물리학을 공부한 면학도였다. 낮이면 攻玉學校에서 국어를 가르치고 일요일 오후에는 국어 강습회를 열고, 학부의 국문연구소에 나가면서 밤이면 정리사에 나가 배웠다. 그의 우리말의 독창적인 분석은 수리학적 두뇌의 산물이라 하겠다.

1908년 2월에는 전북 김제군에서 이 곳 출신의 선각자 金洪植의 주동으로 같은 마을 김해김씨 문중에서 뜻을 모아 新明學堂(그 뒤 교명은 致文學校)이 설립되었다. 이 학교는 뒤에 김홍식의 집안 아저씨 金致文이 2대 교장으로 취임하면서 매년 1천 5백여 섬의 소유농지 소작료수입을 운영비로 들여 항일정신과 함께 신학문을 농촌 자녀들에게 심어 주었다.

이 때 독립운동가인 金東三도 경북 안동군 임하면에서 전국 유림의 완강한 반대를 무릅쓰고 1908년에 協東學校를 세워 동지들의 추천으로 교감이 되었다. 이 학교는 3·1운동 때까지 유지되어 많은 인재를 길러 내었다. 한편 김동삼은 1909년에 동지 朴重華·南亨祐·安熙載 등과 힘을 모아 비밀청년단체인 大東靑年團을 결성하고 영남 일대의 단원가입과 교양선전에 정력을 기울이기도 했다.

한편 1908년 9월에는 張志暎·閔橿 등에 의하여 昭義學校가 설립되었는데, 그 뒤에 이 학교는 東星商業學校로 개칭되었다. 그리고 1909년에는 金鴻亮의 발의로 楊山小學校 자리에 중학교를 설치하고 교육문화운동의 진폭을 넓혀 놓으니 황해도 일대의 뜻있는 청소년들이 모두 이곳으로 모여 들었다.

이러한 私人중심의 학교 설립자나 교사는 모두 개화운동의 선각자요, 독립운동의 志士요, 애국자로서의 민족적인 긍지와 신념을 함께 지니고 있었다. 따라서 오늘의 우리는 이들을 통하여 자주성과 주체의식을 배워야 할 것이다.

나. 학회중심의 사학 발전

위에서 살핀 것처럼 1905년 11월 소위 을사조약 이후에 가장 두드러지게 높아진 것이 교육열이었다. 즉 배우는 것이 힘이라는 것이 당시 지식층의 일치된 견해였다. 그리하여 사학의 설립이 곧 교육구국운동이라는 양상으로 나타났다. 민족운동을 하던 애국지사들도 직접 교육사업에 종사하거나 교육단체를 조직하여 더욱 교육열을 북돋아 주었다.

이러한 사학설립의 붐은 표면적인 정치활동이 거의 불가능하게 된 데 따른 새로운 자주독립운동의 한 방법이었다. 이들은 학교를 설립하기 전에 우선 교육기관으로 학회를 만들었으니, 大韓自强會·西北學會(西友學會·漢北興學會)·皇城中央學會·湖南學會·嶠南敎育會·大東學會·女子敎育會·太極學會·大韓興學會·大韓同寅會·大韓學會·關東學會·輔仁學會·國民敎育會 등이 그것이다.

당시 교육을 지도한 기관은 학회였다. 1904년 9월 국민교육회가 조직된 뒤 을사조약 후부터는 우후죽순처럼 학회가 조직되었다. 국민교육회 규칙 제3조에는 아래와 같이 교육사업에 대해서 말해주고 있다.

(ㄱ) 學校를 廣設할 事.
(ㄴ) 文明的 學問에 응용할 서적을 편찬 혹은 번역하여 刊佈할 事.

(ㄷ) 本國史記와 地誌와 古今 名人傳蹟을 모집 廣佈하여 국민의 愛國心을 鼓動하고 元氣를 배양할 事.

을사조약 이후에 창립된 위의 학회들 가운데 장지연 등이 1906년 4월 헌정연구회를 개편하여 만든 대한자강회는 '산업과 교육'을 슬로건으로 내건 전국적인 규모이고, 그 나머지 학회들은 모두 그 지역사회의 개발과 발전을 표방하면서 조직된 학회이다.

기호흥학회—경기도 · 충청도
호남학회—전라도
교남교육회—경상도
서우 · 서북학회—평안도 · 황해도
관동학회—강원도
한북흥학회—함경도

이때는 또 교육을 진흥키 위하여 군 단위의 학회도 생겼다.

함남교육회—함남 永興郡 南川里
萍北耶蘇敎育會—평북 宣川邑
開城學會—경기도 開城郡 西部

이들 학회의 취지는 모두 청소년의 교육을 계도 · 면려하여 국권을 회복하는데 두었다. 대한자강회나 서우학회의 취지문을 보더라도,[19] 학회를 창립하는 목적이 국권을 회복하고 인권을 신장함에 있다고 밝히고 있다.

여기서 특이한 존재는 1908년 3월에 조직된 輔仁學會로, 그 발기인은 현역 군인 또는 군출신의 인사들이라는 점이다. 鄭炫은 보병정 尉(대위)였고, 韓吉皓는 보병副尉(중위)였으며, 吳惟永은 보병정위로 후일 華城郡守를 지냈으며, 金敎先은 騎兵정위로 기병대장 부관이었고 金基元은 일본 육군사관학교를 나와 공병중좌를 지낸 바 있는 퇴역군인이었다.

이들은 1907년 8월 1일 군대해산이 있은 후 간신히 남아 있게된 연대병력 시위대원들이었는데, 이 시위대는 都染洞과 典洞 두 곳에 주둔하면서 경복궁 경호의 임무만을 수행하고 있었다. 이들은 도렴동에 주둔하고 있는 군인들이었으므로 상번을 마치고 하번이 되는 공통 下番日인 매월 5일을 閑日로 삼아 친목회를 가진 것이다. 모임에서 항상 거론된 것은 '開明國民의 創造'라는

19) 歷史學會, 《韓國史資料選集》Ⅴ(一潮閣, 1973), 222쪽.

것이었다.

이 때 韓晩容은 학회명을 '輔仁學會'라고 명명했는데, 이는《論語》〈顔淵篇〉의 "會子曰 君子는 以文會友하고 以友輔仁이니라"고 한 것에서 인용한 것이다.

> '聖人의 글에 以文會友하고 以友輔仁이라'하였으니, 이 이상 아름다운 말이 있겠는가. 그러므로 輔仁學會라 명명한다. 공교롭게도 輔民會와 仁友會가 서로 유대하여 구국을 꾀하고 있으니 '輔'와 '仁'이 합하면 輔仁이 되는지라, 이 어찌 기이한 일이 아니겠는가.

여기서 輔民會라 함은 보인학회를 조직하기에 앞서 만든 친목회를 말함이요, 仁友會는 한만용 등이 조직한 친목회이다. 이 같이 1908년 3월 8일 보인학회가 결성되었다는 소식이 전해지자 共生社·東新社·永益社·大德社·永興社·內資社 등의 契 조직체 경제인을 위시하여 人力馬夫·기생·상인·공인·청소부·노동자 등 각계 각층 500여 명이 회에 가입하여 명예로운 輔仁學會員으로 학교설립에 일익을 담당하게 되었다.[20] 이들 회원은 일제침략에 항거하여 조국을 지킬 수 있는 길은 오직 교육구국뿐이라고 믿었던 것이다.

그리하여, 위에 말한 학회들은 그들 학회의 부속기관으로 사학을 세우는 한편 '國家의 存亡은 교육에 좌우된다'는 것을 창도하니 이에 자극되어 경향 각지에서 수많은 학교가 열리게 되었다. 그 때 학회 설립에 대해서《梅泉野錄》에서는 다음과 같이 기술하였다.

> 關西人은 학회를 京師에 세우고, 이어서 關北人은 漢北興學會를 모두 本會를 京中에 설치하고 그 支會를 외부에 許하니, 是時에 학교와 사회단체가 國中에 가득하였다. 학교는 관서가 더욱 성하여 龍川 一郡만 하여도 二十餘區에 달하였다(黃玹,《梅泉野錄》권 5, 광무 10년 9월).

1906년 11월 평안도 龍川郡 光化面에 光華學校가 세워졌을 때 학생이 지은 頌祝歌에는 이런 글이 보인다.

---

20) 輔仁中·商業高等學校,《輔仁七十年史》(1978), 23~26쪽.

어화 우리 學徒들은　　　大한 義務生覺하세
而今 世界 何時代뇨　　　競爭列强 大峙로다
優勝劣敗 固然하니　　　箇人進就 안할손야
自暴自棄하지 말고　　　自國精神 收拾하여
敎育·殖産·工業으로　　　開明發達 目的일세
(《大韓每日申報》, 1906년 12월 15일).

서북학회로 통합되기 전 西友學會는 교육구국에 있어 교사양성이 시급하다고 생각하여, 1907년 1월 15일에 西友師範學校라는 速成師範科 夜學校를 설립하였다. 초대 교장은 朴殷植, 교감은 金達河였다.[21] 동년 3월 11일에 安昌浩는 서우사범학교 개교식에 참석하여 崔光玉과 함께 경축 강연을 했다.[22] 이때 박은식은 〈師範 養成의 急務〉란 제하에 이렇게 말하였다.

> 今日 교육방침에 대하여 최선 급무는 사범 양성이 是라. 蓋 학생은 국가의 기초요 蒙學은 학생의 기초라 蒙學이 無하면 완전한 학생이 無할 것이요 완전한 학생이 無하면 어찌 완전한 국가가 있으리오 惟是 완전한 蒙學을 건립코자 할진대 必先 완전한 사범을 배양할지라.

서우사범학교 졸업생들은 황해도와 평안도 각 사립학교에 교사로 派送할 계획이었지만 어느 정도의 졸업생을 배출시켰는지는 알 수 없다.

한편 1907년 1월에는 함경도 유지들에 의하여 漢北興學會가 조직되고, 이어 漢北義塾의 설립을 보게 되었다. 한북의숙의 學員모집 광고는 아래와 같다.

> 본회에서 함경남·북도내 교육을 확장하기 위하여 우선 본관내에 附屬設塾하고 속성으로 교사 배양을 주의하여 이에 과정 및 개학일자를 左開 광고하오니 在京居鄕을 물론하고 屆期入學함.
>
> 연령　22세 이상 40세 이하　　　독서　庸學論孟歷史
> 작문　국한문　　　산수　초보
> 과정　속성기한은 1개년으로 함
> 皇城中署麻洞 二十統 三戶 漢北興學會(《皇城新聞》, 1906년 12월 31일).

---

21) 朱耀翰·鄭英功, 《保護條約時期의 學會 및 團體運動》(大成文化社, 1965), 2쪽.
22) 《大韓每日申報》, 1907년 3월 16일.

그 후 1908년 한북흥학회는 서우학회와 합동하여 서북학회라 개칭했다. 이 서북학회의 개회식에 참석한 바 있는 金允植은 그의 일기에서 아래와 같이 기록하고 있다.

校洞 서북학회 개회식에 참석하였다. 처음에 평안도 사람 중 서울에 있는 사람들이 西友學會를 설립하였고, 함경도 사람 중 서울에 있는 사람들도 또한 漢北學會를 설립한 바 있었다. 이번에 양쪽 지방 사람들이 학회를 통합하여 서북학회라 하였다. 회장은 鄭雲復, 총재는 李道宰, 총무는 金達河였고 西北 사람들이 구름처럼 이 모임에 모였다. 그들은 차례로 연설을 하였는데 규모는 整肅하고 이야기는 淸亮하였다.

맨 나중에 安昌浩가 연설하였는데 數千 마디의 말을 계속하였다. 그의 말은 흥분과 감격으로 뒤섞여 있었다. 이 자리에 모였던 사람들은 감동되어 조용히 듣고 있었다. 그는 미국에 유학한 지 5년이 되었고, 지금 나이는 30세라고 한다. 西北地方의 구름은 열리고 風氣는 날로 進步되어 三南地方이 깊이 잠들고 있는 상태와는 다르니 심히 훌륭하고 감탄할 만하다(金允植, 《續陰晴史》하, 권 12, 1908년 1월 10일).

이 같이 하여 서우·한북 두 학회가 경영하던 2개 학교가 통합되어 西北協成學校라고 개칭하였다. 교장에는 이종호가 취임했는데, 이 때 이동휘는 두 학회의 통합을 '獨立之基礎'[23]라고 했고, 박은식은 두 학회의 통합을 '전국 동포의 무궁한 복지를 가져올 단합정신'이라고 하였다.[24]

한일합병 후 서북학회가 강제 해산됨에 따라 1910년 10월 서북협성학교는 五星學校로 교명을 고쳐 부르다가 1918년 4월에 총독부로부터 폐교 조치를 받게 되었다. 그러다가 1921년 4월에 崔時俊이 五星講習所를 설치하고 1922년 3월에 崔時俊·吳熙源·許憲 등이 설립자가 되어, 다시 교명을 協成學校라 일컬었다. 오늘의 光新中·商業高等學校는 협성학교의 후신이다.

1908년 4월에 경기·충청도의 人士로 결성된 畿湖興學會는 동년 6월에 畿湖學校를 설립하였다. 《畿湖興學會月報》에 실린 기호학교 일련의 회록을 보면 다음과 같다.

---

23) 《西北學會月報》, 1908년 2월.

24) 위와 같음.

隆熙 2년(1908) 5월 20일 임시 評議會에서 本會 총무 鄭永澤씨의 學校 設立 議案을 可受하여 同 6월 1일 특별 총회의 가결로 설립하다.

〈要旨〉 그 설립의 요지는 지방의 교육이 교사의 乏人함을 因하여 발전이 渺然함으로 本校에서 교사 자격을 양성하기 위하여 師範學科에 中等學科를 편성하다.

〈募集〉 6월 15일에 學員을 모집할 時 被選한 인원이 95人인데 시험 방법은 漢文에 宿工이 有한 者와 年 20세 이상자와 地誌·歷史·算術大概를 通曉한 자를 取하다(《畿湖興學會月報》, 1908년 8월).

위에서 말한 것처럼 기호학교 설립의 취지는 지방의 교육이 교사의 빈곤으로 인하여 발전이 미약하므로 유능한 교사를 양성함에 있었다. 초대 교장은 朴勝鳳이었고 1910년에 兪吉濬·吳世昌 등이 설립한 隆熙學校(1909)와 합동하여 교명을 中央學校(오늘날 中央中·高等學校)라 하였다.

大東學會는 1908년에 법률 교육을 목적으로 大東專修學校를, 大韓同寅會에서는 1907년에 同寅學校를 창립하였고, 輔仁學會에서는 1908년 6월에 輔仁學校(오늘의 輔仁中·商業高等學校)를 세웠다. 보인은 앞서 살핀 바와 같이 각계 각층의 민중의 힘에 의하여 세워진 학교이면서 또한 문무정신을 갖춘 학교이었다. 그리고 女子敎育會는 부속학교로서 1906년에 養閨義塾과 1907년 4월에 新學院을 설립하였다.

학회중심의 사학설립과 발전은 지방에서도 많이 이루어 졌다. 여기서 일예를 들면 1907년 8월 대한자강회가 강제 해산당한 이후 1908년 國中의 지사들이 大韓協會를 창립하여 국민들에게 독립사상을 고취시키고 정부의 매국정책을 비판할 때 心山 金昌淑은 “지금 문을 닫고 글만 읽을 때가 아니라”고 하면서 대한협회 星州支部를 설치하고 아래와 같은 말을 했다.

우리들이 이 會를 설치한 것은 장차 조국을 구원하려는 것이다. 조국을 구원하고자 한다면 옛 因習을 개혁하는 것부터 시작함이 마땅하다. 옛 인습을 개혁하고자 한다면 계급을 타파하는 것부터 시작함이 마땅하며 계급을 타파하고자 한다면 우리 會로부터 시작함이 마땅하다(金昌淑, 《國譯心山遺稿》 권 5, 躄翁七十三年 回想記上篇).

여기서 심산은 수구파 유림의 사고에서 벗어나 개혁적인 유림의 새로운

상을 부각시키고, 곧 뒤이어 그는 晴川書院을 개수하여 사립 星明學校를 설치하여 신교육에 이바지하게 되었다. 晴川은 그의 선조 東岡 金宇顒을 향사하는 祠院으로 고을과 도내 유림이 함께 숭앙하는 곳이었다.

당시 《대한매일신보》는 이 같은 학회중심의 사학발선을 기뻐하여 〈讚韓民之向學〉이라는 제목의 사설을 실은 바 있다.[25] 이 사설에서 강조한 것은 물론 인재배출을 통한 문명추구와 실력양성이었다. 이 같은 사학의 설립을 통한 애국열은 국내에만 국한되지 않았다. 우리 나라와 국경을 접하고 있는 블라디보스톡에는 이미 1905년에 啓東·世東·新東의 세 학교가 섰고, 이 밖에 연해주 각처에 1908년까지 11개의 학교가 설립되었다.[26]

만주 東間島지방에도 사학의 설립은 활발했다. 간도와 龍井村에 한국인 최초의 교육기관인 瑞甸義塾이 李東寧과 그 곳에 먼저 가 있던 李相卨·呂準 등에 의하여 1905년에 개교되었다. 서전의숙은 한국의 역사, 지리, 국제공법 등을 학생들에게 가르쳐 일본 제국주의의 불의와 새로운 민족의 진로개척을 위한 방향제시에 주안을 두었다. 서전의숙은 개교와 동시에 간도는 물론 국내의 압록강 근처에서도 애국 청소년들이 모여들었다. 서전의숙이 1905년에 설립된 것을 비롯하여 2년 후에는 무려 50을 헤아리는 사학이 일어났다. 그러나 1907년 통감부 출장소가 이 곳에 생김에 따라 일제는 서전의숙을 접수하고 소위 간도보통학교를 세워 한국인의 사립학교에 대항하였다.

한편 1908년에는 서전의숙 출신인 金學淵이 和龍縣 明東村에 明東書塾을 세웠다. 이 명동서숙은 얼마 안되어 明東學校로 발전되었는데, 여기에는 徐一의 힘도 컸다. 다시 이 명동학교는 1910년 3월에 明東中學을 병설하여 김학연의 從弟 金躍淵이 교장으로 부임했다. 교세가 날로 확장되어 가자 국내에서 우수한 선생을 초빙해 갔는데, 젊은 국사학자 黃義敦, 한글학자 張志暎과 朴泰煥이 부임해 갔다. 이들이 부임해서 새로운 윤리와 역사와 철학을 본격적으로 가르치게 되니 만주 일대는 말할 것도 없고 멀리는 시베리아로부터 수백 명의 학생이 명동중학으로 모여들었다. 김약연 교장은 다시 신식교육을 더 널리 보급시키기 위하여 명동을 중심으로 여섯 곳에 야학을 세우는

25) 《大韓每日申報》, 1906년 3월 18일.
26) 李光麟, 〈韓末의 敎育〉(《韓國現代史》 3, 新丘文化社, 1969), 295쪽.

한편 1911년에 明東女學校를 병설하여 계몽운동에 앞장섰다.

이러한 학교설립은 교육의 백년대계를 획책하는 일로 1910년 이후 많은 망명객을 맞아 더욱 발전되어 1910년까지 만주 東間島 지방에는 무려 130여 교가 생겨 항일 교육운동의 중심지로 발전했다. 참고로 구한말에 설립된 민족사학을 살펴보면 아래와 같다.27)

〈표〉 구한말 설립 민족사학

년 대	학 교 명	설 입 자	소재지
1883	元山學舍	德源有志	元山
1895	興化學校	閔泳煥	서울
1895	樂英義塾(뒤 乙未義塾)	社會有志	서울
1896	中橋義塾	閔泳煥	서울
1897	貞善女學校	金養堂	서울
1898	順成女學校	讚揚會	서울
1899	漸進學校	安昌浩	江西
1901	文東學院	申圭植	淸原
1901	洛淵義塾(뒤 普光學校)	徐光世	서울
1902	牛山學校	梁在賽	서울
1904	青年學院	全德基	서울
1905	瑞甸義塾	李相卨	龍井
1905	養正義塾	嚴柱益	서울
1905	光成實業學校	前少論派	서울
1905	漢城法學校	社會有志	서울
1905	普成學校(뒤 普成專門學校)	李容翊	서울
1906	徽文義塾	閔泳徽	서울
1906	進明女學校	嚴貴妃	서울
1906	淑明女學校	嚴貴妃	서울
1906	愛國學校	社會有志	평양
1906	普成中學校	李容翊	서울
1906	中東學校	申圭植(뒤崔奎東)	서울
1906	峴山學校	南宮檍	襄陽
1906	養閨義塾	女子敎育會	서울
1906	華野義塾	李哲鎔	抱川
1907	新學院	女子敎育會	서울

27) 孫仁銖, 앞의 책, 35~36쪽.
———, 《韓國開化敎育硏究》(一志社, 1980), 125~126쪽.

1907	西友師範學校	西友學會	서울
1907	同寅學校	大韓同寅會	서울
1907	大成學校	安昌浩	平壤
1907	講明義塾	李昇薰	定州
1907	五山學校	李昇薰	定州
1907	普昌學校	李東徽	강화
1907	鳳鳴學校	李鳳來	서울
1907	西北協成學校 (뒤 五星學校→光新商業學校)	西北學會	서울
1907	精理舍	柳一宣	서울
1907	鏡城中學校	李鍾浩	鏡城
1907	養實學院	社會有志	義州
1907	楊山小學校	金鴻亮·金九	安岳
1907	保强學校	金九	載寧
1907	長薰學校	社會有志	서울
1908	畿湖學校 (뒤에 隆熙學校와 合同하여 中央學校로 발전)	畿湖興學會	서울
1908	東媛女子義塾(뒤 同德女子義塾)	趙東植	서울
1908	養源女學校	尹高羅	서울
1908	新明學堂	金洪植	金堤
1908	協東學校	金東三	安東
1908	明東學校	金學淵	明東
1908	星明學校	金昌淑	星州
1908	普明女學校	普明女子敎育會	서울
1908	養正女學校	崔誠卿	서울
1908	大東專修學校	大東學會	서울
1908	輔仁學校	輔仁學會	서울
1908	昭義學校(뒤 東星商業學校)	張志暎	서울
1909	隆熙學校	兪吉濬	서울
1909	楊山中學校	金鴻亮	安岳
1909	華山學校	閔泳祚	高山(全北)

위의 도표에 나타난 학교는 비교적 이름있는 민족사학들이다. 1908년 사립학교령이 공포되기 전까지는 사립학교를 설치하는 데 있어 정부의 인가가 필요 없었고, 또 보고의 의무도 없었으므로 정확한 통계를 알 수가 없다.

총독부의 통계에 의하면 1908년 전국의 학교수는 서울 시내 100여 교를 비롯하여 총수 5,000여 교에 달했으며 학생수 20만에 이르렀다.[28] 또 《매천

28) 朝鮮總督府, 《朝鮮の保護と併合》(1918), 378쪽.

야록》에 의하면 1910년 한일합병 직전까지 불과 몇 해 사이에 3,000여에 달하는 사립학교가 세워졌다고 한다. 《황성신문》에서도 1907년부터 1909년 4월까지 민중들이 세운 각종 사립학교의 수가 무려 3,000여 교에 달하였다고 보도하고 있다.[29)]

이와 같은 사학의 발흥에 대하여 1907년 이후 한국정부에 일본인으로서 학부차관을 역임한 다와라는 그 원인을 아래와 같이 말해주고 있다.

> 日露戰爭 후 1905년 제1차 韓日協約 이래 국군의 변천에 조우한 韓人은 그 두뇌에 강한 인상을 받아 교육에 의하지 않으면 국권의 회복을 바랄 수 없다. 특히 1907년의 제2차 한일협약 체결 군대해산 후에는 교육의 필요를 절감하는 念이 激發 울흥하여 解隊의 將士들이 각지에 흩어져 혹은 폭도 草賊(의병을 말함)의 무리에 투신하였으나, 다른 일부는 職을 학교 교사에 구하여 교육열의 격증을 유발하고 그 풍조가 도도히 국내에 미만하여 마침내는 오늘과 같은 다수 사립학교의 설립을 보기에 이르렀다(國史編纂委員會, 《韓國獨立運動史》Ⅰ, 1967, 361쪽).

이처럼 일제 통치자들도 급격히 팽창되는 사립학교－신교육의 경향을 보고 "地方長官도 이 취지를 고취하고 학교설립을 촉구했기 때문에 이것이 한 기풍이 되어 산간벽지라 할지라도 한두 학교의 설립을 보지 않은 곳이 없으며, 오히려 濫設되는 경향이라"[30)] 할 정도였다. 사실 일제가 한국인들의 교육구국운동을 보고 "한국인들은 세 사람만 모이면 학교를 세운다"고 빈정거릴 만큼 이 시기에 한국인들의 교육열은 불타 올랐던 것이다.

(2) 민족사학의 설립이념

우리 나라가 역사적으로 근대화 과정에 들어선 것은 갑신정변·동학농민전쟁·독립협회·갑오경장까지 거슬러 올라갈 수 있다. 그런데 갑오경장은 대내적으로는 동학농민전쟁과 대외적으로는 청일전쟁 등 대내외적인 큰 사건에 뒤이어 일어났던 역사적 사건으로서, 이것은 자율적인 것이 아니고 침

---

29) 《皇城新聞》, 1909년 5월 8일.

30) 1910년 7월 13일 韓國駐箚憲兵隊司令部에서 개최한 各道憲兵隊長會議席上에서의 俵學部次官演說.

략적인 것으로 일제의 강요에 의해 타율적으로 시도된 內政改革이었다.

그러기에 《독립신문》은 '獨立'이란 낱말을 사용하며 776회에 걸쳐 논설을 게재하였는데, 이중 정치분야 271회, 사회분야 162회, 사상분야 147회, 교육분야 98회, 경제분야 59회, 문화분야 39회였다. 즉 《독립신문》의 4년간에 걸친 논설의 주안점은, 첫째 자주 독립 및 自强精神의 앙양, 둘째 외세 침투의 배격 등으로 집약되었다. 독립협회 초대회장 安駉壽도 《獨立協會會報》 창간호 서문에서 그 설립목적을 '독립'의 성취에 있음을 밝히고 있다.[31] 그러니 《독립신문》이나 독립협회가 지닌 개화사상의 다양한 含意를 한데 묶어 구조적으로 파악한다면 '독립'이라는 상징개념에로 수렴되는 근대 민족주의의 理念像이 가치포괄적인 최상의 목표로 부각됨을 이해할 수 있다.

바로 여기에 민족사학의 설립이념도 일제의 도전에 대한 대응책으로 나타났다. 그러기에 이 시대 사학의 홍성은 놀라왔다. 민족사학의 설립정신은 두 가지 측면에서 살펴볼 수 있다. 하나는 선진제국의 문물을 받아들이려는 개화사상이었고, 다른 하나는 민족주의 정신에서 세워졌다. 말을 바꾸면 민족보전과 근대지향이라는 두 측면에서 이루어진 것이다.

따라서 구한말에 우리가 근대지향의 개화운동을 일으킨다는 것은 동시에 민족보전의 독립운동을 일으키는 것이 되었다. 그러기에 항시 근대화라고 하는 경우에는 으레 그것은 민족보전이나 발전을 위한 것이어야 하며, 민족의 발전이라고 하는 경우에는 물론 근대지향이라고 하는 것을 제외하고는 상상할 수가 없게 되는 것이다. 그러기에 당시 사학의 설립 이념의 특이성은 이중 어느 하나만을 추구하지 아니 하고, 양자를 복합적인 일체로 보았다는 점이다.

실로 개항 이래 한국근대사는 다양한 역사적 변동의 소용돌이였으나 그 속에서 전개된 가장 중요한 역사적 운동은 근대적인 '국민국가'형성을 위한 민족주의운동이었다. 여기서 말하는 근대국민국가 형성을 위한 민족주의운동이란 기왕의 中華主義的 事大秩序인 천하 안에서 종속적 지위를 가진 '나라'를 유지, 회복하려는 것이 아니라 세력균형의 원리에 따르는 새로운 국제질

---

31) 《大朝鮮獨立協會會報》, 1896년 11월 30일.

서 속에서 '생존'을 위해 서로 경쟁하는 서구 근대국가와 같은 '주권국가'를 만들려는 움직임을 뜻한다.[32] 따라서 이는 근대의식에 따른 자주 독립의식을 강하게 발아시켰으며 아울러 서구문명에 대한 새로운 의식과 근대화 운동의 기초역량 비축을 가능하게 만들었다.

그러기에 처음에 민족사학의 설립이념은 선진외국의 문물을 받아들이려는 개화사상에서 출발하였는데 일제하에서 점차 '교육구국'의 인재양성이라는 민족적 요망에서 설립되었다. 구한말의 서세동점과 일제침략, 특히 일본에 의한 청일전쟁·갑오경장·러일전쟁·을사조약 등은 각각 다른 각도에서 한국인에게 심각한 반성과 커다란 각성을 일으켰다. 이 때 뜻 있는 사람들은 남의 나라 군대들이 우리 땅에서 제 마음대로 싸워도 말 한마디 못하는 無爲無能을 통탄했다. 또 허울좋은 독립과 갑오경장은 우리의 뜻에서 된 것이 아니고 일제의 손에서 이루어진 것임을 알았고, 행정기구의 개편, 신교육제도의 이면에도 일제의 마수가 강하게 작용하고 있었음을 알았다.

그러다가 19세기 말 식민지주의 및 제국주의시대를 당하여서는 개화와 독립이 같은 목표의 동전의 양면에 불과하다는 점이 인식되었다. 그 이유는 개화 없이 자주독립은 이루어질 수 없고, 또 자주독립을 해야 참된 개화를 이룩할 수 있다고 생각했기 때문이다. 개화·자주독립이란 결국 국민적 자립이며 국가의 자강이다. 자강이 독립의 전제로 인식된 것임은 "자강한 뒤에라야 독립은 가능하고 자강하지 않으면 독립은 있을 수 없다"[33]는 주장이다. 자주가 자주독립으로 이어지듯이 자강도 자주독립으로 이어진 것이다. 그리하여 이것을 자기발전의 계기로 삼아 自守·自立을 모색하여 '自强的 民族主義'를 확립하려고 했다.

그들은 열강의 도전에 대항하여 이를 막고 나라의 독립과 안전을 지키기 위해서는 하루 속히 개화정책을 실시하여 자주부강한 나라를 건설하여야 한다고 생각하였다. 물론 그 방법은 먼저 교육을 진흥하는 것이었다. 그래서 개화지식층 사이에서는 '교육의 힘으로 민족적 단결심을 발휘시키자'는 여론이 일어났다. 물론 여기에서의 '교육'은 구학문의 폐단을 지적하고 신학문의

32) 차기벽, 《한국 민족주의의 이념과 실태》(까치사, 1978), 176쪽.
33) 《大朝鮮獨立協會會報》, 1897년 5월 31일.

장점을 내세우는 것이었다.

바로 이러한 역사적 요청에 응하여 민족사학이 설립되어 나갔다. 그리하여 초·중등 교육기관이 모두 근대교육을 빨리 펴서 젊은 사람들을 교육시키는 것만이 나라를 개화하고 또 구국의 터전이 되는 길이라 생각했다. 대체로 1905년 소위 을사조약 이전에 설립된 사학은 개화의 요청에 더 많은 관심을 기울였다. 다시 말하면 개화라는 이름의 근대화를 실천하기 위하여 세워졌다. 그리하여 이들 학교에서는 개화된 선진제국의 문물과 기술을 습득하고, 또 부국강병의 實을 일으키는 데 목적을 두었다.

그러나 우리가 근대교육을 통해 신학문을 흡수하고 있을 무렵 뜻하지 않은 군국일본의 침략이 다가왔다. 이에 1905년 이후부터 설립된 사학은 민족자본에 의하여 교육구국의 급선무로서 인재양성이란 민족적 희망으로 이루어졌다. 이들 사학의 설립자들도 모두 근대적인 민족의식을 지닌 지도층이었다.

이는 1905년 5월에 이용익이 세운 普成學校(고려대학교 전신)와 1906년에 세운 普成中學校의 설립이념을 보아도 알 수 있다. 즉 보성의 건학정신은 인재를 배양하여 국가의 기초를 완성하고 국민의 지식을 발달케 하여 기울어져 가는 국권을 바로잡으려는 데 있었다. 이용익의 생애는 철두철미 왕실에의 충성과 일본세력에의 반항에 있었다. 이는 그가 1907년 1월 海蔘威에서 "我死後에 韓國主權을 회복하기 전에는 運柩以歸치 말라"고 유언한 것을 보아도 알 수 있다. 남궁억도 이 때 "國權更生의 길은 오직 하나 교육밖에 없다"[34]는 민족주의정신에서 峴山學校와 그 뒤에 牟谷學校를 설립하였다.

안창호 역시 한말의 침체된 국운 속에서 나라를 구하려는 운동을 청소년들을 대상으로 전개했다. 다시 말하면 자아혁신과 자기개조를 통해 민족혁신과 민족개조를 이룩하려면 다른 무엇보다 교육이 제일 급선무라고 보았다. 그의 말을 빌면, "한국 민족전체를 개조하려면 그 부문의 각 개인을 개조하여야 하겠고, 각 개인을 다른 사람이 개조하여 줄 것이 아니라 각각 자기가 자기를 개조해야 한다"[35]고 했다. 그리하여 그는 1899년에 점진학교와 1907년에 대성학교를 세웠다.

---

34) 金世漢, 《翰西 南宮檍先生의 生涯》(翰西 南宮檍先生記念事業會, 1960), 136쪽.
35) 安秉煜, 《民族의 스승 島山安昌浩》(興士團本部, 1971), 7쪽.

점진학교는 점진적으로 공부와 수양을 계속하여 민족의 힘을 길러야 한다는 것이 그 설립 목적이었다. 그가 친히 지은 교가 속에도 그 정신이 잘 표현되어 있다.

점진 점진 점진 기쁜 마음과　　　　점진 점진 점진 기쁜 노래로
학과를 전문하되 낙심말고　　　　하겠다 하세 우리 직무를 다
(朱耀翰, 《安島山全書》, 三中堂, 1963, 32쪽).

또 대성학교의 설립정신은 그의 민족개조론에 따른 것으로 '점진적으로 大成하는 인물'을 양성하여 민족운동의 중심세력을 구축함에 있었다. 그는 민족운동의 인재와 국민교육의 師傅를 양성할 목적으로 평양을 비롯한 서울·대구·광주 등지에도 똑같은 대성학교를 세울 계획이었으니 평양의 대성학교는 그 제1교요 표본교였다.

그리고 대성학교의 교육방침은 아래 네 가지에 두었다.

첫째, 건전한 인격의 함양
둘째, 애국정신이 강한 민족 운동자 양성
세째, 국민으로서 실력을 구비한 인재의 육성
네째, 強壯한 체력의 훈련
(吳天錫, 《韓國新敎育史》, 現代敎育叢書出版社, 1964, 205쪽)

안창호는 이 교육방침을 실천하기 위하여 평소 그의 신념대로 '務實力行'과 '主人精神'을 강조했다. 그에 의하면 무실역행은 공리공론을 하지 말고 우선 나 한 사람부터 성실한 사람이 됨으로써 민족중흥에 새로운 힘이 될 수 있음을 이름이다. 무실이란 實을 힘쓰자는 뜻이니 실이란 眞實·誠實·참 그리고 거짓이 없는 것을 말한다.

그래서 안창호는 대성학교 학생들에게 죽더라도 거짓이 없어야 한다고 하여 참되기를 가르쳤다. 약속을 지키는 것, 집합시간을 지키는 것이 모두 성실공부요, 약속을 어기는 것, 시간을 지키지 않는 것은 허위의 실천이라고 보았다. 우리의 생각과 말과 행동에 거짓이 없고 참된 것이 무실이기 때문에 참의 정신·참의 실천·참의 도덕으로 우리 민족을 교육시켜 갱생시키고자 하였다.

그리고 그가 말한 역행은 行을 힘쓰자는 것이다. 역행은 힘써 행하라는 말이 아니라 행하기를 힘쓰자는 말이다. 즉 공리공론의 허식적인 명분론을 버리고 實踐窮行하기에 노력하자는 것이다. 이 실천주의는 재래의 文弱을 비판하고 강장한 기풍을 숭상하는 데까지 연장되어, 대성학교에서는 德·體·知 三育을 중히 여겼다. 덕육과 체육을 지육보다 먼저 내세운 것은 바로 이 역행을 강조하기 위함이었다. 이 역행은 큰 목적이 눈 앞에 실현되지 못한다고 낙심하지 말고, 오늘에 할 수 있는 일은 오늘에 하자는 것이다. 이를테면 자기 가정을 고치는 일, 허위를 버리는 일, 민족운동의 동지를 구하는 일 등은 모두 오늘에 할 수 있는 일이라 하였다.

그의 무실역행의 정신은 1909년에 조직된 青年學友會의 4대정신에도 잘 나타나 있다. 務實·力行·忠義·勤勉의 세 덕을 더 가했다. 그래서 〈青年學友會歌〉를 지은 崔南善은 그 가사에서 "務實力行 등불 밝고 깃발 날리는 곳에, 우리들의 나갈 길이 숫돌 같도다"고 하였다.

五山學校 역시 대성학교의 정신과 같이 민족운동의 인재, 국민교육의 師傅를 양성할 목적으로 세워진 학교이다. 1907년 12월 24일 개교식 때 李昇薰은 오산학교의 설립정신을 아래와 같이 말하였다.

> 지금 나라가 기울어져 가는데 우리가 그저 앉아 있을 수는 없다. 이 아름다운 강산, 선인들이 지켜온 강토를 원수인 日人들에게 내어 맡긴다는 것은 차마 있어서는 아니 된다… 총을 드는 사람, 칼을 드는 사람도 있어야 할 것이다. 그러나 그보다도 더 귀중한 일은 백성들이 깨어 일어 나는 일이다. 세상이 어떻게 돌아 가는지를 모르고 있으니 그들을 깨우치는 것이 제일 급무다. 우리는 우리를 누르는 자를 나무라기만 해서는 안된다. 내가 못 생겼으니 남의 업신여김을 받는 것이 아니냐. 옛 聖人의 말씀에도 '人必自侮而後 人侮之'라고 하였다. 내가 오늘 이 학교를 세우는 것도 후진을 가르쳐 만분의 일이라도 나라에 도움이 되기를 원하기 때문이다… 일심 협력하여 나라를 남에게 빼앗기지 않는 백성이 되기를 부탁한다(金基錫, 《南岡 李昇薰》, 現代敎育叢書出版社, 1964, 90쪽).

민족사학은 처음 신문화 또는 개화의 방법으로 설립된 것이었으나 1905년부터는 그 양상을 달리하여 교육구국의 이념하에 세워졌다. 즉 그 설립이념의 공통된 점은 모두가 민족의식을 고취하고 새 지식을 계발하여 국권을 찾는 데 두었다. 민족사학의 교사 역시 독립운동의 지사요 애국자로서의 긍지와 신념을 함께 가지고 있었다.

3) 여자 교육의 발전

(1) 미션여학교의 설립과 교육

우리 나라 여성들이 걸어온 발자취는 한마디로 '人權'없는 女性史와 '敎育'없는 女性敎育史를 남기게 했다. 이에 따라서 초대 여선교사들의 기독교적인 사명은 곧 무지와 사회적 억압에 눌려 있는 여성들의 교육과 그 해방이었다. 다시 말하면 교육과 계몽을 통한 여성해방운동이 바로 참된 의미에 있어서의 기독교운동이며 선교사업이었던 것이다.

물론 이들의 女學校 사업은 간접적인 선교사업이다. 이는 공개적인 설교와 종교의식을 통한 직접적인 전도활동과는 구별되기 때문이다.

1885년 6월 이 땅을 밟은 감리교 여선교사 스크랜튼(Scranton)부인은 선교사업의 중요한 분야로 한국여성을 위한 교육기관을 세울 것을 결심하고 1886년 5월경 한 여학생을 상대로 학교를 시작하였다. 이것이 바로 한국여학교의 요람이 된 梨花學堂이다.

그는 내한 즉시 女宣敎部 用地로 선교부(남자)가 소유하고 있는 언덕 위의 가옥을 1885년 10월에 매입하였다. 이 부동산은 초가집 열 아홉 채와 빈터였다.[36] 스크랜튼부인은 이 초가집들을 수리하여 1888년 11월부터 사용하였다. 그런데 신교육의 수용과 동시에 근대학교에서 교육을 시작할 때, 남학교의 경우는 신학문에 눈이 뜨기 시작한 때라 학생을 구하기는 그리 어려운 일이 아니었으나 여학교의 경우는 학생을 구하기가 어려워 여러 가지 난관을 겪어야 했다.

그러므로 1894년 1월부터 1897년 3월에 걸쳐 우리 나라를 네 차례나 찾아온 바 있는 영국인 비숍(I. B. Bishop)여사는 그 여행중 10세 이상의 소녀를

---

36) M. F. Scranton, *Woman's Work in Korea, The Korean Repository*, Vol. 3, No. 1, 1896, p. 339.

거의 본 일이 없었다고 하고 있을 뿐 아니라 명성황후조차도 국내 여러 곳은 물론이고 서울거리도 본 일이 없다는 말을 들었다고 기록하고 있다.[37] 이런 이유 때문에 초기 기독교계통의 여학교에서는 학생들의 의복·침식·학비가 보장된 완전 장학제도였지만 안방(閨房)에 깊숙이 들어앉아 있는 閨秀들을 학생으로 끌어들이기란 여간 어려운 일이 아니었다.

1885년 8월 이전 학교는 이미 개설되어 있었으나 동년 12월까지 입학생이 없었다. 이 사실이 황실에 알려졌던지 스크랜튼부인은 아래와 같이 보고하였다.

> 황제는 내가 한국에 온 목적에 대해 소식을 듣고 계십니다. 황제는 대단히 따뜻한 격려의 말씀을 보내 주셨으며 며칠 전 그는 어떤 모임에서 연설하는 가운데 여자학교에 대해 찬성하시는 말씀을 하셨습니다(*Heathen Women's Friend*, Vol. XVII, No. 10, 1886, p. 249).

스크랜튼부인은 1886년 5월 31일 밤 한 사람의 여성을 학생으로 맞이했다. 그가 근 1년 동안 기다리던 첫 학생이었다. 처음 양반집의 자녀를 구하였으나 얻지 못하고, 결국 가난한 집 아이와 고아를 학생으로 얻었다. 당시 선교사들로서는 이들 여학생의 입학은 마치 구원을 얻은 기쁨이었을 것이다. 이것은 이화에 한하지 않고, 이 당시 설립된 *女學校史* 혹은 *女學校誌*를 읽어보면 공통적으로 지적되고 있는 점이다.

뒤에 서술할 *貞信女學校·崇義女學校·培花女學校* 역시 이화학당과 같이 학생을 구하는 데 여러 가지 어려움을 겪었다. 평양 숭의여학교의 학생은 개교 당시 어린 소녀 10명이었다. 이 소녀들은 여선교사의 무릎에 올라앉아 배워 주는 대로 받아 읽는 것이 고작이었다. 이 어린 소녀들은 응석이 심하여 가르치는 것보다 응석을 받아 주는 일이 바로 수업이었다.

정신여학교 역시 엘러즈(Annie Ellers)가 다섯살 난 어린 여자고아 '정네'를 가르침으로 시작되었다. 남감리교회가 한국에 들어와 1898년 5월 처음 세운 배화여학교도 선교사인 리드부인이 두 명의 여학생과 세 명의 남학생으로

---

37) I. B. Bishop, *Korea and her Neighbours*, Reprinted by Yonsei University Press, 1970, p. 341.

학교를 시작하였다. 그 후 캠프벨(J. P. Campbell)여사가 이 5명의 학생들을 인계받아 학교 이름을 짓고 학생모집에 골몰하였는데 이 최초의 여학생도 선교사 리드 사택에서 수위를 하던 朴씨의 딸이었다. 캠프벨 학당장이 기숙사를 돌아보는데 이부자리 위에 오줌똥을 싸 놓은 어린 소녀가 하루에 한 번씩은 꼭 있었다 하니 그 고충이 어떠했는가를 대충 짐작할 수 있다.

이 같이 선교 초기 미션여학교에 입학한 여학생들을 보면 대개가 하류계급 자녀가 아니면 고아출신이거나 조혼을 하였다가 과부가 된 사람 또는 시집을 살지 못하고 온 여성들이었다. 그들은 그 불행을 집이라는 이름의 감옥에서 감당하기가 어려워 학교라는 이름의 광장으로 탈출한 것이다. 선교사들은 이들이나마 오래 붙잡아 두려고 애를 썼다.

이런 여러 가지 어려움을 겪고 이화학당은 우리 나라 최초의 여학교가 된 것이다. 1887년 학생이 7명으로 늘어났을 때 명성황후는 스크랜튼부인의 노고를 알고 친히 '이화학당'이라는 교명을 지어 주고 외무독변 김윤식을 통해 扁額을 보내와 그 앞날을 격려했다. 당초에 스크랜튼부인은 專信學校(Entire Trust School)라 명명하려 했으나 명성황후의 은총 때문에 '梨花'로 택하였다. 당시 황실을 상징하는 꽃이 배꽃(梨花)이었는데 여성의 순결성과 명랑성을 상징하는 이름이었다. 한국의 배꽃은 프랑스의 나리꽃(百合花)이나 영국 랭커스터(Lancaster)家의 붉은 장미꽃에 닮은 꽃이다.

그 후 이화학당은 1888년 학생수가 18명으로, 다시 1893년에 30명으로 늘어났다. 1890년대 朴泳孝의 딸이 학당에 와서 스크랜튼부인과 기거하며 공부했다는 것을 보면 당시 학생은 양극의 층으로 구성되었던 것으로 보인다.[38] 이렇게 이화학당이 설립되어 여성교육의 초석을 놓을 무렵 1893년 제1회 宣敎師公議會에서 결정된 선교정책도 "부인들을 개종시키는 일과 그리스도교 신자인 소녀들을 교육하는 데 특별히 힘쓸 것, 이는 가정의 주부가 후손들의 양육에 주요한 영향을 미치기 때문이라"[39]고 여성교육의 시급함을 강조하고 있다.

이에 따라 1894년 평양에 正義女學校가 설립되어 지방 미션여학교의 효시

38) 梨花女子大學校, 《梨花八十年史》(1967), 46쪽.
39) 郭安全, 《韓國敎會史》(大韓基督敎書會, 1961), 68쪽.

가 되었다. 그 후 1897년 선교부의 지방학교 설치에 관한 정책이 결정되자 전국 주요 도시마다 미션여학교가 설립되어 나갔다. 1895년 부산에 貞信女學校(東萊女子中·高等學校 전신), 1896년 평양에 崇賢女學校, 1897년 인천에 永化女學校, 1898년 서울에 培花女學校와 원산에 樓氏女學校 및 목포에 貞明女學校, 1904년 개성에 好壽敦氏女學校와 원산에 進誠女學校, 1905년 군산에 永明女學校, 1906년 선천에 保聖女學校, 신의주에 崇貞女學校와 普聖女學校, 1907년 광주에 須皮亞女學校와 대구에 信明女學校 및 전주에 紀全女學校, 1908년 성진에 普信女學校가 세워졌다. 이 밖에도 함흥에 永生女學校, 재령에 明信女學校, 회령에 普興女學校 등이 설립되었다.

이 무렵 서울에서 가장 오래되고 시설이 잘된 여학교는 북감리교 여자선교부가 경영하는 이화학당이었다. 남감리교 선교부의 培花女學校(The Carolina Institute)는 캠프벨여사가 주관하여 운영했다. 북장로교 선교부 산하의 여학교는 넷이 있었는데 그 중 제일 오랜 학교는 서울 정신여학교였다. 1907~1908년간 정신여학교는 새 교사를 짓고 새 출발을 하게 되었다. 가난한 학생들의 생활보조를 하기 위하여 시작하였던 工作部를 없애고 정식 여자중학교로 출발하였다.

平壤女子中學校는 북장로교와 북감리교의 연합기관으로 개교하였다. 이 학교는 수년간 교사가 없어서 병원으로 쓰던 집을 교사로 쓰다가 1910년에야 새 교사를 건축하였다. 세 번째 여자 중학교는 宣川 보성여학교였는데 루이스 체이스(Louise Chase)가 교장이었다. 그러나 교사와 필요한 시설을 전혀 갖추고 있지 못하였다.

네 번째 여학교는 부산에 있었다. 일찍이 여성교육에 헌신한 어빈(Bertha K. Irvin)여사의 노력에 의하여 시작된 이 학교는 模範女學校(Model Training School)로 발전하였다. 미국의 세브란스(L. H. Severance)와 갬블(D. B. Gamble)의 기부금을 얻어 1909년 학교건물을 신축하였다. 이로써 이 학교는 그 당시 한국장로교 선교부 소관 여학교 건물 중 '가장 좋은 설비를 갖춘 학교'라는 평가를 받았다.[40]

40) L. G. Paik, *The History of Protestant Mission in Korea*, Pyen Yong : Union Christian College Press, 1929, pp. 399~400.

(2) 관립여학교의 설립과 교육

독립협회와 《독립신문》에서 남녀평등의 실현이 민주주의적 제도 수립을 위해 매우 중요한 과제라고 인식하고 강조한 것은 그들의 민주주의사상이 단지 정치적 측면의 민주주의만이 아니라 좀더 넓은 사회적 측면에서의 민주주의사상이었음을 나타낸 것이라고 볼 수 있다. 그들의 민주주의사상은 사회체제의 민주화를 포함한 사회구조 전반의 개혁을 위한 민주주의사상이었다.[41]

《독립신문》은 당시 전국적으로 정부가 설립한 여학교가 하나도 없는 것을 개탄하면서 여성 자매단체인 讚揚會가 관립여학교 설립운동을 전개하자 이를 적극 지원하고 나섰다.[42] 《독립신문》과 찬양회 부인들의 관립여학교 설립 독려가 주효하여 정부에서는 1899년도 예산에 女學校費 3,750원을 배정하고 또 학부는 동년 5월 여학교 관제 13조를 제정하여 각의에 상정시켰다.[43]

그러나 우리 나라 최초의 여학교관제는 실현되지 못했다. 당시의 학부대신은 보수파의 申箕善으로 그는 여자교육은 말할 것도 없고 남학교에서 실시되고 있는 신교육까지 반대한 인물이었다. 그는 신학문을 야만인의 학문이라 보았으니, 여자교육을 이해하였을 리가 없다. 따라서 관립여학교의 설립은 지연될 수밖에 없었다.

1908년 정부는 칙령 제22호로 여성의 중등교육을 위한 〈高等女學校令〉을 공포하였다. 同令 제1조에 의하면 고등여학교 설립목적을 "여자에게 必須한 고등 보통교육 및 技藝를 授함을 목적으로 한다"고 천명했다. 남아를 위한 학교법규가 모두 1904년 이전에 공포된 것에 비하면 다소 늦은 감이 있지만 동령은 신교육이 수용된 이래 처음으로 여성교육을 위한 법령으로서 주목할 가치가 있다. 물론 정부가 여성의 중등교육기관을 두기로 결정하고 고등여학교령을 공포하기까지에는 기독교 선교사들이 자극이 컸다.

정부는 동령에 의하여 1908년 4월 1일 漢城高等女學校(현 京畿女子高等學

41) 愼鏞廈, 《獨立協會硏究》(一潮閣, 1976), 628쪽.
42) 《독립신문》, 1898년 10월 13일.
43) 《독립신문》, 1899년 5월 26일.

校)를 설립하고 초대 교장에 魚允迪을 임명했다. 이때 純宗妃는 동년 5월 20일 한성고등여학교에 아래와 같은 徽旨를 내려 격려하였다.

> 光武 維新 이래 국가문명이 뒤짐을 軫念하시어 신학을 홍하시고, 純宗 등극 후에도 이 뜻을 이어 학교가 蔚興하고 자제가 奮勵하나, 이는 모두 남자에게 그칠 뿐이요, 여자교육에 있어서는 그렇지 못하다. 보통교육은 남녀의 구별이 없는 것이니, 여자는 시집가 남편을 돕고 집안살림을 하며, 자녀를 기르는 책임을 짊어져 한 집안의 행복을 증진하고, 이를 推하여 국운을 裨補함도 큰 것이니, 국가가 어찌 여자교육을 중요히 여기지 아니하리오(《舊韓國官報》, 1908년 5월 26일).

이는 여성교육에 대한 국가의 태도라고 볼 수 있다. 순종비에 의한 *女學校*勸興勅語가 하사된 후, 《畿湖興學會月報》에 〈女學校入學式〉이란 제목으로 아래와 같이 한성고등여학교 입학식 기사가 게재되었다.

> (1908년)7월 4일 관립한성고등여학교에서 입학식을 거행하였는데 상황을 略聞한즉 일반 직원 및 학도간에 상견례를 행한 후, 교장 어윤적씨가 皇后陛下의 徽旨를 낭독하고 학부대신 및 차관이 각기 勸勉演說함에 학도 부형중 兪星濬씨가 대표로 답사하였다더라(《畿湖興學會月報》, 1908년 8월).

학교편제는 처음 豫科와 技藝專修科 및 本科로 나누어 각각 한 학급밖에 두지 않았다. 본과 및 예과의 수업은 1908년 7월 6일 시작하였다. 예과의 경우 수업연한은 2년으로 보통학교 교과과정 정도를 가르쳤다. 예과를 둔 것은 당시의 사립여학교가 학년 구분 없이 교육을 했고 또 정부가 보통학교 출신의 여학생을 기르지 않았기 때문이다. 그리하여 정부는 이에 대한 대응 조치로서 관·공립 보통학교에 여자학급을 두도록 하는 한편 한성고등여학교에 예과를 설치한 것이다. 本科의 경우 수업연한은 3년으로 입학자격은 예과수료생이나 보통학교 졸업자로 규정하였다.

전문 24조로 된 학칙 제4조에 의하면 교육과정은 아래와 같다.

> ① 本科 : 수신·국어·한문·일어·역사·지리·산술·잇과·도화·가사·수예·음악·체조로 되어 있고, 단 수예 중 자수·편물·組絲·囊物·造花·割烹의 한과목 혹은 數科目을 수의 과목으로 하고 외국어(일어 제외) 및 敎育大

要를 수의 과목으로 하여 보탤 수 있다고 하였다.
② 豫科 : 수신・국어・일어・산술・잇과・도화・음악・체조를 과하였다.
③ 技藝專修科 : 수신・국어・산술・재봉・자수・편물・조사・낭물・조화・할팽의 한 과목 혹은 數科目으로 하고, 단 일어 및 가사를 수의 과목으로 보탤 수 있다고 하였다.

위의 교과목에서 보면 一人一技교육이 두드러지게 나타나고 있다. 입학 청원서의 양식과 보증인의 자격은 아래와 같다.

入 學 請 願 書

住所

姓名

年 月 日 生

本人의 貴校 本科・(豫科)・(技藝專修科) 入學하기를 願하와 履歷書를 添聯請願하오니 許可하심을 望함.

年 月 日

姓名 印

保證人住

姓名 印

保證人住

姓名 印

官立漢城高等女學校長 姓名 貴下

保證人은 入學者의 父母나 尊親이나 또는 此를 代하여 監督의 責任을 擔當할 者 二人으로 하되 其中 一人은 學校附近에 住居하는 者로 함. 保證人이 其責任을 不務하거나 或은 不適當함으로 認定한 時에는 學校長이 此를 變更함을 命하며 或은 學員의 出席을 停止하는 事도 有함.

처음 학생모집은 무척 어려웠다. 이 때까지만 해도 우리 국민은 內外法에 따라 여아를 위한 신학문에 소극적인 태도를 취하였다. 그래서 어윤적 교장 자신이 손수 각 가정을 방문하여 학생을 모집하여 無償敎育을 실시했다. 그러나 개교 1년 후인 1909년에 이미 본과 90명, 예과 68명, 도합 158명의 재적생 수를 기록하였다.[44] 한편 당시 여성의 인권이란 보잘것이 없는 위치에 있었기 때문에 초기 여학생들은 1909년 民籍法이 제정되기까지 자기의 이름이 없었다. 그래서 미션학교 여학생들의 이름은 선교사들이 지어 준 洗禮名

44) 高橋濱吉,《朝鮮敎育史考》(帝國地方行政學會 朝鮮本部, 1927), 284쪽.

으로 대신했다. 한성고등여학교 역시 학생들의 이름이 없어서 어교장 자신이 일일이 이름을 지어 學籍簿에 기재하였다는 일화가 전해지고 있다.

다음으로 교육방침을 보면 초대 교장 어윤적은 '人材養成은 賢母의 손으로'[45]라는 신념을 가지고 있었다. 그래서 魚교장은 교육목표를 부덕함양과 솔선수범에 두어 현모양처를 길러내기에 힘썼다. 그리고 그는 항상 栗谷의 어머니 申師任堂을 본받으라고 가르쳤다.[46] 위에 언급한 순종비 徽旨도 현모양처형이 교육적 여성상으로 제시되어 있음을 알 수 있다. 소학교 規則大綱 제2조에서도 "女學生은 別로히 貞淑한 美德을 養케 함이 可함"이라 하여 독립된 인격으로서의 여성교육과는 거리가 멀었다.

(3) 민간인 사립여학교의 설립과 교육

1894년의 갑오경장이 비록 일본의 간섭이 개재된 타율성을 내포한 것이기는 하나 우리 나라 정부측에서 시도한 개혁의 실천이었다.

그러나 이는 우리 내부로부터의 주체적 시각에 근거를 둔 근대화가 아니었을 뿐만 아니라 개화를 촉구한 일본만 하더라도 제국주의적인 침략의 야심을 품고 있었다. 그러므로 관·공립 여학교보다 더 활발하게 전개된 것은 민간인 사립여학교였다. 이는 《독립신문》의 여성교육에 대한 아래와 같은 논설을 통해서도 알 수 있다.

> 세상에 불쌍한 인생은 조선 녀편네니, 우리가 오늘날 이 불쌍한 녀편네들을 위하여 조선 인민에게 말하노라. 녀편네가 사나이보다 조금도 낮은 인생이 아닌데 사나이들이 천대하는 것은 다름이 아니라, 사나이들이 문명개화가 못되어 이치와 인정은 생각치 않고, 다만 자기의 팔심만 믿고 압제하려는 것이니, 어찌 야만에서 다름이 있으리요 … 조선 부인네들도 차차 학문이 높아지고 지식이 넓어지면 부인의 권리가 사나이 권리와 같은 줄을 알고 무리한 사나이들을 제어하는 방법을 알리라. 그러기에 우리는 부인네들께 전하오니, 아무쪼록 학문을 높이 배워 사나이들보다 행실도 더 높고 지식도 더 넓혀 부인의 권리도 찾아라(《독립신문》, 1896년 4월 21일).

---

45) 京畿女子中·高等學校, 《京畿女高五十年史》(1958), 3쪽.
46) 위의 책, 4쪽.

이러한 《독립신문》의 여성교육에 대한 독려에 따라 1897년경 민간인 여성의 손으로 서울에 貞善女學校가 설립되었다. 이는 西京人으로 상경 거주하는 金(號 養堂)씨에 의하여 세워졌는데, 그는 1899년 교장으로 취임하여 1903년 3월 19일(음력) 운명할 때까지 가재를 털어 손수 여성교육에 헌신했다.[47] 그의 교육열은 임종 때 유언에서 짐작할 수 있다.

> 내 일개 여자로 우리 대한 여자를 외국과 같이 文明敎育하기를 주야로 천지신명께 축수하였더니 불행히 남은 명이 짧아 九泉에 돌아가니 지극 원통한 한은 내 죽은 뒤에 학교를 누가 敎育할고(《皇城新聞》, 1903년 3월 19일).

1898년 9월 25일 찬양회가 여학교 설립을 목적으로 서울 承洞 개인집에서 공식집회를 가졌는데, 이 때 〈여학교 설시통문〉을 발표하였다.[48] 이 〈여학교 설시통문〉은 한국 근대여성사에 있어 최초의 여권선언이라 할 수 있다. 찬양회 부인들은 1898년 12월에 학생을 모집하고 부인회 임원들이 직접 교육을 담당하였다. 학교 이름을 順成女學校라고 칭하였는데, 승동에 위치한 관계로 承洞學校라고 부르기도 하고, 부인회 명칭도 승동부인회라 칭하기도 하였다.[49]

1905년 소위 을사조약 이후에는 국민의 교육열이 급상승했다. 이는 애국열과 직결된다. 교육구국의 인재요망은 남자교육뿐만 아니라 여자교육에까지 침투하여 비로소 여학교 설립이 활발해졌다. 여성들은 '배우는 것이 힘이라'는 신념에서 직접 교육사업에 종사하거나 여성 교육단체를 조직하기도 했다. 進明婦人會·女子敎育會·養貞女子敎育會가 그것이다.

1905년 서울에 太平洞女學校가 설립되고 1906년 4월 進明女學校가 세워졌는데 이는 慶善宮과 英親王宮이 희사한 토지 200만 평을 기초로 설립되었다. 교명을 '進明'이라 한 것은 '進德啓明'이라는 뜻이며 초대 교장으로 嚴俊源이 취임했다. 처음에 진명은 이화학당 출신의 황메레(黃袂禮, Mary Whang) 학감과 서양인 교사로 구성되었다.

---

47) 丁堯燮, 《韓國女性運動史》(一潮閣, 1971), 30쪽.
48) 《독립신문》, 1898년 9월 9일.
49) 《韓國女性史》Ⅱ(梨花女子大學校 出版部, 1972), 300쪽.

1906년 5월 淑明女學校(초기 교명은 明新女學校)가 설립되었다. 이 역시 영친왕궁의 토지 1천여 정보의 희사를 기초로 세워졌는데 초대 교장으로 李貞淑여사가 취임했다는 것은 특기할 일이다. 처음 여학생 4명을 상대로 수업을 시작했는데 이들 여학생은 황실의 상궁이었다. 황실 안살림의 개화를 시도하고자 한 엄비의 뜻을 받든 것이다. 이 중에서 憲宗妃의 趙상궁은 숙명여학교 제1회 졸업생이 되었다. 그래서 일반 민간에서는 '박동학교'라고 하여 퍽 부러워 하였다고 한다. 숙명은 姉妹校 진명과는 달리 설립 당초부터 일본식 교육 즉 일본의 學習院을 지향했기 때문에 일본인교사로 구성되었다.

또 1906년 7월에는 秦學新 · 金雲谷 · 金松岩 · 金湖山 등에 의하여 여자교육에 찬성할 의무와 부인사회의 문명을 개진할 목적으로 여자교육회가 조직되었다.[50] 여자교육회는 설립 취지서를 발표하고,[51] 이 해에 여성의 문명을 개진할 목적으로 養閨義塾을 설립하였다.[52] 이 학교는 뒤에 京城女子學校로 바뀌고, 다시 德壽小學校로 개편되었다.

이 때 《萬歲報》 역시 일반교육은 물론 특히 여성교육에 유의하여 여자교육 단체를 조직시키기 위한 협찬뿐만 아니라 여성 문화단체와도 밀접한 연락을 취하였다. 1906년 11월 2일자에는 아래와 같이 여성교육이 급선무임을 밝히고 있다.

> 우리 대한 여자가 남자 압제력을 받고 深閨에 禁錮하여 인도상 결점을 담아가진 감정을 융해하고 일반사회에 同等權制를 극복코자 할지면 첫째 교육에 있다(《萬歲報》, 1906년 11월 2일).

1907년에는 明進女學校와 女子普學院, 1908년에는 東媛女子義塾 · 普明女學校 · 養正女學校 · 養源女學校, 1910년에는 養德女學校 등이 세워졌다. 이 중에 趙東植이 1908년 4월에 야학으로 설립한 동원여자의숙(오늘날의 同德女子中 · 高等學校) 그 때 서울 苑南洞에 金仁和의 同德女子義塾이 있었는데 김여인 자신이 이를 경영해 나갈 능력이 없어서 1909년 4월 동원여자의숙과 병

50) 朱耀翰 · 鄭英助, 《保護條約時期의 學會 및 團體運動》(大成文化社, 1965), 16쪽.
51) 《皇城新聞》, 1906년 11월 1일.
52) 朱耀翰 · 鄭英助, 앞의 책, 16쪽.

합했다. 병합당시 교명으로 '東媛'·'同德' 중 동덕이 그 뜻으로도 좋고 또 여성교육에 적합한 이름이라 하여 同德女子義塾으로 재출발했다. 교명 '同德'은 《논어》에 나오는 '同門修德'에서 인용한 것이다.

물론 이들 민간인 사립여학교도 앞서 살핀 미션여학교나 관·공립여학교와 마찬가지로 각 가정을 호별 방문하여 학생을 모집하였다. 학생이 학교에 나오면 공책·연필·교과서 등을 무상으로 공급해 주어 계속 나오도록 신경을 썼다. 이 때까지만 해도 민간인 여학교의 학생 모집은 20여 년 전의 이화학당 시절과 다름이 없었다. 학교 당국은 부녀자들이 읽기 수월하게 쓴 〈勸學宣傳文〉을 휴대하였다. 그 내용은 "귀한 따님 학교에 보내십시오", "여자도 배워야 합니다", "무식하면 짐승이나 같습니다" 등의 표어로 서두를 시작하는 글로서 선진국 여성들의 교육실태를 예시하고 과거 우리 나라 전통적 풍습의 그릇됨을 지적한 것이다.

이 같이 당시 여학생은 구하기도 어렵고, 또 구해 놓아도 하루가 멀다 하고 빠져 나가기 일쑤였다. 힘들여 모집한 학생이라도 데려오면 도망치곤 하는 일이 어찌나 심한지 학교를 운영할 길이 없었다. 그리고 여학생들이 입고 다녔던 의복을 비롯한 쓰개치마에 대해서도 당시 신문들은 한국 여자옷이 개량되어야 한다고 강조하고, 또 황제에게 그 개량을 진정했지만 좀처럼 고쳐지지 않았다.[53] 이러한 여러 가지 일들은 모두 학생들의 가정에서 신교육을 이해하지 못한 탓도 있지만, 그 근본은 내외법 때문이었다. 이 때까지만 하더라도 신식 여학교는 '기생학교'라는 이름을 들었다. 장래의 기생을 만들어 낸다는 뜻이 아니다. 현재 재학생 중에 기생이 많다는 뜻도 아니었다. 아직도 옛 사상에서 벗어나지 못한 사람들이 자기네의 딸을 학교에 보내기를 꺼려 나온 말이다.

더욱이 그 때의 學齡이라는 것은 10세 이상 15세 내지 17, 18세이었으니, 그런 과년한 딸을 백주에 길에 내놓고, 더욱이 새파란 남자 선생한테 글을 배운다든가 하는 일은 가문을 더럽히는 일이라 생각했기 때문이다. 당시 이러한 내외법과 사회적인 沒後性 때문에 여학교에서는 오늘날처럼 학제를 시

53) 《帝國新聞》, 1906년 5월 31일·1907년 6월 19일.

행할 만큼 정기적으로 학생의 입학이 가능한 사회 형편이 못되었다. 그리고 요즘처럼 일정한 연중 수업시간은 없고 또 일정한 방학도 없었으며 농번기가 방학이었다. 물론 요즘처럼 수업의 시작과 끝을 알리는 종소리도 없고, 하고 싶은 과목을 할 때까지 하였다. 敎授法 역시 서당식이었고 또 학년과 학기의 구분이 없었을 뿐 아니라 졸업이라는 것도 없었다. 적당한 혼처가 나면 시집가는 것이 곧 졸업이었다.

4) 고등교육의 성립

(1) 민립대학의 설치운동과 경성제국대학의 설립

가. 민립대학의 설치운동

1919년 3·1 운동을 계기로 세계의 進運을 알게 된 우리 민족은 식민지적 전문학교 교육에만 만족할 수 없었다. 1922년 우리의 民度를 측정할 수 있는 출판계만 보더라도 한국인의 손에서 나오는 월간잡지 및 수양 기관지만 서울에 18종이 있었다.

당시 우리 민족은 국채보상시의 한국인이 아니오, 지방과 당파의 분쟁으로 허덕이는 민족도 아니었다. 오로지 자유와 정의를 위하여 적수공권이라도 총칼 앞에 나갈 수 있는 민족이었다. 민족적 생명이 지속하는 때까지는 민족적 자립에 필요한 학술적 근거와 시설을 요구하였다. 그리하여 우리 민족간에 民立大學 설치운동이 민중적 운동으로 일어났다.

이러한 기미를 알아차린 일본에서는 1920년 日本東洋大學 분교를 서울에, 또 1922년 日本帝國女子專門學校에서 분교를 설치해 줄 것을 사이토(齋藤) 총독에게 의뢰하였다. 또한 총독부에서도 1922년 서울에 京城帝國大學을 설립하고자 하였다.

이 무렵 조선일보와 동아일보에서도 민족교육의 최고기관인 대학이 이 땅에 없다는 것은 민족발전에 크나 큰 손실일 뿐만 아니라 민족의 장래를 위해서도 민립대학은 꼭 있어야 되겠다고 후원하고 나섰다.[54] 그리하여 1922년

54) 《東亞日報》, 1922년 2월 3일.

11월 李商在를 대표로 발기인이 구성되어 朝鮮敎育協會에서 '朝鮮民立大學期成會'가 결성되었다. 그리고 1923년 3월 29일에는 조선민립대학 기성회 발기총회가 3일간 개최되었다. 이 때 발표된 민립대학 발기취지서는 3·1 독립선언서에 비길 만한 정도로 우리에게 문화적·정신적인 유산을 주는 내용의 글이기도 하다.[55]

민립대학 발기총회에서 의결을 본 설계내용은 제1기에 자본금 400만원으로 대지 5만평을 구입하여 교실 10동과 대강당 1동을 짓고, 한편으로 교수를 양성하며 科는 法科·文科·經濟科·理科의 4과를 두게 되었다. 제2기는 300만원으로 工科를 신설하고 理科와 기타 각 과를 충실히 하는데 두었다. 제3기에 자본금 300만원으로 醫科와 農科를 설치하게 되어 있었다. 이와 같은 민립대학 설립운동에 전 민중이 일치단결하였으므로 이에 당황한 총독부에서는 처음에 京城醫學專門大學 분교로서 조선민립대학의 설립을 허가해 주겠다고 하였다. 그러나 결국 일제 강점자들의 압력으로 실패하고 말았다.

그 후 1926년 초 다시 민립대학 기성회 운동이 부활하였다. 당시 이에 대한 기사를 보면 아래와 같다.

> 최근에 어떠한 방법으로든지 이 운동을 부활시켜 확실한 결과를 지을 필요가 있다 하여 시내 각 방면의 유지 20여 인이 모여 계속 토의한 결과, 우선 민립대학기성회 간부 제씨와 협의하여 보기로 하고 李鍾麟·朴勝喆·崔元淳·具滋玉·韓基岳·安在鴻 제씨를 대표로 기성회의 在京한 간부 수씨를 방문하고 간담적으로 협의한 결과 동 간부측과도 의사가 대개 소통되었으므로 운동을 부활시킬 방책에 대하여 신중히 연구중이라는데 경우에 따라서는 멀지 않아 구체적으로 실현될 터이다 하며 추후로 洪性偰·李甲成 양씨도 기초위원으로 선정되었다(《東亞日報》, 1926년 3월 6일 및 《朝鮮日報》, 1926년 3월 19일에도 이와 같은 기사가 구체적으로 보도되었음).

그러나 이 운동 역시 총독부의 압력과 자금난으로 실패로 돌아갔다. 이에 민립대학기성회 중앙집행위원이었던 李昇薰은 오산학교를 확장하여 그 곳에 농과대학을 세울 계획을 하게 되었다. 이승훈은 재단법인을 만들기 위하여

---

55) 《東亞日報》, 1923년 3월 30일.

宣川으로 吳致殷을 찾았다. 오치은은 安昌浩가 평양에 대성학교를 세울 때에도 많은 돈을 희사하였으며 평소부터 민족운동에 열의를 가진 사람이었다. 이렇게 이승훈은 백방으로 재단을 만드는데 노력하는 한편 농과대학 설립의 전세로 오산학교 과목에 농과과목을 많이 넣게 하고 학교농장을 확장했다. 그리고는 평양으로 李勳求를 찾았다. 당시 이훈구는 미국에서 농학을 연구하고 崇實專門學校 교수로 있던 때였다. 이승훈은 이훈구로부터 농과대학을 세움으로써 우리에게 이익이 있는 것과 또 학교인가를 얻는 데도 실과계통이 다른 계통보다 수월하다는 얘기를 들었다. 그리하여 이승훈은 1926년 총독부에 농과대학 인가를 신청했으나 이 해 일어난 6·10 만세운동으로 무위에 그쳤다.

한편 민립대학기성회 회금보관위원이었던 金性洙는 독자적으로 민립대학을 세울 뜻을 품고 1년 9개월 동안 歐美大學의 규모와 시설을 시찰하고 귀국하였다. 그러나 총독부의 기본방침이 한국인에게는 대학설치를 허가하여 주지 않는데 있었음으로, 대학설립의 허가를 포기하고 普成專門學校를 인수하여 그의 포부를 실현할 결심을 굳혔다. 당시 보성전문학교는 1926년 뉴욕 주식시장의 주식가격 폭락을 발단으로 일어난 세계적 대공황과 이에 따르는 한국농촌의 궁핍 및 사이토총독의 가혹한 수탈정책 등으로 보성재단에 참가하였던 한국인 지주들이 몰락하게 되자 보성재단은 심한 재정난에 빠져 학교경영이 거의 불가능하게 되었다.[56] 이에 김성수는 1932년 추수 5천 석 이상 수확되는 토지를 출연하여 경영난에 봉착한 보성전문학교를 협조함과 동시에 서울 시외 안암동에 교사를 신축하였다. 또한 1935년에는 유지들의 협력을 얻어 金 3천원으로써 普成 30周年記念事業으로 대강당과 도서관을 세우는 등 보성전문학교를 민족주의의 정신을 가진 튼튼한 기반 위에 구축하였다. 그러니 김성수는 민립대학기성회에서 달성하지 못한 일을 普專에서 달성한 셈이 되었다. 다시 김성수는 1940년경에 초지를 관철하여 보성전문학교를 한국 초유의 민립대학으로 승격시킬 것을 추진했으나 총독부는 이를 허락치 않았다.

---

56) 普成財團의 분규 및 재정난은 1925년부터 시작된 것으로 보인다(《朝鮮日報》, 1925년 12월 3일).

나. 식민지 통제를 위한 경성제국대학의 설립

조선민립대학 설치운동은 결국 일제 강점자들의 방해 때문에 실패로 돌아갔다. 이에 대한 민심수습책과 또한 민립대학 설치운동에 자극을 받은 총독부는 1923년 5월 京城帝國大學令을 공포하고 1924년 예과를 모집하고, 1926년에는 法文學部와 醫學部를 개설하였다.

당초 총독부는 경성제국대학의 개교를 1923년에 계획했었으나 총독부에서 '朝鮮帝國大學'으로 일본국회에 제출한 것이 문제가 되어 1년 늦춰지게 되었다. 즉 '朝鮮의 帝國大學'이라는 뜻으로 받아들여질 우려가 있다 하여 결국 경성제국대학으로 인가가 났기 때문에 1924년에 개교를 하게 되었다.

경성제국대학이 개교하는 날 조선 민립대학기성회 대표였던 이상재는 청년회관(YMCA)에서 여러 사람들에게 "오늘이 우리 민립대학 개교식 날이니 같이 가세" 하였다. 모든 사람들은 의아하여 "어쩌신 말씀이십니까" 하고 물었다. 이에 이상재는 "저 놈들이 우리 나라에 관립대학이나마 만들어 둘 놈들인가. 그래도 우리가 민립대학을 만들겠다고 떠드니까 이렇게라도 만든 것일세. 그런즉 결국 우리 민립대학의 變身이야"[57] 하였다는 에피소드가 전해지고 있다.

실제로 총독부가 우리 나라에 대학설치를 하기까지에는 일본정부에서도 조야간에 여러 가지 논란이 있은 모양이다. 이러한 당시의 사정은 한 일본인의 아래와 같은 말로도 알 수 있다.

> 조선에서 대학교육의 필요 유무에 관해서는 개설 당시부터 朝野間에 상당히 논의가 있었으며, 오늘까지도 不要論을 주장하는 자가 전혀 없다고는 말할 수 없다. 1924년에 총독부가 대학 개교에 필요한 관계 諸勅令案을 내각에 품의하였을 즈음 法制局의 일부에서도 당초에 강경한 반대 의견이 있었다고 듣고 있는바, 案이 樞密院에 부의되었을 때에는 본 회의의 벽두에 故 法學博士 穗積陳重 고문관으로부터 1870년 독일이 알자스·로렌을 병합하였을 때, 즉시로 首都 스트라즈부르에 대학을 설치하고, 크게 그 문화 향상을 기하였다는 사실 등을 引例하여 조선에 대학을 개설하는 것을 시기상조라고 함은 찬성할 수 없는 일이며, 도리어 그 시기가 늦은 감이 있다고 열심으로 찬성 연설을 하였다는 말

57) 公報室, 《月南 李商在先生略傳》(1956), 146~147쪽.

> 을 듣고 있다. 돌이켜 조선의 사회정세를 살펴보면… 歐美戰亂의 영향으로 말미암아 경제계는 상당히 급격한 발전을 보게 되고 사상계에 있어서도 극단의 자유사상이 도처에 침투되어 이미 민립대학 운동까지 일어나게 된 형세이었다(大野謙一,《朝鮮教育問題管見》, 朝鮮教育會, 1936), 140~141쪽).

이로써 보면 민립대학운동도 이미 제기되고 있었으니 조야간에 논란이 있었지만 일제 자신들도 대학을 세우지 않고서는 대의명분이 서지 않게 되었던 당시의 정세를 알 수 있다.

다음으로 학부 선정에 있어서 의학부를 둔다는 데에는 이의가 없었으나 理工學部를 두지 않고 法文學部를 둔 데에는 여러 가지 이론이 많았다. 그들의 말을 빌면 첫째로 원래 조선민중은 법률·경제 등 정치 방면에는 관심이 많았으나 理·農·工 등 자연과학 방면은 극히 소홀한 때문에 법문학부를 둔 것이라 하였다.[58] 둘째로 또 다른 이유는 법문학부는 최근의 경향에 속한 제도로써 현재 東北帝國大學에서 이미 같은 학부를 설치하였으며 九州帝國大學에도 1925년부터 설치할 것이라고 하였다. 그리고 현재 東京·京都帝國大學의 법학부의 학생도 문학부 교수의 사회학·철학 등의 강의를 듣게 한 예가 있으므로 경성제국대학에 법문학부를 설치하였음은 機宜에 맞는 시설이라 하였다.

그러나 이들이 법문학부와 의학부 등의 실제적인 학부를 먼저 둔 것은 식민지의 개발상 이익이 된다고 믿었기 때문이다. 원래 기계화한 의학교육이나 법학교육에는 온전한 자유주의 사상이나 민권운동이 일어날 수 없음을 간파했기 때문이다. 그리고 이공학부를 두지 않은 것은 데라우치총독 때의 교육방침처럼 한국인에게 과학과 고등기술에 관한 이론적인 교육을 실시하지 않으려는 정책이었다. 이공학부가 설치된 것은 1938년의 일이었다. 이것은 일본이 앞으로 제2차대전 수행에 있어서 무엇보다도 과학 동원이 필요하였기 때문이다.

이렇게 설립된 경성제국대학의 목적은 대학령 제1조에서 아래와 같이 명시했다.

---

58) 위의 책, 143쪽.

> 대학은 국가에 須要되는 학술의 이론 및 응용을 교수하고 아울러 그 蘊奧를 攻究함을 목적으로 삼고 겸하여 인격의 도야와 國家思想에 유의하여야 한다.

여기에서 특히 '國家' 운운한 것은 일본을 말하는 것으로, 대학교육은 한국인에게 고등한 일본제국주의 정신을 주입시키는데 있었던 것이다. 이 대학령 제1조는 다시 식민지 말기에 와서는 아래와 같이 바뀌었다.

> 대학은 국가에 須要되는 학술의 이론 및 응용을 교수하고 아울러 그 蘊奧를 攻究함을 목적으로 하고, 특히 皇國의 길에 입각하여 國家思想의 함양 및 인격의 도야에 유의함으로써 국가의 柱石이 될만한 忠良有爲의 皇國臣民을 錬成하는 데 힘쓴다.

그러니 이 때에는 한 걸음 더 나아가 한국인 학생들에 대하여 황국의 길에 입각한 황국신민을 錬成하는 데 목적을 두었다.

이로써 보면 경성제국대학은 우리에게 필요한 학문적 연구를 자유롭게 할 권리를 인정치 않았음을 알 수 있다. 이는 한국인의 자유주의 사상이나 독립사상을 경계하고 있는 데서 빚어진 것이다. 따라서 사회과학의 한 분야인 정치 및 사회에 관한 연구는 허락하지 않았다. 이리하여 경성제국대학은 식민지 대학에 급급한 나머지 '아카데미즘'의 최고학부로서의 사명을 스스로 말살시키는 결과를 초래하였다. 오로지 식민지적인 대학으로서 일본의 지배를 정당화하기 위한, 이를테면 日鮮同祖論과 같은 이데올로기를 주입하는 대학으로 발전했다.

(2) 기독교계 전문학교의 대학승격운동

가. 이화학당의 연합기독교여자대학안

한국내 선교단체 연합회의에서는 초기부터 한국에 고등교육기관을 세울 경우 3개 基督敎聯合大學을 설치하기로 합의를 보고 서울에 2대학(그 중 하나는 여자대학), 평양에 1대학을 세우기로 결정하였다. 그러나 1911년 제1차 조선교육령에서는 대학령의 규정이 없었기 때문에 전문학교 정도로서 그 명맥을 유지하였다. 그 후 1922년 제2차 조선교육령에서는 새로이 大學敎育令을 추가하였기 때문에, 이들 학교들은 당초의 계획대로 기독교 연합대학으로 발족할 준비를 하였다.

1923년 2월 25일자 《동아일보》 사설은 〈女子大學의 必要〉·〈解放과 敎育〉·〈貢獻과 敎育〉이라는 제목 아래 梨花學堂이 연합기독교 여자대학으로 발돋움 하려한 것을 격려하였다.

> 우리들은 여자의 해방과 문명의 공헌은 그 교육으로부터 시작하여야 한다 하며, 그 교육에 대한 기회를 충분히 제공함으로부터 실현이 되리라 하노니, 교육은 일종의 광명이오 권능이라. 그 여자의 가치를 분명히 하고 그 가진 능력을 계발 전개하는도다. 敎育就中에도 고등교육 전문교육이 필요하니 보통교육 단순한 그 상식으로서 어찌 인생의 최고 능력을 발전할 수가 있으리오. 교육이 光明이오 권능이오, 이와 반대로 실로 무지가 무력무능한 것이 사실이라면 우리 朝鮮女子에게 대하여서도 충분히 교육의 기회를 제공하며 더욱이 고등 전문의 교육을 제공하라. 이와 같이 하여 그 인생적 의의와 가치를 충분히 발휘케 하며, 이와 같이하여 그 완전한 해방을 완성케 하라. 실로 이는 조선여자의 행복뿐이 아니라, 민족전체의 向上이오 발전이로다. 근래 조선에 在住하는 서양 선교사간에 더욱이 구체적으로는 梨花學堂 경영자간에 조선의 여자를 위하여 대학의 완성을 계획하는 喜報를 측문한 바, 우리들은 이에 그 여자의 해방과 공헌에 대한 절실한 관계를 논하야 그 하루라도 속히 실현되기를 희망하노라 (《東亞日報》, 1923년 2월 25일).

이처럼 이화학당이 연합기독교 여자대학으로 합당하고 또 그렇게 되어야 한다는 사회여론 가운데, 홀턴(D. C. Holton)의 기록에 의하면 "한국에 감리교대학을 세울 목적은 없다. 다만 완전한 초교파적 협동으로 계획을 진행시켜 기반을 잡으면 이화학당은 연합기독교여자대학(Union Women's Christian College)으로 인식될 것이다"[59]라고 했다. 이와 같이 이화학당이 대학으로 발전하고 또 경성의학전문학교와 법학전문학교가 대학으로 승격된다는 여론이 분분하자 당시 총독부 학무국장은 〈專門學校 昇格運動에 대하여〉라는 담화를 발표하였다.

> 일반이 주지함과 같이 일본에서도 각종 전문학교가 대학으로 승격되어 금일

59) 梨花女子大學校, 《梨花八十年史》(1968), 144쪽.

에는 일본의 官立專門學校는 한 학교도 없는데, 여사한 관계상 조선도 여기에 본떠 결행함이 가하다는 설이 有함과 같으나, 일본에서도 열망하여 승격한 자 중에 곤란과 불편을 느끼는 자가 많은 모양이라. 조선에서는 크게 그 뜻이 다름을 사고치 아니함이 불가한 바이요, 또한 朝鮮大學은 전혀 별개의 것으로 대학의 계획을 진섭한 것이고 전문학교 정도를 승격케 하여 대학을 설치함과 같이 출발한 것이 아니라, 현재 전문학교는 전문학교로서 내용의 충실을 도모하여 초기의 목적을 달함에 노력치 아니함이 불가할지요, 조선의 현상에 감하여 전문학교는 더욱 필요를 느껴 존치할 바인 즉 대학설치와 관련하여 승격설을 제창함과 같은 견해가 근본적으로 어긋난 것이라 생각한다(《東亞日報》, 1923년 7월 16일).

이화학당이 대학으로 출발할 준비를 할 단계의 학무국장의 담화문은 결국 이화측의 대학안 계획을 좌절시키지 않을 수 없었다. 이에 이화학당은 1925년 3월 1일 재단법인 미국감리사 조선부인선교부 유지재단이사 홀(Miss Ada B. Hall) 명의로 이화여자전문학교로 인가 신청을 내고, 이 해 4월 23일 전문학교로서 인가를 받았다.

나. 연희전문학교 중심의 종합대학안

元杜尤(H. G. Underwood)에 의하여 설립된 延禧는 조선총독부가 1915년 3월 專門學校規則을 공포하던 바로 그 해 4월 YMCA에서 儆新學校 大學部라는 이름으로 개강되었다. 처음 延禧學園의 총독부에 대한 교섭은 대학을 목표로 하였다. 그러나 총독부는 한국에 대학령이 없다는 구실로 1917년 4월 7일 私立 延禧專門學校란 이름으로 인가하였다. 이 때 인가된 학과는 文科·商科·農科·神科·數學 및 物理學科·應用化學科 6과였다. 학과의 규모로 보아서는 대학과 다름이 없었다.

이에 연희전문학교는 비록 전문학교로 인가를 얻었지만 당초의 계획대로 영어로는 '칼리지'(College)란 이름을 사용하였다. 학교의 조직구성과 과목도 대학의 체제를 이루었고 졸업생에게는 學士學位(延專學士)를 수여했으며, 또한 교수도 대학의 교원으로 조직하는 등 독자적인 발전을 다짐했다. 이러한 조직을 가지게 된 것은 물론 대학령이 생기는 때에 종합대학교로 개편하려는 의도가 내포되어 있었던 것이다.

그러다가 1922년 2월 제2차 조선교육령 속에 대학령이 공포됨에 따라 선교사들은 初志의 꿈을 실현하기 위하여 연희전문학교와 세브란스醫學專門學校 및 協成神學校를 중심으로 서울에 완전한 종합대학을 설립코자 계획을 세우고 활동을 하게 되었다. 즉 세브란스의학전문학교를 의과대학으로, 연희전문학교를 文科 및 法科大學으로 고쳐서 이미 新村驛 부근에 매수하여 둔 부지에 기독교계통인 완전한 종합대학을 설립키로 하였다.

그리하여 당시 延專과 世醫專 양교의 교장이었던 애비슨(魚丕信, O. R. Avison)과 연전의 부교장 언더우드(元漢慶, H. H. Underwood) 양씨는 1926년 3월까지 각각 150만불의 자금모집차 1925년 미국으로 건너갔다. 이것은 당시 우리 돈으로 환산하면 600만원이었다. 이에 대하여 당시 《동아일보》사설에서는 아래와 같이 말하고 있다.

> 자금 주선을 위하여 그 본국인 미국에 갔던 애비슨, 언더우드 양씨가 각 방면으로 활동한 결과 기부금이 이미 140만원에 달하였다고 한다. 원래 계획은 600만원이었으니 이 금액으로는 즉시 착수하기 불능하나 양씨가 조선에 돌아온 후 이 금액으로 우선 확장을 요하는 부분에 투자를 하고, 점진적으로 최초의 계획을 달성하리라고 본다. … 民立大學을 운운하고 全朝鮮을 擧하여 조선인으로 반대함을 보지 못하던 일이지만은, 지금에 와서는 오히려 우리의 수치를 하나 더 증가시킨데 지나지 못하고 있으니, 다른 것은 막론하고 이 교육사업에만 한하여서라도 우리의 성의가 진실한 데 이르지 못한 것을 스스로 책하지 아니할 수 없다(《東亞日報》, 1925년 12월 3일).

1925년 《延禧》誌에도 자금 모집을 위하여 귀국한 애비슨교장은 각 방면으로 활동한 결과 30만원의 기부를 얻었다 하며 장래에 목적하는 대학 승격도 불원간 실현되리라 하였다.[60] 이 사업에 원한경부교장은 애비슨의 활동을 돕기 위하여 1년간 在美 기간을 연장까지 하였다.

그러나 총독부는 일본 제국대학의 연장으로 조선통치의 고등한 정책에 의하여 설립된 경성제국대학을 제외하고는 일체 사립대학을 허가치 않는 방침을 취했다. 이에 따라 연전, 세의전, 협성신학교를 중심으로 한 종합대학 승

---

60) 《延禧》 5(1925).

격안은 좌절되고 말았다. 그러나 이 때의 연전·세의전 양교의 꿈은 1957년 1월 5일 延世合同으로 이루어졌다.

이와 같이 일제는 그들의 식민지 교육방침에 따라 우리에게 대학교육의 혜택을 주는 것을 원치 않았다. 다시 말하면 총독부는 그들의 선전적 효과와 정보수집의 일환으로 만들어 놓은 경성제국대학을 제외하고는 우리 민족의 민립대학과 한국내 선교단체 연합회의 기독교연합대학을 허가치 않았다. 이것은 原住者인 우리 민족의 권리신장과 자유주의사상이 발달하는 것을 원하지 않았기 때문이다.

그러나 일제 통치기간중 특히 3·1운동 이후 줄곧 일어난 우리의 민립대학 설치운동과 기독교계통 전문학교의 대학 승격운동은 일본 식민지교육에 대한 민족적 반항의 표현이었으며, 더 나아가서는 우리의 민력과 교육수준이 대학을 가질 정도로 성장하였다는 것을 의미한 것이다. 해방 후 몇몇 유지들에 의하여 설립된 수개 사립대학의 정신은 이 때의 민족적 기백을 바탕으로 세워졌다고 볼 수 있다.

5) 교육내용의 추이

(1) 애국교과와 훈화를 중심으로 한 교육내용

근대학교의 교육구국운동은 애국교과와 唱歌·體育에 의한 민족의식의 고취 그리고 교육실천을 통한 항일운동으로 나누어 볼 수 있다. 우선 당시 사학에서 씌어진 애국 교과서를 보면 모두 충군애국하는 국가관념과 민족의식의 고취를 목적으로 하고 있으며 일제에 저항하는 자주·독립사상을 내용으로 하고 있다. 다시 말하면 교과서 전체가 애국심을 고취하는 내용이었고 또 젊은 학생들의 피를 끓게 하였다. 玄采의 《幼年必讀》, 張志淵의 《大韓地理》, 鄭寅平의 《大韓歷史》를 비롯하여 《越南亡國史》·《李舜臣傳》·《乙支文德傳》·《自由論》·《愛國論》 등 당대의 명저가 학생들의 교과서로 사용되었다.

漢城法學校 교장 현채는 《유년필독》의 범례에서 "우리 한인은 구습에 얽매이고 애국하는 일에 어두워, 이 책은 오로지 국가사상 환기를 주로 하고

역사로써 총괄한다"고 하고, 〈我國我身〉이라는 제목 밑에 아래와 같은 글을 싣고 있다.

> 우리가 此國에 났으니 차국은 곧 我國이요, 우리가 此身이 있으니 차신은 곧 我身이라, 그런즉 아국이라 함은 타국이 있는 연고요, 아신이라 함은 타인이 있는 연고며, 我의 자유라는 權은 사람마다 上天이 주신 바라, 타인이 감히 빼앗지 못할 배요. 我國도 또한 그러한지라, 타국의 간섭을 물리쳐, 自主權을 잃지 아니 하고, 독립하는 실상 힘을 지킨 후에야 아국이라 하나이다. 그렇지 아니하면 아국을 보전치 못하고, 아국을 보전치 못하면 아신을 보전치 못하나이다(玄采, 《幼年必讀》 권 3, 〈我國我身〉).

또 《유년필독》의 제33과 〈愛國本〉이라는 글에서는 나라 사랑으로 자강할 것을, 제20과 〈獨立國自主民〉이라는 글에서는 우리 민족의 자주·자립을 강조하고 있다. 이같이 현채는 《유년필독》을 통하여 구한말의 청소년을 교육하는 데 있어 자주독립과 애국사상을 고취했다. 그리고 그는 《萬國史記》의 서문에서도 "나라 망하는 원인이 우리에게 있음"을 뉘우치도록 하고, 《波蘭末年戰史》의 발문에서는 다음과 같이 기술하였다.

> 능히 自恃한즉 자립할 수 있고, 자립하면 땅을 딛고 하늘을 마주할 수 있다. 자립의 실상은 君臣의 德을 같이하고 上下가 서로 믿음에 있으니, 임금된 자 밤낮으로 근심 근면하여 인민을 사랑하고 신하된 자는 나라 일에 짐을 지고 公을 위해 私를 잊어 나가서는 충성을 다하고 물러나서는 잘못을 바로 잡아 일호의 구차한 뜻이 그 사이에 없다면 그러한 뒤에야 內政이 바로 잡히고 外侮가 이르지 않는다.

國民教育會 편찬의 《初等小學》 권 5에서도 〈大韓帝國〉이란 단원을 설정하여 우리 나라 전국을 게시하고 한국이 세계에서 제일 살기 좋은 나라임을 말하고서는 "우리가 이러한 좋은 나라에 생장하였으니, 우리가 모든 공부를 근면하여 국가를 부강케 함이 가하리오"[61]라고 하여 부국강병을 위해 노력할 것을 다짐했다. 그리고 권 5에 역사상의 인물로 乙支文德과 姜邯贊을 열거하고 그들의 충성과 용맹을 본받을 것을 말해주고 있다.

---

61) 國民教育會編, 《初等小學》 권 5, 1907.

徽文義塾 편집부 편찬의《高等小學修身書》에도 단원마다 애국·자주·독립사상을 말해주고 있으며, 申海永 편술의《倫理學教科書》(상·하) 하권에서도 학생들에게 애국심의 발로를 아래와 같이 논하고 있다.

> 自國의 관념은 타국을 대하여 비로소 生함과 같이 자국을 愛하는 心은 외국을 대하여 비로소 자각됨이 有하니라… 吾人의 애국하는 心은 금일에 初有함이 아니라 역사상 精來를 幷蓄하여 特種 고유한 根性을 成함이리오(申海永 編述, 《倫理學教科書》 하, 普成社, 1908, 62~64쪽).

장지연 역시《愛國婦人傳》이란 번안소설을 통하여 프랑스의 애국소녀 잔다르크의 구국정신을 그렸다. 그는 여기서 "어찌 남자만 나라를 위하여 사업하고 여자는 나라를 위하여 사업하지 못할까", "오늘 文武 재주를 배움은 정히 다른 때 국민의 亂을 구제코자 함이로다", "국민된 책임을 다하여야 비로소 국민이라 이를지니 어찌 나라의 亂을 당하여 가만히 앉아 보고 구하지 아니 하리오", "우리들이 오늘은 맹세코 반드시 나라와 한 가지로 죽을 것이요, 만일 나라가 망하면 우리는 단연코 살지 못하리라" 하면서 쟌다르크의 구국정신과 독립사상과 희생정신을 그려 구한말의 소녀와 부인들에게 애국정신을 일깨워 주는데 큰 영향과 감동을 주었다. 장지연은 또《伊太利建國三傑傳》의 서문에서 우리 민족으로 하여금 '자주독립'에 매진할 것을 고취했다.

> 지금 이태리를 본다면… 三傑이 출현하면서부터 轟轟烈烈하여 세계에 떨치게 되고 수십년 미만에 발흥하여 이 마음을 가진 자가 많아졌으니, 이 마음이란 무엇인고, 즉 소위 애국심이란 것이다. 우리 동포는 흥기하지 않을 것인가.

이 때 安國善 역시《禽獸會議錄》에서 우리 민족의 자주독립과 아울러 일제의 침략을 비판했다. 이 작품의 등장인물은 모두 擬人化된 짐승들인데, 이른바 표면적 의미와 잠재적 의미의 묘한 幷列性을 지닌 알레고리의 형태를 근거로 한 것으로 일제의 무력적 식민지정책에 대한 날카로운 공격을 짐승을 가탁하여 감행하고 있다. 이들 짐승들은 모두 인격성을 지니고 의인화되어 있는데 아래의 글은《금수회의록》에 등장하는 여우의 연설이다.

> 나라로 말할지라도 대포와 총의 힘을 빌어서 남의 나라를 위협하여 속국도 만들고 보호국도 만드니, 불한당이 칼이나 육혈포를 가지고 남의 집에 들어가서 재물을 탈취하고 부녀를 겁탈하는 것이나 다를 것이 무엇 있오(安國善, 〈禽獸會議錄〉, 《韓國新小說全集》 8, 乙酉文化社, 1969, 19쪽).

이는 일본제국주의를 지칭하는 것임은 더 말할 것도 없다. 또 鄭寅琥의 《最新初等小學》을 보면 〈軍人〉이라는 글에서 "우리 학도는 장성한 후에 국가에 藩籬가 되어 賊이 침범치 못하게 할 용사 올시다"고 하여 항일 애국사상을 고취하고 있다. 이 밖에도 구한말의 인문·사회 교과서는 단원마다 '애국'·'자립'·'자주독립'사상과 더불어 의식적으로 배일사상을 고취하고 있다.

이 밖에도 《을지문덕전》·《이순신전》·《강감찬전》·《東國名將傳》 등을 비롯하여 《泰西新史》(1897)·《波蘭末年戰史》(1897)·《法國革新戰史》(1899)·《애급근세사》(1900)·《미국독립사》(1906)·《월남망국사》(1906)·《萬國史》(1906)·《이태리독립사》(1907)·《세계식민사》·《민족경쟁사》·飮氷室의 《自由論》 등은 정규 교과서는 아니었지만 각급 사립학교에서 정규 교과서와 같이 사용했던 책이다.

예를 들어 梁啓超의 《飮氷室全集》을 평양 大成學校에서 정규 교과서로 채택했던 사실은 漢文科의 교과서는 四書五經보다도 중국 양계초의 《음빙실문집》이었다는 글을 통해서도 알 수 있다. 또한 《음빙실문집》에 대해서는 이런 일화도 있다.

> 三南 지방 출신인 유지가 島山을 찾아와 나라 일을 하고 싶은데 무엇을 하면 좋겠는지 모르겠다고 할 때에 도산은 '크게 용빼는 일만이 나라 일이 아니요, 양계초가 만든 《음빙실문집》이란 책이 있으니, 그것을 우선 몇 권 사서 삼남에 있는 유명한 학자에게 주어서 읽게 하시오. 그것이 나라 일이오' 하고 타일렀다는 것이다(朱耀翰, 《安島山全書》, 三中堂, 1963, 87쪽).

위에 말한 책들은 모두 민족 주체성에 입각한 교과서이다. 어디까지나 민중을 계몽시켜 교육구국의 힘을 행사할 수 있고 독립을 쟁취할 수 있는 실력을 배양한다는 민족내적 과제를 해결하려고 한 것이었다.

그러기에 이러한 교과서는 교육구국운동과 병행하여 사용된 것으로, 그 성격이나 의의가 한결같이 자주독립과 애국심을 표방하고 있다. 말하자면 독립사상으로 요약되는 정신적 내용면을 중요시했던 교과서이다. 따라서 교육구국운동도 이러한 교과서가 있었기 때문에 전개될 수 있었다.

이러한 상황에서 미션학교도 우리 민족에게 정의와 애국심을 가르친 것이다. 이는 물론 기독교 그 자체가 불의한 자에 대한 저항의식을 지니고 있었기 때문이다. 그리하여 이들 미션학교에서는 잔다르크라든가 조지 워싱톤과 같은 자유의 투사들에 관한 이야기를 했고 세계에서 가장 선동적인 서적이라고 할 수 있는 성서를 보급하고 또 가르쳤다. 기독교 역사의식은 역사안에 나타난 하느님의 계시를 찾고자 하는 정신 자세이다. '歷史 안에서의 啓示'란 명제를 가장 뚜렷하게 보여 주는 책이 바로 이 성서이다. 그러므로 성서는 기독교 역사의식이 어떤 것인가를 충분한 자료로써 보여준다. 그것은 성서를 기록한 사람이 신앙의 근거를 가진 역사의식을 가르쳐 주고 있기 때문이다.

그러기에 특히 선천 信聖學校 교장 맥큔(G. S. McCune)은 학생들에게 다윗과 골리앗의 이야기를 훈화 제목으로 택하여 정의로 무장된 약자가 강대한 적보다 더 강하다는 것을 힘주어 가르쳤다. 아시아의 소국 유대가 그 뛰어난 정신력을 나타낸 일은 한 두번이 아니다. 양치기인 다윗이 巨人 골리앗을 쓰러뜨린 것은 유명한 이야기다. 다윗은 무력에 의해서가 아니고 그 정신과 신앙의 힘으로 이 거인을 쓰러뜨렸던 것이다.

맥큔의 이 훈화는 곧 일제에 대항하는 한국인은 골리앗에 맞서는 다윗과 같은 사람이 되라는 뜻이었다. 당시 이 땅의 모든 선교사들은 실질상의 한국 독립을 위한 열렬한 참피언들이었다. 그들은 미션학교를 통하여 일제 침략에 고민하는 한국인에게 하느님의 도움으로 '국권회복'의 날이 반드시 올 것이며, 독립을 위한 교도들의 단결과 열망은 반드시 하느님의 은총을 입을 것이라고 설교하였다. 또 때로는 모세가 이스라엘 민족을 질곡에서 끌어내던 古史를 인용하여 설교하기도 하였다. 이러한 설교가 얼마나 한국인에게 위안과 격려가 되었으며 감격을 불러일으켰는가는 1907년 '대부흥운동' 이후 신도 수의 급증이 잘 설명하여 주고 있다. 이 위대한 종교적 각성은 정신운동이었다.

(2) 창가와 체육을 중심으로 한 교육내용

唱歌라는 말은 신문화가 들어오기 시작한 초기 독일어의 '리이드(Lied)', 영어의 '송(Song)'을 한자로 번역한 데서 유래하는데 실제로는 찬송가에서 시작된다. 구한말의 어둡고 괴롭던 시절 우리의 선배들은 스스로 창가를 지어 학생들에게 부르게 하고 민족의 가슴에 용기를 심어 주며 구국의 날을 손꼽아 기다렸다. 그러기에 여기에는 우리 민족의 '얼'을 깨우치고 나라를 찾자는 피섞인 외침의 소리가 담겨져 있다.

초기의 창가 중 이필균 작의 〈自主獨立歌〉는 이러하다.

아시아에 대조선이　　깊은 잠을 어서 깨어
자주독립 분명하다　　부국강병 진보하세
에야에야 애국하세　　남의 천대 받게 되니
나라 위해 죽어 보세　　후회막급 없이 하세

위의 〈자주독립가〉의 내용에는 자주독립·부국강병 등의 열렬한 외침이 담겨져 있다. 오늘날 國歌 대신으로 널리 불리고 있는 〈애국가〉가 이 시기에 애창되었음은 물론이요, 그 밖에도 〈少年男子歌〉와 〈少年冒險猛進歌〉 그리고 《유년필독》에 실려 있는 〈독립가〉와 〈血竹歌〉가 널리 애창되었다. 이 노래들은 모두 애국심의 고취, 국권회복 등의 사상을 담은 것이었다. 이 중에서 〈소년남자가〉를 보면 민족정신이 얼마나 팽창하였던가를 알 수 있다.

1. 무쇠 골격 돌 근육 소년 남자야
   애국의 정신을 분발하여야
   다다랐네 다다랐네 우리 나라에 소년의 활동시대 다다랐네
   萬人 敵對 연습하여 후일 戰功 세우세
   절세영웅 대사업이 우리 목적 아닌가

2. 忠烈士의 더운 피 순환 잘되고
   독립군의 팔다리 민활하도다
   벽력과 斧鉞이 唐前하여도
   우리는 조금도 두려움 없네

3. 海戰과 陸戰의 모든 유희를
차제로 흥미 있게 승부 決하니
개선문 뚜렷이 열리는 곳에
勝戰鼓를 울려라 둥둥둥둥둥
(《皇城新聞》, 1909년 3월 21일).

이 때 자주정신과 청소년의 기개를 북돋우는 〈소년모험맹진가〉도 자주 불렸다. 이 창가는 제목부터 대단히 격렬하다. 그 내용에는 항일적 기개가 씩씩하게 담겨져 있다.

1. 2천만 동포 우리 소년아 국가의 수치 네가 아느냐
천부의 自由松은 차가 없거늘 우리 민족 무삼 죄로 욕을 받는가

2. 나라 사랑하는 자 적지 않건만 모험맹진하는 자 몇이 되느냐
깰지라 소년들아 험한 마당에 조금도 사양말고 달려 나가세
(趙容萬 外, 《日帝下의 文化運動史》, 民衆書館, 1970, 254쪽).

이 〈소년모험맹진가〉는 자유와 독립을 위해 주저말고 나가 싸우라는 도전적 기개를 노래한 것이니 그 싸움의 상대는 바로 일제침략이었다. 이런 항일적 기개는 《해조신문》과 《大韓日報》의 〈運動歌〉에도 나타나 있다.

위의 노래들은 제목이 말해주듯이 倭敵들을 쳐부수어 우리 민족의 독립을 찾자는 드높은 기개와 굳은 의지가 넘치고 있는 내용들이다.

唱歌集 속에 있던 이색적인 노래로는 〈그리스도 軍兵歌〉를 들 수 있다. 기독교인들의 '저항 민족정신'은 각별한 것이었음을 다음을 통해 알 수 있다.

우리 大將 예수님은 전능하시니 怨讐寃鬼 무서워 말고 接戰해 보세
큰 勝戰할 때까지 앞에 나가서 앞으로 앞으로 달려나가세
앞으로 앞으로 달려나가세 魔鬼悌勢를 멸하세

미션학교와 교회는 이 노래를 강조하여 가르쳤다. 이는 기독교 신자들이 군대가 되어 일제를 공격하라고 격려하는 것과 다름이 없었다. 미션학교에 있에서 교육의 성격도 종래에는 算數·物理·化學·地理 등이 신기한 과목

으로 학생들의 호기심을 끌어 왔지만 1905년 이후에는 '국권회복'의 운동으로 창가와 체조가 주요한 학과목이 되었다. 창가는 본래 기독교의 찬송가에 기인하는 것이다. 미션학교 학생들은 그들의 찬송가에서, "믿는 사람들아 軍兵같으니 앞에 가신 主를 따라 갑시다" 또는 "그리스도 군사 앞서 나가세 십자깃발 들고 戰場에 가듯" 이라고 하였는데, 이는 학생들의 '항일 민족정신'을 의미한다. 이 때는 또 전국을 휩쓸던 愛國歌·國債報償歌·獨立歌의 전성시대였다. 물론 일제통감부는 이러한 창가를 그들이 말하는 소위 '불온창가'라 하여 금지하였다. 당시 찬송가는 애국운동의 매개로서 이 나라 '내셔널리즘'의 기치가 되었고 종교적 성향과 함께 이 민족의 고동이었다.

그리하여 순수한 예배의식에서 떠나 자주독립을 표현하는 노래형태로 변모했다. 따라서 찬송가에서 시작된 창가도 역시 한말 내셔널리즘의 기치가 되었다. 다시 말하면, 찬송가에서 시작된 창가는 風雲과 亡國의 비통한 운명 속에서 싹튼 종교적 성향과 내셔널리즘의 표현이었으며 찬송가와 함께 한말 우리 민족역사의 단편 바로 그것이었다. 그리하여 창가는 단지 '부르는 노래'였다기 보다 벅찬 민족의 고동이었으며 자주독립을 외치던 우리 민족의 '얼'이며 함성이었던 것이다.

다음으로 그 당시 근대 사학이 또 한 가지 강조하여 실시한 것은 體力의 훈련이었다. 당시의 학생들도 민족의 선각자이자 또한 독립운동의 주인공이었다. 그러기에 학교에서는 기회 있을 때마다 토론회·웅변회·운동회 같은 행사를 마련해 단체훈련을 하고 그들의 意氣를 높였다.

그리고 이 때의 체육은 단순한 스포츠를 단련한 것이 아니고, 일보 전진하여 구국운동의 일익을 담당케 했다. 운동회 때는 의례 '대한독립만세'란 철자경기를 시켰으며 '독립가'를 부르게 했다. 특히 1907~1910년 사이에 있어서는 춘·추계로 학교연합 대운동회가 행하여 졌다. 이 운동회가 규모가 클 때는 한 道內 각 군의 학교 전부가 연합하여 대규모의 연합운동회를 행하였는데 대개 그 비용은 그 도민 전체가 부담했다. 그 당시 운동회야말로 우리 민족의 울분과 교육구국의 의지를 분출시키는 민족투지의 광장이었다. 그러기에 일제통감부 관계자들은 이 연합 대운동회에서 청년학도들이 나팔을 불고 북을 치며 行步하는 모습을 '武裝的 示威'로 해석하였던 것이다.

학교체육은 兵式敎鍊과 다름이 없이 강행되었다. 당시 체육 및 교련교사는 모두 무관 출신으로서 교육구국운동을 지도하던 인사였다. 그들은 올사조약 이후 각 곳에서 일어났던 의병활동을 지원하면서도 후일의 결전을 기약하기 위하여 사립학교에 배치된 구국운동의 전위대였다. 그리하여 으레 학교에서는 군대 나팔과 북으로 된 악대가 조직되어 있었고 이 악대가 나팔을 불고 북을 두드리는 가운데 학생들은 목총을 메고 군대식 훈련을 받았다. 그들은 군사훈련의 경기를 통하여 국민의 사기를 북돋고 애국심을 고취시켰는데 이를 지켜본 당시 한 선교사는 아래와 같이 보고하고 있다.

> 어떤 학교들은 교련과 체조에 훌륭한 성과를 보였다. 江西에서 온 학교가 평양에서 열린 4월 운동회 때 道長官이 주는 1등상을 탔다. 이 학생들은 말쑥한 복장에 十字 章을 양 어깨에 달고 성경책과 찬송가책을 군대 배낭같이 만들어 등에 지고 와서 매우 인상적이었다.

1906년 義州에서는 병식 체조교련을 받기 위해 교외를 행보하던 학도와 일본군대 사이에 충돌사태가 벌어졌으며 1908년 5월에는 의주 일본수비대와 학생간의 충돌 사건으로 4명의 학생이 부상을 입기도 했다. 특히 대성학교에서는 체육시간을 제일 중히 여겨 군대식으로 학생을 교련하였다.

도산 안창호가 이렇게 대성학교에서 체육을 강조한 것은 다름이 아니라 외국이 마음대로 우리 강토에 들어와서 설치는 것은 우리 나라에 힘이 없는 까닭이라고 보았기 때문이다. 도산이 말하는 힘—실력은 독립을 쟁취할 수 있는 '국민의 실력' 즉 民力이었다.

이 때 박은식도 학교에서의 체육교육을 강조하였다. 그는 우리 나라의 전통적인 교육이 지나치게 文弱에 빠졌다고 보고, 학교 교육에서 체육을 강화함으로써 강건한 인재를 육성할 수 있다고 주장했다. 이는 학생들에게 씩씩한 尙武精神을 갖추도록 함으로써 교육구국운동의 인재를 기르기 위함이었다.

데밍(C. S. Deming) 목사는 당시 학생들의 군사훈련 상황을 아래와 같이 보고하고 있다.

> 학생들이 모여서 교련 시범을 보인 바, 그 정확하고 一致한 동작은 다른 어떤 군대라도 따를 수 없을 것이다. 이 체조가 끝난 뒤에 학생들은 3개 중대로 나뉘어서 한 중대는 진지를 지키고, 나머지 두 중대는 이를 공격해 왔다.
> 그들은 폭죽과 흰 공, 붉은 공을 무기로 사용하였다. 한참 동안 城 주위에서 機動하는데 進功 작전, 후퇴 작전, 돌격, 접전, 적십자 활동 등을 하며 격전을 벌이면서 城을 함락시키고 태워버림으로 끝을 냈다(L. G. Paik, *The History of Protestant Missions in Korea*, Pyen Yong ; Union Christian College Press, 1929, p. 329).

이 같은 체조나 운동회는 바로 교육구국운동을 말해 준다. 이에 대해 학부차관 다와라는 그 목격담을 아래와 같이 말하고 있다.

> 앞서 내가 평양에 가서 목격한 평안남도 一圓의 학교연합 대운동회는 비단 그 규모가 클 뿐 아니라 함부로 나팔을 불고 북을 두드려 완연한 武裝的 시위의 운동회였다(國史編纂委員會, 《韓國獨立運動史》 I , 1967, 301쪽).

이와 같이 한말 근대 사학에서 실시한 운동회 및 체육은 일제에 대한 저항세력을 양성하는 과정이었으며, 당시의 교육내용의 추이를 파악하는 단서이기도 하였다.

〈孫仁銖〉

4. 교육구국운동의 추진

1) 근대 교육의 성격

(1) 근대 교육의 성격

19세기 후반기 이후의 한국사는 제국주의 열강의 침략으로부터 나라를 지키기 위한 국권수호 즉 자주화의 방향과 함께 한편으로는 전통사회로부터 탈피하여 새로운 근대사회로 나아가기 위한 근대화의 방향으로 전개되는 시대상황으로 설명될 수 있다.

근대화의 성공이 제국주의 침략을 저지하고 자주국가로의 발달을 이룩하는 것을 전제로 할 때, 한국근대사는 국권을 수호하기 위한 민족운동이 그 주류를 이루는 것이라고 할 수 있다. 그러므로 19세기 후반기에서 20세기 초까지 전개된 민족의 여러 방향의 활동은 그 나름대로 국권의 수호와 근대화를 위한 민족운동이라는 의미와 성격을 부여할 수 있을 것이다.

이와 같은 시각에서 한국의 근대 교육은 이러한 민족의 움직임을 이끌어 갈 수 있는 역량을 조성하는 중요한 역사적 기능을 내포하고 있다. 즉, 한국의 근대 교육은 개항 이후 밀려오는 서양의 근대문물을 수용하여 새로운 사회발전의 기틀을 마련하는 동시에 외세의 침략에 저항하는 민족의 정신적 기반을 형성하는 것이었다.

그러므로 한국의 근대 교육은 민족교육이라는 역사적 성격을 갖는 동시에 근대 교육운동 그 자체가 민족운동의 일환으로 전개되었다고 할 수 있다.

지금까지 한국 근대 교육을 민족교육으로 인식할 때 이는 주로 1905년 이후의 사립학교에 해당하는 것으로 이해되어 왔다. 그러나 1894년 갑오개혁이 진행되면서 실시된 교육개혁의 결과 성립된 관공립학교의 교육이념이 1895년 2월 발표된 교육입국조서나[1] 1895년 9월 발표된 학부고시에서 나타나고 있는 바와 같이 애국적이고 민족적인 성격이 강하였다. 학부고시의 내용을 보면 다음과 같다.

> 교육은 개화의 본이라 애국의 心과 부강의 術이 모두 학문으로부터 生하나니 오로지 나라의 문명은 학교의 성쇠에 달렸는지라 이제 23부에 학교를 아직 다 설시하지 못하였거니와 위선 京城內에 소학교를 壯洞·貞洞·廟洞·桂洞의 네 곳에 설립하여 아동을 교육하는데 … 그 과정은 五倫行實로부터 小學과 本國歷史와 地誌등 時宜에 적응한 서책을 일체 교수하여 虛文을 버리고 實用을 尙하여 교육을 務盡케 하노니 夫 외국 학교의 규정을 보건대 兒童이 학교에 입학하지 아니하는 자는 그 父兄을 罰하는 예도 혹 있는지라 本國에는 이 규정을 아직 設擧치 못하였으나 아동의 부형되는 자는 그 자제를 대동하고 本部에 來하여 許入狀을 受한 후 학교에 赴하여 학업을 務修하되 혹 나태하여 끊어짐이 없기를 바람(《舊韓國官報》, 1895년 9월 30일, 告示 〈學部告示〉 4호).

---

1) 《承政院日記》, 고종 32년 2월 2일.
《舊韓國官報》, 개국 504년 2월 2일, 조칙 1(이하 《官報》).

즉 교육이 국가발전의 기초가 됨을 말하고 있으며 관립소학교의 교육내용에서 국어와 본국사가 중요한 위치를 차지하고 있었음을 알 수 있다. 이는 이보다 조금 앞서 발표된 소학교령과 소학교교칙대강의 내용과 같은 맥락에서 이해될 수 있으며 이는 소학교뿐만 아니라 같은 해에 설립된 한성사범학교나 외국어학교에서도 동일하게 나타나고 있다.

소학교교칙대강에 제시된 교과목의 요지에서 본국지리의 교수요지는 "… 그 생활에 관하는 중요한 사항을 이해하게 하고 겸하여 애국하는 정신을 養함"이라고 하였으며, 본국역사에서는 "國體의 대요를 알게 하여 국민된 志操를 養함"이라고 하였다.2)

한성사범학교는 그 교육요지의 하나로 "尊王愛國의 志氣에 富함은 敎員者의 중요한 바 故로 학원으로 하여금 평소에 충효의 大義에 明하여 국민의 志操를 振起함을 요함"으로 규정하고 있다.3)

이로 보아 한국 근대 교육의 발전기인 1895년 정부에서 설립한 각종 관립학교에서 전개된 교육이 민족교육의 전개과정으로 보는 것이 당연한 것이다. 이러한 교육의 성격은 1906년 일제의 통감부에 의해서 교육 침략이 진행되기까지 계속된다고 보아야 한다.

한편 관공립학교에서 나타난 민족교육의 성격은 거의 같은 시기에 설립되기 시작한 사립학교에 있어서도 나타나고있다. 1906년 전반기에 이르기까지 전국적으로 설립된 사립학교는 관공립학교만으로는 부족한 교육의 수요를 충족시키면서 관공립학교와 함께 민족교육의 일익을 담당하였다.

당시 관공립학교의 민족교육의 성격은 국어와 본국사를 중요시하였다는 것에서 단적으로 찾아볼 수 있다. 이는 앞서 제시한 학부고시에서도 나타난 바이지만 근대 교육 발전기에 가장 고등한 수준의 사범학교에서는 이것이 더욱 강하게 제시되고 있다.

한성사범학교에서 본국사의 교육을 강조하고 이에 대한 이해를 중요시하였다는 것은 입학시험과목에 본국사 과목이 포함되어 있었고, 또 입학자에게 필요한 서류로 제시해야 하는 學業履歷書에 역시 본국사를 이수한 사실을

---

2) 《官報》, 개국 504년 8월 15일, 학부령 3호 〈小學校敎則大綱〉.
3) 《官報》, 개국 504년 7월 24일, 학부령 1호 〈漢城師範學校規則〉.

기록하여야 하였던 사실에서도 잘 알 수 있다.

(2) 근대 민족 교육의 확대

한국의 근대 민족교육이 전개되는 과정은 1880년대부터 1910년에 이르기까지 그 정치적 정세 변화와 관련하여 세 단계로 구분되어진다.

제1단계는 1880년대초에서 1894년 갑오개혁이 진행되는 때까지이며, 제2단계는 1895년 정부에 의해 근대 교육이 제도적으로 정착되면서 발전하기 시작하여 1905년 러일전쟁으로 을사조약이 체결되는 때까지이며, 제3단계는 1906년 일제의 통감부가 교육침략정책을 실시하며 민족교육을 억압하면서 1910년 국권이 침탈당할 때까지이다.

근대 민족교육의 전개과정에서 문제의 초점이 되는 것은 제3단계에 대한 이해이다. 이 시기는 일제가 한국에 통감부를 설치하고 식민지 침략을 준비하던 시기로서 한민족의 자주독립정신을 억압하기 위해 교육침략정책을 적극적으로 추진하던 시기이다. 이로 인하여 그동안 발전하던 민족교육은 큰 타격을 받지 않을 수 없었으며, 특히 관공립학교의 경우 민족교육이 크게 위축되거나 거의 그 의미를 상실할 단계에 이르렀다. 이러한 측면에서 보면 이 시기의 민족교육은 침체기이자 위축기이며 동시에 수난기 또는 시련기로 이해될 수도 있다.

그러나 통감부의 교육침략정책에 대항하여 민족교육을 실천하기 위한 민족의 노력은 구국운동의 차원에서 전개되었다. 즉 일제의 침략에 대항하여 국권을 수호하기 위한 민족의 정신적 기반이 민족교육에 있다는 인식이 확대되어 전국적으로 민족사립학교의 설립이 급증한 것이다.

이제 한국 근대의 민족교육은 관공립학교의 민족교육이 통감부의 식민지를 위한 준비교육으로 전락해 가는 것과는 대조적으로 사립학교에서 크게 확대되어 갔던 것이다.

이 과정에서 통감부는 사립학교령과 교과용도서 검정제도를 실시하여 사립 학교의 설립을 통제하고 나아가 교육내용을 철저하게 통제하려 하였으며, 이로 인하여 민족교육은 많은 시련을 겪기도 하였지만 이에 굴복하지 않고 학교의 설립과 독자적인 교육을 추진해 나갔다. 1910년 5월 말 현재 전국의 사립학교가 통감부의 인가를 받은 학교 2,250개교를 포함하여 5천여개교에 이르렀다. 학생의 수효도 20여 만에 달하였는데 이는 학교와 학생수에 있어서 관학을 능가하는 것이었다.

이들 사립학교에서는 통감부의 교육침략에 대항하여 민족정신을 배양하는데 주력하여 애국적인 내용의 교과목을 중요시하였고 통감부의 감독과 감시를 피하여 사용이 금지된 교과서를 사용하면서 민족교육을 추진해 나갔다. 이상과 같은 내용을 통해서 우리는 이 시기를 민족교육의 위축기 또는 침체기가 아니라 민족교육의 확대기로 규정할 수 있을 것이다.

2) 구국교육운동의 실태

(1) 사립학교의 설립

1905년 러일전쟁이 일본의 승리로 귀결되고 을사조약이 강제 체결되어 국권의 침탈 위기가 높아지면서 민족운동을 전개하던 애국적 인사들이 교육사업에 종사하거나 교육단체를 조직하여 교육운동은 구국운동의 양상으로 전개되어 갔다.

이러한 움직임은 이미 통감부 설치 이전에 나타나고 있었다. 1905년 嚴柱益이 養正義塾을, 李容翊이 普成學校를 세운 것도 국권수호를 위한 인재양성을 목적으로 한 것으로 구국교육의 의미를 갖는 것이었다.

교육단체로는 1904년 9월 설립된 國民敎育會를 필두로 각 지역에 연고를 둔 단체들이 설립되었다. 이들 학회들은 교육을 통하여 국권을 회복하는데 그 목표를 두었다. 1906년 10월 朴殷植 등 10여명의 발기로 설립된 西友學會의 창립 취지문에서도[4] 청년교육을 통해 인재를 양성하는 것이 국권의 회복과 인권의 신장에 기초가 됨을 밝히고 있다.

한편 서우학회에서 학교를 설립하여 교육을 추진함에 있어 교사의 양성이 절실하자 西友師範學校라는 명칭으로 속성사범과 야학교를 설립하였는데 이때 초대교장으로 취임한 박은식이 사범양성의 필요성을 강조하면서 교육이

4) 《西友學會月報》, 창간호 〈本會趣旨書〉, 1906년 12월 1일.

국가존립의 기초임을 천명하고 있다.[5]

당시 구국교육운동을 전개하기 위하여 학교를 설립하려는 애국지사들에 의하여 설립된 학회는 앞의 국민교육회나 서우학회와 함께 大韓自强會·漢北興學會(뒤에 서우학회와 통합하여 西北學會가 됨)·皇城中央會·湖南學會·嶠南敎育會·大同學會·女子敎育會·太極學會·大韓興學會·大韓同寅會·大韓學會·關東學會·輔仁學會 등이 대표적이었다. 이들은 지방에 지부를 설치하여 그 운동을 전국으로 확대하였으며 각 곳에서 강연회나 토론회를 개최하여 국민을 계몽하는데 앞장섰다.

각 학회들은 기관지를 발간하여 국권회복의 필요성을 강조하며 신학문을 소개하는 등 국민계몽에 노력하였다. 학회에서 발간한 기관지 가운데 중요한 것으로는 《大韓自强會月報》·《西友》·《西北學會月報》·《畿湖興學會月報》·《大韓協會月報》·《湖南學會報》·《大韓興學會報》 등이 있다.

이들 학회들이 주력한 것은 학교를 세우는 일이었으며, 교육침략을 통한 식민지 지배의 준비에 박차를 가하고 있던 통감부에서는 이들 학회의 활동을 규제하기 위하여 1908년 8월 학회령을 발표하여 구국교육운동을 막으려 하였다.

당시 학회의 구국교육활동을 전개하면서 학교경영과 교육사업 및 국권수복에 앞장섰던 상황을 일본인들은 다음과 같이 표현하고 있다.

> 학회라는 것도 요즈음에 와서 그 설립이 점차 많아져, 그 이름은 학회이나 사실은 정치상·사회상의 운동을 주로 하며, 교육사업을 從으로 하여 정치와 교육과를 혼동하는 폐단이 심하므로 학회령을 발포하여 각각 설립 인가를 학부대신에게 받도록 하며, 또 정치에 관여하는 것을 엄금하였다(일본외무성, 《일본외교문서》 권 42-1, 1909년 8월 30일, 190쪽).

학회의 設學運動에 따라 각지에 학교가 설립되고 있는 상황을 黃玹은 그의 《梅泉野錄》에서 "학교와 사회단체가 나라 안에 가득하였으며 특히 관서지방의 설학 운동이 왕성하였다"고 전하고 있다.[6] 또한 당시 《황성신문》이

---

5) 《大韓每日申報》, 1907년 3월 16일.
6) 黃 玹, 《梅泉野錄》 권 5, 광무 11년 3월 16일.

나 《대한매일신보》에서도 이와같은 학교의 설립이 自主獨立과 國權恢復의 길임을 주장하며 국민들이 이에 대해 물심 양면으로 협조할 것을 요청하는 기사와 논설을 자주 게재하고 있다.

《황성신문》은 우리 나라가 약해지게 된 이유를 시세의 변화에 관심을 갖지 못하였기 때문이라면서 유지들이 구국의 정신으로 학교를 설립하는 것은 커다란 다행이며 이를 국민들이 적극 협조해야 할 것임을 호소하고 있다.[7)]

한편 《대한매일신보》에서도 교육운동을 구국운동으로 규정하면서 학교가 크게 일어나는 것은 국권회복을 위하여 귀중한 일이라고 하면서 교육을 통해서만이 나라를 다시 일으킬 수 있음을 강조하고 국가의 자유독립을 위해 학교를 많이 세워 교육을 진흥시킬 것을 호소하고 있다. 학교가 크게 일어나는 것은 국권회복을 위하여 귀중한 일이라고 하면서 학교 설립을 주장하고 있다.[8)]

학교 설립과 교육활동 등 사립학교의 구국교육운동을 자주 소개한 황성신문과 《대한매일신보》에는 거의 매일같이 학교에 관한 기사를 게재하고 있었다. 이들 신문은 수시로 학교설립과 전국적 또는 지역별 학교 숫자를 알리고 있다. 두 신문에 게재된 기사를 중심으로 학교의 설립상황을 살펴 보면 다음과 같다.

1906년에 인가를 받고 설립한 사립학교는 63개교였으며,[9)] 평안북도 龜城에서는 1906년 9월 현재 학교 22개교에 학생수 1,387인, 교사는 22인이었다.[10)] 또한 1907년 4월 학부에서 전국 각지에 설립된 관공사립학교를 조사하였는데 1896년까지 설립된 관립학교는 19개교이며, 1897년 2월부터 1904년 12월까지 공립이 51개교, 1898년 12월부터 1907년 4월까지 사립학교가 183개교라고 보도하고 있다.[11)]

이와 같은 구국교육운동의 전개에 대하여 일본인들도 우려하고 있었음을 알 수 있다. 당시 통감부측의 일본인들은 한국인의 구국교육운동이 전국적으로 전개되고 있는 사실을 주시하면서 이들 사립학교의 교육활동이 조련과 불량교과서 사용, 불온한 사상 주입, 정치와 교육의 혼동 등이 전국적으로

7) 《皇城新聞》, 1906년 3월 24일.
8) 《大韓每日申報》, 1906년 1월 6일.
9) 《皇城新聞》, 1906년 12월 19일.
10) 《大韓每日申報》, 1906년 9월 23일.
11) 《大韓每日申報》, 1907년 4월 11일.

크게 번지고 있음을 우려하고 있었던 것이다.[12]

이와 같이 학교의 설립이 크게 늘어나고 민족교육이 확대되어 가자 이를 억제하고 통제와 간섭을 강화하려는 통감부의 교육침략정책이 사립학교령의 발표로 나타난 것이다. 그러나 사립학교령에 의해 학교 설립을 억제하려고 하였으나 사립학교령의 규제범위 안에서라도 많은 학교들이 설립인가를 신청하고 있었다.

1908년 10월 1일 이전 학부에서 인허한 사립학교는 326개였는데[13] 1909년 5월에는 既設學校를 포함하여 인가청원 학교가 1,824개교이였다. 이 중에 인가된 학교가 337교, 거부된 학교는 930교, 나머지는 심사중이었다. 10일 후에는 신청학교 1,909개교에서 인가된 학교가 459교였으며 다시 13일 후에는 1,976교의 신청에 774개교가 인가되고 있다.[14] 이 숫자는 계속 증가하여 1909년 9월에는 인가학교가 1,852교가 되었으며[15] 1910년 7월 말 현재 한국 내의 각급 학교의 총수는 2,237개교였다.[16] 그러나 많은 학교들이 사립학교

---

12) 高橋濱吉, 《朝鮮敎育史考》(帝國地方行政學會 朝鮮本部, 1927), 298쪽.
13) 《皇城新聞》, 1908년 11월 6일.
14) 《皇城新聞》, 1909년 5월 16일, 6월 9일.
15) 《皇城新聞》, 1909년 9월 21일.
16) 《官報》, 융희 4년 8월 13일과 《대한매일신보》 1910년 8월 7일에 당시 도별로 각급 학교의 통계가 다음과 같이 발표되었다.

도별	관공립학교	사립학교(종교학교포함)	계
한성부	19	94	113
경기도	19	183	202
충청북도	6	47	53
충청남도	7	86	93
전라북도	8	75	83
전라남도	14	40	54
경상북도	9	141	150
경상남도	13	98	111
황해도	9	251	260
평안남도	11	417	428
평안북도	10	367	377
강원도	9	37	46
함경남도	14	189	203
함경북도	7	57	64
계	155	2082	2237

령이 규정한 규모에 미치지 못하여 신청하지 않았거나 또는 의도적으로 신청을 하지 않은 학교도 다수 있었으므로 실제의 사립학교는 인가된 학교수의 두 배가 넘는 5천여개교나 되었다는 것이 현재 일반적인 견해이다.17)

1909년 11월 당시 지방의 교육실태를 충청남도의 예에서 보면 보통학교의 경우 공사립을 합하여 112개교이며 학생수는 5,472명이고 교사는 330명이었다. 특히 서당이 686개소나 되고 학생수가 4,096명이며 종래 학습하던 한문과 습자 이외에 본국사와 지지를 함께 가르치고 있었다.18)

당시 서당은 학교 숫자에 포함되지 않았으며 또한 그 교육내용 가운데 근대학교에서 교육하는 과목이 포함되었고 특히 그 과목이 애국심을 기르기 위한 본국사와 지지인 것으로 보면 당시의 교육이 민족운동 또는 구국운동의 일환으로 전개되었다는 것을 충분히 이해할 수 있다. 위의 충남에서 예시된 서당의 현황이 다른 지방에서도 비슷하다면 구국교육운동의 폭이 더욱 넓게 전개되었음을 알 수 있다.

(2) 설학취지문의 검토

이들 사립학교의 설립이 구국운동의 일환으로 진행되었다는 것은 학교 설립의 목적을 나타낸 '設學趣旨文'을 통해 잘 알 수 있다. 설학취지문은 특히 1905년 이후 설립된 학교들의 학교 설립의 목적과 교육이념 등을 알 수 있게 해준다. 또한 이를 발표함으로서 국민들에게 나라의 형편과 일본침략의 실상을 알게 하고 나아가 국민들에게 애국정신을 고취하려는 의도가 있었다.

설학취지문이 가장 많이 발표되는 시기는 1908년으로, 이후에는 감소되고 있으나 이는 통감부가 사립학교의 설립을 통제하여 구국교육운동을 억압하기 위해 사립학교령을 발표하였기 때문이다. 1905년 이전에 설립된 학교들도 이 시기에 설학취지문을 발표하고 있다.

설학취지문은 그 명칭이 취지서 또는 취지문이라고 하였거나 단지 취지라

17) 사립학교령에 제시된 학교인가 신청에 필요한 구비요건은 다음과 같다.
학교의 목적 및 명칭, 위치, 학칙, 校地와 校舍의 평면도, 1개년의 수지예산, 유지방법(기본 재산이나 기부금에 대한 서류첨부), 설립자와 학교장 및 교원의 이력서, 교과용 도서명 등.

18) 《皇城新聞》, 1909년 11월 13일.

고 한 학교도 있다. 이미 설립된 학교를 확장하거나 중건하는 경우에 확장취지문 또는 중건취지문을 발표하기도 하였다. 설학을 알리면서 학교에 나와 공부할 것을 권하는 권고서 또는 권유문으로 표현한 것도 있다.

설학취지문에 나타난 설학이념을 대체적으로 애국심의 고양, 인재의 양성, 民智의 개발과 문명의 발달, 국권의 회복 등 네 가지로 간추릴 수 있다. 이 가운데 가장 많은 것이 국권의 회복이다. 이는 당시 한민족이 전개하고 있는 민족운동의 궁극적인 지향점으로서 구국교육운동의 방향이 국권의 회복이었음은 당연한 일이었다.

국권회복의 내용 속에는 나라의 부강 또는 독립의 기초를 확립하는 의미의 내용도 포함되어 있다. 취지문에 제시된 표현을 보면 '國祚中興', '國力之挽回', '國權을 重恢於列强之中한다', '自修自强之法은 設學에 있을 뿐이다', '救國救民이 唯有敎育一道耳', '國勢之振이 敎育에 따른다', '振興國勢', '回復主權하고 脫去羈絆한다', '國權의 恢復과 生命의 유지', '學校는 富强之礎', '列强과 어깨를 겨누고 國基를 鞏固히', '我韓獨立之基本이 實惟在敎育', '退縮된 國步와 墜失된 人權을 挽回', '나라의 독립의 회복', '國家富强을 이룩하고 獨立之國으로 發展', '挽回我獨立之權', '尊國復權', '復國權之策이 敎育의 發達에 있음', '獨立自由自强之基礎' 등으로 표현은 각각이나 그 의미는 비슷하다.

애국심의 고취를 강조하는 내용에서는 나라를 사랑하는 마음이 국민의 의무라고 하면서 학교교육이 이의 바탕이 된다는 것이 그 중심을 이루고 있다. 특히 충군애국으로 표현한 것이 많으며 학교 설립 자체를 애국의 誠에서 비롯되었다고 하였다.

애국심의 고취에 포함된 내용에는 '조국의 정신을 환기시킨다', '조국정신을 각성하여 뇌수에 관통시킨다', 애국심의 고양', '애국정신의 고양(또는 배양)', '국가정신의 고양', '충군지심을 목적으로 한다', '자국의 정신을 기른다', '애국사상을 기른다', '조국의 사상과 정신을 고취한다' 등의 표현이 있다. 이는 당시의 교육이 애국심을 고취하는 내용을 중심으로 이루어지고 당시 교육을 애국교육이라 표현한 것과 직결된다.

인재의 양성은 교육의 본질이라는 측면에서 강조되고 있다. 즉 옛부터 국가에서는 교육을 통하여 인재를 양성해 왔으며 그러므로 당시의 역사적 상황에서 국가의 발전을 이끌어 가야 할 인재의 양성은 가장 급하고 중요한 일이라고 하였다.

어떠한 인재를 양성하는가를 살피는 것은 당시의 시대가 요청하는 이상적인 인간상을 이해하는데 도움이 될 것이다. 우선 인재양성에 대하여 각기의 취지문에서 공통적으로 강조하고 있는 것은 신학문을 교육받는 것이다. 서양의 나라들이 부강하게 된 것을 학교가 발달하고 신학문을 교육받은 때문으로 파악하고, 우리도 이와 같이 학교를 세워 신학문을 공부해야 한다는 주장이다. 그리고 새로운 지식과 지혜를 열어 나가고 밝은 덕을 길러야 함을 강조하고 있다.

또한 지능을 계발하고 덕성을 함양하며 건전한 체육을 통하여 人道에 득달하며 善良完美하는 행위를 할 수 있는 사람을 인재라 할 수 있고 이들이 사회를 개명하고 국가에서 필요로 할 때 쓰일 수 있는 사람이라고 하였다. 한마디로 당시의 바람직한 인간상은 신학문을 배워서 새로운 지식과 지혜를 갖추고 덕성이 있으며 건전한 몸과 정신을 지닌 사람으로, 국가가 필요로 할 때 봉사하고 부강하는데 앞장설 수 있는 사람인 것이다.

한편 인재의 양성과 함께 '문명의 발달'이나 '民智의 개발'을 함께 제시하기도 하였는데 '人才養成 開發新智' 또는 '英才를 키우고 문명을 발달하게 함'이나 '培養人才 開發民智' 또는 '人才의 養成 愚民의 開明'이나 '人才養成 民智開發' 등의 주장은 그 예이다. 民智의 개발이나 인재의 양성도 그 궁극적 목표는 국권의 회복이지만 방법적인 의미로서 그러한 표현을 한 것으로 볼 수 있다. 실제로 많은 취지문이 국권의 회복을 중심이념으로 하면서 특히 인재양성과 애국심의 고양을 함께 제시하고 있다.

설학취지문을 통해서 당시 한민족이 추구하는 가장 핵심적인 이념이 국권회복이었다는 것을 알 수 있으며, 이를 통해서 당시 구국교육운동의 실상을 파악할 수 있다.[19] 한편 설학취지문은 당시 민족내부에서 나타났던 근대 교육과 전통 교육의 갈등적 측면과 함께 이의 조화를 이루려는 측면을 보여주

19) 設學趣旨文은 《황성신문》과 《대한매일신보》에 게재된 것을 대상으로 검토한 것이다. 검토 내용은 다음의 논문에 상세히 제시되었다(金興洙, 〈韓國近代民族私學의 成立과 敎育內容에 關한 硏究〉, 《歷史敎育》 50, 1992).

고 있다. 취지문에서는 일반적으로 근대 교육을 신교육으로 표현하고 이를 新學 또는 신학문으로, 전통 교육을 舊學 또는 구학문으로 표현하였는데 대체로 그 구체적 내용은 經傳을 지칭하였으나 도덕이나 예절 또는 舊習이라고도 하였다. 이에 대하여 신학은 서양에서 들어온 학문으로 時務之學이며 기술학문, 또는 실학을 의미하였는데 구체적으로 역사·지리·산술·이과·외국어·법률 등의 과목을 지칭하였다.

취지서 가운데는 신교육이 필요한 이유로 서양의 여러 나라들이 부강하고 발전하게 된 것이 신교육에서 비롯된 것으로 이해하여 우리가 뒤떨어진 것은 구습에 젖어 신학을 연구하지 못하니 인재가 위축되고 백성들의 지혜가 열리지 않았기 때문이라고 강조하는가 하면, 학교에 입학하여 당세에 쓸모있는 교육을 받아 뒷날 세상에서 필요로 하는 인재가 될 것을 말하여 신교육을 '當世有用之敎'라고 표현하기도 하였다.[20]

또한 아직 구습이 많이 남아 있어 신학에 대해 알지 못하니 부형된 자는 고루한 옛 생각을 버리고 개명한 신학문을 열심히 가르치라고 권고하여 구학을 고루한 것으로 나타내기도 하였으며, 구교육의 결점은 진화에 부적하고 투기에 불합하여 無用의 徒勞에 그칠 뿐이며 신교육은 만고의 학을 참고하고 만국의 장점을 취한 최신의 학문이므로 이의 교육은 피치 못할 국민의 의무라고 주장한 것도 있다.[21]

이처럼 구교육을 고루하고 비실용적인 것으로 보고 세계가 발전하고 경쟁이 치열한 시대에 나라의 발전을 위해서는 구교육에서 탈피하여 신교육을 적극적으로 추진해야 한다면서 구교육을 배척하는 취지서가 있었으며, 이러한 계통의 사람들은 경서교육을 중심으로 하는 전통교육을 그대로 실시하고 있는 私塾의 철폐를 주장하기도 하였다. 이러한 견해는 일부 유림이나 의병이 학교 설립을 반대하거나 학교를 파괴 또는 소각하였던 일과 대립된 것으로서 근대 구국교육운동의 전개과정에서 보이고 있었던 신구교육의 갈등현

---

20) 《皇城新聞》, 1906년 5월 9일, 잡보 〈維校請捐書〉.
《皇城新聞》, 1907년 5월 24일, 잡보 〈樂一學校趣旨書〉.
이상 각각의 학교는 咸北 端川 維新學校와 慶北 青松 樂一學校이다.
21) 《皇城新聞》, 1908년 6월 3일, 잡보 〈대승학교 설립취지서〉.

상을 나타내는 것이다.

당시 국내에는 아직 근대 민족교육에 대한 인식이 부족한 보수적인 유림을 중심으로 일부 계층의 인사들이 전통 교육을 고집하면서 교육운동을 방해하는 일이 상당히 광범하게 진행되고 있었다. 민족교육운동을 방해하는 이 유중에는 당시 근대 교육이 일본침략을 조장한다고 생각하는 애국적인 사람들이 일본의 침략을 막기 위한 방안의 하나로 근대 교육을 방해하는 움직임도 있었다.

이와 함께 학교의 재원을 둘러싸고 관계자 사이에 이해가 대립되어 나타나는 분쟁도 비일비재 하였으며, 경우에 따라서는 학교 설립을 명분으로 기부금을 강요하는 일도 있었다. 또한 학교 재원으로 귀속된 마을의 공동재산을 학교 관계자가 유용하여 분쟁과 소란이 발생하기도 하였다. 이러한 일은 통감부가 사립학교를 간섭하는데 좋은 구실을 주어 마치 사립학교 설립이 기부금 재원을 유용하기 위한 수단으로 이용된다고 파악하기에까지 이르렀다.[22]

한편 학교 설립을 반대하고 이를 방해하는 움직임은 일부 의병부대에서도 이루어졌다. 즉 신교육의 추진을 일제의 침략으로 이해하는 일부 보수적 경향의 의병의 행동이 있었다. 南宮檍이 1906년 강원도 양양에 세운 현산학교에 의병들이 진입하여 학교를 불태웠으며, 1907년에는 충북 단양군에 있는 사립보통학교의 교감 오면상을 살해하였고, 경북 순흥군에는 의병 5~6백명이 소흥학교의 건물과 집기를 불태운 적도 있다.

이러한 문제들은 당시 한국사회의 격변기적 상황을 반영하는 것으로서 반침략적 민족운동과 근대 민족교육의 전개과정에서 일시적으로 나타난 신구사회이념의 갈등현상이었다. 그러나 이러한 반교육적 움직임은 시대적 흐름으로 전개된 근대 민족교육의 구국교육운동으로의 확대에 영향을 주지는 못하였다.

다른 한편으로는 신구교육을 名과 實 또는 表와 裏로 의미를 부여하면서 양자를 잘 조화시켜 교육의 성과를 크게 해야 한다는 취지서도 있다. 즉 신

22) 이는 사립학교령 발표 직후 지방 시찰에 나선 당시 학부대신 李載崐이 "학교 설립을 빙자하여 재단에 뜻을 갖고 있는 사람이 있어 이를 유감으로 여기는 바"라고 언급한 데서 알 수 있다(《황성신문》, 1908년 11월 15일).

교육이 구교육과 크게 다른 것이 아니라 교육이란 다만 옛날의 가르침에 더하여 사람의 지혜를 개진하게 하는 것이므로 옛 성현의 가르침을 바탕으로 하여 한쪽에 치우치지 않으면서 현실에 맞도록 신교육을 추진해야 한다는 주장을 하기도 하였다.[23] 또한 新과 舊가 서로 떨어질 수 없는 것이며 舊가 있어야 新이 있고, 新이 있어야 舊가 있는 것이면서, 舊學은 新學의 근본이며 신학은 구학을 보다 발전시킨 것이니 신구학은 서로 표리가 되고 명과 실이 되어야만 학문이 될 수 있고 문명교육의 본뜻을 얻게 된다고 하여 신구교육을 같이 이끌어 나갈 것을 주장하기도 하였다.[24]

이처럼 신구교육을 대립적 차원에서가 아니라 상호보완 및 협조적인 차원에서 통합하여 교육을 추진하려는 움직임은 신구교육의 대립적 내지 갈등적 표출로 일어날 수 있는 민족 내부의 분열을 막아 일본의 침략에 대항하고 민족의 역량을 증대시키려는 민족적 자각의 표출이라고 할 수 있겠다. 한편으로는 서양의 문명을 수용하여 문명부강해야 되고 이를 바탕으로 국권을 수호할 수 있다는 인식이 그 바탕이 되었다.

이와 같이 신구교육의 조화가 이루어짐으로 해서 근대 민족교육의 내용 속에 전통교육의 요소가 남아 있으면서도 신문명을 수용하는 교육내용이 구성되어 민족교육의 전통이 형성되었으며, 구국교육운동의 전개에 있어 민족적 추진력을 더할 수 있었다.

(3) 간도지역의 민족교육운동

국내에서 전개된 구국교육운동은 당시 일제의 침략에 대항하여 국권수호 내지 민족독립운동의 기지로서 한민족 이주민의 중심지로 성장해 간 간도지역, 그 중에서도 특히 延吉과 龍井에서도 왕성하게 전개되었다.

19세기 후반 이후에 계속된 흉년과 과중한 징세를 피하여 새로운 삶의 터전을 찾아 이주해 온 한국인들은 연길과 용정 일대에서 간도지역에서는 처음으로 벼농사를 시작하였다.[25]

---

23) 《皇城新聞》, 1907년 8월 31일, 잡보 〈관동학교 취지서〉.
24) 《皇城新聞》, 1907년 9월 22일, 잡보 〈壽昌學校 趣旨書〉.
25) 《조선족약사》(연변인민출판사, 1989), 13~15쪽.

이러한 경제적 조건으로 한국인들이 다른 지역에 비해 이주하는 숫자가 많았으며 이는 1905년 이후 민족독립운동 지도자들이 독립운동의 기지를 건설하기 위한 기본 조건이 되었다. 그리하여 1905년 이후 한국으로부터의 이주민이 단순한 경제적 이유에서가 아니라 민족독립운동을 전개하기 위한 이주가 계속되었으며, 이러한 과정에서 연길과 용정은 간도지역의 한민족 거주지의 중심이면서 민족독립운동의 근거지가 되었던 것이다.

연길과 용정지역에서 전개된 독립운동은 구국교육운동에서 특징적으로 나타났다. 연변지역에서 한국인 근대학교가 출발한 것은 1905년 대한제국정부에 의해 개교한 北墾島公立小學校이다. 즉 1905년 3월 학부에서 吳在英·金容治·金鑿振·崔定鉉·朴秉輝·盧承龍·李南燮·金重經 등 8명의 부교원을 북간도공립소학교에 임용하였다.[26]

당시 국내에서도 각지의 공립소학교에 해당지역의 인사로 부교원을 임용한 것으로 미루어 북간도공립소학교에 임용된 부교원도 현지에 이주하여 살고 있는 한국인이었을 것으로 보인다. 당시 북간도공립소학교가 개교한 사실은 커다란 의미가 있다. 이는 당시 이 지역에 거주하고 있는 한국인의 관할권을 둘러싸고 청국정부와 대한제국정부 사이에 마찰이 진행되고 있었던 상황에서 대한제국이 간도지역에 대해 주권을 행사하려는 의지와 관련이 있을 것이기 때문이다.[27]

한국인의 근대학교가 설립된 일에 대해 현재까지 알려진 것으로는 일본인들이 1906년 초 통감부에서 간도파출소를 두었으며, 간도파출소의 일본인들이 李相卨이 설립한 용정 瑞甸書塾의 애국교육을 방해하기 위해 그 터를 사서 이 곳에 1908년 간도공립보통학교를 설립하였다는 정도이나[28] 앞에서 본

---

26) 《官報》, 광무 9년 3월 17일.

27) 당시 대한제국정부에서는 이 지역 한국인들의 이익을 보호하기 위하여 1902년 李範允을 시찰원으로 파견하였으며, 이범윤은 이주한국인의 실태를 파악하고 한국인을 보호하기 위한 군대의 필요성을 고종황제에게 상주하기도 하였다. 군대파견은 이루어지지 못하였으나 1903년 대한제국정부에서는 墾島管理使를 설치하기로 하고 이범윤을 관리사로 임명하였다. 이범윤은 한인으로 군대를 조직하고 이를 훈련시켰다. 이에 청국정부는 한국의 간도관리사를 소환할 것을 요구하였으며, 이 문제는 양국 사이의 외교문제로 확대되었다. 이 문제는 쉽게 종결이 나지 않다가 러일전쟁 때문에 잠정적으로 보류되게 되었다.

바와 같이 정부에서 관계된 공립학교로는 북간도공립소학교가 1905년에 이미 개교한 바가 있다.

북간도공립소학교는 일제의 침략에 대항하여 민족독립운동을 전개하는 한국인을 대상으로, 또한 청국으로부터 한국인을 보호하기 위한 주권행사의 의미가 있는 학교로서 연변지역 최초의 근대민족교육기관의 성격을 갖고 있다. 북간도공립소학교의 교육내용에 대해서는 구체적으로 알 수 있는 자료가 남아 있지 않으나 이 지역에 거주하는 한민족의 역사적 성격으로 보아 국내에서와 마찬가지로 한국의 역사와 지리 등 애국교과가 중시되었을 것이며, 이는 구국교육운동의 테두리에서 설립되는 서전서숙과 明東學校의 교육내용에 영향을 주었을 것으로 보인다.[29]

이 지역에서 전개된 구국교육운동은 한국에서 이주해 온 반일애국지사들이 중심이 되어 사립학교를 설립하면서 크게 발전하였다. 한국인들은 이주하여 정착이 이루어지면 후세들의 교육에 커다란 관심을 가지고 학교를 설립하였다. 처음에는 서당형태의 사숙으로 그 규모도 작고 교육내용도 옛날식의 한문을 중심으로 이루어졌으나, 점차 근대적 교육으로 바뀌어 갔다. 또한 망명해 오는 애국지사들이 학교운영에 참여하게 되면서 본국에서 전개되는 구국교육운동의 정신을 계승하여 민족정신과 애국정신을 고취시켜 항일투쟁의 역군을 키우는데 주력하였다.

(4) 역사교육의 확대

사립학교의 구국교육운동에서 두드러진 것은 교육내용에서 통감부가 관공립학교를 통하여 축소 또는 폐지하고 있었던 본국사 등 애국교과의 교육이었다. 학교의 설립이 일제의 침략을 막아 내고 국권을 수호할 수 있는 자주독립정신을 기르기 위한 것이었으므로 본국사교육이 중요시된 것은 당연한 일이었으며, 이는 또한 이 시기의 사립학교교육의 성격을 나타내고 있는 것이다. 이것은 1906년 이후 관공립학교에서 역사교육이 축소되거나 삭제되고

28) 《延邊文史資料》 권 5(연변조선족자치주위원회, 1988), 3쪽.

29) 金興洙, 〈중국 연변조선족의 근대민족교육에 관한 연구〉(《國史館論叢》 64, 國史編纂委員會, 1995).

있었던 것과 비교될 수 있다.

역사 특히 본국사교육을 중요시하고 이를 강조한《황성신문》은 1908년 3월 20일자에 '朝鮮魂이 稍稍遠來乎'라는 제목으로 논설을 게재하여 국사와 함께 본국지지와 국문을 국가 또는 민족의 혼으로 보고 이의 교육을 통해 國魂을 길러 나라의 독립부강을 이룩할 수 있다고 하였다.

교과목의 명칭에서도 차이를 보이고 있다. 관립학교에서는 역사로 표시하고 있었으나 많은 사립학교에서는 본국사, 만국사 또는 외국역사 등으로 표시하였으며 실제로 사용하는 교재이름을 과목의 명칭으로 나타낸 곳도 있다.

일부 학교에서는 과목명칭은 역사로 표시하면서도 학년별로 그 내용을 제시하고 있는데 대개 특정지역이나 특정시대의 역사로 세분하여 제시하였다. 이를 몇 개 학교의 예로 들어 보면, 배재학당에서 1908년 3월 당시 시간표에 1학년에서 한국역사, 2학년에서 동양역사, 3학년에서 세계역사, 4학년에서 한국역사를 배정하였다. 이화학당에서는 1908년 중등과에서 본국역사, 고등과에서 만국역사·근세사·상고사·영국사로 분과하여 교수하였으며, 1903년에서 1909년 사이에 정신여학교에서는 "신앙인의 사표를 길러 내기 위하여 성경에 주력하였고, 일반인의 모범이 될 정신교육에 치중하기 위해 역사를 중히 여겼다"[30]고 하였다. 1908년 대성학교에서는 예비과에서 東國史略, 1학년에서 동서양역사(상), 2학년에서 동서양역사(하), 3학년에서 역사과목으로 표시하였다.[31] 1910년 경신중학교에서는 1학년에 본국사, 2학년에서는 중국, 일본과 인도를 포함한 동양사, 3학년에서는 서아시아와 그리스, 로마의 상고사, 4학년에서는 유럽의 상고사와 근세사를 그 내용으로 하였다.

사립학교에서 역사과목이 중요시된 것은 한국인의 자주독립정신을 양성하는데 필요하였기 때문이다. 당시 관공립학교는 일본인 교사들이 배치되어 일어를 필수과목으로 교수하였으므로 대부분의 한국인들이 일본인을 의심하여 관공립학교 자체를 기피하는 경향이 있었다.[32]

사립학교에서의 역사교육에 대한 관심은 각급학교의 입학시험과목에 역사

30) 《貞信75年史》(1962), 118쪽.
31) 《大韓每日申報》, 1908년 10월 6일.
32) 李萬珪, 《朝鮮敎育史》 하(을유문화사, 1947), 85쪽.

과목이 포함되는 것으로도 나타났다. 1906년 이후 사립학교의 입학시험에서 역사과목의 명칭으로 제시된 것을 보면 역사·본국역사·내외역사·내외국역사·동국역사·내국역사·본국지지역사·본국역사지리 등이다.

사립학교의 입학시험에서 역사과목이 포함되어 있는 것은 관립학교인 고등학교나 사범학교에서 입학시험과목에 역사과목이 제외된 것과 대조적이다. 이는 관공립학교의 입학시험에 일어가 반드시 포함되어 있는데 반하여 사립학교 중 상당수의 학교에서 일어가 제외되었던 것과 비교가 되는 것이다.

초등학교의 교과목의 명칭은 대부분 보통학교령에 규정된 교과목과 거의 같다. 학교마다 가르치는 교과목이 동일하지는 않으나 사립학교의 경우 역사 또는 동국역사로 교과목을 표시한 학교가 상당수 있는 것을 찾아볼 수 있다.

사립학교에서 역사를 가르치는 것은 역사교과서의 간행과 직접적으로 관련이 있다. 1906년 이후 관공립초등학교에서 사실상 역사시간이 삭제되었으며, 통감부에서 간행하는 교과서에 역사교과서는 포함되지 않았기 때문에 민간에서 개인의 손으로 역사교과서가 간행되었다. 1906년부터 통감부가 교과용도서 검정제도를 실시하게 되는 1908년까지 2년 동안에 민간에서 간행된 역사교과서는 다음과 같다.

교과서명	편저자	간행연도
동국사략(중등교과)	현 채	1906년 10월
대동역사략	국민교육회	1906년 6월
신정동국역사	원영의, 유근	1906년 12월
대한력ᄉᆞ	오성근, Hulbert	1908년 1월
초등본국역사	유 근	1908년 4월
대동역사략	유성준	1908년 4월
초등대한역사	정인호	1908년 7월
초등대한력ᄉᆞ	조종만	1908년 8월

물론 이들 교과서는 교과용도서 검정제도가 실시되면서 검정무효 또는 학부 불인가도서로 분류되어 어느 학교에서도 사용할 수 없도록 규제를 받았으며 발매와 반포금지 도서로 압수되기도 하였다.

사립학교의 역사시간에 역사교과서만 사용된 것은 아니었다. 특히 소학교과서는 역사교과서의 대용이 되었다. 이는 1906년 통감부에서 제정한 보통학교령시행규칙에 보통학교에서 역사시간은 따로 정하지 않고 독본시간에 교수한다고 하였으므로 소학교과서가 역사교과서를 대신하기도 한 것이다. 이 소학교과서를 대표하는 것이 1907년 6월 玄采가 지은《幼年必讀》이었다.

《유년필독》은 당시 사립학교에서 역사교육이 구국교육운동의 방안이었음을 알려 주는 대표적인 책이다. 2책 4권으로 된 본서는 국한문 혼용이지만 한자 옆에는 한글을 병기하여 남녀노소 누구라도 쉽게 읽을 수 있도록 하였다. 초등용으로 편찬되었으나 그 내용은 다른 초등용 교과서에 비해 수준이 높은 편으로 이는 초등용 교과서뿐 아니라 일반인도 읽게 하려는 편찬자의 의도가 있었기 때문이다.[33]

1908년 통감부에서 그 동안 사립학교를 중심으로 하여 전개되고 있는 구국교육운동을 억압하기 위한 수단으로 교과용도서 검정제도를 실시하게 된 가장 중요한 배경은 본국사교과서가 애국교육 및 민족교육의 일환으로 사립학교에서 구국교육운동의 핵심적 역할을 담당하고 있었으므로 이러한 교과서를 교육현장에서 제거하기 위한 것이었다.

당시의 구국교육운동의 주요 내용이었던 역사교육은 역사인식과 역사서술의 방법론에서 아직 전시대의 틀에서 완전히 벗어나지 못한 면은 있으나 당시의 시대적 상황에서 민족의 애국심이 국권수호의 가장 중요한 동력으로 작용하도록 그 기반을 제공하는데 결정적인 역할을 수행하였다. 이는 1907년 당시 일본의 중의원 의원이었던 오다케(大竹貫一)의 한국교육에 대한 다음과 같은 논평에서도 잘 나타나고 있다.

> 오늘의 한국교육의 실정이 어떠한가 하면 한국의 언어로 소학교 교과를 만들고 있다. 그뿐인가 그 내용은 대단히 재미있는 내용이 많이 있다. 즉 충군이니 애국이니 자주독립이니 하는 말이 진지하게 교육되고 있다(《帝國會議誌》 2510, 1907년 2월 3일, 大竹貫一의 발언).

이는 당시 사립학교의 교육 실정을 말해주는 것으로서 통감부의 교육침략

---

33) 玄 采,《幼年必讀》권 1, 凡例.

은 바로 이러한 면을 그 주요 대상으로 하고 있었다. 1908년 제정한 사립학교령은 바로 사립학교의 역사교육에서 강조된 애국교육을 막으려는데 주안점이 있었던 것이다. 이와 같은 것은 사립학교령을 제정할 당시 통감부의 사립학교에 대한 방침을 설명하기 위하여 당시 일본인 학부차관 다와라 마고이치(俵孫一)가 한성부내 사립학교 및 학회 대표자를 소집한 자리에서 행한 다음과 같은 연설에서도 잘 나타나고 있다.

> 학교교과서에 부적당한 것이 많이 있다. 다수의 사립학교의 경우를 보건대, 그 사용하는 교과서에 부적당한 것이 적지 않다. 심한 경우에는 유해한 교과서를 사용하고 있으며, 그 수가 많음에 놀라지 않을 수 없다. 무슨 까닭으로 이것을 유해하다고 하는가. 이제 그 일례를 든다면, 교과서 가운데 현시의 정치문제 또는 사회문제를 편찬한 것이 많음을 본다. 즉 한국 정부의 상황을 분개하는 기사를 편찬하고, 현시 한국정부의 상태를 변경하려면 각인이 피로써 이와 싸우지 않으면 안된다는 것과 같은 문자를 散見한다. 이것이 학교 교과서로서 과연 적당한 것이라고 하겠는가. 한국의 장래를 위하여 과연 무해하다고 할 수 있겠는가(학부, 〈學部次官演說筆記〉, 1908, 5~13쪽).

통감부의 일본인들은 사립학교에서 사용하는 교과서가 한국의 현실정치 사회문제를 다룬 내용이 많고, 이는 학생들이 학문연구에 지장을 줄 뿐이며 한국이 발전하는데 도움이 되지 않으므로 한국의 발전을 위하여 이를 바로 잡아야 된다는 것이었다. 그러나 일제의 침략으로 국권이 무너져 가고 있는 상황에서 이에 대한 관심을 가지는 것은 한민족으로서는 너무나 당연한 것으로서 이를 논의하는 것은 역시 필연적인 것이었다.

일제는 한국학생들의 활동을 소요라고 하면서 浮華輕佻하고 불평을 일삼는 것으로 규정짓고 있으며, 결국 이의 원인이 교과서에 있다고 지적하였다. 따라서 학부차관 다와라는 사립학교령이 교과서를 규제하는데 중점을 두었다고 다음과 같이 덧붙이고 있다.

> 새로 중점을 교과서에 두었다. 사립학교에서 사용하고 있는 교과서 가운데 심히 불량한 것, 한국의 현상에 비추어 심히 위험한 것이 매우 많다. 이에 대하여 사립학교령은 상당히 취체를 엄중히 하여 한국의 國是, 國情 또는 進運에 부합되지 않는 교과서는 절대로 구속하고 학부 편찬 또는 검정 이외의 도서에

대하여는 사용허가를 받지 않으면 안되게 하였다…(학부, 〈學部次官演說筆記〉, 1908년, 5~13쪽).

결국 일제는 숫적으로 절대 다수를 차지하고 있는 한국의 사립학교에서 그들의 침략정책에 반대하고 한민족의 애국심을 불러일으키는 교과서의 사용을 중지시키는 것이 가장 중요한 것으로 보았던 것이다.

이러한 배경에서 한민족의 민족의식을 고취시키고 애국심을 배양하는데 커다란 역할을 하고 있던 역사교과서는 대부분 사용이 금지되거나 또는 압수, 소각되는 피해를 보게 되었다.

(5) 체육교육의 보급과 운동회의 개최

한국에 근대적인 체육교육이 시작된 것은 1895년 정부가 근대학교를 설립하여 한국 근대 민족교육이 발전하게 되는 시기이다. 체육은 體操라는 과목 명칭으로 한성사범학교와 소학교의 교과목으로 등장하였으며 이후 설립되는 각급 학교에 빠지지 않고 포함되었다.[34]

소학교교칙대강이 제시한 체조과목의 요지는 "신체의 성장을 균제건강케 하며 정신을 쾌활강의케 하고 겸하여 규율을 지키는 습관을 기른다"는 것으로 그 내용은 최초에는 적의한 유희를 하게 하고 점차로 보통체조를 가하되 편의한 兵式체조의 일부를 가르치고(심상과), 이후 병식체조를 주로 가르치도록(고등과) 하였다. 한성사범학교규칙에서는 그 정도를 '보통체조 및 병식 체조'라고 밝혀 놓았다. 보통체조와 병식체조의 구체적인 내용에 대해서는 다른 설명이 없어 자세한 것은 알 수 없다. 그러나 체조가 중요시되었음은 한성사범학교의 교육요지에서 알 수 있다.[35] 한성사범학교의 교육요지는 1895년 2월에 발표된 교육입국조서에서 德養·體養·智養을 교육의 綱紀로 삼는다고 한 것과 연결되고 있다.[36]

34) 《官報》, 개국 504년 7월 24일, 학부령 1호 〈漢城師範學校規則〉·〈漢城師範學校附屬小學校規程〉.
《官報》, 개국 504년 8월 15일, 학부령 3호 〈小學校校則大綱〉.

35) 《官報》, 개국 504년 7월 24일, 학부령 1호 〈漢城師範學校規則〉 13조.

36) 《承政院日記》, 고종 32년 2월 2일.

즉 체육은 신체의 건강과 함께 떳떳한 기상을 기르며, 어려움을 참고 근면한 생활을 할 수 있는 정신력을 기르는데 목표를 두었다. 이와 같은 체육교육의 목표는 각급 학교의 체조시간이 국민체력을 증진하고 이를 바탕으로 민족운동의 추진과 민족의 단결을 이룩한다는 의미를 갖게 되었다. 더욱이 애국지사들 가운데는 나라의 쇠약이 문약에 의한 것이라는 판단아래 부강한 나라를 이룩하기 위해서는 학생들에게 씩씩한 尙武的 기상이 필요하다는 인식에서 체조시간에 군대식 훈련을 실시하였으며 이것이 병식체조로 불리어졌다. 이러한 군대식 체조교육은 당시의 사회적 분위기에서 전개된 것으로 체조교사는 무관학교에서 양성하였으며,[37] 1904년에는 陸軍硏成學校에서 6개월의 이수과정으로 체조검술과를 부설하여 학교병식체조의 지도자를 양성하기도 하였는데 당시 육군연성학교 교장은 뒷날 독립운동에 투신한 대한제국 육군 正領 盧伯麟이었다.

당시 학교의 체조시간을 통해 전개된 체육의 성격은《西北學會月報》에 게재된 내용에서 잘 알 수 있는데, 서북학회 회원인 李鐘滿이 '체육이 국가에 대한 효력'이라는 제목에서 체육의 중요성을 주장하고 있다.[38] 결국 국가의 자강하는 길은 국민의 체육을 통한 건강한 신체가 그 필수 요인이라는 것이며, 더욱이 필자는 체육은 智育이나 德育에 앞서고 국가에 대한 효력이 이와 같으니 당국은 국가를 위하여 체육을 국민교육화하여 의무적으로 확대할 것을 요청하고 있다.

湖岩 文一平도 체육의 필요성을 특히 강조하여 체육은 덕육과 지육보다 중요하다고 하였다. 그는 신체가 있은 다음에 정신이 나오는 것으로, 마치 신체는 뿌리이고 정신은 가지라고 비유하였고 체조의 목적은 신체를 단련하여 정신을 발전시키는데 있으므로 체조는 개인의 정신에 밀접한 관계가 있을 뿐만 아니라 국가 운명에도 큰 영향을 준다고 주장하였다.[39] 이와 같은

《高宗實錄》, 고종 32년 2월 2일.

《官報》, 개국 504년 2월 2일, 조칙 〈敎育에 關한 件〉.

37) 1896년 1월 11일 정부에서는 武官學校官制를 공포하여 군대의 훈련과 함께 체조교사를 양성하고자 하였다.

38) 李鐘滿, 〈體育이 國家에 대한 效力〉(《西北學會月報》 2-15, 1908. 8), 27쪽.

39) 文一平, 〈體育論〉(《太極學報》 2호, 1908. 5).

체육교육에 대한 인식은 朴殷植에게서도 보이고 있다. 그는 우리 나라의 전통교육이 지나치게 문약에 빠져 있었다고 하면서 학교에서 체육을 강화하여 강건한 인재를 육성할 것을 강조하였다.

당시 대표적인 민족언론인 《황성신문》과 《대한매일신보》에서도 학교의 체육교육에 대한 의미와 중요성에 대해 다수의 논설을 게재하고 각 학교의 체육교육에 대한 기사를 소개하고 있음을 볼 수 있다. 이로 보아 당시 학교의 체육교육이 국가자강의 길로서 인식되고 있었음을 알 수 있다. 그러므로 학교의 체조시간은 단순히 율동을 하는데 그치는 것이 아니라 씩씩한 기상을 기르는 수단으로 군대에서 훈련하는 것과 같이 교사의 호령에 따라 전체 학생들이 질서있게 움직이고 행진하는 것이 유행이었다.

체육교사들은 무관출신으로서 의병운동에 참여하기도 한 사람들이 포함되었다. 학생들의 체조시간은 군대훈련의 일부로 인식되었으며 학교마다 군대에서 사용하는 나팔과 북으로 구성된 악대가 있어 이들이 나팔을 불고 북을 두드리며 학생들은 목총을 메고 군대식 훈련을 받았다. 때에 따라서는 학생들의 이러한 훈련이 길거리에까지 나와 많은 행인들의 구경거리가 되기도 하였다. 교외로 훈련을 하는 경우도 종종 있었으며 이러한 과정에서 학생들과 일본군대 사이에 충돌이 일어나는 일도 발생하였다.

사립학교에서 체조시간을 학생의 정신력과 단결력을 기르는 것으로 운영한 구체적 사례를 대성학교와 오산학교의 경우에서 찾아볼 수 있다. 오산학교에서는 눈이 쌓인 겨울에 기숙사의 학생들을 소집하여 눈위를 뛰도록 하였으며, 대성학교에서는 더운 여름날 뙤약볕 아래서 공부를 시키기도 하고 밤중에 비상소집하여 험한 계곡을 찾기도 하였다.[40]

체육교육을 통한 건강한 인재를 기르고 국민의 단결력을 키워 국가자강의 길로 나아가려는 움직임은 학교 내부에서 체조시간에 병식훈련을 하는데 그치지 않고 학부형과 주민들이 함께 참가하는 대운동회나 여러 학교가 모여 연합대운동회를 개최하는 일로 발전하였다. 운동회는 보통 일년에 봄·가을 두 차례에 걸쳐 개최되었는데 연합운동회는 지역별로 가까운 학교끼리 모여

40) 朱耀翰, 《安島山全書》(三中堂, 1963), 89쪽.

서 실시하거나 또는 한 道內 각군의 학교가 모두 참가하는 큰 규모의 운동회가 열리기도 하였다. 그 경비는 주로 주민들의 성금을 모아 충당하였다. 인천의 각 학교가 모여 개최한 연합대운동회에는 주민들은 물론이고 술장수와 노동자나 심지어 기생들까지 운동회 경비를 스스로 부담하였다. 이와 같이 연합운동회는 민족의 정신적 단결과 구국교육의 의지를 나타내는 대표적 행사였던 것이다. 연합대운동회는 사립여학교에서도 개최되었다. 1907년 5월 서울 장충단에서는 진명여학교의 嚴俊源 교장의 발기로 첫 번째 여학교연합대운동회가 열렸다.[41] 한편 서울에서는 사립학교뿐만 아니라 관립학교도 포함된 연합대운동회가 연례행사로 열렸다.

학교의 운동회는 학교별이든 연합운동회든 '대한독립만세'라는 구호를 제창하고 독립가를 운동회 노래로 합창하였다. 운동회가 학생들의 정신적 단결과 애국정신을 북돋우고, 한민족의 애국열정을 분출하는 구국운동의 성격이 뚜렷이 나타나면서 통감부에서는 운동회의 개최 자체를 금지하기에 이르렀다. 서울의 관립과 사립학교가 함께 모여 열리던 연합대운동회는 1909년 4월 대운동회를 끝으로 통감부가 재정난을 내세워 폐지시켰다. 1908년 5월 친일 학부대신 李完用은 관찰사회의에서 운동회가 수업을 폐하고 경비부담으로 학부형이 괴로움을 당하는 등 교육에 해가 된다는 내용의 훈시를 하기도 하였다.[42]

일본인 학부차관 다와라는 평양에서 열린 연합대운동회를 보고 그 심정을 토로하면서 학생들이 나팔을 불고 북을 치며 행진하는 것을 '무장적 시위'로 규정하기도 하였다. 통감부에서는 학교의 체조시간에 나팔을 불고 북을 치며 때에 따라서는 거리를 행진하기도 하고, 또는 야외연습이나 대운동회를 열어 많은 사람이 모이게 하는 것은 치안상 미치는 영향이 크다고 우려하면서 이를 문제삼기도 하였다.[43] 한국의 민족교육을 억압하기 위해 통감부가 1908년 8월에 발표한 사립학교령에서 민족사학을 억압하는 구체적 내용 속에는 사립학교의 체육교육이나 연합운동회를 그 통제대상의 하나로 지목하고 있었다.[44]

---

41) 《韓國女性史》(이화여대 출판부, 1972), 319쪽.
42) 高橋濱吉, 앞의 책, 137~138쪽.
43) 學部, 《韓國敎育의 現狀》(1910), 44쪽.
44) 高橋濱吉, 앞의 책, 307쪽.

이와 같이 학교의 체육교육이나 운동회가 민족을 단결시키고 국권회복을 위한 민족정신을 키우는데 커다란 영향을 발휘하게 되면서 이러한 민족체육을 효과적으로 전개하고 발전시키기 위한 체육단체의 조직이 활발하게 이루어졌다. 체육단체는 1905년 이후에 나타나기 시작하였는데 1906년 3월 大韓體育俱樂部의 조직을 시작으로 皇城基督敎靑年會 운동부, 1907년 大韓國民體育會, 1908년 會同俱樂部를 비롯하여 大同體育俱樂部와 광학俱樂部 및 무도기계체육부, 1909년 대한흥학회 운동부를 비롯한 사궁회와 소년광창체육회 및 체조연구회, 1910년 청강체육부 등이 대표적인 단체들이다.

이들 체육단체들은 학생이나 일반시민을 대상으로 체육활동을 보급시키고 학교체육이나 운동회 등을 후원하는 일을 하였다. 학회들의 체육활동에 대한 지원도 활발하였으니 대표적으로 서우학회나 서북학회는 서북지방을 비롯하여 서울이나 경기도지방에까지 학교의 운동회나 연합운동회에 필요한 상품을 제공하거나 기타 행사에 필요한 재정적 지원을 하였다.

사립학교를 중심으로 전개된 구국교육운동의 주요한 흐름인 민족체육운동은 만주 각지의 한민족사회에서도 전개되었다. 신흥무관학교에서 볼 수 있는 바와 같이 대부분의 한민족 사립학교에서는 군사훈련과 다름없는 체육교육이 실시되었으며, 이는 독립군 전사를 양성하는 방향으로 이어졌다.

(6) 애국가와 독립가의 보급

학생들을 중심으로 불려진 여러 가지의 애국가와 독립가는 일제의 침략에 저항하는 한민족의 민족의식을 북돋아 주었으며 이 시기의 민족사립학교의 구국교육운동의 전개에 있어 커다란 흐름을 이루었다고 볼 수 있다. 사립학교 학생들이 체육 또는 체조시간에 학교 안에서나 또는 길거리에서 행진을 할 때 노래를 함께 불러 발을 맞추어 나갔다. 이 때 부른 노래들은 애국가나 군가 또는 독립가였다. 운동회에서 이들 노래들은 응원가로서 불리워졌고, 애국가나 독립가를 부르는 것은 불운한 국가의 운명에 대한 울분을 토로하는 방법이었으며, 이러한 분위기는 일반인에게도 전달되었다.

한국의 근대학교에서 음악이 교과목으로 나타나는 것은 1906년 통감부 설치 이후이다. 그 이전에는 일부 선교계 사립학교의 교과목에 음악이 있었다.

예를 들어 1895년~1903년 *貞信女學校*의 교과목은 성경·한문·역사·지지·산술·도화·습자·체조·음악·가사 등으로[45] 음악이 포함되어 있다. 선교계 학교에서는 성경이 교과목에 포함되었기 때문에 찬송가가 불려졌을 것이다. 그리하여 실제로 교과목에 음악이 포함되지 않았어도 찬송가를 통하여 새로운 서양음악이 유행되고 있었음을 추측할 수 있다. 또한 각지에 세워진 교회에서 불려진 찬송가는 학생들뿐 아니라 일반인들에게 새 음악이 유행되는 계기가 되었다.

당시 선교계 사립학교의 교과목에 음악이 구체적으로 보이지 않는다고 하더라도 학생들이 노래를 부르고 있었다는 것은《독립신문》의 기사를 통해 알 수 있다. 즉 독립협회에서 독립문의 기공식을 거행하는데 그 식순 가운데 배재학당 학생들이 독립가를 부르도록 되어 있었다.[46] 학생들이 부른 노래에 대하여 조선가 또는 애국가라고 하였는데 다른 기사에서도 조선가를 부르고 또 식순에 따라 애국가를 불렀다고 하였다.[47] 이 기사를 보면 1896년 당시 이미 학생들에게 불려지던 조선가와 애국가라는 노래가 있었음을 알 수 있다.

이처럼 배재학당 학생들이 독립가나 애국가 또는 조선가를 불렀다고 하였으나 1895년 이후 설립된 각급 관공립학교에서 교과목에 음악이 보이지는 않는다. 이를 보면 음악은 아직 정식 교과목으로 가르치는 단계에 이르지는 못하였다고 할 수 있겠다. 배재학당 등 선교계 사립학교에서 또는 교회에서 찬송가를 합창하게 되면서 찬송가곡에 맞추어 가사를 만들어 불렀을 것으로 본다. 1896년의《독립신문》에는 많은 독립가 또는 애국가의 가사가 소개되고 있는데 이들 가사들이 주로 8·8조로 되어 있는 것을 보면 이에 맞는 곡으로 부른 노래들이 많았을 것으로 보인다.[48]

45)《貞信75年史》(정신여자고등학교, 1962), 83쪽.
46)《독립신문》99호, 건양 원년 11월 21일.
47)《독립신문》100호, 건양 원년 11월 24일.
48) 최일수,《언론 학예 투쟁》(민족문화협회, 1980)에는 당시의 창가를 찬송가의 번역시를 서양곡에 맞추어 부른 것, 8.8조의 애국가와 경축사, 민요와 가사, 매국노에 대한 격분과 애국심을 고취한 것, 저항적인 경세적 풍자시가와 타령조, 민족혼의 고취와 교훈적인 내용 등으로 분류하고 있다.

《독립신문》에는 각지에서 보내 온 독립가 또는 애국가를 소개하고 있는데 그 중에는 관리가 지은 것도 있다. 이들 독립가나 애국가의 내용은 애국충군과 부국강병 또는 애민애족을 나타낸 것이 대부분으로서 당시의 사회분위기를 보어주고 있다.

① 대조선 자주 독립 애국하는 노래(《독립신문》 15호, 건양 원년 5월 9일)

아세아의 대조선이 자주 독립 분명하다 에야 에야 애국할세 나라 위해 죽어보세 분골하고 쇄신토록 충군하고 애국하세 우리 정부 높여 주고 우리 군면 도와주세 깊은 잠을 어서 깨여 부국강병 진보하세 남의 천대 받게되니 후회 막급 없이하세 합심하고 일심되어 서세동점 막아보세 사농공상 진력하여 사람마다 주유하세

남녀없이 입학하여 세계 학식 배워보자 교육하여 개화되고 개화하여 사람되네

팔괘국기 높이 달아 육대주에 횡행할새 산이 높고 물이 깊게 우리 마음 맹세하세

② 인천 제물포 전경택 애국가(《독립신문》 19호, 건양 원년 5월 19일)

봉축하세 봉축하세 아국 태평 봉축하세 즐겁도다 즐겁도다 독립 자주 즐겁도다 꽃피어라 꽃피어라 우리 명산 꽃피어라 향기롭다 향기롭다 우리 국가 향기롭다 열매 열라 열매 열라 부국강병 열매 열라 열심하세 열심하세 충군애국 열심하세 진력하세 진력하세 사농공상 진력하세 빛나도다 빛나도다 우리 국기 빛나도다 영화롭다 영화롭다 우리 만민 영화롭다 높으시다 높으시다 우리 임금 높으시다 만세 만세 만만세는 대군주 폐하 만만세 장성한 기운으로 세계에 유명하여 천하각국 넘볼세라

위와 같은 노래들은[49] 1905년 을사조약이 강제 체결되고 본격적인 구국교

---

49) 이밖에도 《독립신문》에는 다음과 같은 가사들을 소개하고 있다.
양주 이중원 동심가(《독립신문》 22호, 1896년 5월 26일).
금강 이교익의 글(《독립신문》 25호, 1896년 6월 2일).
남서 순검 허일의 노래(《독립신문》 25호, 1896년 6월 2일).
경무학도들 노래(《독립신문》 44호, 1896년 7월 6일).
양성 김석하 독립문가(《독립신문》 44호, 1896년 7월 6일).
경상도 봉화 신영택의 성절송축가(《독립신문》 65호, 1896년 9월 3일).
평양학당 김종섭 애국가(《독립신문》 66호, 1896년 9월 5일).
배재학당 학도 최영구 애국독립가(《독립신문》 67호, 1896년 9월 8일).
평양 보통문안 이영언 애국가(《독립신문》 68호, 1896년 9월 10일).
농상공부 기사 김철영 애국가(《독립신문》 70호, 1896년 9월 15일).
인천 김기범 경축가(《독립신문》 71호, 1896년 9월 17일).

육운동이 전개되면서 더욱 널리 보급되었다. 창가라고도 불린 이들 애국가 또는 독립가는 학생들이나 청년들이 크게 애창하였으며 운동회에서도 응원가로 크게 유행되었다. 사립학교 학생들이 체조시간에 행진할 때는 군가를 부르며 정신을 통일하고 용기를 기르는 분위기를 조성하기도 하였다.

한편 윤치호가 지었다고 전해지는 애국가는 스코틀랜드 민요곡에 붙여 불렀는데 대한제국 이래로 행사가 있을 때는 물론 학생들이나 의병들이 가장 많이 부르던 노래로서 현재에 부르고 있는 애국가의 원형이라고 할 수 있다.50)

1. 성자신손 천만년은 우리 황실이요 산고 수려 동반도는 우리 본국일세
   무궁화 삼천리 화려 강산 대한 사람 대한으로 기리 보전하세(후렴)
2. 애국하는 열혈의기 북악같이 높고 충군하는 일편단심 동해같이 깊어
3. 이천만민 오직 한맘 나라 사랑하여 사농공상 귀천없이 직분만 다하세
4. 우리 나라 우리 님군 황천이 도우사 국민동락 만만세에 태평독립하세

이들 노래들은 애국심을 고취하거나 국권회복 등의 사상을 담은 것이 거나 청소년의 기상을 불러 일으키고 자주와 독립을 달성할 것을 호소하는 내용들이었다.

1907년 玄采에 의해 간행된 《幼年必讀》에는 학생들의 자유와 독립의 정신을 고취하는 〈獨立歌〉와 閔泳煥의 순국정신을 기리면서 나라와 민족을 위하는 마음을 나타내는 〈血竹歌〉가 실려 있어 이와 같은 노래가 유행되고 있었음을 알 수 있다.51)

〈독립가 1〉
독립하세 독립하세 우리 나라 독립하세 우리 청춘 소년들아 우리 나라 독립하세 슬프고 분하다 우리 대한 나라 어이하여 이지경 노예자취 이지경
슬프고 분하다 우리 대한 나라 어이하여 이지경 卑屈自甘 이지경
슬프고 분하다 우리 대한 나라 어이하여 이지경 淸俄밑다 이지경

농상공부 주사 최병헌 독립가(《독립신문》 90호, 1896년 10월 31일).

50) 안창호는 윤치호가 지은 애국가의 후렴을 그대로 두고 가사를 고쳐 애국가를 지었는데, 후에 안익태가 곡을 붙인 것이 현재의 애국가라고 전해지고 있다.

51) 玄 采, 《幼年必讀》 권 3·4.

슬프고 분하다 우리 대한 나라 어이하여 이지경 世事全昧 이지경 슬프고 분하다 슬프고 분하다 우리 대한 나라

〈독립가 2〉
독립하세 독립하세 우리 나라 독립하세 슬프고 분하다 우리 대한 나라
어이하여 이지경 君臣相忘 이지경 슬프고 분하다 우리 대한 나라
어이하여 이지경 학정하다 이지경 슬프고 분하다 우리 대한 나라
어이하다 이지경 依附하다가 이지경 슬프고 분하다 우리 대한 나라
어이하여 이지경 사람없어서 이지경 슬프고 분하다 우리 대한 나라
어이하여 이지경 愚蠢하여서 이지경

〈혈죽가〉
슬프도다 슬프도다 우리 국민 슬프도다 國恥民辱 至今生存 우리 무리 무슨 面目 슬프도다 슬프도다 우리 국민 슬프도다 저버렸네 저버렸네 민충정공을 저버렸네 한칼로 殉國하던 精忠大節 그 靈魂 九原冥冥 저 가운데 우리 국민 굽어보네 슬프도다 슬프도다 우리 국민 슬프도다 국치민욕 우리 무리 일점보답 무엇인가 자유 국권 뺏기었소 금일 노예 이 아닌가 이 나라 무슨 나라 파란과 애급이지 이 나라 무슨 나라 인도와 월남일세 슬프도다 슬프도다 우리 국민 슬프도다 四叢九幹 저 대보소 三十三葉 완연하이 청청한 저빛 또있는가 우리국민 경계로세 정혈이 모였네 천지조화 忠憤이 이로다 신인감동 만국이 同淚하고 세계가 掀動일세

이러한 노래들은 당시 사립학교의 교가로 많이 애창되고 있었는데 이의 대표적인 것으로 〈育英學校의 唱歌〉에서 찾아볼 수 있다.

太極肇判하온 후에 海東朝鮮 생겼어라 삼천리 강산이요 이천만 생령이라
육대주가 羅列중에 대한 이름 당당하다 어화 우리 학도들아 대한 二字 생각하세
英米法德 서에 있고 露西亞가 북에 있네 大和國이 동에 있고 우리 대한 其中일세
슬프다 우리 대한 독립 二字 어데 간고 독립이여 독립이여 우리 동포 양식일세
可憐토다 우리 동포 양식없이 어이 살고 찾아가세 찾아가세 독립 독립 찾아가세
(《大韓每日申報》, 1907년 7월 17일).

또한 독립가나 애국가와 함께 소년들의 민족정신과 항일 적개심을 기르려는 노래로 불리어진 〈少年男子歌〉도 있다.

무쇠골격 돌 근육 소년 남자야 애국의 정신을 분발하여라
다다랐네 다다랐네 우리 나라에 소년의 활동 시대 다다랐네
萬人 敵對 연습하여 후일 戰功 세우세 絶世영웅 대사업이 우리 목적 아닌가
(《皇城新聞》, 1909년 3월 21일).

독립가와 애국가류의 노래들 이외에도 청년학생들에게 널리 애창된 노래 가운데는 부지런히 공부할 것을 권고하는 〈勸學歌〉가 있었다.

학도야 학도야 젊은 학도야 벽상의 괘종 소리 들어 보시오
한 소리 두 소리 가고 못 오니 인생의 백년 가기 주마같도다

한편 1895년 이후 일제의 침략에 무력으로 대항하여 나라를 지키기 위한 의병운동이 전국적으로 확대되기 시작하여 1907년 8월 1일 군대가 강제 해산된 이후에는 해산된 군대의 일부가 의병에 합류하면서, 의병부대가 조직화 되고 또는 무장화되어 보다 강력한 의병전쟁으로 전개되어 갔다.

이와 같이 의병전쟁이 전개되면서 학생들에게 〈의병의 노래〉가 널리 불리어져 학생들뿐 아니라 일반인들에게 의병전쟁의 정신을 고취하였다.

오라 오라 돌아오라 倡義所로 돌아오라 만 만일 오지않고 왜적에 종사하여
불행히도 죽게되면 황천에 돌아가서 무슨 면목 가지고서 성황 선조 뵈올소냐

이 때 불려진 노래로는 의병장 柳弘錫의 며느리로서 여자의 몸으로 직접 의병전쟁에 뛰어들어 싸웠던 尹姬順이 지은 〈안사람 의병 노래〉가 여러 곡 전해오고 있다.[52]

이상과 같이 사립학교를 중심으로 학생들에게 불려진 애국가나 독립가는 점차 일반국민들에게도 확산되어 갔으며, 의병항쟁이 전개되면서 의병들은 독립가나 애국가와 함께 의병가도 불렀다.

---

52) 〈안사람 의병 노래〉 가운데 대표적인 가사를 들어본다.
아무리 왜놈들이 포악하고 강성한들 우리도 뭉쳐지면 왜놈잡기 쉬울세라
아무리 여자인들 나라 사랑 모를쏘냐 남녀가 유별한들 나라없이 소용있나
의병하러 나가보세 의병대를 도와주세 금수에게 붙잡힌들 왜놈시정 받을쏘냐
우리 의병 도와주세 우리 나라 성공하면 우리 나라 만세로다 안사람들 만만세라.

이 시기에 창가로 불린 이러한 노래들은 구국교육운동이 전개되는 과정에서 학생들은 물론 일반국민들에게 애국심과 독립심을 고취시키는데 커다란 힘이 되었다. 이에 대해 《대한매일신보》는 다음과 같은 논설에서 이러한 노래를 교육에서 중요하게 다룰 것을 내세우고 있다.

> 然卽 학교의 用歌가 단지 일시의 정신을 유쾌하게 하며 혈기를 通暢케 할뿐 아니라 抑亦不知不識間에 기질을 변화하며 심지를 전이하는 대능력을 具有한 자인즉 此도 역시 교육자의 주의할 바이다(《大韓每日申報》, 1908년 7월 11일).

그러나 1906년 이전에는 극히 일부를 제외한 학교에서는 음악이나 창가를 배우는 교과목이 아직 편성되지 않고 있었다. 학생들 사이에서 자연발생적으로 부르게 되었으며 일반인에게 번져 갔던 것이다. 1896년대 《독립신문》에 발표되었던 독립가나 애국가가 각지의 학생이나 관리 또는 일반인이 스스로의 마음을 그대로 표현한 것이었다는 사실이 이를 설명하고 있다.

1906년 민족교육을 억압하기 위하여 교육침략정책을 추진하던 통감부는 사립학교를 중심으로 학생들이 애국가와 독립가를 부르는 것을 통제하기 시작하였다. 그러한 조처의 하나가 학교에서의 음악교육을 실시하는 것이었다. 이는 1906년 이후 통감부에 의해 관공립학교의 관제가 새로 제정되면서 각급 학교의 교과목에 빠짐없이 음악이 등장하고 있는 것으로 보아서도 알 수 있다.

1906년 8월 27일 일제히 발표된 각급 학교의 시행규칙에 나타난 교과목에서 음악교과의 명칭과 그 요지 및 학과 정도를 보면 다음과 같다.

1. 사범학교

음악 : 가사 악보 중에 高雅純正하여 교육상에 裨益이 있는 것으로써 연습케 하고 겸하여 음악의 명칭과 기호의 요약과 가사의 의의를 知得케 한다.

(본과의 학과정도) : 단음창가와 악기 사용법

(예과의 학과정도) : 단음창가

(속성과의 학과정도) : 단음창가 및 악기 사용법

2. 고등학교

음악 : 가곡을 창함을 지득케하여 美한 興韻을 感發하고 심정을 고결케 하며 겸하여 덕성 함양에 資賴케 함을 요함이라.

(본과의 학과정도) : 단음창가, 單音復音

(예과의 학과정도) : 단음창가

3. 보통학교

창가 : 평이한 가곡을 창케하여 미감을 양하고 덕성의 함양을 資함으로 요지를 함이라.

(학과정도) : 단음창가(《官報》, 1906년 8월 31일, 9월 3일 · 4일)

4. 고등여학교

음악 : 음악에 관한 지식과 기능을 득케하여 미감을 양하고 심정을 고결케 하며 겸하여 덕성의 함양에 資케 함을 요함.

(학과정도) : 음악은 단음창가를 교수하고 편의로 輪唱歌와 복음창가를 交하여 악기 사용법을 교수함이 가함(《官報》, 1908년 4월 10일)

이들 학교들의 학교령이 1909년 4월에 일제히 개정되고 7월에 시행규칙이 다시 발표되는데 이 때의 교과목명과 교수요지 및 그 정도를 나타낸 것을 보면 다음과 같다.

1. 사범학교

음악 : 음악에 관한 지식기능을 득케하여 미감을 양하며 덕성 함양에 資함으로써 요지로 함.

(학과정도) : 음악은 단음창가를 위하고 가사 악보가 고아하며 교육상 비익이 유한 자에 就하여 연습케 하며 또한 악기 사용법을 교수함이 가함.

(본과의 학과정도) : 단음창가 및 악기 사용법

(예과의 학과정도) : 단음창가

(속성과의 학과정도) : 단음창가

2. 고등학교

창가 : 가곡을 창함을 득케하며 미감을 양하여 덕성을 함양함에 資함으로써 요지로 함.

(학과정도) : 창가는 단음창가로 하되 고아하여 교육상 비익될 가사 악보를 택하여 교수함이 가함.

3. 고등여학교

음악 : 음악에 관한 지식기능을 득케 하며 미감을 양하며 심정고결히 하고 겸하여 덕성 함양에 資함으로써 요지로 함.

(학과정도) : 음악은 단음창가를 위주하여 교육상 비익이 유한 가사 악보를 택하여 교수하고 또 편의로 복음창가를 가하며 악기 사용법을 교수함이 가함.

(본과의 학과정도) : 단음창가와 복음창가, 악기 사용법

(예과의 학과정도) : 단음창가

4. 보통학교

창가 : 평이한 가곡을 창함을 득케 하고 미감을 양하며 덕성 함양에 資함으로 써 요지로 함.

(학과정도) : 창가는 단음창가를 교수하되 가사 악보는 평이 雅正하여 학도의 심정을 쾌활 순미케 할 자를 요함(《官報》, 1909년 4월 20일, 7월 9일).

이상의 각급 학교의 음악과목의 실태를 보면 1906년에는 교과목명을 보통학교는 창가로 하고 사범학교와 고등학교 및 고등여학교는 음악으로 하였는데, 1909년 개정된 것을 보면 사범학교와 고등여학교는 음악이었으나 고등학교와 보통학교는 창가로 되었다. 특히 고등학교에서 교과목명을 음악에서 창가로 바꾼 것이 특이하다. 이는 당시 교과목의 명칭으로 음악이나 창가가 같은 의미로 사용되었음을 보여준다.

음악교육의 요지를 대개 '美感을 기르고 德性을 함양하며 고결한 심성을 갖게 한다'로 정리되는데 이는 당시 학생들에게 번지고 있던 애국심이나 항일민족의식을 차단하기 위하여 애국가나 독립가 및 의병가 등을 부르지 못하게 하기 위한 명분이었던 것이다.

실제로 통감부의 일본인들은 학생들이 애국가와 독립가를 부르는 것을 학생들의 반일사상을 표현하며 국권회복의 정신이 깃들은 것으로 받아 들여 사립학교에서 부르는 이와 같은 노래를 '불량의 창가'로 규정하여 단속을 하였다.

〈金興洙〉

5. 근대적 교과서의 편찬

1) 근대 교육 성립기의 교과서

한국의 근대 교육의 발전은 교과서의 역사에서도 새로운 장을 여는 계기가 되었다. 본격적인 새로운 교과서의 편찬과 사용은 1895년 정부에 의해 신교육제도가 발표되고 이에 따른 각급 학교가 설립되면서부터이다. 이에 따라 당장 교과서를 새로이 준비해야 되는 일이 닥치게 되었다.

이에 앞서 1880년대 한국 근대 교육의 성립기에 설립된 민간학교나 또는 선교계통의 학교에서도 각각 신교육의 내용에 맞는 교과서가 필요한 것은 당연한 일이었다.

이 시기에 설립된 학교에서 교육내용과 관련된 교과서의 편찬이 계획적으로 이루어진 것은 아니었다. 이는 당시 학교의 교육활동이 교육과정에 의한 것이 아니었으며 일정한 편제에 의한 학교운영이 이루어진 것도 아니기 때문이었다. 그러나 전통 교육에서 탈피하여 근대 교육으로 나아가는 과정에서 과거의 교육기관에서 사용되어 온 교재가 아닌 새로운 교재는 필요하였다. 그렇다고 하더라도 당시의 여러 가지 사정으로 보아 교과서를 새롭게 편찬하는 일은 불가능한 일이었다.

이러한 상황에서 이 시기의 교과서 사용은 다음의 특징을 찾을 수 있다. 그 하나는 당시 중국이나 일본에서 수입되어 서양의 신문물을 소개하는 도서들 그 자체가 교과서의 역할을 한 것이고, 또 하나는 주로 서양인 교사들이 소지한 도서나 직접 그들이 작성한 노트를 교과서로 사용하였다는 점이다.

1883년 설립된 元山學舍는 문예반과 무예반으로 편제되어 각각 經義와 兵書를 필수과목으로 하고 時務의 긴요한 과목을 공통으로 부과하였는데 산술·格致·機器·農桑·鑛採 등이 그것이었으며, 이러한 과목의 교재로 비치된 도서는《瀛志》·《聯邦志》·《奇器圖說》·《日本外國語學》·《法理文》·《瀛環志略》·《萬國公法》·《農政新編》등이었다.[1] 이들 도서들이 원산학사의 교과서에 해당되는 도서들이었다고 할 수 있다.

1886년 설립된 育英公院은 한미수호조약이 체결된 후 보빙사로 미국에 갔던 閔泳翊이 미국문물의 발전된 것을 목격하고 고종에게 학교의 설립을 건의함으로서 이루어졌다. 그리하여 미국에 교사파견을 요청하여 길모어(G. W. Gilmore), 벙커(D. A. Bunker), 헐버트(H. B. Hulbert) 등 세 사람의 교사가 1886년 7월에 도착 9월말에 수업을 시작하였다.[2]

육영공원의 設學節目 속에 들어 있는 〈每日學習次第〉에는 譯書·습자·學

1) 愼鏞廈, 〈우리나라 최초의 近代學校의 설립에 대하여〉(《韓國史硏究》 10, 한국사연구회, 1974).

2) 李光麟, 〈育英公院의 설치와 그 변천에 대하여〉(《韓國開化史硏究》, 일조각, 1974), 109쪽.

解字法·산학·寫所習算法·지리·學文法 등이 있으며, 〈所學諸條〉에는 大算法·각국언어·諸般學法·捷經易學者·格致萬物(의학·지리·천문·화훼·초목·農理·機器·禽獸), 各國歷代政治(與各國條約及當國用兵之術) 등이 있다.[3] 이와 같은 내용으로 보아 이에 필요한 교재는 특별히 거명되지는 않았지만 앞의 원산학사에서 보인 도서들이 사용되었을 것으로 보인다.

한편 외국인 교사들이 직접 저술하여 교과서로 사용된 도서들이 있다. 이 가운데 육영공원의 교사 헐버트가 교과서로 사용하기 위해 순 한글로 《스민필지》를 저술하였다. 이는 학생들이 서양에 대해 호기심을 갖고 신기하게 생각하고 있는 것에 호응하여 세계의 역사와 지리에 관한 내용을 정리한 것이다. 후에 한문으로 번역되기도 하였으며 많은 학교에서 교과서로 사용하였던 것으로 보아 한국 최초의 근대적인 교과서라고 할 수 있다.

《스민필지》의 저자인 헐버트는 지리학자인 동시에 역사학자였으므로 이 책의 내용을 통해 세계에 대한 소식에 접할 수 있었다.

선교계통의 사립학교에서는 우선 성경이 공통적인 교과서로 사용되었을 것임은 당연하다. 또한 서양소식을 알리는 것이 대표적인 교육내용으로서 이에는 자연히 지리와 역사에 관한 것이 우선되었다. 이는 당시 선교계통의 사립학교에서 가르친 과목을 보면 알 수 있다. 이는 培材學堂에서 "… 수학이며 내외지리, 역사 등의 신학문을 수학하였는데 … 그 때 한국말로 교수한 과목은 한문과 세계역사와 지리문답이었다"[4]라고 한 것이나, 梨花學堂에서도 1892년의 교과목이 성경·반절·한문·영어·수학·지리·역사·과학이라고 하였고,[5] 貞信女學校에서도 성경·산술 두 과목 이외에 역사이야기를 구술하였다고[6] 한 것으로 알 수 있다.

당시 배재학당에서 역사를 가르친 한국인 교사들은 한문으로 번역된 《쉐필드의 세계역사》(Sheffield's Universal History)를 교과서로 사용하였는데 그 이유는 한문으로 번역된 책이 이 책뿐이었기 때문이었으며 이화학당에서는

3) 李光麟, 위의 책.
4) 배재고등학교, 《培材80年史》(1965), 103쪽·147쪽.
5) 이화여자고등학교, 《梨花80年史》(1966), 65쪽.
6) 정신여자고등학교, 《貞信75年史》(1962), 19쪽.

1890년에 《千名의 偉人傳》 2권과 3권이 교과서로 사용되었다.

또한 당시 학교교육과정 운영의 실태를 단적으로 알 수 있는 것으로 이화학당의 예를 들어보면 "… 처음서부터 1904년까지는 초청되는 선생에 따라 새로운 과목이 첨가되는 형편이었다. 말하자면 교과과정이 짜여져 각 과목을 담당하는 교사를 초빙하는 것이 아니라 새로 오는 교사가 가르칠 수 있는 과목이 새로 시작되었다…"[7]라고 하였으니 이런 실정에서 일정하게 교과서가 정해져 있을 수가 없었다. 그리하여 교과서는 재직하는 교사들이 번역한 책이나 저서를 사용하였다. 정신학교의 경우 "교과서는 선생님만 가지고 있었다. 미국에서 쓰는 어린이들의 교과서를 앨러즈가 한국말로 번역하여 친히 펜으로 적어 놓은 것을 교과서로 썼다"[8]라고 한 것은 이를 잘 설명해 준다.

2) 근대 교육의 발전과 교과서

(1) 근대학교의 교육내용 〈교과목〉

1895년 5월 이후 정부에 의하여 각급 관립학교가 설립되기 시작하였다. 학교의 관제 또는 학교령이 발표되고 뒤이어 시행규칙이 제정되었으며, 여기에 각 학교의 교과목과 함께 교육내용이 제시되었다. 이들 학교에서는 대부분 학교 재학중에 교과서는 학부가 공급하는 것으로 규정되었으며, 따라서 교과서의 편찬은 이들 학교의 교과목의 편성과 관련지어 진행될 수밖에 없었다. 당시 편찬되는 교과서에 대한 이해를 위해서는 교과서 편찬의 기본 전제가 되는 각급 학교의 교과목에 대한 이해가 필요할 것이다.

학교의 설립 순서대로 학교별 교과목에 대해서 살펴보면 다음과 같다.

가. 한성사범학교

〈한성사범학교 본과의 교과목과 정도〉

교과목	정 도
수 신	인륜도덕의 요지 및 그 교수법
국 문	강 독

---

7) 이화여자고등학교, 앞의 책(1866), 68쪽.
8) 정신여자고등학교, 앞의 책(1962), 59쪽.

한 문	강 독
교 육	내외교육의 연혁 및 저명한 교육가의 전기로부터 교육 및 교수의 원리 원칙을 교수하고 부속소학교에 나아가 실지 수업의 방법을 연습
역 사	본국 및 만국역사
지 리	본국 및 만국의 정치 지리와 地文의 초보
수 학	산술 및 대수·기하의 초보와 그 교수법
물 리	물리상의 긴요한 현상 및 定律
박 물	동식물의 생리와 위생
화 학	普通化學上의 현상, 긴요한 원소 및 무기화합물의 성질
습 자	楷行草의 삼체 및 그 교수법
작 문	일용서류 記事文 및 논설문
체 조	보통체조 및 兵式체조

〈한성사범학교 속성과의 교과목과 정도〉

교과목	정 도
수 신	인륜도덕의 요지 및 그 교수법
국 문	강 독
한 문	강 독
교 육	내외교육사 및 저명한 교육가의 傳記로부터 실지 수업의 방법을 연습함
역 사	본국역사 및 만국역사大要
지 리	본국지리 및 만국지리大要
수 학	산 술
이 과	大 意
습 자	楷行草의 삼체 및 그 교수법
작 문	일용서류 記事文 및 논설문
체 조	보통체조

나. 외국어학교

1. 해당 외국어의 독본 · 書取(받아쓰기) · 작문 · 번역 · 회화
2. 보통학(수신 · 산술 · 이과 · 체조)
3. 한문의 독서와 작문
4. 본국역사 · 지지

다. 소학교

과 목	요 지
수 신	교육에 관한 조칙의 취지에 기초하고 아동의 양심을 계도하여 그 덕성을 함양하며, 人道를 실천하는 방법을 줌
독서와 작 문	近으로 由하여 遠에 미치며 簡으로 由하여 緊에 취하는 방법에 따라 먼저 보통의 언어와 일상 須知의 문자·문구·문법의 독법과 의의를 알게 하고, 적당한 언어와 자구를 사용하여 정확히 사상을 표현하는 능력을 기르며, 知德을 계발함
습 자	통상 문자를 쓰는 법을 알게 하고 運筆을 연습하여 익히게 함
산 술	일용계산에 연습하여 익히게 하고, 사상을 정밀하게 하고, 또한 생업상에 유익한 지식을 줌
본국지리 외국지리	본국지리 및 외국지리의 대요를 교수하여 생활에 관련된 중요한 사항을 이해하게 하고 애국하는 정신을 양함
본국역사	國體의 대요를 알게하여 국민된 志操를 기름
이 과	통상의 천연물과 현상의 관찰을 정밀하게 하고 인생에 대하는 관계의 대요를 이해하게 함
도 화	눈과 손을 연습하여 통상의 형체를 看取하고 바르게 그리는 능력을 기르며, 意匠을 훈련하고 형체를 분별하여 알게 함
체 조	신체의 성장을 바르고 건강하게 하며 정신을 쾌활하고 씩씩하게 하여 규율을 지키는 습관을 기름
재 봉	눈과 손을 연습하여 통상의복의 縫法과 裁法을 익힘
외국어	

라. 경학과

교과목	내 용 및 정 도
삼경사서	강독 및 언해
사 서	左傳·史記·綱目·續綱目·宋·元·明史 등
역 사	본국 및 만국역사
衍文(地誌)	본국 및 만국지지
작 문	일용서류·기사·논설·經義
산 술	가감승제·比例差合

(시의에 따라 다른 經典 및 史文을 부과한다).

마. 중학교

심상과 : 윤리 · 독서 · 작문 · 역사 · 지지 · 산술 · 경제 · 박물 · 물리 · 화학 · 도화 · 외국어 · 체조 · 외국어

고등과 : 독서 · 산술 · 경제 · 박물 · 물리 · 화학 · 법률 · 정치 · 공업 · 농업 · 상업 · 의학 · 측량 · 체조

(시의에 따라 각각 1~2개 교과목의 증감이 가능하다).

바. 의학교

동물 · 식물 · 화학 · 물생 · 해부생리 · 약물 · 진단 · 내과 · 외과 · 안과 · 婦嬰 · 위생 · 法醫 · 종두 · 체조

(시의에 따라 1~2개 과목을 증감할 수 있다).

사. 농상공학교

본국역사 · 본국지지 · 만국역사 · 만국지지 · 화학 · 물리학 · 경제학 · 산술 · 도화 · 외국어 등

(2) 정부의 교과서 편찬

앞에서 살펴본 바와 같이 1895년 교육개혁이 추진되고 각급 학교가 설립되어 본격적으로 교육활동이 전개됨에 따라 필요해진 것이 교과서였다. 정부가 교과서를 편찬한 과정을 살펴보면 이미 1894년 갑오개혁으로 관제가 개편될 때 학부에 교과서 편찬을 담당할 편집국을 만들었으며, 군국기무처회의에서 학무아문으로 하여금 소학교 교과서의 편찬을 속히 추진할 것을 논의하였던 것으로 보아[9] 갑오개혁 초기부터 교과서의 편찬이 계획되고 있었음을 알 수 있다. 이는 제도적으로 국가에서 교과서 편찬을 위한 기구를 설치한 최초의 일이라고 할 수 있다.

교과서 편찬작업이 본격적으로 추진된 것은 1895년 4월 한성사범학교의 관제가 공포된 이후이다. 처음으로 교과서를 편찬하는 일이었기에 그 참고가 필요하여 1895년 5월 초 정부에서는 외부대신 金允植의 이름으로 駐日公使

9) 《舊韓國官報》, 1894년 7월 28일, 草記(이하 《官報》).

館事務署理 韓永源에게 훈령하여 "금번 학부에서 관립사범학교 및 소학교교사의 교육서를 편찬하는 바 이에 참고하기 위하여 일본 尋常師範學校와 高等師範學校의 교과서 및 참고서 각 1부를 구득하여 보내라"라고 지시하였다.10)

1896년도에 처음으로 정부의 예산액이 공표되었는데 학부예산 총액이 126,752元이며 이 중에서 교과서인쇄비로 계상된 금액이 5천원이었으며 이 금액은 요구액의 절반이라고 설명하고 있다.11) 이는 전년도인 1895년에 교과서의 인쇄가 있었음을 말해주는 것이다. 실제로 1895년 8월부터 교과서가 편찬되기 시작하였다. 이는 8월 설립된 서울관립소학교의 교육에 당장 필요하였기 때문이다.

1895년 7월과 8월에 걸쳐 《國民小學讀本》과 《朝鮮歷史》가 간행된 이래 1896년 2월 《新訂尋常小學》 3책이 간행되었는데 이 때까지 학부 편집국에서 간행된 교과서는 앞의 《신정심상소학》을 포함하여 모두 18종이었다. 이에 대해서는 위의 책 권 3의 권말에 소개된 '學部編輯局 開刊書籍 定價表'를 통해서 알 수 있다.

萬國地誌	夙惠記略
萬國略史 上・下	輿載撮要
朝鮮歷代史略(漢文) 3책	地球略論
朝鮮歷史 3책	東輿地圖
國民小學讀本	近易算術 上・下
朝鮮略史	簡易四則算術
朝鮮地誌	士民必知(漢文)
小學讀本	四禮須知
牖蒙彙編	

한편 1897년 6월에 학부에서 간행된 《泰西新史攬要》 하권 끝 부분에 실려있는 학부간행 교과서 광고를 보면 위의 도서 이외에 한문과 국문으로 각각 따로 편집된 《小地球圖着色》(2책)과 《公法會通》(3책)이 포함되어 있는 것을 보면 1897년 6월까지 역시 한문과 국문으로 각각 따로 나온 《泰西新史攬要》(2

10) 《舊韓國外交文書》 3, 日案 3623호, 고종 32년 5월 1일.
11) 《官報》, 1896년 1월 20일.

책)를 포함하여 3종의 도서가 더 간행된 것을 알 수 있다.

이들 교과서 가운데 일부는 소학교에서 학습하는 것이 아닌 경우도 있었으나 소학교용이 단연 다수를 차지하였고 특히 역사 및 지리교과서와 현재의 국어교과서에 해당하는 소학교과서가 많았다. 소학교과서는 국어교과서에 해당하지만 당시 소학교의 교과목 가운데 국어과목이 없고 修身과목이 있는데 소학은 이 수신과목의 교과서이다.

1897년 이후 1905년까지 학부에서 간행된 교과서를 연도별로 보면 다음과 같은데 이들 도서들도 역시 대부분 역사교과서이다.

萬國史記 (1897)
中國略史合編 (1898)
俄國略史 (1898)
種痘新書 (1898)
東國歷代史略 (1899)
大韓歷代史略 (1899)
精通算學 (1900)
中等萬國地誌 (1902)
歷史輯略 (1905)

(3) 민간인에 의한 교과서 편찬과 실태

1895년 후반 이후 관공립학교와 함께 사립학교가 각지에 설립되어 가면서 교과서의 수요가 증가하게 되었으나 학부에서 편찬한 교과서만으로는 수요에 충분히 응할 수가 없었다. 그리하여 부족한 교과서를 확보하기 위해 교과서 편찬의 필요성을 주장하는 여론이 일어났다. 당시 유일한 민간언론기관이었던 《독립신문》에서는 민간이 회사를 설립하여 출판사업을 벌여야 한다는 논설을 게재하고 있다.[12)]

즉 몇몇 사람이 합자해서 출판사를 세우고 교과서뿐만 아니라 외국인을 고용하여 서양의 책을 번역하여 보급하면 개인사업도 되고 국가의 문화발달에 기여하리라는 주장으로서 출판사업을 나라의 문명개화의 방안으로 제시하고 있다. 이와 같은 분위기에서 점차 민간인에 의한 교과서의 간행이 진행되었다. 특히 황성신문사에서는 신문사 안에 출판사를 별도로 설립하여 교과서를 편찬 간행하였다. 황성신문사에서 교과서를 간행하기 시작한 것이 1899

12) 《독립신문》, 1896년 6월 2일.

년부터인데 이 때부터 각종의 교과서가 민간에서 출판되어 나왔다.

한편 일본과의 왕래가 활발해지면서 일본에서 출판된 도서가 유입되어 한국인 교사와 학생 및 일반인들에게도 보급되고 있었으며 선교사들에 의해 교회에서 간행된 도서 및 중국에서 출판된 도서 등도 다수 보급되었다. 이들 외국인이나 외국에서 출판된 도서들은 당시 국내의 부족한 교과서사정을 어느 정도 해소시켜 주는 역할을 하였을 것으로 보인다.

교과서의 부족은 특히 사립학교에서 더욱 심하였던 것으로 보이는데 이는 공식적으로 학부가 사립학교에 교과서를 공급하기 시작하는 것이 1905년이나 되어서야 가능하였기 때문이다. 물론 1895년 漢譯版으로 간행한 《士民必知》가 일부 사립학교에서 교과서로 사용되기는 하였지만 1905년까지는 사립학교에 학부편찬 교과서가 공급되지 못하였다.

그렇다고 하더라도 관공립학교에 교과서 사정이 원활하였던 것은 아니었다. 교과서의 문제는 수요에 필요한 공급부족이라는 문제 이외에도 내용상에 있어서도 자리가 잡히지 않은 상태였다. 학부편찬 교과서가 학교에서 학년별로 사용할 수 있도록 간행된 것도 아니었고, 학교별로 교과목이 통일되어 있는 것도 아니어서 교과서 사용에 많은 문제가 있었다. 이는 당시 한국 근대교육이 해결해야 할 문제들이었다.

이러한 사정은 사립학교 그 가운데서도 지방의 경우는 더욱 심하였다. 교과서를 공급받을 수 없었으며 따라서 과목을 정하는 일조차 할 수 없었다. 때문에 각 학교에서는 학부에 교과서의 공급을 청원하는 한편 교과서를 구입하여 교과서에 맞추어 교과목을 설정하는 형편이었다.

1897년부터 1905년까지 민간인이 편찬하거나 또는 외국인이 저술한 교과서를 간행연도별로 살펴 보면 다음과 같다.

(1897년)

新編倫理學敎科書(井上哲次郎・高山林次郎 공저)

新撰敎育學(木村知治 저)

국문정리(리봉운 저)

(1898년)

初等幾何學敎科書(菊池大麓 저)

萬國新地誌(佐藤傳藏 저)

(1899년)

普通敎科東國歷史(玄采 저)
中東戰記(玄采 역)
美國獨立史(金嘉鎭 역)
波蘭末年戰史(魚瑢善 역)
大韓地誌(玄采 저)

(1900년)

法國革新史(澁江保 저)
算術敎科書 上·下(李相卨 역)
算術新書(上野淸氏 저)
中等畵本(白濱徵, 本多佑補 공저)
日本文法敎科書(大槻文彦 저)

(1901년)

農桑實驗說(金嘉鎭 저)
山上寶訓(漢口聖敎書會 간)
實用新敎授法(狩野鷹力 저)
學校模範(尹重海 저)
Penmanship(神田乃武 저)

(1902)

국문독본(조원시 저)
中等修身敎科書(井上哲次郞 저)
東史輯略(金澤榮 저)
修訂中國史敎科書(有賀長雄 저)
산술신편 1(필하와 저)
Self-help(Samuel Smile 저)

(1903년)

中等地理課本(辻武雄 저)
初等物理敎科書(陳熙星 저)
近世小化學(閔大植 저)
改正普通體操法(坪井玄道 저)
言文一致商業一般(富山房編輯部 편)
經濟學綱要(天野爲之 저)
Dialogue Readers(岸本能武太 저)

(1904년)

牖蒙天字(G. S. Gale 저)
幾何學初步敎科書(菊池大麓 저)
初等幾何學敎科書(菊池大麓 저)
格物質學(潘愼文 역)
中學化學敎科書(池田菊苗 저)
小學校敎師用手工敎科書(日本文部省 편)
中等日本臨書帖(白濱徵 저)
動物界新敎科書(後藤嘉之 저)
聖綱鑑小路(香港主敎 편)
English Grammar for Beginners(新田乃武 저)
Kanda's New Series of English Readers(新田乃武 저)

(1905년)

進明彙編(金相天 저)
歷史輯略(金澤榮 저)
大東歷史(崔景煥 저)
大東歷史略(鄭喬 저)
埃及近世史(張志淵 역)
邁爾通史(黃佐廷口 역)
大韓疆域考(丁若鏞 저)
近世世界全圖(伊藤政三 저)
小學地理(日本文部省 편)
산술신편 2(필하와)
高等女學校用代數學敎科書(伊藤豊十 저)
近世物理學敎科書(本多光太郞 저)
普通敎育物理學敎科書(田丸卓郞 저)
近世化學敎科書(池田菊苗 저)

普通敎育化學敎科書(龜高德平 저)	尋常小學讀本(日本文部省 편)
法學通論(兪星濬 저)	增訂法學通論(兪星濬 저)
農政新編(安宗洙 편)	初等商業敎科書(川瀨恭 저)
약물학 상(무기질)(애비슨 저)	약물학(애비슨 저)
望洗問答(大英國聖敎會 편)	德慧入門(淸國聖敎會 편)
Useful Knowledge on Popular Science(龜井忠)	

이상의 교과서를 보면 한국인에 의해 간행된 것은 국어와 수신과 국사와 지리에 집중되어 있으며, 과학계통과 경제와 산업과 의학 및 예능 등 신문물에 관한 분야는 거의 외국인에 의해 저술되었음을 알 수 있다.

이는 당시 한국인 교과서 관계자들이 신학문에 대한 학문적 기반이 아직 이루어지지 못하였음을 말해주는 것이기도 하지만 한국 근대의 학교교육에서 강조되고 있었던 것이 무엇이었는가를 알려 주고 있는 것이기도 하다.

또한 전체적으로 일본인에 의해 저술된 교과서가 거의 모든 교과에 걸쳐 사용되고 있었음을 알 수 있다. 더욱이 시간이 흐를수록 일본인의 교과서가 점점 증가되고 있다.

이와 함께 현실적으로 일본을 통해 새로운 문물이 주로 전해지고 있었던 상황에서 한국에서 독자적으로 편찬할 수 없는 분야에 대해서는 일본인이 저술한 교과서가 필요했었던 것도 당시의 실정이었다.

(4) 교과서의 내용

처음 학부에서 교과서를 편찬할 때 내용구성과 편찬 일반에 대한 기술축적이 없었기 때문에 일본인들을 고빙하여 이 일을 맡긴 것으로 보인다. 이는 교과서편찬에 참고하기 위하여 외교관을 통해 일본교과서를 보낼 것을 훈령한 사실에서도 엿볼 수 있겠거니와 일본인이 교과서편찬의 실무를 맡았기 때문에 일본의 영향이 어느 정도 미치지 않을 수 없었다고 보여진다.

갑오개혁이 진행되면서 그 실무에 경험있는 외국인이 고용되었는데 일본인들이 대부분이었다. 학부에도 일본인이 고용되어 특히 교과서편찬업무에 종사하였던 것으로 보인다. 근대 교육개혁을 위한 충분한 기반이 미비된 상황이 었고 새로운 제도의 실시에 따르는 근대적 지식이 축적되지 못하였으므로 일본의 것을 모방하지 않을 수 없었다. 교과서의 간행에 있어서도 이는 같은 상황이었다. 이는 특히 1896년 2월에 간행된 《新訂尋常小學》에 잘 나타나고 있다. 서문은 교과서 편찬의 필요성과 함께 일본인이 참여한 사실 그리고 국문으로 작성한 이유 등에 대한 내용으로 되어 있으며 그 선문은 다음과 같다.

> 배우는 자는 전혀 漢文만 숭상하여 옛것을 배울 뿐 아니라 시세를 헤아려 國文을 參互하야 또한 지금의 것도 배워하여 지식을 널릴 것이니 아국의 세종대왕께오서 하시되 세계 각국은 다 국문이 있어 인민을 배움을 열어 깨우치도록 하나하디 아국은 홀로 없다 하사 특별히 訓民正音을 지으사 민간에 광포하심은 婦孺와 輿대라도 알고 깨닫기 쉬운 연고라 이제 만국이 교호하여 문명의 진보하기를 힘쓴즉 교육의 한 가지일이 목하의 급무라 이에 일본인 보좌원 高見龜와 麻川松次郞으로 더불어 소학의 교과서를 편집할새 천하만국의 문법과 시무의 적용한 자를 의거하여 혹 물상으로 비유하며 혹 화도로 형용하여 국문을 상용함은 여러 아해들을 우선 깨닫기 쉽고자 함이오 점차 또 한문으로 진계하여 교육할 것이니 무릇 우리 뭇 어린이들은 국가의 實心으로 교육하심을 몸받아 恪勤하고 면려하여 材器 속성하고 각국의 형세를 암練하여 并驅 자주하여 아국의 기초를 태산과 반석같이 조치하기를 날로 바라노이다. 건양 원년 2월 上澣(현재의 문법에 맞추어 옮김).

이를 보면 교과서의 체제나 내용 등에서 일본의 영향을 받은 것을 알 수 있다. 가장 눈에 띄는 것은 《신정심상소학》에 들어 있는 삽화에서 찾아볼 수 있다. 교과서의 삽화는 이 책에서 처음 등장하는데 삽화의 분위기나 인물의 의상에서 또는 동물의 표현양식에서 일본풍을 보여주고 있다. 내용 가운데서도 '욕심많은 개'·'가마귀와 여우의 이야기'·'포도밭'·'사슴 이야기' 등의 이솝우화라든지, '日本人 居留地의 地'라는 내용을 남산 일대의 지도와 함께 소개한 것, 일본인을 주인공으로 한 내용이 있는 것 등은 일본인의 의견이 개입된 것임을 알 수 있다.

그러나 전체적으로 교과서의 내용에서 기저를 이루는 것은 과학 등의 신지식과 새로운 문명에 대한 소개, 우리 나라의 역사와 문화에 대한 이해, 효와 충 등 전통윤리에 대한 강조 등을 통해 우리 나라의 문명을 발전시키고 지식을 보급하여 국민의 애국심과 민족의식을 고취하려는 것이었다. 자주독립국가로 발전하는 기반을 확립한다는 국가의 의지를 강하게 보여 주고 있다. 이러한 사실은 학부에서 간행된 교과서에서 공통적으로 보이고 있다. 특히 처음 출판된 본국사 교과서나 소학교과서의 내용에서는 더욱 그러하다.

3) 통감부하의 교과서

(1) 일제의 교육침략정책

1904년 8월 제1차 韓日協約이 체결됨에 따라 이른바 고문정치가 시작되어 정부 각 부처에 일본인이 배치되었는데 학부에는 시데하라(幣原坦)가 學部參與官의 명칭으로 교육에 직접 참여하게 되었다. 일본인은 이미 갑오개혁 당시부터 정부에 고빙되어 학부의 교과서 편찬에 깊이 관여하였으나 이 때부터 본격적으로 교육침략정책을 주도하게 되었다.

시데하라는 1906년 4월 초까지 근무하다 귀국하였고 뒤이어 미쓰치 츠죠(三土忠造)가 부임하였으며,[13] 4월 말일 參與官附事務官으로 小彬彦治가 도착하였다.[14] 또한 다와라 마고이치(俵孫一)가 통감부 서기관으로 근무하는 학부 촉탁으로 배치되더니 1907년 韓日新協約이 체결된 후에는 학부차관이 되어 한국 교육행정의 실권을 잡고 교육침략에 앞장섰다.

통감부의 교육정책은 한민족의 자주독립정신을 억압하기 위한 수단으로 한국인이 일제의 침략과 관련된 정치문제에 관심을 갖지 못하도록 근원적으로 봉쇄하기 위해 실용적 교육을 강조하는 것이었다. 이를 달성하기 위하여 통감부는 우선적으로 학제를 전면 개편하였으며 일본어시간을 늘리는 대신 애국교과를 삭제 또는 축소시키고 각급 학교에 일본인 교사를 배치하였다.

교사의 부족을 보충한다는 명목으로 시작된 일본인 교사의 배치는 처음에는 관공립학교에 국한하더니 점차 사립학교에까지 강제로 배치하기에 이르렀다. 1906년 3월 통감부가 설치된 직후 이토 히로부미(伊藤博文)가 학부참여관 시데하라와 각 학교의 일본인 교사를 일제히 초견하였데,[15] 이를 보면 통

---

13) 吳天錫, 《韓國新敎育史》(현대교육총서출판사, 1964), 123쪽.
14) 《皇城新聞》, 1906년 5월 4일.
15) 《皇城新聞》, 1906년 3월 27일.

감부 설치 이전에 이미 일본인 교사가 서울에서 근무하고 있었음을 알 수 있으며 1906년 2월 통감부가 설치된 이후 본격화되었다.

통감부는 1906년 13도 관찰부 소재지의 공립보통학교에 일본인 교사를 배치하고 1907년부터는 기타 각 지역의 보통학교에 배치하기로 하였다.[16] 1907년 4월 현재 지방 각 공립보통학교에 25명의 일본인 교사가 배치되었다.[17]

1908년 이후에는 보통학교의 교감이 임명되고 있다. 이들 일본인 교사들은 학교의 실권을 장악하고 일본어교육을 강화함으로써 민족교육을 억압하고 식민지교육의 기반을 잡아 나갔다. 그러나 일본인들은 이를 교육의 모범을 보여 한국교육의 효과를 높이기 위한 것이라는 명분을 내세우고 있다. 학부차관 다와라는 말하기를

> 1교에 반드시 1인의 교원을 두어 교감으로 하며 … 제반 경영의 主腦로 삼아서 韓人 교원을 지도한다(學部, 《韓國敎育의 現狀》, 1910).

라고 하여 이를 잘 설명해 주고 있다. 그러나 이들 일본인 교사들은 학교운영 뿐만 아니라 학생들에 대한 감시나 한국인 교사들의 감시자 역할도 하였다. 특히 학생들에 대한 감시는 민족주의운동을 억압하고 일제 침략에 저항하지 못하도록 하는데 있었다. 이는 일본인 교감회의에서 이토통감이 한 연설에서도 잘 나타나고 있다.

> 특히 주의해 주었으면 하는 것이 있다. 그것은 교사되는 자는 정치와 종교의 일에 관해서는 피차 평론하지 않는 일이다. 설사 사회의 풍조가 여하하건 一意專心 교육에만 진력하면 되는 것이다(학부, 〈보통학교교감회의록〉, 1908).

학교교육이 현실문제에 관여하지 못하게 감시하고 감독하려는 의도가 있었다.

---

16) 《大韓每日申報》, 1906년 9월 8일.
17) 《皇城新聞》, 1907년 4월 3일.
일본인 교사가 배치된 학교는 다음과 같다—울산군, 의주군, 군산항, 동래부, 회령군, 원산항, 나주군, 홍주군, 길주군, 강릉군, 정주군, 마산포, 청주군, 황주군, 경주군, 강경포, 안성군, 개성군, 성주군, 원주군, 상주군, 북청군, 경성군, 서울의 校洞과 安洞.

(2) 학제의 개편

통감부의 교육침략은 광범위한 학제개편으로 나타났다. 학제의 개편은 당시 일제침략에 대항하는 민족교육운동이 확대되고 있는데 대한 일제침략정책의 일환으로 한국의 교육을 재정비할 필요성에 의한 것이었다.

1906년 이후 발표된 각급 학교에 관한 법령과 그 시행규칙 및 교과서 검정규정 등은 다음과 같다.

법 령	연 도	구 분 및 호 수
사범학교령(개정)	(1906)·(1909)	칙령41호(51호)
고등학교령(개정)	(1906)·(1909)	칙령42호(52호)
외국어학교령(개정)	(1906)·(1909)	칙령43호(53호)
보통학교령(개정)	(1906)·(1909)	칙령44호(55호)
사범학교령시행규칙	(1906)·(1909)	학부령20호(3호)
고등학교령시행규칙	(1906)·(1909)	학부령21호(4호)
외국어학교령시행규칙	(1906)·(1909)	학부령22호(5호)
보통학교령시행규칙	(1906)·(1909)	학부령23호(6호)
고등여학교령(개정)	(1908)·(1909)	칙령22호(54호)
고등여학교령시행규칙	융희2 (1908)	학부령9호(2호)
관립고등여학교학칙	융희2 (1908)	학부령10호
사립학교령	융희2 (1908)	칙령62호
학회령	융희2 (1908)	칙령63호
사립학교보조규정	융희2 (1908)	학부령14호
공립사립학교인정	융희2 (1908)	학부령15호
교과용도서검정규정	융희2 (1908)	학부령16호
학부편찬교과용도서발매규정	융희2 (1908)	학부령18호
실업학교령	융희3 (1909)	칙령56호
실업학교령시행규칙	융희3 (1909)	학부령1호
관립한성고등여학교규칙	융희3 (1909)	학부령17호

위의 표를 보면 각급 학교의 학교령이 1906년에 1차로 발표되고 곧 이어 시행규칙이 발표되었으며 1909년에 다시 개정되어 학교령과 시행규칙이 발표된 것을 알 수 있다. 1909년 개정된 학교령의 내용은 교과서 사용에 대한 규정으로서 1908년에 발표된 교과서 검정규정에 따라 교과서의 검정을 실시

하면서 각급 학교의 교과서 사용을 엄격하게 통제하기 위한 것이었다.

개편된 학제에 따라 바뀌어진 각급 학교의 교과목을 살펴보면 다음과 같다.

가. 보통학교

소학교를 보통학교라고 바꾸어 부르게 되었다. 보통학교는 심상과와 고등과를 구별하지 않고 수업연한이 4년이었으며 교과목은 일본어가 포함되고 실업관련 교과목이 추가되었다. 보통학교의 교과목은 다음과 같다.

수신 · 국어 및 한문 · 일본어 · 산술 · 지리역사(1909년, 지리 · 역사) · 이과 · 도화 · 체조 · 수예 · 창가 · 수공 · 농업 · 상업

*지리 · 역사는 특별한 시간을 정하지 아니하고 국어독본과 일어독본의 내용으로 교수한다. 이는 실제로 지리 · 역사시간이 삭제되었음을 뜻함.

나. 한성사범학교

사범학교는 본과 · 예과 · 속성과 세 과정으로 편제되었고, 별도로 강습과가 개설되기도 하였다. 수업연한은 본과가 3년, 예과 · 속성과 · 강습과는 1년이었다. 사범학교는 당시로서는 가장 수준이 높은 학교로 교과목의 체제도 잘 정비되었다. 각 과정별 교과목은 다음과 같다.

〈본과〉

수신 · 교육 · 국어 · 한문 · 일어 · 역사지리 · 수학 · 물리화학 · 박물 · 도화 · 체조 · 음악 · 농업 · 상업 · 수공

*농업 · 상업 · 수공은 세 과목 중 한 과목 선택임.

〈예과〉

수신 · 국어 · 한문 · 일어 · 역사지리 · 수학 · 이과 · 도화 · 체조 · 음악

〈속성과〉

수신 · 교육 · 국어 · 한문 · 일어 · 역사지리 · 수학 · 이과 · 도화 · 체조 · 음악

다. 고등학교

1900년에 개교한 중학교는 1906년 고등학교로 개편되었으며 중학교는 폐지되었다. 고등학교는 본과 · 예과 · 보습과 등 세 과정으로 편제되었으며 수업년한은 본과가 4년 예과와 보습과는 1년이었다. 각 과정별 교과목은 다음과 같다.

〈본과〉

수신 · 국어한문 · 일어 · 역사지리 · 수학 · 박물 · 물리화학 · 법제경제 · 도화 · 음악 · 체조

*1909년 개정된 규칙에는 외국어가 추가되었으며 음악이 창가로 바뀌었다.

〈예과〉

수신 · 국어한문 · 일어 · 역사지리 · 산술 · 理化 · 박물 · 도화 · 음악 · 체조

〈보습과〉

수신 · 국어한문 · 일어 · 역사지리 · 수학 · 이화 · 박물 · 도화 · 체조

라. 외국어학교

외국어학교는 日語科 · 英語科 · 法語科 · 德語科 · 漢語科 다섯과로 편제되었다. 관립한성외국어학교의 교과목을 참고로 제시하면 다음과 같다.

각과의 어학 전공과목 : 각국어별로 해석 · 회화 · 쓰기 · 번역 · 작문과 문법 등
일반과목 : 수신 · 국어 및 한문 · 역사지리 · 이과 · 체조 · 제2외국어
*일어과에는 부기 · 법제 및 경제 추가. 제2외국어는 일어과는 영어 · 다른 과는 일어로 함.

마. 고등여학교

고등여학교는 1908년 정부에 의해 설립된 최초의 여자중등교육기관이다. 고등여학교는 본과와 예과로 편제되고 수업연한은 본과가 3년이고 예과는 1년이다. 영에 의거 설립된 한성고등여학교 본과의 교과목은 다음과 같다.[18)]

수신 · 국어 · 한문 · 일어 · 역사지리 · 산술 · 이과 · 도화 · 가사 · 수예 · 음악 · 체조 · 교육 · 제2외국어

(3) 통감부의 교과서 통제

가. 통감부의 교과서 편찬 방향

1906년 2월 설치된 통감부는 교육침략정책을 추진하여 학제를 개편하고 교육통제를 강화하면서 교과서 편찬에 직접 관여하였다. 이들의 교육방침은 식민지지배의 준비단계로서 이른바 '順良化'를 정하고 한민족의 자긍심을 없

18) 《官報》, 융희 2년 6월 3일, 學部告示 4호 〈官立漢城高等女學校豫科本科科程及每週敎授時數表〉.

애는데 주안점을 두었다.

통감부의 교과서 편찬의 기본방침은 일본인을 교과서편찬위원에 임명하고 이들로 하여금 일본어로 교과서를 편찬하는 일이었다. 이에 앞서 학부에서 교과서 편찬업무를 담당한 일본인은 학부참여관 시데하라(幣原坦), 학부참여관 부통역관 우에무라(上邨正已), 교과서편집 촉탁 와다세(渡瀨常吉), 교과서편집 촉탁 타카하시(高橋亨) 등이었는데 통감부설치 직후 시데하라의 후임으로 부임한 미쓰치(三宅忠造)는 교과서편찬을 효과적으로 추진하기 위하여 교과서 편찬위원회를 설치하고 본격적인 교과서 편찬을 시작하였다.

이들이 중심이 되어 일본어로 교과서를 편집하는 것은 그 동안 전개되어 온 민족교육을 억제하고 한민족의 민족정신을 말살하려는 방향에서 진행되는 것이므로 이에 대한 민족적 반항이 일어나지 않을 수 없었다. 당시 통감부의 교과서정책을 적극적으로 비판하고 나선 것은 대표적인 민족언론인 《황성신문》과 《대한매일신보》였다. 《황성신문》은 시데하라가 앞장선 일본인의 교과서 편찬에 대해 비판하면서 일문은 일본어교과서에, 다른 교과서는 일문으로 편찬하지 말 것과 한편으로는 국가정신을 고취하기 위해서는 우리 나라 역사와 지지를 교육하는 것을 제일로 삼아야 한다는 것이다.[19] 또한 《황성신문》은 교과서가 일본인에 의해 편집되기 때문에 학생들의 '祖國之精神'이 제대로 배양되지 못할 것을 걱정하는 논설을 게재하기도 하였다.[20]

통감부는 개학일까지 완본이 나오기 어려워 假綴해서 보급할 정도로 교과서 편찬과 보급을 서둘렀음을 보여준다. 이 때 편찬된 교과서 가운데는 그 동안 중요시되어 왔던 과목인 역사나 지리교과서는 포함되지 않았으며 1909년 5월 보통학교용 수신서 4책·국어독본 8책·일어독본 8책·한문독본 4책·이과서 2책·도화임본 4책·습자첩 4책·산술서 4책이 편찬되었으며 더 이상 다른 교과목의 교과서는 편찬되지 않고 있었다.

이러한 통감부의 교과서정책은 한민족의 국민정신을 훼손시키는 것으로 인식한 《황성신문》은 일본의 정책에 대응하여 국민정신을 배양하는 길로 본국사연구강화를 주장하면서 본국사연구를 소홀히 하였던 학문풍토를 비판하

19) 《皇城新聞》, 1906년 4월 5일.
20) 《皇城新聞》, 1906년 5월 30일.

면서 즉 국사를 통해서 人智를 키우고 國性을 배양할 수 있으며 국사연구는 나라가 망하는 것을 막고 나라의 발전을 기할 수 있는 길이라고 그 중요성을 강조하고 있다.

나. 교과서사용규정의 제정

1906년 통감부가 실시한 학제개편에서 핵심적인 내용은 한민족의 자주독립정신을 고취하여 온 민족교육을 억제하는 것이었다. 그 구체적인 내용이 일본인 교사를 임명하고, 일본어 사용을 각급 학교에서 의무화하고 역사 등 애국 교과의 교수를 축소 또는 삭제하는 것이었다. 또한 일본어로 교과서를 편찬하였고 교육내용도 그들의 침략정책에 유리하게 일본인이 작성하였다.

교육을 통제하는 직접적이며 간편한 방법은 각급 학교에서 교과서를 일정한 기준으로 제한하는 것이다. 통감부는 1906년 각급 학교의 학교령을 발표하고 시행규칙을 제정하면서 교과서의 사용규정에 새 조항을 포함시켰다.

교과서 사용에 관한 규정은 이미 1895년에 발표된 〈소학교령〉에도 "소학교의 교과용도서는 학부에서 편찬한 것 이외에도 학부대신의 검정을 거친 것을 사용함"21)에 나타나고 있다. 그러나 당시에는 구체적 교과서검정이 실시되지 않았고 학부나 민간에서 편찬된 교과서가 그대로 사용되어 왔었다.

1906년 개편된 학제에 따라 제정된 각급 관공립학교의 학교령시행규칙에 제시된 교과서 사용에 관한 규정은 다음과 같다.

1. 보통학교 : 보통학교의 교과용도서는 학부에서 편찬된 것을 사용하되 특별한 경우에는 학교장이 학부대신의 인가를 받아 학부편찬 이외의 도서를 사용함.
2. 고등학교 : 교과서를 정하고자 할 때는 학교장이 학년 초부터 2개월 전에 학부대신의 인가를 받음.
3. 사범학교・고등여학교 : 고등학교와 같음.

이를 보면 학부에서 편찬한 교과서를 사용하도록 한 것은 보통학교뿐인데 이는 1906년 당시 학부에서 보통학교용 교과서만 편찬하였기 때문이다. 학부에서는 학부편찬 교과서를 보통학교 1학년 학생에게 지급하였는데 2학년 이

---

21) 《官報》, 개국 504년 7월 22일, 칙령 145호 〈小學校令〉 15조.

상의 학생들도 1학년 학생의 교과서를 사용함이 유익하다고 판단될 때는 학생수와 교과서 종류 및 수효를 청구하라고 지시하고 있다.22)

보통학교에서 학부편찬 이외의 도서를 사용할 때와 고등학교·사범학교·고등여학교에서 교과서를 정할 때 학부대신의 인가를 받도록 하였으나 아직 이에 대한 세칙이 마련되지 않았다. 그리하여 전국의 대부분의 학교들은 사립학교를 포함하여 특별한 제한규정이 없어 자유로이 교과서를 사용하였다. 교과서는 이전 학부에서 편찬한 것이거나 재직교사가 직접 저술한 것도 있었지만 대부분은 민간이나 교육단체에서 편찬한 것이었다. 학교에 따라서는 학교내에 출판시설을 갖추고 교과서를 편찬하기도 하였다.

특히 사립학교의 교과서 사용을 통제하기 위하여 마련한 것이 사립학교령을 통한 교과서사용규정이었다. 사립학교령은 민족구국교육운동을 억압하기 위한 목적으로 제정된 것으로 그 핵심 내용은 교과서 사용의 통제였다. 통감부는 사립학교령을 발표한 직후 교과용도서검정규정을 제정하고 교육내용에 대한 통제를 시작하였다. 교과용도서검정은 사립학교를 대상으로 시작되었으나 모든 교과용도서가 학부대신의 검정을 받도록 한 것이었으므로, 사립학교뿐만 아니라 관공립학교의 교과서사용규정을 개정하지 않으면 안되었다.

그리하여 1909년 각급 학교의 학교령을 일제히 개정하였는데 그 개정 내용은 교과서사용규정이었다. 개정된 각급 학교의 교과서사용규정은 다음과 같다.

1. 보통학교 : 보통학교의 교과용도서는 학부에서 편찬한 것을 사용하여야 한다. 단 학부에서 편찬한 것이 없을 때는 학부대신의 검정을 받은 교과용도서 또는 학부대신의 인가를 받은 다른 도서를 사용할 수 있다.

---

22) 《大韓每日申報》, 1907년 6월 29일.
《官報》, 광무 11년 7월 9일, 학부령 7호 〈學部編纂普通學校敎科用圖書發售規程〉. 공립보통학교 혹 사립학교에서 本部 편찬 보통학교교과용도서를 학도에게 사용코자 할 때에는 당해 학교장이 다음 사항을 갖추어 본부에 청원하여야 한다.
1. 학교 규정의 학과목과 그 정도 및 수업연한
2. 학도 총수와 교과서를 사용할 학도와 학년별의 수효
3. 교과서의 종류와 그 학년별의 배정
4. 교과서를 사용할 학과의 담임 교원 이력서

2. 고등학교 : 고등학교의 교과용도서는 학부에서 편찬한 것이나 또는 학부대신의 검정을 받은 것을 사용하여야 한다. 학교장은 학부대신의 인가를 받아 앞의 도서 이외의 도서를 사용할 수 있다.
3. 사범학교 : 사범학교의 교과용도서는 학부에서 편찬한 것이나 또는 학부대신의 검정을 받은 도서를 사용하여야 한다. 앞의 도서가 없을 때와 또는 부득이한 사유가 있을 때는 학교장이 학부대신의 인가를 받아 기타의 도서를 사용할 수 있다.
4. 고등여학교 · 외국어학교 : 고등학교와 같음.

이상의 각급 학교의 교과서사용규정을 보면 교과서 사용은 다음의 세 가지로 제한되고 있음을 알 수 있다.

첫째, 학부에서 편찬한 것.
둘째, 학부대신의 검정을 받은 것.
셋째, 이상에 해당되는 도서가 없을 경우에 학교장이 학부대신의 인가를 받아 다른 도서를 사용할 수 있음.

개정된 내용의 특징은 보통학교 이외의 학교에서도 학부편찬의 도서를 사용하도록 한 것이며 어느 학교나 학부편찬 이외의 모든 교과용도서가 검정된다는 것이다. 또한 학부대신의 인가를 받아 다른 도서를 사용할 수 있다고 한 다른 도서는 학부대신의 인가를 받은 것을 의미하는 것이다. 결국 교과서는 학부편찬, 학부대신의 검정을 받은 것, 학부대신의 인가를 받은 것 세 가지로 제한하고 있음을 알 수 있다.

개정된 학교령에 뒤이어 시행규칙이 개정되었다. 개정시행규칙에서는 교과서 사용에 관한 구체적이고 세부적인 절차를 만들어 학교에서의 교과서 사용을 엄격하게 통제하게 되었다. 그 내용은 다음과 같다.

1. 보통학교 : 학부편찬 이외에 학부대신의 검정을 받은 교과용도서를 사용하고자 할 때는 학교장이 도서의 명칭, 著譯者名 및 발행년월일을 갖추어 학부대신에게 보고하며, 기타의 도서를 사용하고자 할 때는 해당 도서의 명칭, 책수, 사용코자 하는 학년, 저역자명 및 발행년월일을 갖추어 신청하여야 한다.
2. 고등학교 : 교과용도서를 정하고자 할 때는 학교장이 도서의 명칭, 저역자명 및 발행년월일을 갖추어 학부대신에게 보고하여야 한다. 학부편찬이나 학부

검정 이외의 도서를 사용하고자 할 때는 해당 도서의 명칭과 책수, 사용하고자 하는 학년, 저역자명 및 발행년월일을 갖추어 신청하여야 한다.

3. 사범학교 · 고등여학교 · 외국어학교 : 고등학교와 같음.

이처럼 통감부는 각급 학교에서 교과서는 학부편찬 교과서와 학부대신의 검정 또는 인가를 받은 교과서만 사용하게 하였다. 이러한 교과서사용규정은 새로 설립되는 실업학교에도 그대로 적용되었으며,[23] 모든 사립학교에도 적용되었다. 특히 사립학교의 경우에는 사립학교령에 이와 같은 교과서규정을 포함시켰다.

다. 교과용도서검정의 실시

통감부가 설립된 이후 학부에서 일본인들이 중심이 되어 교과서를 새로이 편찬하였으나 그 종류가 국어 · 일어 · 한문 · 수신 등 일부 과목에 불과할 뿐 아니라 그것도 보통학교용에 그쳤다. 따라서 대부분의 교과서는 개인이나 학회 또는 학교나 신문사에 부설된 출판사에서 간행되었고 일부 사립학교에서는 자체에서 제작한 교과서를 사용하기도 하였다. 이들 교과서들은 대부분 애국심을 강조하고 자주독립을 주장하는 내용을 수록하였으며, 전국적으로 설립되고 있는 사립학교에서는 이들 교과서들이 사용되고 있었다.

통감부는 새로 제정된 각급 학교의 시행세칙에서 교과서사용에 관해 학부대신의 인가를 받도록 하는 규정을 만든 이후 사립학교를 통제하기 위해 사립학교령을 발표하고 교과서검정을 실시하게 되었다. 그러나 실제로는 교과서검정규정을 발표하기 이전부터 실시되고 있었을 뿐만 아니라 검정은 교과서뿐 아니라 한국에서 출판되는 모든 도서를 검정하였다.

그것은 교과용도서검정규정이 제정되기 전의 다음과 같은 신문 기사를 통해서도 알 수 있다.

교과용도서뿐만 아니라 각종 서적을 학부에 照檢한 이후에 편찬하여야 함으로 각 관청 · 사찰 · 개인 · 가정 등지에 소장된 관공 · 사유 각종 서적동판을 조

---

23) 《官報》, 융희 3년 4월 26일, 칙령 56호 〈實業學校令〉.
《官報》, 융희 3년 7월 5일, 학부령 1호 〈實業學校令施行規則〉.

사하되 經史子傳·文集·稗史小說 등 빠뜨리지 말 것, 활판인쇄소도 일체 조사하고 末月로 不報이면 무효임(《大韓每日申報》, 1907년 9월 1일).

이 기사는 내부대신이 발표한 것으로 교과서검정이 다만 교과용도서에만 해당되는 것이 아니라 한국에서 이미 간행된 모든 서적 또는 문서에도 적용되는 것으로서, 이는 결국 한국의 정신문화를 파괴하려는 정책임을 알 수 있다. 또한 당시 학교에서 사용되던 교과용도서는 교과서에만 국한되지 않았다는 사실을 말해주고 있다. 교과용도서검정규정이 발표되기 이전 이미 검정이 실시되고 있었음은 兪吉濬이《東洋史》수천 질을 발간하여 학부의 검열을 받았으며,[24] "유길준이 幼年必讀書를 학부에 검정을 요청하였으나 이의 검정이 허가되지 않으므로 未妥한 조건은 장차 개정하여 학부에 검정을 청할 것임"[25]이라는 기사를 통해서도 알 수 있다.

교과용도서검정규정이 공포된 것은 1908년 8월 28일이었다. 그 내용은 다음과 같다.[26]

제1조 교과용도서의 검정은 그 목적하는 학교의 학원 학도용 또는 교원용에 적당함을 인정하는 것이다.
제2조 도서를 발행하던지 또는 발행하고자 하는 자는 그 검정을 학부대신에게 청원하여야 한다.
외국에서 발행한 도서는 발행자가 본 규정에 의하여 그 검정을 학부대신에게 청원하되 이 경우에는 한국내에 대리인을 두어야 한다
제3조 검정청원자는 제1호 서식의 원서 검정료 및 도서와 그 稿本 2부를 제출하여야 한다.
검정료는 도서 1종에 대하여 그 목적하는 학교 1종마다 도서 정가의 20배이다.
제4조 검정을 받은 후에 도서의 명칭·책수·정가·목적하는 학교 및 학과의 종류와 도서의 내용을 변경하는 때는 검정의 효력을 잃는다.
제5조 앞의 경우에 다시 검정을 청원하는 자는 제2호 서식의 원서 및 도서 혹 고본 2부를 학부대신에게 제출하여야 한다.
제6조 검정료는 수입인지로 납부한다.
검정료를 납부한 후에는 어떠한 사유가 있어도 이를 환불하지 않는다.

---

24) 《大韓每日申報》, 1908년 6월 25일.
25) 《大韓每日申聞》, 1908년 7월 25일.
26) 《官報》, 융희 2년 9월 1일, 학부령 16호 〈教科用圖書檢定規程〉.

제7조 검정한 도서는 학부에서 관보에 그 명칭·책수·정가·목적하는 학교 및 학원 학도용 또는 교원용의 구별·발행 및 검정년월일과 해당 도서에 서명한 저자 역자 및 발행자의 주소 성명을 공고한다.

제8조 도서발행자는 도서에 서명한 서자 역자 또는 발행자의 주소 성명에 변경이 있을 때는 그 사항을 학부에 보고하여야 한다.

제9조 검정을 받은 도서에는 매 책의 잘 보이는 위치에 제7조에 기재된 사항을 게재하여야 한다.

제10조 稿本으로 검정을 받은 자는 발행 후 3일 이내에 해 도서 2부를 학부에 납부하여야 한다.

전항의 도서가 그 지질·인쇄 또는 제책이 조악하여 교과용도서에 부적당한 것으로 인정되는 때는 상당히 변경함을 면할 수 있다.

제11조 다음의 각호의 1에 해당하는 때는 학부대신이 도서의 검정을 취소할 수 있다.

1. 제8조·제9조·제10조의 규정에 위배된 경우
2. 제10조의 변경 명령을 따르지 아니한 경우
3. 검정을 받은 도서로 학부에 납부한 도서보다 지질·인쇄 또는 제책이 조악한 경우

제12조 검정을 받지 아니한 도서 또는 검정의 효력을 잃은 도서에 학부검정 기타 이와 유사한 문자를 기재하여 발행한 자는 5환 이상 50환 이하의 벌금에 처하며 이를 알고 수탁 판매한 자도 역시 같은 벌에 해당한다.

제13조 본 규정은 반포일로부터 시행한다.

제14조 본 규정 시행 전에 검정한 도서는 본 규정에 의하여 검정한 것으로 간주한다.

제15조 본 규정 시행 전에 검정을 받은 도서로서 이미 발행한 것은 발행자가 본 규정 시행일로부터 90일 이내에 제9조의 게재사항을 인쇄한 도서 2부를 학부에 납부하여야 한다.

기일내에 도서를 납부하지 아니한 자는 장래에 해당 도서의 효력을 상실한다.

(제1호 서식, 제2호 서식) … 생략

이상의 검정규정을 발표한 통감부는 학부로 하여금 모든 교과용도서의 검정청원을 접수하게 하였다. 학부 편집국에서는 1908년 12월 16일까지 '可成的 査閱事務'를 마치고 허가 혹은 불허를 결정하여 통보하기로 계획하였다.

한편 교과용도서를 검정하기 위해 학부에서는 검정내규를 제정하고 이 내규에 준하여 검정을 실시해 나갔다. 검정내규의 내용은 다음과 같다.

(一) 검정청원한 도서는 다음의 요항에 준하여 사열함.

甲, 학원학도용도서

1) 분량

당해 과목의 실제 교수시수와 평균 1시간의 교수와 진도에 적합함을 요함.

2) 내용

가. 목적한 학과와 학과의 종류에 적합함을 요함.

나. 목적한 학교와 교수요지(보통학교령 시행규칙 및 고등학교령 시행규칙에 제시)에 적합함을 요함.

다. 학원학도의 지식 정도에 적합함을 요함.

라. 조직에 관하여 다음의 항에 적합함을 요함(교재의 취사선택, 기재사항의 순서배당, 기술의 繁簡詳略).

마. 語句·用字·事實·理論 등에 관하여 착오가 없을 것. 특히 지리·이과·산술 등 知的 科目에는 주의를 요함. 수신은 물론 한자·국어·역사 등도 다른 과에 비하여 일상에 자제 덕성의 함양을 유의함인즉 어구·용자의 偏僻奇矯에 흐르지 않도록 함.

바. 문체 및 기사는 일반이 용인하기 어려운 嫌이 없어야 함. 예를 들어 헛된 이론에 치우쳐 舊慣을 무시하는 신설이나 연구가 충분하게 이루어지지 않은 사항.

사. 인구·물산 등의 概數記載는 불가함이 없으나 해마다 변동이 있는 통계적 수량은 기재하지 말아야 함. 고등학교 정도의 도서로 필요부득한 경우에는 그 조사년월일을 표시할 것.

아. 동일인으로 여러 종류의 검정을 청원하는 경우에는 각 과목간에 조화를 유의하여 聯絡 통일을 기하되 기사의 중복을 피할 것. 그 聯絡을 요하는 과목은 국어·한문·수신·국어·한문·역사·지리·이과·산술 등이다.

3) 문법

문장 및 용어는 평이하고 간명하여야 함.

4) 제책 및 인쇄

가. 지질과 제책은 적어도 1학년간 사용할 수 있도록 함.

나. 인쇄는 선명하여야 함.

다. 활자의 대소와 字行의 간격은 상당하여야 함.

라. 문자의 誤落이 없으며 삽화가 적당할 것.

乙, 교원용 도서

1) 학원학도용열요항 중 교원용에도 불가결한 자는 일체 주의할 것.

2) 주석·부연·응용·주의 등 사항을 가하여 교수상 유감이 없게 하여 학원학도용도서에 비하여 그 분량이 많거나 기술이 상세하여도 무방함.

(二) 수정을 불요하고 검정을 허가할 경우나 검정을 불허할 경우에는 청원자에

게 지령함.

(三) 수정을 가한 후에야 검정을 허가할 경우에는 먼저 청원자나 대리인을 소환하여 수정할 부분을 지시함.
단, 이 경우에는 학부에서 지정한 기간내에 수정을 가하여야 함.

(四) 학부는 검정청원자의 편리를 위하여 도서의 稿本도 受理하나 만약 해당 도서로 검정 허가를 받을 경우 인쇄·제책 후에 간본 2부를 학부에 제출하여 다시 사열한 후 지령을 대기한다. 만약 지령을 대기하지 않고 제작 간행하였다가 학부에서 사열한 결과 적합하지 않아 전부 개작을 지령하는 경우에는 시간과 노력과 금전을 낭비하기에 이르니 청원자는 이 점에 주의함을 요함.

(五) 검정청원의 규식은 학부령 제16호로 반포된 교과용도서검정규정에 준거할 것이며 청원자 가운데 왕왕 이 규식을 생략하여 쓸데없이 무용의 공력과 시일을 허비함이 많으니 청원자는 이 규식에 유의할 것.

라. 교과서검정의 성격과 교과서검정의 실태

(가) 성격

교과서를 검정하는 일은 주로 통감부의 일본인들이 담당하였다. 그들은 한국인의 민족정신을 제고하는 내용이나 일제침략에 비판적인 내용 또는 자주·독립·애국 등의 용어가 사용된 도서에 대해서는 검정을 불허하였다. 당시의 상황은 1907년 일제의 강압으로 한국군대가 해산되고 고종황제의 퇴위와 함께 신조약에 의거 일본인 次官이 한국의 내정을 실질적으로 운영하는 등 그 침략이 본격화되어 감에 따라 이에 대항하는 한민족의 민족운동이 각지에서 격렬하게 전개되고 있었다. 그 대표적인 활동 양상이 의병투쟁과 함께 사립학교에 의한 민족교육운동이었다.

교과용도서검정은 바로 이러한 민족교육운동을 억제하기 위한 것으로 그 주 대상은 사립학교의 교육내용이었다. 교과용도서검정규정과 비슷한 시기에 발표된 사립학교령, 학회령, 사립학교보조규정, 공립·사립학교 인정에 관한 규정, 사립학교령 시행에 관한 건, 서당관리에 관한 건 등이 동시에 만들어진 것은 사립학교의 민족교육운동을 억제하기 위한 조처였다.

특히 교과용도서검정규정은 사립학교령의 사립학교교과용도서사용규정을 실시하기 위한 것임은 당시 일본인 학부 차관이었던 다와라(俵孫一)의 언행을 통해 알 수 있다. 그는 사립학교령이 발표된 직후 한성부내 사립학교와 학회의 대표자를 소집한 석상에서 통감부의 사립학교에 대한 방침을 행정·교육·정치의 세 측면에서 설명하였는데 교과서문제는 정치적 측면에 포함시켜 말하고 있다. 그 내용을 보면 다음과 같다.

학교의 교과서에 부적당한 것이 많이 있다. 다수의 사립학교의 경우를 보건대 그 사용하는 교과서에 부적당한 것이 적지 않다. 심한 경우에는 유해한 교과서를 사용하고 있으며, 그 수가 많음에 놀라게 된다. 무슨 까닭으로 이것을 유해하다고 하는가. 이제 그 일례를 든다면, 교과서 가운데 현시의 정치문제·사회문제를 가지고 편찬한 것이 많음을 본다 … 무릇 정치와 교육과를 혼동하는 것은 교육의 목적을 달성하는 데 있어 자못 해로운 것이다. 우리 동양인은 다 같이 종래에 학문은 소위 경세의 학으로서, 학문을 한다는 것은 관리가 되기 위함이다. 관리가 되지 않으려면 학문이 필요가 없다는 오해의 관습이 있으니 이것이 동양인의 통폐로서 오늘에 이른 것이어서, 사람이 한번 입을 열면 정치문제를 부르짖고 사회문제를 말하여 소위 이 〈蝨〉를 죽이면서 천하지사를 논하는 것으로써 영웅의 본령을 삼는다. 즉 정치의 취미는 생명을 유지하는 음식물의 기호와 다를 것이 없다. 그런데 학문이란 무엇인가. 고래 우주의 삼라만상을 다루어 그 원리를 연구하는 데 있다. 그 일은 비록 중요하지만 고생이 많은 학문연구보다도 취미가 많은 정치문제나 사회문제를 토의하는 것은 누구나 즐기는 바다. 세상의 청년자제가 근로를 참고, 연찬을 쌓아 학문에 뜻을 두는 소이가 만일 타일 정권에 붙어 정치를 논하는 데 있다고 한다면 이제 당장 이러한 노고를 쌓지 않고 곧 정담을 放吟할 수 있을 것이니 누가 구태여 修學에 각고하겠는가 … 이러한 것은 청년자제를 행복하게 하는 것이 될 수 없을 뿐만 아니라 학교 설립의 목적이 아닌 것이다. 한국 학교에서 이러한 교과서를 사용할 때 그 결과로 이 나라의 전도가 어떠할 것인가. 정치문제나 사회문제와 같은 흥미있는 문제를 가지고 청년학도로 하여금 토론·橫議·放漫·自在케 한다면 그들은 학예의 연찬을 등한히 하며 지덕 수양상 조금도 얻는 것이 없어 결국 쓸데없이 奇矯한 인물이 되고 말 것이다. 나라 안이 모두 浮華경조한 인물로 가득차 버린다면 무엇으로써 나라의 부강을 이룩할 수 있겠는가. 청년자제의 무리가 공연히 정치문제에 광분할 것이면 일종의 정치광, 큰 불평객이 속출하게 되어 이 나라는 더욱 소요의 와중에 빠지는 결과를 보게 될 것이다.

위의 연설내용은 한국의 사립학교에서 사용되는 교과서가 한국의 현실정치와 사회문제를 다룬 내용이 많으며 이는 학생들의 공부에 도움이 되지 않고 한국이 발전하는 데도 도움이 되지 않으므로 이를 바로잡아야 된다는 주장이다. 그는 한국의 청년학생들이 국권이 침탈당하고 있는 현실에 대한 관심과 논의를 소요이고 부화경조의 불평이라고 규정하고, 이러한 원인이 교과서의 내용에 있고 이러한 교과서로 교육을 실시하면 한국의 발전에 도움이 되지 않다는 것이다.

그는 사립학교령을 공포하는 이유를 다음의 성명에서도 밝혔다.

> 그 중점을 교과서에 두었다. 사립학교에서 사용하고 있는 교과서 가운데는 심히 불량한 것, 한국의 현상에 비추어 심히 위험한 것이 매우 많다. 이에 대하여 사립학교령은 상당히 취체를 엄중히 하여 한국의 國是·國情, 또는 進運에 부합하지 않은 교과서는 절대로 구속하고 학부 편찬 또는 검정 이외의 도서에 대하여는 사용 허가를 받지 않으면 안되게 되었다.

교과서검정이 사립학교를 중심으로 전개되고 있는 민족교육 내지 구국교육에 대한 억압정책의 일환임을 밝히고 있다.

(나) 교과서검정의 실태

교과용도서의 검정규정을 발표한 일제는 본격적으로 검정을 실시하면서 1909년 각급 관공립학교의 학교령을 개정하여 관공립학교에도 교과서사용규정을 만들었다. 통감부는 검정을 실시하면서 검정의 기준과 검정 조사의 착안점 및 검열의 개황 및 검정의 방침을 내규로 정하였는데 이를 통해 구체적인 검정내용을 파악할 수 있다.

> ㄱ. 착안점
> (정치적 방면)
> 1. 한일관계와 아울러 양국친도를 저해하고 비방함이 없는가.
> 2. 한국 국시에 어긋나며 질서안녕을 해하고 국리민복을 무시하는 듯한 설은 없는가.
> 3. 한국 고유한 국정에 어긋나는 기사는 없는가.
> 4. 奇矯하고 편협한 우국심을 고취함이 없는가.
> 5. 배일사상을 고취하고 또 한국인이 일본인이나 외국인에 대한 악감정을 품

게하는 기사 및 어조는 없는가.

6. 기타 언론이 시사평론에 관계됨이 없는가.

(사회적 방면)

1. 淫猥 혹 풍속을 괴란하게 하는 듯한 언사 및 기사가 없는가.
2. 사회주의와 기타 사회 평화를 해하는 듯한 기사가 없는가.
3. 妄誕無稽한 미신에 속하는 듯한 기사가 없는가.

(교육적 방면)

1. 기재사항에 오류가 없는가.
2. 정도·분량 및 재료의 선택은 교과서에 목적한 사건에 적응하는가.
3. 편술의 방법은 적당한가.

이상의 착안점에 의하여 청원한 교과용도서 가운데 부적당한 판정을 받은 도서에 대한 검열의 개황은 다음과 같다.

ㄴ. 검열의 개황

(교육적 방면)

1. 기사에 오류가 많다.
2. 재료의 선택과 서술의 체재가 적당하지 못함이 많다.
3. 편술의 조직이 적당하지 못하다.
4. 분량·정도가 적당하지 못하다.

(정치적 방면)

교과서 가운데 정치적 의미를 함축한 것이 많은 바 이는 한국인이 정치와 교과의 구별을 충분히 알지 못하고 있거나, 고의로 어떤 목적에 이용하려는 것으로 특히 국어·수신·한문·역사 등 교과서에서 그러한 것이 많다.

1. 한국의 현시상태를 통론한 것.
2. 과격한 문자를 써서 자주독립을 설하여 현상을 파괴하려는 정신을 고취한 것.
3. 외국의 사례를 인용하여 한국의 현 정세를 풍자한 것.
4. 설화를 巧說하여 한국의 현정세를 풍자한 것.
5. 국가론·의무론을 게재하여 분개적 언사를 사용한 것.
6. 편협한 애국심을 설한 것.
7. 일본 및 기타 외국에 관계가 있는 역사사실 가운데 장렬한 인물의 사적을 과장하여 암연히 일본과 기타 외국에 대한 적개심을 고취한 것.
8. 한국에 고유한 언어·풍속·습관을 유지하고, 외국을 모방함이 불가하다고 설하여 배외사상을 고취한 것.
9. 비분한 문자로 최근 한국사를 서술한 것.

(이상 정치적 방면의 개괄)

1. 음으로 양으로 자주독립을 설하여 한국의 현상파괴를 창도한 것.
2. 배일사상을 고취하여 한일 양국의 친교를 저해하려고 한 것.
3. 편협한 애국심을 도발하여 자제를 그릇되게 할 염려가 있는 것.

ㄷ. 검정의 방침

금일 급한 일은 국민으로 하여금 속히 이용후생하는 길을 알게 하며 근면취업하는 풍을 기르게 하며, 또한 온건착실한 사상을 뿌리내려 민력의 발전과 국부의 충실을 기함에 있을 뿐이니 이것이 진정한 애국심이라. 고로 항상 식산업에 근면하기를 게을리하는 것이 불가함에도 이상의 정치적 사항을 揭한 교과서는 어느 것이나 자유를 창하고 독립을 叫하며 막연히 충군애국하는 사상을 불러 일으키려 하되 근면하고 충실하게 산업에 힘쓰는 일이 충성 애국에 이르는 길임을 상술치 않고, 왕왕 국가변란의 때에 이상한 사적을 誇解한 것이 있어 어린 학도들이 무모한 행동을 하게 하니 이로써 애국충렬의 행위라는 誤見을 품을 염려가 있는 것이다. 이것은 실로 충군애국의 진의를 오해하여 사리의 본말을 판지하지 못하는 자를 양성하는 것이라고 할 수 있다. 무릇 국가의 존립은 국민의 부강에 있고 국민의 부강은 불가불 근면으로 기대할지니 청년으로서 헛되이 대언장담으로 자쾌하고 입으로 정법을 논하는 자만이 있고 손으로 낫을 잡는 자가 없으면 누구에 의하여 국가의 존립을 얻을 수 있으리오. 저들 교과서에 說한 애국심과 같은 것은 건전치 못하다 할 뿐 아니라 반대로 국가로 하여금 擾亂疾弊에 빠져 영구히 흥국하는 기초를 열지 못할 것이라 말할지니 이와 같은 위험한 서적은 하루라도 존재를 許할 것이 아니어든 하물며 한국 헌정의 파괴를 고취하고 또 한일 양국의 친선한 관계를 저해하는 것이리오. 이는 명확히 국시에 반한 것이니 추호라도 假借할 여지가 없다…이들 위험한 교과서가 이미 학생간에 유포한 것이 불소하여 그 결과로 국가를 위하여 우려할 만하니 요컨대 현시 교과서검정에 있어서 그 교육적 방면의 심사는 크게 관대하게 할지라도 그 사회적 정치적 방면에는 아주 엄밀하게 심사함이 지극히 당연한 것이다.

이상의 교과서검정의 착안점과 검열의 개황 및 그 방침을 살펴보면 한국의 자주독립과 일제침략, 한국국권의 위험함을 말하는 것은 현실을 파괴하는 것이고 한국과 일본의 친선관계를 저해한다고 평가하고 있다. 이는 일제의 침략적 상황이 마치 國是인 것처럼 나타내고 있는 것이다. 또한 국리민복을 내세워 부지런히 생산에 종사하는 것이 충군애국이라며 청년들이 이에 힘쓰고 현 정치·사회적 현실에 대한 관심을 막으려 한 것이었다.

(4) 구국교육운동과 민간의 교과서 편찬

1906년 일본이 통감부를 설치하고 본격적으로 한국의 국권을 침탈하려는 정책을 본격적으로 추진함에 따라 한민족의 대항운동이 다방면으로 전개되었으며 그 흐름은 대체로 의병항쟁과 애국계몽운동의 방향으로 나타났다.

통감부의 교육침략정책이 그 동안 발전하여 온 민족교육을 크게 억압하고 통제하는 방향으로 전개되는데 대항하여 민족교육은 보다 더 활발하게 추진되어 갔으며, 애국계몽운동 중에서도 가장 대표적인 운동이었다. 민족교육운동은 국권을 수호하기 위한 가장 중요한 일로 인식하게 되었을 뿐만 아니라 나라를 구하는 일로 받아들여졌다.

각지에 많은 민족사립학교가 설립된 것은 물론이고 교육회 및 여러 학회가 조직되어 보다 체계적인 민족교육운동이 전개되었다. 이로 인해 교과서의 수요가 늘어나게 됨에 따라 교과서를 편찬하는 일이 필요하게 되었다. 통감부는 처음 초등학교의 교과서만을 편찬하였으므로 다수의 사립학교에서 필요한 교과서를 민간에서 편찬하지 않을 수 없었다. 1904년 9월 설립된 國民敎育會는 대표적인 기관으로, 그 설립목적을 "일반 국민의 교육을 勉勵하여 지식을 발달케 하되 泥古의 폐습을 革祛하고 쇄신의 규모를 확립할 것"에 두고 이를 위한 사업으로 "학교를 설립하고 문명적 학문에 응용할 서적을 편찬 혹 번역하여 刊佈하고, 본국사기와 지지와 古今名人傳蹟을 수집·광포하여 국민의 애국심을 鼓動하고 원기를 배양할 일"을 추진하였다.[27]

당시 이와 비슷한 취지로 설립된 학회인 서북학회(서우학회와 한북흥학회가 합침)·호남학회·기호흥학회·교남교육회·대동학회·여자교육회·태극학회·대한흥학회·관동학회·보인학회 등은 교육을 통하여 국권을 회복하는 데 그 목표를 두었으며 이를 달성하기 위하여 학교를 설립하고 교과서를 편찬하는 일에 앞장섰다. 사립학교 가운데는 학교 안에 출판부를 두고 교과서를 간행하기도 하였다.

교과서의 수요 증가에 따라 일본인이 지은 교과서 또는 일본에서 편찬된 교과서도 국내에 수입되어 널리 사용되었다. 1896년에서 1905년 사이에 편찬

---

27) 《皇城新聞》, 1904년 9월 19·20·21일, 〈國民敎育會規則의 大要〉.

된 교과서와 마찬가지로 1906년 이후의 교과서도 수신・국어・한문・역사・지리에 관한 교과서는 한국인이 주로 저술하였으나 다른 과목의 교과서는 일본인을 비롯하여 외국인의 저술이 많은 편이다.

(5) 교과서의 실태

교과용도서검정제도는 결과적으로 학교에서의 교육내용을 통제하는 것이 궁극적 목적이었다. 검정이 실시되는 1908년 이후 한국인학교에서 사용되는 교과용도서는 엄격한 통제를 받게 되었다. 통감부의 교과용도서에 대한 통제는 검정제도의 실시와 함께 내부대신의 이름으로 이른바 출판법을 제정하여 모든 출판물에 대한 검열을 실시하면서 이중으로 진행되었다.[28]

출판법의 내용은 관청의 문서・도서・연설문, 강의의 필기물・인쇄물, 사립학교와 회사 및 기타 단체에서 출판하는 문서・도서・서간・통신・보고・광고 등의 출판・발매 또는 반포를 목적으로 하는 모든 문서와 도서는 저작자 또는 발행자의 고본을 첨부하여 지방관을 경유해서 내부대신에게 허가를 신청하도록 하는 것이었다. 출판법 시행 전에 이미 출판한 저작물을 재판하고자 할 때에도 적용되었으며 내부대신은 출판법 시행 전에 출판된 저작물로써 안녕질서를 방해하거나 풍속을 壞亂할 염려가 있다고 인정할 경우 그 발매 또는 반포를 금지할 뿐만 아니라 版・印本을 압수하도록 되었다.

출판법으로 그 동안 사립학교에서 자체 편찬하여 사용하던 교과서나 민간에서 제작하여 사용하던 모든 교과용도서와 함께 일반출판물도 검정에 앞서 내부대신의 허가를 받지 않으면 안되었다. 이처럼 교과용도서에 대한 통제는 1907년부터 구체적으로 나타났으며, 통감부에서는 학교에서 사용할 수 있는 교과서와 사용할 수 없는 교과서를 분류하여 제시하기에 이르렀다. 학교에서 사용할 수 있는 도서는 '學部編纂 敎科用圖書'・'學部檢定 敎科用圖書'・'學部認可 敎科用圖書'로 제한되었으며, '學部不認可 敎科用圖書'나 '檢定無效 및 檢定不許可 敎科用圖書', 그리고 출판법에 의거한 '內部大臣 發賣頒布禁止圖書'는 사용할 수 없도록 금지하였다.

28) 《官報》, 융희 3년 2월 26일, 법률 6호 〈出版法〉.

검정제도 실시 이후 분류된 교과서의 실태를 살펴보면 다음과 같다.

가. 학부편찬 교과용도서

통감부가 설치된 후 학부에서 편찬한 교과서는 1907년 7월 보통학교용으로 국어독본(4권)·일어독본(4권)·한문독본(2권)·수신서(2권)·圖畵臨本(2권) 등 5종 14권이 편찬되었으며,[29] 1909년 12월 보통학교용 교과서는 일단 편찬이 끝나고 고등학교용 교과서의 편찬이 진행되어[30] 1910년 8월까지 완료되었다. 이들 교과서는 관공립학교는 물론 사립학교에서도 사용할 수 있었으며 사립학교에서 사용할 경우 학부대신의 인가를 받지 않아도 되었다.

1910년 7월 1일 현재 학부편찬 교과서는 다음과 같다.

수신서 (4권) 보통학교(학생용)
국어독본 (8권) 보통학교(학생용)
일어독본 (8권) 보통학교(학생용)
한문독본 (4권) 보통학교(학생용)
理科書(日文)(2권) 보통학교(학생용)
도화임본(4권) 보통학교(학생용)
습자첩 (4권) 보통학교(학생용)
산술서 (4권) 보통학교(교원용)
보통교육창가집1집 (1권) 보통학교 및 고등정도의 여러 학교(학생과 교원용)
보통교육학 (1권) 사범학교 및 여러 학교(학생과 교원 참고용)
학교체조교수서(1권) 보통학교 및 고등정도의 여러 학교(학생 참고용)
한국지리교과서(1권) 고등학교 및 같은 정도의 여러 학교(학생용)

나. 학부검정 교과용도서

교과용도서의 검정이 진행됨에 따라 학부에서는 이에 필요한 인원을 충당하기 위하여 편집관 2명과 편집관보 3명을 신설하였다. 1908년 8월 사립고등학교용으로 兪鈺兼이 지은 《東洋史敎科書》(1책)를 검정한 것을 시작으로 《萬國地誌大要》(安鍾和)·《國語語典》(김희상)·《算術敎科書》(이교승)·《小博物學》(유성준)·《東洋史敎科書》(유성준) 등이 1908년 12월 말 검정이 끝났다.

교과용도서검정규정이 제정된 후 1909년 3월까지 9종이 검정되는 등 검정의 진행이 더딘 편이었으나 1910년 5월까지는 33종, 1910년 8월까지는 모두 15개 교과에 걸쳐 41종의 교과서가 검정되었다. 이들 도서를 사립학교에서

29) 《官報》, 광무 11년 7월 9일, 학부령 7호 〈學部編纂普通學校敎科用圖書發賣規程〉.
30) 《皇城新聞》, 1909년 12월 14일.

사용할 경우에는 학부대신의 인가를 받을 필요가 없으며 다만 사립학교규칙 제10조 1항에 의거 신고하였다. 이들 검정교과서를 교과별로 분류하여 보면 다음과 같다.31)

교과목	도서명(책수)	저작자	발행년월일	사용대상학교
수 신	초등수신(1)	朴晶東	1909. 7. 12	사립초등
	보통교과수신서(1)	閔大植	1910. 4. 5	사립초등
	초등수신교과서(1)	安鐘和	1910. 6. 20	사립초등
국 어	초등국어어전(3)	金熙祥	1909. 3. 20	사립초등
	신찬초등소학(6)	玄 采	1909. 10. 20	사립초등
한 문	大東文粹(1)	휘문의숙	1907. 6. 5	고등학교
	字典釋要(1)	池錫永	1909. 7. 30	
	보통교육한문신독본(4)	李琮夏	1910. 2. 22	사립초등
	한문초학(4)	黃漢東	1910. 4. 30	사립초등
일본어	고등일문독본(3)	朴重華	1910. 6. 18	사립고등
	일어大成(1)	鄭雲復	1910. 6. 20	사립고등
교 육	신찬보통교육학(1)	金祥演	1908. 6.	사립고등
지 리	초등본국지리(2)	朴晶東	1909. 10. 10	사립초등
	초등만국지리대요(1)	安鐘和	1909. 2. 22	사립초등
	초등대한지리(1)	安鐘和	1910. 3. 15	사립초등
	초등외국지리(1)	兪鈺兼	1910. 8. 27	사립초등
지 문	신찬지문학(1)	閔大植	1907. 7. 15	고등학교
역 사	동양사교과서(1)	兪鈺兼	1908. 8. 10	사립고등
	초등대동역사(1)	朴晶東	1909. 8. 12	사립초등
	초등본국약사(2)	朴晶東	1909. 11. 15	사립초등
	초등본국역사(1)	安鐘和	1909. 12. 10	사립초등
	서양사교과서(1)	兪鈺兼	1910. 3. 30	사립고등
	신찬초등역사(3)	柳 瑾	1910. 4. 7	사립초등
수 학	산술교과서(2)	李敎承	1908. 7.	사립고등
	신찬대수학교과서(1)	李敎承	1910. 8. 15	사립고등
이 과	중등광물계교과서(1)	閔大植	1907. 8. 31	고등학교
	신찬소박물학(1)	兪星濬・金相天	1907. 11. 20	사립초등

31) 학부편집국, 《敎科用圖書一覽》 增補 5판(1910. 7).
조선총독부, 《敎科用圖書一覽》 改訂 6판(1912. 1).

	신편동물학(1)	申海容	1908. 6.	사립초등
	초등식물학(1)	鄭寅琥	1908. 8. 15	사립초등
	중등생리위생학(1)	任璟宰	1908. 10. 5(재판)	사립고등
	초등생리위생학대요(1)	安鍾和	1909. 9. 30	사립초등
	초등위생학교과서(1)	安鍾和	1909. 11. 25(재판)	사립초등
	개정중등물리학교과서(1)	閔大植	1910. 6. 20	사립고등
	초등용간명물리교과서(1)	崔在學	1910. 1. 20	사립초등
	생리학初卷(1)	安愛理	1909. 2. 15	사립고등
	개정신찬이화학(1)	朴晶東	1910. 2. 5(재판)	사립초등
	신찬실험이화학교과서(1)	李觀熙	1910. 5. 10	사립고등
	최신박물학교과서(1)	李觀熙	1910. 8. 25	사립초등
경 제	최신경제교과서(1)	兪鈺兼	1910. 5. 30	사립고등
농 업	농업대요(1)	李覺鍾	1910. 3. 7	사립고등
체 조	최신체조교과서(1)	森山美夫	1909. 7. 5	보통학교

한편 교과용도서검정규정은 1910년 8월 29일 국권침탈 이후에도 적용되어 1년 후인 1911년까지 다음 5종의 교과서가 검정되어 간행되었다.[32)]

朝鮮語對譯國語會話入門(2책)	成田忠良	1911. 12. 14	사립초등
最新朝鮮分道地圖(1책)	玄公廉	1911. 7. 18	사립학교
中程대수학교과서(1책)	柳一宣	1910. 10. 23	사립고등

신찬농업교과서(2책) 金大熙外 1911년 6월7일 보통학교・同보습과

The Step in English Spelling and Reading(1책)

G. Russell, Frampton 고등학교 및 동정도학교

다. 학부인가 교과용도서

학부인가 교과용도서는 사립학교에서 사립학교령에 의거하여[33)] 학부에 사용인가를 청원한 것 중 인가된 도서이다. 그러나 인가도서를 사용할 수 있는 효력은 인가를 받은 학교에만 있으므로 다른 사립학교가 이를 사용하고자 할 때에는 별도로 학부대신의 인가를 받아야 하였다. 인가도서의 총수는 1910년 7월 1일 304종에 달하고 있다.[34)] 이들 인가도서는 1911년 12월 28일

32) 조선총독부, 《敎科用圖書一覽》 改訂 6판(1912. 1).

33) 《官報》, 융희 2년 9월 1일, 칙령 62호 〈私立學校令〉 6조.

269종으로 줄어들었는데[35] 이는 그 동안 인가도서 가운데 불인가도서로 분류된 것이 늘어났기 때문이다.

이들 가운데는 1895년 이래로 학부편집국에서 발행한 교과서가 대부분 속해 있었으며, 일본의 문부성에서 발행한 것과 일본의 출판사에서 발행한 것도 있다. 또한 각종 종교서적이 포함되어 있으며 특히 기독교계통 학교에서 사용하는 종교계통의 교과서는 거의 외국인(서양인)의 저작이다. 1910년 7월 1일 교과목별 인가교과용도서의 종류를 보면 다음과 같다.

수신 : 2	교육 : 5	심리 : 1	가정 : 2
국어 : 9	한문 : 20	일어 : 4	지리 : 15
지도 : 12	지문 : 2	역사 : 4	산술 : 33
대수 : 9	기하 : 6	삼각 : 1	측량 : 3
박물 : 1	동물 : 5	식물 : 6	물리 : 13
화학 : 14	理化 : 7	이과 : 1	생리 : 3
위생 : 1	생리위생 : 3	광물지질 : 5	법률 : 6
경제 : 6	농업(축산원예 포함) : 31	상업 : 6	부기 : 7
도화 : 10	습자 : 2	수공 : 1	체조 : 4
영어 : 14	창가 : 1	예수교서 : 19	불교서 : 4

한편 학부에서 편찬한 도서로서 인가도서로 분류된 교과서는 다음과 같다.

교과목	도서명(책수)	저작자	대상학교
수 신	소학독본(1책)	黃必秀	사립초등
한 문	擊蒙要訣(1)		사립고등
	고등교과古文略選	呂圭亨	사립고등
지 리	만국지지(1)		사립고등
	중등만국지지(3)		사립고등
지 도	대한여지도(1)		사립고등
역 사	만국약사(1 또는 2)		사립초등
산 술	신정산술(3)		사립초등
	산술신서(2)		사립초등

34) 학부편집국, 《敎科用圖書一覽》 增補 5판(1910. 7).
35) 조선총독부, 〈敎科用圖書一覽〉 改訂 6판(1912. 1).

	정선산학 상(1)	사립초등
물 리	소물리학(1)	사립초등
이 화	신편이화학(1)	사립고등
경 제	경제통론(1)	사립고등

라. 학부불인가 교과용도서

이들 도서들은 사립학교에서 학부에 청원한 도서들 가운데 허가하지 않은 것이다. 불인가도서들은 대부분 1906년 통감부가 설치된 이후부터 교과용도서검정제도가 실시되기 직전까지 개인이 저작하여 발행한 것으로서 많은 사립학교에서 사용하고 있었던 도서들이며 여기에는 일본인이 저작한 도서도 포함되어 있다. 1908년 사립학교령이 발표되고 각급 학교의 교과서사용규정이 만들어 지자 이에 의거하여 그 동안 자유롭게 사용하던 교과서의 사용허가를 청원한 것인데 불허한 것이다. 불인가도서들은 수신·국어·역사·지리·한문·일어 등의 문학 또는 인문·사회 계통으로서 자연과학계통의 도서는 거의 포함되지 않았다.

1910년 8월 이후에는 불인가도서가 늘어났는데 이는 과거 학부에서 편찬하여 어느 학교나 사용하던 교과서 가운데 내용상 문제가 있다고 하여 불인가도서로 분류된 것도 있으며, 학부대신 인가도서로 인정되었다가 사용이 금지된 도서들이 있기 때문이다. 이들 도서들은 어느 학교든지 절대로 사용하는 것이 허가되지 않았다.

1910년 7월 1일 현재 학부불인가 교과용도서는 다음과 같다.

교과목	도서명(책수)	저작자	발행년월일
수 신	초등소학수신서(1)	柳 瑾	1908. 5. 30
	고등소학수신서(1)	徽文義塾 編輯部	1907. 8. 31
	중등소학수신서(2)	上同	1906. 9. 25
	중등수신교과서(5)	井上哲次郎	1902. 12. 12 초판
	여자수신교과서(1)	盧炳善	1909 2.
	삼강행실		
윤 리	초등윤리학교과서(1)	安鐘和	1907. 9. 10
	윤리학교과서(2)	申海永	1908. 1. 15

	신편윤리교과서(3)	井上哲次郎,高山林次郎	1897. 4.17 초판
	신정천자문(1)	李承喬	1908. 7. 1
교 육	사범교육학(1)	尹泰榮	1907. 6. 28
	신편소학교수법(1)	陳熙星	1907. 10. 10
	실용신교수법(1)	狩野鷹力	1901. 3. 31
국 어	초등소학(4)	國民敎育會	1906. 12. 20
	최신초등소학(4)	鄭寅琥	1908. 7. 20
	유년필독(2)	玄 采	1907. 5. 5
	유년필독釋義(2)	玄 采	1907. 6. 30
	국문독본(1)	미이미교회	1902. 초판
	국문課本(1)	원영의	1908. 5.
	유몽천자(4)	기 일	1907
	녀자독본(2)	장지연	1908. 4. 5
	고등소학독본(2)	휘문의숙 편집부	1906. 11. 30
	실지응용작문법(1)	최재학	1909. 1. 20
	국한문簡牘	김우균	
	유학字聚(1)	윤치호	1909. 1. 20
	婦幼독습(2)	강화석	1908. 6.
일 어	日話독습(1)	손붕구	1907. 6.
	독습일어정칙(1)	정운복	1907. 9. 20
	정선일어대해(1)	박중화	1909. 2. 15
	再訂중등국문전(3)	三土忠造	1899. 4. 16 초판
	중학작문교과서(5)	古谷知新	1906. 1. 15
	수정일본문법교과서(2)	大槻文彦	1900. 11. 10 초판
	독습신안일한대화(1)	일어잡지사	1906. 8. 9 초판
	일어잡지(5)	渡瀨常吉	
	일한통화	國分國夫	1908. 10. 1 增訂6판
한 문	몽학한문초계(1)	원영의	1908. 4.
	속성한자과본(1)	휘문관	1909. 3. 20
	소학한문독본(2)	원영의	1908. 2.
	보통교과한문독본(1)	휘문관	
	德慧입문(1)	楊格非	
	음빙실문집(2)	양계초	
	자서조동(5)	상해미화서관	1899. 3판
	진명휘론(1)	김상천	1905. 10.
지 리	최신초등대한지지(1)	정인호	1909. 1. 5

	최신고등대한지지(1)	정인호	1909. 1. 5
	대한지지(2)	현 채	1909. 12.
	대한신지지(2)	장지연	1907. 6. 15
	신편대한지리(1)	김건중	1907. 7. 12
	문답대한신지지(1)	박문서관 편집부	1908. 12. 10
	사민필지(1)	헐버트(김택영 역서도 있음)	1909.
	대한강역고(1)	정약용	1905. 1.
	만국신지지(1)	佐藤傳藏	1898. 7. 25 초판
	세계전도(1매)	(학부인쇄)	1896.
역 사	초등대한역사(1)	정인호	1908. 7.
	신정동국역사(2)	원영의 · 유근	1906. 12. 5
	보통교과동국역사(20)	현 채	1899. 9.
	중등교과동국사략(1또는2)	현 채	1906. 6. 10
	대동역사략(1)	유성준	1908. 4.
	대동역사	정 교	1906 2.
	역사집략(3)	김택영	1905. 10.
	동서양역사(2)	현 채	1907. 5. 12
	만국사기(14)	현 채	1905.
	중등교과서양역사(1)	瀨川秀雄	1905. 12. 6 초판
	수정중학국사교과서(2)	有鷲長雄	1902. 12. 25 초판
	최근지나사(5)	石村貞一, 河野通之	1899. 7. 27 초판
	동국역대사략(3)		
음 악	국어문전음악(1)	주시경	1908. 11. 6
경 제	경제원론	김우균	
상 업	상업범론(2)	김대희	1907. 7. 12

1910년 7월 이후 인가도서 가운데서 불인가도서로 바뀌거나 또는 새로이 불인가도서로 분류되는 도서가 늘어나 1년 6개월이 지난 1911년 12월 28일 불인가도서의 숫자는 배 이상이 늘어났다. 이들 새로이 불인가도서로 분류된 도서들은 국어 · 한문 · 역사 · 지리 교과서가 상당수 차지하고 있다. 특히 역사와 지리교과서는 거의 모두 불인가로 분류되었는데 이는 통감부나 총독부가 실시한 교육정책을 이해할 수 있는 자료가 된다.

인가도서로서 '시세 변혁의 결과에 따라 불인가도서로 된 도서'[36]는 다음과 같다.

동몽수신서(이덕무 · 이풍호)
교육학(최광옥)
학교관리법(한면우)
신편가정학(현공렴 · 박영무)
명치서한문대전(內山政如)
대한문전(유길준)
정선일한언문자통(송헌석)
정선국문첩경(한승곤)
초학언문
국문첩경(한승곤)
초등작문법(원영의)
한문학교과서(여규형)
대한지지교과서(대동서관)
최신세계지리(정운복)
만국지지(학부)
중등만국지리(주영환 · 노재연)
중등외국지리(유옥겸)
신찬외국지지(진희성)
신정분도대한제국지도(현공렴)
대한제국지도(현공렴)
대한여지도(학부)
근세세계전도(伊藤政三)
정선만국사(김상연)
만국약사(학부)
산술신서(이상설)
중등산술교과서(현공렴)
소물리학(학부)
경제학강요(天野爲之)
농학입문(보성관편집부)
상업학(장지연)
심상소학창가(佐佐木吉三郎, 納所辨次郎, 田村虎藏)

간명교육학(유옥겸)
신찬보통교육학(김상연)
한문가정학(下田歌子)
세계독본(池邊義象)
대한문전(최광옥)
국어문법(주시경)
초학첩경(한승곤)
국어철자첩경(한승곤)
명선국문첩경 一,二合本(한승곤)
문장지남(최재학)
고등교과고문약선(여규형)
초등대한지지(안종화)
신정중등만국신지지(김홍경)
초등지리교과서(국민교육회)
만국지리(황윤덕)
소학지리(일본문부성)
신정중등만국지지(송헌석)
초학디지(야소교서회)
한문지구전도(伊藤政三)
분도상밀한국신지도(青木恒三郎)
분방상밀만국대지도(嵩山堂)
초등본국역사(유근)
중등만국사(유승겸)
신정산술(이교승)
간이사칙(현공렴)
중등교과산술신서(이상설)
법학통론(주정균)
농학초계(황윤덕)
상업대요(유완종)
응용상업부기학(김대희)

마. 검정무효 및 검정불허가 교과용도서

이들 도서는 검정규정이 발표되기 이전 간행되었으나 검정규정 부칙 제15

36) 조선총독부, 《敎科用圖書一覽》 改訂 6판(1912. 1).

조에 의하여 검정이 무효로 되었거나 교과용으로 부적당하다고 하여 검정규정에 의하여 불허가된 것이다. 이들 도서도 교과서로 사용할 수 없는 도서로 분류하였다. 그렇지만 다수의 사립학교가 여전히 이를 사용하자 통감부에서는 학부불인가도서에도 포함시켜 사용을 금지하였으므로 대부분이 학부불인가도서와 중복되고 있다. 검정무효(6종) 및 검정불허가도서(7종)는 다음과 같다.

〈검정무효도서〉 : 6종
고등소학수신서(휘문의숙 편집부)
중등수신교과서(휘문의숙 편집부)
고등소학독본(휘문의숙 편집부)
대한신지지(장지연)
중등산학(이원조)
아학편(정약용)

〈검정불허가도서〉 : 7종
보통교과국민의범(진희성)
초등소학수신서(유근)
신정천자문(이승교)
최신고등대한지지(정인호)
최신초등대한지지(정인호)
초등대한역사(정인호)
대동역사략(유성준)

바. 내무대신 발매반포금지도서

통감부에서는 교과용도서검정규정을 제정하여 학교의 교과서사용을 엄격하게 통제하는 한편 별도로 출판법을 앞세워 통제를 실시하였다. 1909년 5월 5일 내부대신은 출판법 제16조에 의거한 고시37)를 발표하여 다음 도서의 발매·반포를 금지시켰다.

유년필독 1·2권(현채)
유년필독석의 상·하(현채)
중등교과동국사략 2책(현채)
월남망국사 1책(현채)
국문월남망국소 1책(리샹익)
20세기조선론 1책(김대희)
금수회의록 1책(안국선)
우순소리(笑話) 1책(윤치호)

출판법 제16조의 내용은 "내무대신은 본법 시행전에 이미 출판된 저작물로 안녕·질서를 방해하거나 또는 풍속을 괴란할 우려가 있다고 인정되는 경우에는 그 도서의 발매 또는 반포를 금지하고 版本과 印本을 압수한다"로

37) 《官報》, 융희 3년 5월 7일, 내부고시 27호.

되어 출판된 도서뿐만 아니라 그 판·인본까지 압수하여 철저히 탄압하였다. 1909년 5월 5일에 금지도서를 발표한 통감부는 교과용검정제도가 처리되면서 검정무효 및 검정불허가도서들을 이에 포함시켜 학교에서 사용하지 못하게 할 뿐만 아니라 일반 국민들도 읽지 못하게 하였다.

초등대한역사 1책(정인호)
보통교과동국역사 2책(현채)
신정동국역사 2책(원영의·유근)
대동역사략 1책(유성준)
대한신지지 2책(장지연)
대한지지 2책(현채)
최신고등대한지지 1책(정인호)
문답대한신지지 1책(박문서관 편집부)
최신초등대한지지 1책(정인호)
최신초등소학 4책(정인호)
고등소학독본 2책(휘문의숙 편집부)
국문과본 1책(원영의)
국민소학독본 1책(학부)
초등소학 4책(국민교육회)
소학한문독본 2책(원영의)
녀자독본 2책(장지연)
부유독습 1책(강화석)
고등소학수신서 1책(휘문의숙 편집부)
초등윤리학교과서 1책(안종화)
초등소학수신서 1책(유근)
중등수신교과서 2책(휘문의숙 편집부)
독습일어정칙 1책(정운복)
정선일어대해 1책(박중화)
실지응용작문법 1책(최재학)
음빙실문집 2책(양계초)
국가사상학 1책(정인호)
민족경쟁론 1책(유호식)
국가학강령 1책(안종화 역)
음빙실자유서 1책(전환기 역)
준비시대 1책(중앙總部)
국민須知 1책(김우식)
국민자유진보론 1책(유호식)
20세기의 대참극 제국주의 1책(변영만)
세계삼괴물 1책(변영만 역)
강자의 권리경쟁 1책(유문상)
대가론집 1책(유문상 역)
청년입지론 1책(유문상 역)
남녀평등론 1책(최학소)
片片奇談 경세가 1책(홍종은)
소아교육 1책(임경재)
애국정신 1책(이채우 역)
애국정신담 1책(이채우 역)
몽견제갈량 1책(유원표)
乙支文德 1책(신채호)
을지문덕 1책(신채호)
이태리건국삼걸전 1책(신채호)
噶蘇士傳 1책(이보상 역)
華盛頓傳 1책(이해조)
波蘭末年戰史 1책(역자불명)
미국독립사 1책(현은)
애급근세사 1책(장지연)
정치소설瑞士建國誌 1책(대한매일신보사)
정치소설셔사건국지 1책(김병현)
(1911. 7. 10. 금지 도서)

이상의 발매 및 반포금지도서들은 그 초판 간행연도가 대부분 1908년 이

전이며, 학부불인가도서 또는 검정무효 및 검정불허가된 도서들이 포함되어 있다. 이들 도서들은 그 내용으로 보아 역사교과서, 각국의 흥망사 및 독립사, 영웅·위인의 전기, 민족의식을 고취한 도서, 세계정세를 주제로 한 도서 등으로 분류할 수 있다. 공통적인 것은 애국정신을 강조하고 일제의 침략이 진행되는 현실을 비판 또는 풍자하는 내용이 포함되어 있다.

이들 도서 가운데 청년들이 즐겨 읽던 책은 각국의 흥망사나 독립사 또는 영웅과 위인의 전기 등이었는데 일제는 이들 도서들을 발매 및 반포금지시키고 이를 압수하여 수십만 권을 불사르기도 하였다.[38)]

(6) 교과서 사용 실태

통감부가 설치된 후 편찬한 교과서는 보통학교용 일부와 중등학교용 일부뿐이어서 특히 사립학교 교과서의 공급은 부족할 수밖에 없었다. 따라서 대부분의 사립학교는 통감부 설치 이전 학부가 간행한 교과서나 또는 개인이나 학회에서 편찬한 교과서를 사용하였다. 그러나 학생들이 자유롭게 교과서를 구입할 수 있었던 것은 아니었다. 그 첫 번째 이유는 교과서의 부족이었다. 이화학당에서는 1908년에 이르러서야 정부에서 공급하는 교과서의 사용이 가능하였으며 그 동안에는 주로 재직하는 교사들의 공저 또는 譯著로 대신하였고, 보성학교에서는 교과서를 자체 생산하여 공급하였다. 이와 같은 예는 다른 학교도 거의 비슷할 것으로 보이는 바, 서울의 경우가 이렇다면 지방의 경우는 교과서 준비가 더욱 어려운 일이었다.

지방에서도 학교 자체에서 교과서를 구비하거나 교사들이 준비하기도 하였으며 학교 설립자들이 교과서를 구하기 위하여 학부에 교과서 공급을 요청하기도 하였다. 한편 서울이나 지방의 각급 학교들이 운동회나 졸업식 등의 학교행사를 치루면서 또는 시험성적이 우수한 학생에게 수여하는 상품으로 교과서가 대표적인 것이었다. 또한 다수의 교과서를 학교에 기증하는 사람도 있었다. 이러한 사실은 1906년~1910년간의 학교정황을 비교적 자세하게 보도하였던 《대한매일신보》와 《황성신문》의 기사나 광고를 통해 알 수 있다.

---

38) 李萬珪, 《朝鮮敎育史》 하 (을유문화사, 1947), 172쪽.

교과서는 학교당국이나 군수 등 지방의 유지 또는 교과서의 집필자 자신이나 교과서를 취급하는 서점에서 제공하였다. 교과서를 상품으로 주고 받는 것은 이 당시 가장 인기있는 일이었다. 당시 상품으로 수여되는 교과서 가운데는 통감부에 의해 그 사용이 금지된 것들도 포함되어 있었다. 이는 다수의 사립학교나 일반인들이 통감부당국에 의해 禁書로 지정된 교과서를 그대로 사용한 경우가 허다하였음을 말해준다.

학부에서는 교과서 편찬의 담당자 및 관계자들을 자주 지방에 파견하여 교과서 사용을 감독하였다. 이들의 지방파견에 대한 명목은 지방의 학사시찰이었지만 실제는 교과서 사용의 실태를 감독하고 사용이 허가되지 않은 교과서를 사용하지 못하도록 하는 일이었다. 한편으로는 지방행정기관이나 경찰조직을 통하여 학교의 교과서 사용을 감독하기도 하였다. 이 때 지방의 다수 사립학교에서는 허가되지 않은 교과서를 사용하다 압수당하는 일이 종종 있었다.

〈金興洙〉

Ⅱ. 근대적 학문의 수용과 성장

1. 근대 학문의 수용
2. 한국어 연구
3. 한국사 연구

Ⅱ. 근대적 학문의 수용과 성장

1. 근대 학문의 수용

1) 서양 근대 학문의 세 수용통로

중국·조선·일본은 동아시아에서 서로 인접하는 유교문화권에 속한 나라였지만 근대 학문(서학)의 수용 양상은 세 나라가 서로 달랐고 또 그것이 근대에 서로 다른 길을 결정짓는 결과를 낳았다. 이는 당연한 일이겠지만 그 배후에 있는 각국의 유교문화의 성격을 포함한 사상적 체질의 차이에 의해 규정된 측면이 중요할 것이다.[1)]

잘 알려져 있듯이 조선에서는 이미 개국 전부터 실학파 사상가들에 의해 서구사상이 많이 수용되었다.[2)] 종교적 차원에서는 西敎로 학술적 차원에서는 西學으로 나누어 본다면 서교의 수용에 대한 연구와 서학 중에서도 자연과학이나 서양기술의 수용에 대한 연구는 상당히 많다. 그러나 근대적인 의미의 인문사회과학의 수용에 대한 연구는 충분하지 않은 것 같다.

한국에서 본격적으로 서구학문(新學)을 수용하기 시작한 것은 개항 전후 개화사상이 대두되면서부터였다. 그러나 1870년대부터 1910년 정도까지는 아직 근대 교육제도가 뚜렷이 확립되기 전이고 근대적 서양학문의 수용도 체계적으로 이루어진 것이 아니었으며 따라서 철학사상과 사회사상, 인간론,

1) 강재언 저·이규수 역, 《서양과 조선》(학고재, 1998), 259~260쪽.
2) 다음과 같은 글들이 참고된다.
이원순, 《조선서학사연구》(일지사, 1986).
이광린, 《한국개화사연구》 개정판(일조각, 1995).
강재언 저·정창열 역, 《한국의 개화사상》(비봉출판사, 1984).
강재언 저·이규수 역, 위의 책.
강재언, 《조선의 서학사》(민음사, 1990).

정치사상 등이 서로 섞여서 수용되었다. 그러므로 당시 수용한 서구 근대 학문의 분야가 분명히 나누어지지 않았고 또 학문분류도 분명하지 않았다.

한국이 서양 학문을 수용하는 과정은 크게 중국과 일본을 매개로 하는 과정과 직접 서양을 접하는 과정으로 크게 나눌 수 있다. 여기서는 중국과 일본 그리고 서양 중에서도 특히 미국을 중심으로 살펴보고자 한다.

1876년 강화도조약에 이르기까지의 한국이 정식 국교와 무역을 행하는 상대국은 청나라와 일본뿐이고 서양국가들과의 직접적인 왕래는 없었다. 조선시대의 한국에 알려져 있던 서양지식은 마테오릿치(Matteo Ricci)의 저작을 비롯한 중국주재 선교사들이 한문으로 쓴 저작뿐이었다. 중국을 경유하여 서양의 지식을 얻는다고 하는 상황은 대개 1870년대까지 계속되었다. 1774년 사절에 동행하여 북경에 간 李承薰은 예수회 선교사와 접촉하여 천문학과 수학을 배우고 세례를 받아 가톨릭 신자가 되었다. 이후 한국 내에서는 신자가 증가하여 이를 탄압하는 정부에 의해서 몇 번의 순교사건이 일어났다.

한편 아편전쟁 이후 중국의 洋務運動에 관한 저작이 한국에서 읽혀졌다. 역관 吳慶錫은 1853년 이래 북경과 천진을 왕래하며 서양의 부국강병술을 배울 것을 주장하여 아편전쟁 후에 쓰여진 魏源의《海國圖志》와 세계지리서인《瀛環志略》, 미국인 선교사가 내고 있던 월간잡지《中西見聞錄》등을 가지고 돌아왔다. 이러한 서적은 그와 교제가 있었던 실학파 사람들에게 읽혀져서 후에 '개화파'의 한 원천이 되었다.[3] 그리고 당시에는《朝鮮策略》,《易言》도 이미 수용되어 읽혀졌으며《燕巖集》이 개화파 형성에 중요한 영향을 줬다. 개국 이전의 폐쇄적인 사상적 상황 가운데 개화파 형성에 영향을 준 책 중에 사상적으로 가장 중요한 의미를 갖는 것은《영환지략》과《해국도지》일 것이다.[4]

개화사상이 대두되던 1870년대나 1880년대에 있어서 우리에게 막대한 영향을 준 주요 외국서적은 거의 모두가 중국의 서적이나 그 당시 중국에 와

3) 개국 전의 서양인식과 서양사상 수용에 대해서는 이원순, 위의 책과 강재언 저・정창열 역, 위의 책, '제3장 조선에 건너온 서양서목―개국 전의 서양인식과 관련하여' 등이 참고된다.

4) 이광린, 〈'해국도지'의 한국전래와 그 영향〉(앞의 책).

있던 외국인 선교사들의 저술이었다.[5] 이와 같은 사실은 1890년대나 1900년대에도 여전히 지속되고 있었던 것이다. 물론 일본서적의 영향이 점차로 확대된 것은 사실이다.[6]

《해국도지》 같은 책은 이미 崔漢綺나 金正喜 그리고 나중에 朴珪壽 등이 읽게 된다. 서양에 대한 이들의 이해는 과학기술에는 좋은 반응을 보이지만 사상에는 종래 유학자들이 배척하던 불교 정도의 수준이라 판단하여 유학의 도덕적 우월성을 확신하고 있었다.

중국을 방문하여 새로운 사상을 체득하게 된 박규수와 姜瑋는 귀국하자 주위에 있는 젊은이들에게 국제문제에 대해 관심을 갖도록 역설하였다. 박규수는 兪吉濬에게 위원의 《해국도지》를 주면서 오늘날에는 外洋事, 즉 국제문제에 대해서도 알아야 된다고 말하자 유길준은 이로부터 분발하게 되었다는 것이다.

《해국도지》는 위원(1794~1856)이 1844년부터 1852년까지 100권으로 완간한 저작으로 서양의 역사와 지리를 중점적으로 소개한 일종의 세계지리서이다. 그런데 이 책이 동아시아 삼국에 심대한 영향을 끼쳤다는 점이 주목된다. 이 책의 출간을 계기로 청에서는 서양의 기술을 채용하자는 洋務論이 흥기하고 페리의 내습(1853)으로 혼란에 빠진 일본은 결국 개국론으로 방향을 잡게 되었으며, 한국에서도 개화파가 출현하는데 한 자극이 되었던 것이다.[7] 말하자면 《해국도지》는 당시 동아시아 지식인사회에서 代替經書의 위치에 있었다고 해도 지나친 말은 아니다.[8]

1860년 후반기부터 한국사회에 나타난 신사상은 1881년에 이르러 '自强'과 '開化'로 표현되게 된다. 자강은 당시 청국에서 유행되던 말이었고 개화는 일본에서 유행되었던 말인데, 함께 한국에 들어온 셈이다. 그러나 점차 자강보다는 개화에 더욱 매력을 느껴 한국사회에서 개화라는 말이 널리 사용되게 되었다. 그리고 어느새 급진파에서는 자기그룹을 개화당이라 부르고 온건파

5) 이광린, 위의 글, 38~46쪽.
6) 이재선, 《한국개화기 소설연구》(일조각, 1993), 29~33쪽.
7) 이광린, 앞의 책, 2쪽.
8) 최원식, 〈신소설에 나타난 개화의 두 모습〉(《역사비평》 34, 1996), 142쪽.

를 사대당이라 불러 구별하였다.[9)]

1880년대 조선에 유입된 중국책과 잡지는 역사, 지리, 자연과학, 정치와 법률 등 다양한 분야에 걸친 것이었다. 당시 수용된 인문사회과학 쪽의 중국서적으로는 역사지리서적인 《해국도지》·《영환지략》·《地球說略》·《普法戰記》 등과 정치·법률서적인 《朝鮮策略》·《萬國公法》·《興亞會雜事詩續》·《易言》, 신문잡지 종류인 《申報》·《萬國公報》·《中西見聞錄》·《格致彙編》 등이 있었다.[10)] 1883년 5월(음력 3월) 경에 《역언》이 복간되고 한글 번역본까지 간행되었다.

다윈의 진화론은 1897년이 되어서야 중국에 비로소 소개되었다. 반면 일본에서는 이미 1880년대에 다윈의 진화론은 널리 알려져 있었고 사회진화론적인 '생존투쟁'·'우승열패'는 매우 일반적으로 사용되고 있었다. 그러나 1880년대에 한국에 유입된 일본서적의 수는 매우 적었고, 그 영향력도 매우 적었다고 한다.[11)]

중국에서도 서양의 기술 뒤에 숨은 서양의 제도와 정치에 본격적으로 관심을 갖게 된 것은 청일전쟁의 패배 뒤였고 그리하여 자강론에서 변법론으로 사상을 바꾸게 된다. 청일전쟁 이후 중국에서 嚴復이 헉슬리의 이론을 번역한 《天演論》(1898)과 《群學肄言》(1903), 양계초의 《飮氷室文集》(1903)이 들어와 조선에서 널리 읽혀졌다.

특히 《음빙실문집》의 영향은 대단히 컸다. 梁啓超의 변법자강사상은 서양의 천부인권론, 사회계약론, 사회진화론적 근대사상과 함께 조선 말기의 애국계몽운동에 깊은 영향을 미쳤다. 이러한 서양의 근대사상은 물론 단편적으로는 이미 1880년대부터 개화사상에 강한 영향을 주고 있었지만 특히 유길준의 《서유견문》과 《독립신문》 그리고 양계초의 《음빙실문집》 등에 의해 조선의 계몽사상가들 속에 깊은 뿌리를 내린 감이 있다.[12)] 그러나 1900년대 후

---

9) 이광린, 〈개화사상의 형성과 그 발전〉(《개화파와 개화사상 연구》, 일조각, 1989), 35쪽.

10) 더 자세한 내용은 이광린, 앞의 책(1995), 38~46쪽.

11) 이광린, 《한국개화사연구》, 39쪽.

12) 양계초는 《음빙실문집》(하)에서 루소의 학설을 매우 자세히 소개하고 홉스, 로크, 흄을 그리고 몽테스키외의 《법의 정신》을 자세히 해설하여 소개하였고

반기에 국권회복과 내정변법을 당면의 과제로 하고 있었던 조선의 계몽사상가들의 강한 관심은, 서양의 근대사상 그 자체보다 그 논리를 도입하여 쌓아 올린 양계초의 변법자강사상에 있었던 것 같다.

1876년 일본은 군함을 파견하여 강제적인 함포외교로 조선에게 개항을 강요했다. 오경석은 조선측 전권비서를 맡았지만 일본사절로부터 철도와 전신에 관한 설명을 들었다. 이렇게 하여 급속히 서양문명의 도입을 추진하고 있던 메이지(明治)維新 후의 일본이 새로 조선의 서양문명 도입경로가 된 것이다.[13] 즉 실학사상을 기반으로 한 선구적인 개화사상이 청말의 중국서적들을 통해 얻어진 것이라면 그 후의 개화사상은 일본서적을 통한 것과 실지로 견문하는 것으로 비롯하여 얻어진 것이다.

일본은 한국에서 가장 가까운 자본주의국가로서, 구미 자본주의제국의 사정을 알기 위해, 또 유신 이래 단기간에 걸쳐 근대적 발전을 이룩한 경험을 알기 위해서 개화파 인사가 일본에 관심을 갖는 것은 당연한 것이었다.

金玉均 등 개화파의 일본에 대한 대외활동의 길을 튼 사람은 李東仁이었다. 이동인은 처음에는 劉鴻基와 친분이 있어서 그의 소개로 김옥균 등과 사귀게 되었다. 이동인이 東本願寺 부산별원을 통하여 근대화되고 있는 일본에 주목하고 연구하기 시작한 것은 1878년경부터이다. 이렇게 해서 유홍기는 신세계를 볼 수 있는 두 개의 눈을 가지게 되었으니 하나는 오경석을 매개로 한 청국을 통해서요 다른 하나는 이동인을 매개로 한 일본을 통해서이다.

이동인은 부산에서 입수한 《萬國史記》나 세계 각국의 도시와 군대의 규모를 찍은 사진, 瑤池鏡(萬華鏡) 등을 김옥균 등에게 보여주고 당시 불온서적이던 《만국사기》 등을 동지들 사이에 서로 돌려가며 읽었다. 김옥균과 朴泳孝가 사재를 처분해서 여비를 조달하여 외국사정에 관한 문헌이나 자료를 구

또한 벤담도 언급했다. 또한 그는 블룬칠리(Johann Caspar Bluntschli : 伯倫知理)의 학설이 국가유기체설에 기초를 둔 것이며, 국가유기체설은 루소의 공화정치론과는 대립되는 흐름임을 자세히 해설하여 소개했다. 이 때문에 이미 전제군주제를 혐오하고 공화정을 동경하고 있던 한말의 사상계에는 독일 낭만주의보다 루소, 로크 등의 계몽사상이 더욱 중요한 서구의 정치사상으로 받아들여지고 검토된 것으로 보인다(신용하, 《박은식의 사회사상연구》, 서울대 출판부, 1982, 59쪽 참조).

13) 上垣外憲一, 《일본유학과 혁명운동》(진흥문화사, 1983), 13쪽.

입하도록 이동인을 일본에 파견한 것은 1879년의 일이며 이는 민간인으로서의 최초의 여행이자 국법을 어기는 일이었다. 그리고 후쿠자와 유키치(福澤諭吉)를 최초로 만난 사람이 또한 이동인이다.[14)]

초기 개화파의 사상형성에는 내재적·외재적 요인이 있으나, 대부분의 논자들에 의하면 외재적 요인 중 일본의 후쿠자와가 미친 사상적 영향을 거론한다.

1876년 개항 후 최초로 일본외교사절이 된 金綺秀가 보고한《일동기유》에는 "그들의 학문은 경전을 숭상하지 않고 오로지 부국강병을 받들고 있다", "군사나 종사에 모든 서양의 방법을 쓰고 있다" 등의 내용을 싣고 있다. 1881년에는 신사유람단이 일본으로 떠났다.

유길준은 후쿠자와가 저술하여 일본사회에 큰 영향을 주고 있던《서양사정》·《학문의 권장》·《문명론의 개략》등을 열심히 읽었을 것이다. 그리고《서양사정》·《만국공법》등은《서유견문》에 많이 인용되었고《서유견문》의 내용 중 많은 부분이《서양사정》에 나타나고 있음에서 잘 알 수 있다. 심지어는 내용이 거의 전재된 부분도 있다.[15)]

다른 한편 당시 慶應義塾에서는 미국인이 지은《The Element of Political Economy》등의 영어원서를 교재로 영어교습을 하기도 하였고 또한 외국어에 능한 교수들이 스펜서·몽테스키외·토크빌 등 사상가의 책을 소개하는 강의를 하였다고 한다. 유길준은 특히 정치·경제학에 큰 흥미를 갖고 있었다고 한다.[16)] 또한 그는 후쿠자와의 책 외에도 당시 일본에서 널리 읽혀진 가토(加藤弘之)의《입헌정체론》·《국체신론》, 나카에 죠민(中江兆民 : 1847~1901)의《민약역해》등의 정치사상 관계 저술도 읽어 보았을 것이다.[17)]

앞에서 서술한 것들 외에도 개화사상에 영향을 미친 서구의 책으로는 루

14) 강재언,《韓國近代史硏究》(한울, 1982), 70~71쪽.
강재언·정창렬역, (앞의 책, 1984), 196~197쪽.

15) 김봉열,《유길준 개화사상의 연구》(경남대 출판부, 1998), 38~39쪽.
《서양사정》이《서유견문》에 미친 영향에 대해서는 이광린, 〈유길준의 개화사상-서유견문을 중심으로〉(《한국개화사상연구》, 일조각, 1979) 참조.

16) 이광린, 앞의 글(위의 책), 52쪽.

17) 유영익, 〈갑오경장 이전의 유길준-1894년 친일개혁파로서의 등장배경을 중심으로〉(《한림대논문집》 4, 1986), 75쪽.

소의 《사회계약설》이나 몽테스키외의 《법의 정신》, 아담 스미스의 《국부론》 등이 있는데, 개화사상가들은 이러한 저서를 직접 읽지는 않았고 주로 일본 서적을 통해 이러한 사상조류와 만났을 것으로 추측되고 이러한 사상과 직접 부딪혔던 시기는 1890년대 이후라고 볼 수 있다.[18)]

마지막으로 직접적으로 미국이나 유럽으로부터의 서구사상 수용은 1910년까지는 매우 드물었지만 尹致昊와 兪吉濬·徐載弼 등의 미국 유학생과 朴定陽 등의 '親美開化派'를 통해 서구사상 수용이 이루어졌음은 잘 알려져 있다.[19)]

우리는 서구사상의 수용이 초기에는 서양 선교사들의 한문저술을 통해서 이루어지다가 점차로 청말 중국학자들의 저술 혹은 번역서를, 그리고 나아가 일본의 철학서가 중국에서 한역된 것을 통해서 이루어졌고 나중에는 일본을 통해 그리고 미국을 통해 이루어졌음을 역사적 맥락에서 간략히 살펴보았다.

2) 서양철학의 수용

우리 나라에서 서구의 철학사상이 알려지기는 천주학의 전래로부터 시작하였다. 《職方外記》나 《天主實義》 등의 책들 속에는 서양철학에 관계된 것이 가끔 나오므로 단편적이나마 수용되었다는 것을 알 수 있다. 그러나 천주교를 통해서 전해진 서양철학사상은 주로 토마스 아퀴나스를 중심으로 한 스콜라철학이었으며 따라서 그 외의 것은 아주 단편적으로 소개되었다.[20)]

---

18) 신용하, 〈19세기 한국의 근대 국가형성 문제와 입헌공화국 수립운동〉(《한국의 근대국가 형성과 민족문제》, 문학과 지성사, 1986), 64쪽.
《독립협회회보》 2호(1896. 12. 5)에서는 루소의 사회계약설과 자연법사상, 몽테스키외의 《법의 정신》과 삼권분립설이 소개되고 있다.

19) 다음의 글들이 참고된다.
이광린, 〈미국 유학시절의 유길준〉(앞의 책, 1995).
———, 〈서재필의 개화사상〉(앞의 책, 1979).
———, 〈서재필의 사상〉(《개화기연구》, 일조각, 1994).
유영렬, 《개화기의 윤치호연구》(한길사, 1985).
한철호, 《친미개화파연구》(국학자료원, 1998).

20) 송영배, 〈'천주실의'의 내용과 그 의미〉(《철학사상》 5, 서울대 철학사상연구소, 1995).
허남진 〈서구사상의 전래와 실학〉(《철학사상》 4, 1994).
금장태·강돈구, 〈기독교의 전래와 서양철학의 수용〉(《철학사상》 4, 1994).

서양철학이 본격적으로 수용되기 시작한 것은 한말에 이르러서이다. 중국과 일본에서 서양철학이 본격적으로 수용되면서 우리도 이들을 통해 서양철학을 수용하기 시작한 것이다. 이는 '哲學'이라는 용어 자체가 일본의 니시 아마네(西周)가 서양어 'philosophia'를 번역한 용어로서 이 용어가 중국과 한국으로 유입되어 사용된 것으로 볼 수 있다.[21] 서양철학 수용에서 대표적인 몇 사람을 살펴보겠다.

우선 石亭 李定稷(1841~1910)은 조선 말의 유학자로서 베이컨과 칸트에 대한 논의를 하고 있다.[22] 석정은 1868년 북경에 가서 서구의 새로운 문물을 접하고 서양학문을 수용했다고 볼 수 있다. 그의 '倍根學說'(베이컨 학설)은 언제 쓰여졌는지 정확히 알 수 없으나 1903년에 간행된 양계초의 《음빙실문집》 가운데 '학설'편에 있는 '근대문명의 시조 : 베이컨(Bacon, F.), 데카르트(Descartes, R.)의 학설' 가운데 '倍根 實驗派之學說(亦名 格物說)'을 보고 뜻이 중복되거나 긴 말을 삭제하고 일부 첨가하여 양계초의 글을 그대로 옮겨 적은 것으로 본다.[23]

그는 베이컨 이전의 학설은 희랍 아리스토텔레스와 플라톤의 범주에서 새로운 길을 모색하지 못한 채 궤변과 공상을 벗어나지 못하였는데 베이컨철학이론이 나오면서 비로소 실제철학으로 돌아가게 됐다고 파악하여 베이컨철학의 중요성을 강조했다. 여기서 주목되는 것은 일본에서는 논리학, 중국에서는 辨學으로 번역한 아리스토텔레스의 학문을 독특하게 三句學으로 소개한 것이다. 석정은 삼구법이란 말과 문자로 표현하는 법에 불과한 것으로 진리를 터득해 이를 서술하면 크게 적용될 수 있으나 만일 문자 등을 빌어 진리들의 소재를 고찰하려 한다면 이는 옳지 못한 일로 파악함으로써, 그 나름으로 아리스토텔레스의 논리학을 소화하고 '삼구법'이란 명칭까지 고안해

---

21) 백종현, 〈서양철학수용과 한국의 철학〉.
강영안, 〈현재 한국에서 사용되는 철학용어의 형성배경〉.
이기상, 〈철학개론서와 교과과정을 통해 본 서양철학의 수용(1900~1960)〉(《철학사상》 5, 1995).
조경란, 〈중국과 일본의 서양철학 수용〉(《철학사상》 4, 1994) 참조.
22) 박종홍, 〈이정직의 '칸트' 연구〉(《박종홍전집》 5권, 민음사, 1998).
이현구, 〈개화기 유학자와 계몽운동가들의 서양철학 수용〉 《철학사상》 4, 1994).
23) 오종일, 〈실학사상의 근대적 전이-석정 이정직의 경우〉(《한국학보》 35, 1984).

낸 것이다. 이정직은 베이컨의 실험, 관찰의 방법을 도입하여 동서철학을 절충할 수 있다고 보았다.

그는 칸드철학에 대해서도 서술하고 있다. 그는 칸트의 윤리학과 《실천이성비판》에 주목하고 자유와 인간존엄사상에 공감하였다. 이는 《음빙실문집》에 기록된 내용을 크게 벗어나지 않는 것이다. 양계초는 일본철학관에서 석가·공자·소크라테스·칸트를 네 성인으로 받드는 내용을 소개하면서 칸트를 19세기 학술사의 제일인자로 소개하였는데 이는 일본철학계의 평가에 따른 것이다.[24)]

그러나 이정직의 칸트철학에 대한 소개에는 양계초와 약간의 차이점이 있다. 즉 양계초가 칸트의 철학을 불교의 화엄사상과 연결지어 설명한 데 비해 이정직은 주자학을 연결지어 설명한 것이 그것이다. 이정직은 칸트의 자유사상에 대하여 천리의 자연에 따르는 것이 진짜 자유이며 이는 유학에서 말하는 本然之性과 같다고 해석하고 또 칸트의 '사람을 수단으로서가 아니라 목적 자체로 대하라'는 말은 인간의 존엄성에 대해 지적한 것으로 해석하고 유학에서 仁이 바로 그런 경지와 같은 것이라고 해석하는 등 유학적 입장에서 서양철학을 절충하려는 나름대로의 고민과 독자성도 있다고 볼 수 있을 것이다.[25)] 그러나 다른 한편으로 양계초의 수용입장과 비교한다면 당시 현실에 대한 냉정한 인식이 부족한 데서 기인하는 것으로 해석할 수도 있을 것이다.[26)]

우리 나라에서 서양철학을 서적을 통해서가 아니라 강의를 통해 직접 접

---

24) 이현구, 〈개화기 유학자와 계몽운동가들의 서양철학 수용〉(《철학사상》 4, 1994), 245쪽.

25) 박종홍, 〈이정직의 '칸트' 연구〉(《박종홍전집》 5권, 민음사), 283~285쪽.
이현구는 이정직의 서양철학에 대한 논의가 양계초의 《음빙실문집》 자료에 근거하여 초록하고 논평한 것이라면 자료성립 시기도 1903년 뒤가 되어 역사적 의미가 적어진다고 평가한다(이현구, 위의 글, 247쪽).

26) 물론 양계초의 경우에도 칸트철학을 소개하면서 인권이나 주권에 대한 근대적 사고의 내용을 소개하는 데 중점을 두었으며 또한 칸트의 자유개념을 양명학의 '良知' 개념과 대비시킨 것은 양계초의 독창적인 생각이기보다 일본철학계의 철학수용 입장과 연관될 것이다(李威周, 《中日哲學思想交流與比較》, 靑島海洋大 出版社, 1991, 209~212쪽).
이현구, 위의 글, 246쪽 참조.

한 최초의 인물은 유길준(1856~1914)이다. 그는 개항 후 최초의 서구유학생으로 일본의 慶應義塾과 미국에서 서양사상과 서양철학을 접한 것이 분명하다. 그는 또한 근대 학문을 가장 먼저 체계적으로 소개했던 사람이기도 하다.

> 유길준은 《서유견문》에서 인문과학·사회과학·자연과학의 각 분야에 관하여 개념적인 설명을 시도하였다. 그는 농학·의학·산학·정치학·법률학·격물학(물리학)·화학·철학·광물학·식물학·동물학·천문학·지리학·人身學·博古學·언어학·병학·기계학·종교학에 걸친 근대 학문을 종합적으로 소개함으로써 그 때까지 오로지 관념적이고 사변적인 규범의 세계를 지향하고 있던 구학문으로부터 현실의 사회적 실천에 유용한 지식을 추구하는 신학문에로 전환하려는 노력을 사회전체의 과제로서 제시할 수 있었다(윤건차, 《한국근대교육의 사상과 운동》, 청사, 1987, 136쪽).

유길준은 《서유견문》 제13편에서 泰西學術의 내력을 말하면서 도덕학에는 소크라테스와 플라톤이 있으며 窮理學에는 아리스토텔레스와 베이컨이 博洽한 지식과 재조를 가지고 있다고 소개하고 있다. 또한 '학업하는 조목'에서 다른 학문과 더불어 철학을 들면서 "此學(철학)은 지혜를 애호하야 이치를 통하기 위함인 고로 그 근본의 심원함과 功用의 廣博함이 界域을 立하야 한정하기 불능하니, 人의 언행과 倫紀며 百千事爲의 動止를 論定한 자라"[27]라고 정의하고 있다. 유길준이 철학을 '功用의 학'이라 하고 '百千事爲의 動止를 論定하는' 학문이라고 말한 것은 당시 일본과 미국에서 프랑스 계몽주의 철학이 성행하였기 때문일 것이다.

李寅梓(1870~1929)는 일본의 이노우에(井上圓了)가 저술하고 중국 羅伯雅의 한역으로 된 《哲學要領》과 프랑스의 李奇若(불어원명 미상)저 중국 陳鵬의 한역으로 된 《哲學論綱》 그리고 중국 양계초의 《飮氷室文集》에 수록된 여러 학설 등을 참고하여 《希臘古代哲學攷辨》이라는 서양 고대철학사에 관한 저술을 하였다.[28] 《희랍고대철학고변》은 고대 그리스철학의 소개와 그의 비판

27) 유길준전서편찬위원회편, 《유길준전서》 1권 (일조각, 1995), 371쪽.
28) 이인재에 대해서는 박종홍 〈이인재론—처음으로 서양고대철학사를 소개 비판한 유학자〉(《박종홍전집》 5권, 민음사), 424~434쪽. 이인재가 참고한 책들의 저자와 漢譯者에 대해 박종홍이 제시한 내용에 대해서 해당 서적의 내용을 직접 검토하는 일이 필요하다는 의견이 제시되었다.

으로 되어있다.[29] 이인재에 의하면 철학은 다음과 같은 성격을 갖는다.

> 철학은 세 부분이 있는데 그 하나는 논리학이고 그 둘은 형이상학이라 하고 그 셋은 윤리학이라 한다. 比龍少飛阿(필로소피아)라는 것은 원래 희랍말로는 叡智에 대한 사랑, 예지를 사랑하는 사람을 말하는 것이다. 오늘날에는 이것을 번역하여 철학이라고 하는데 이 철학은 삼라만상의 法理를 연구하며 사물의 원리와 존재를 풀이하는 것이다. 과학이란 사물 가운데 하나의 이치만을 연구하는 것이며 그 실용을 찾는 것이라면 백과의 학이 어찌 철학에 기초하지 않겠는가(이인재, 《고대희랍철학고변》, 성곡집, 附哲學攷辨, 한국학문헌연구소편, 서울, 아세아문화사, 1980, 385~386쪽 ; 강영안, 〈현재 한국에서 사용되는 철학용어의 형성 배경〉, 《철학사상》 5, 33쪽에서 재인용).

이인재는 이어서 哲學史論이라 하여 간단한 개요를 이 책의 처음과 끝부분에 적고 있다.[30] 여기서 '철학'이란 용어는 물론이고 '논리학', '형이상학', '윤리학', '존재' 등의 용어가 등장하는데 이들 용어들은 19세기 말 일본에서 번역되어 사용되다가 일본을 거쳐 중국으로 들어가 다시 한국으로 재수입된 용어들이라고 할 수 있다.

다음으로 張志淵·서재필 등과 같은 계몽운동가들의 서양철학 수용을 간략히 살펴보자. 그런데 이들의 경우 그 저작의 특수성 때문에 서양철학 수용에 대한 명료한 경로와 내용을 파악하기는 어렵다. 다만 계몽운동가 일반에게 적용될 수 있는 사회진화론의 수용과 서구사회사상의 유입은 뚜렷하다.

장지연(1864~1921)은 황성신문 사장으로 있으면서 그 신문의 1909년 11월 24일자 논설인 〈철학가의 眼力〉이라는 글에서 이렇게 썼다.

> 무릇 철학이란 窮理의 학이니 각종 과학공부의 所不及處를 연구하야 明天理淑人心하는 고등학문이니…우리도 세계의 서적을 박람하며 세계의 학리를 廣求하야…세계철학가의 일부분을 점하면 또한 代의 國光을 발표하는 價格이 有한 줄로 사유하노라

김종석, 〈이인재의 사상과 역사적 의의 : 서양철학 전래 초기 유학계의 동향에 관한 일 고찰〉(영남대 《철학회지》 17).

29) 이 책이 쓰여진 시기는 1912년 이전으로 추측되지만 정확한 연대는 알 수 없다(이현구, 앞의 글, 249쪽 참조).

30) 더 상세한 내용은 박종홍·이현구의 앞의 글 참조.

장지연은 서양철학을 적극적으로 공부할 것을 권면하고 그 스스로 《萬國事物紀原歷史》를 저술하고 여기에서 "서양철학은 희랍의 탈레스(地利斯)에서 시작하니 피타고라스에 이르러 비로소 철학으로 발전하여, 소크라테스에 이르러 점차 완성되었으며 아리스토텔레스에 이르러서는 완전히 이룩되었다. 16세기에 영국 철학자 베이컨(Bacon, F., 倍根)이 실험철학을 일으키니 이로부터 고대철학이 바뀌어 근세철학을 이루었고, 같은 영국학자 로크와 스펜서 등이 모두 이 학파에 속하였다. 또 독일에 칸트·피히테·셸링·헤겔 등과 프랑스의 철학자 데카르트가 형이상학으로써 각각 주장을 세워 서로 다투었다"고 간략히 정리하고 있다.[31)]

서재필(1864~1951)은 한국의 볼테르라고 할 정도로 뛰어난 계몽사상가이자 운동가였다.[32)]

> 독립을 이야기 할 때 자유란 무엇인가 라는 문제가 제기된다…그런데 만약 사람이 하고자 하는 자유가 행해지지 못한다면 그것은 무엇을 뜻하는 것일까. 자유는 일반적으로 선한 것으로 인식되어 있다. 그렇기 때문에 그 결과는 개인과 사회를 위해 선이 되어야 한다. 그러므로 다음과 같이 자유에 대한 정의를 내릴 수 있다. 최대다수에 대한 최대의 善이라고. 스피노자(Spinoza)가 말하기를, '이성에 의해 인도되는 사람은 자유스럽다고 생각한다'고 하였고 또 아리스토텔레스(Aristoteles)가 말하기를 '자유스러운 사람이란 자기자신이지 다른 사람이 아니다'라고 하였다. 양자의 주장은 모두 틀린 것은 아니나, 후자는 어떤 경우에 틀렸다고도 할 수 있다. 그 까닭은 모든 사람은 그 사회, 그 시대, 그 국가에 속해있기 때문이다. 그러므로 책임과 의무라는 것이 자유에 대한 정당한 정의를 내릴 때 나타나게 된다(《독립신문》, 광무 원년 10월 7일, 영문판 ; 이광린, 〈서재필의 사상〉, 《개화기연구》, 110쪽 재인용).

이를 통해서 우리는 서재필이 스피노자, 아리스토텔레스와 같은 유럽 사상가들의 글을 읽었고 또 그 글로부터 영향받았음을 알 수 있다. 위 인용문에

---

31) 단국대 동양학연구소, 《張志淵全書》 권 2, 단국대 출판부, 1979), 237~610쪽에 《만국사물기원역사》가 수록되어 있고 이 책의 118~119쪽(전집으로는 352~353쪽)에 인용한 것과 같이 철학을 소개하고 있다. 단 이 인용은 한자식 이름을 대부분 생략했고 현대 우리말로 바꾸었다.

32) 이광린, 〈서재필의 사상〉(앞의 책, 1979), 93쪽.

서 최대다수의 최대 善은 영국의 공리주의자 벤담의 사상임은 다 아는 사실이다. 이 외에도 서재필은 영어로 18세기 계몽주의사상가 이를테면 로크·루소·몽테스키외의 저서도 읽었을 것이다. 그리하여 이들의 저서를 통해 계몽사상 예컨대 합리주의, 자연법사상, 진보의 관념 등을 습득하고, 미국 민주주의사상도 철저히 익혔을 것이다.[33]

서재필이 또한 《독립신문》에서 특별히 강조한 문제는 민권, 법치주의, 주권수호 등이었다. 민권이란 국민들이 자기의 권리를 지켜야 된다는 것이었고 법치주의란 나라가 나라 다우려면 법으로 다스려야 하고 또 법은 누구에게나 공평히 적용되어야 한다는 것이었다. 그리고 주권수호란 열강이 호시탐탐 한국침략의 기회를 노리고 있는 마당에 국민들은 정신을 차려 주권을 지켜야 된다는 것이었다.[34] 서재필의 경우는 서양철학의 수용이 현실적인 문제와 직결되어 있었으므로 주로 계몽적 차원에서 그리고 정치사상적 수준에서 이루어졌다고 볼 수 있다.

이제까지 살펴본 개인 수준에서의 서양철학 수용 외에 가톨릭신학교에서 철학(신학)수업이 있었으며, 1905년에 평양에 숭실학당이 설립되면서 대학부가 설치되었고 여기서 서양인 선교사 번하이젤(Bernheisel : 片夏薛)이 철학과 심리학, 논리학을 강의한 일이 있고 김하정역 《심리학교과서》(1907년, 普成館刊)가 현존해 있다.[35]

우리는 서구철학의 수용이 초기에는 서양선교사들의 한문저술을 통해서 이루어지다가 점차로 청말 중국학자들의 저술 혹은 번역서를 그리고 나아가 일본의 철학서가 중국에서 한역된 것을 통해서 이루어졌고 나중에는 일본을 통해 그리고 미국을 통해 이루어졌음을 살펴보았다. 대체로 개화사상이 먼저 중국에서 다음으로 일본을 통해 그리고 나중에는 구미로부터 직접 영향을

---

33) 이광린, 〈'해리 힐맨' 고등학교를 찾아서〉(《개화기 연구》), 127쪽.
———, 〈서재필의 개화사상〉(앞의 책, 1979), 138~139쪽.

34) 이광린, 〈개화사상의 형성과 그 발전〉(앞의 책, 1979), 37쪽.
이광린은 서재필의 개화사상의 핵심을 실용적 학문론, 천부인권론, 법치주의론으로 파악한다(이광린, 〈서재필의 개화사상〉, 앞의 책, 1979, 139~147쪽).

35) 조요한, 〈한국에 있어서의 서양철학 연구의 어제와 오늘〉(숭전대 철학회, 《思索》 3, 1972).

받았음을 볼 때 철학의 경우는 그 수용과정에서 더욱 완만하였음을 알 수 있다.

3) 사회진화론의 수용

개화사상에서 진화론은 매우 중요한 역할을 담당하였다.[36] 사회의 진보에 대한 믿음과 진화적 역사관은 개화사상에서 중심적인 사고를 이루고 있었다. 진화론적 사상은 1870년대 중엽부터 중국과 일본을 거쳐서 조선에 유입되었으며 19세기 말 이후에 한국사회에 가장 커다란 영향을 미친 서구의 사회이론이다. 19세기 말 조선왕조와 대한제국이 외세의 침략 앞에 너무나 무력함을 드러냈을 때 이 땅의 지식인들은 침몰하는 국가를 위기에서 건져내기 위해서는 우리도 자본주의적 근대화를 통해 실력을 기르지 않으면 안된다면서 '자강운동'을 전개했다.

한국에서 사회진화론을 가장 먼저 받아들인 사람은 개화파의 유길준이었다. 그의 일본유학 시절 당시 일본에서는 헉슬리의 《Lectures on Origins of Species》가 伊澤修二에 의해 《生種原始論》(1879년)이란 명칭으로, 다윈의 《The Descent of Man》의 제2판이 神津專三郞에 의해 《人祖論》(1881)이라는 제목으로 발간되어 널리 읽혀지고 있었으며 또한 동경대학의 모스교수의 강연으로 지식층에 널리 보급되고 있었다. 유길준은 1880년대 일본과 미국에 유학하던 시절 일본의 후쿠자와와 미국의 에드워드 모스의 지도를 통해 사회진화론을 접하고 이를 자신의 것으로 수용했다. 모스는 본래 생물학적 진화론을 주장하는 동물학자로서 유길준에게 생물학적 진화론과 함께 사회진화론을 가르쳤으나 정치와 경제 등 사회문제와 국가문제에 관심이 더 많았던 유길준은 사회진화론에 더 큰 관심을 가졌다. 유길준이 일본에 유학했다가 귀국한 직후에 〈競爭論〉에서 다음과 같이 썼다.

> 무릇 인생의 만사가 경쟁에 의하지 않은 것이 없으니, 크게는 천하국가의 일로부터 작게는 一身一家의 일에 이르기까지 모두 경쟁으로 말미암아 비로소 능

36) 전복희, 《사회진화론과 국가사상-구한말을 중심으로》(한울, 1996), 104쪽.

> 히 진보할 수 있는 것이다. 만일 인생에 경쟁하는 바가 없으면 무엇으로써 그 智德과 행복을 崇進함을 얻을 수 있으며, 국가가 경쟁하는 바가 없으면 무엇으로써 그 光威와 부강을 증진할 수 있으리오(《유길준전서》 4권, 〈정치 · 경제〉편 일조각, 1995 참조).

여기서 주목되는 것은 그가 사회진화론을 단순히 한 국가 내부의 사회에 적용하는 것을 넘어서서 국제사회에서 국가와 국가 사이에 이루어지는 경쟁을 인류사회 발전의 중요한 동력으로 인식했다는 점이다. 이 부분은 유길준을 지도한 후쿠자와로부터 받은 영향이 상당히 컸다고 여겨진다. 1880년대 후쿠자와는 당시의 세계를 약육강식, 생존경쟁이 지배한다고 보고 그러한 세계 속에서 강자, 적자가 되어야만 국권을 수호할 수 있으며 당시 일본의 급무를 '국체보전'이라고 생각했다. 그리고 이를 위해 국가간의 경쟁에서 승리하기 위해서는 전국민의 역량을 결집하고 동원해야 한다고 생각했다. 후쿠자와가 이 같이 사회진화론을 수용하고 이를 국제사회에 적용한 것은 그에 앞선 사회진화론자인 가토(加藤弘之)의 영향이 컸다.[37]

1880년대 개화파의 개화자강론은 이 같이 일본에서 국가주의, 제국주의론을 뒷받침하는 구실을 하던 사회진화론의 수용 위에서 만들어졌다.

이 시기 사회진화론은 일본을 통해서만 수용되었던 것은 아니다. 미국에 유학중이던 윤치호는 1890년대 초에 이 세계를 현실적으로 지배하는 원리는 정의가 아니고 힘이며 '힘이 곧 정의'라는 것이 이 세계의 신적 원리라고 생각하게 되었다. 그는 이와 연관하여 서구 문명국이 非西歐를 정복하는 약육강식의 현상을 전 인류의 문명화를 위해 신이 선택한 수단으로 보고 서구의 비서구세계에 대한 침략을 도덕적인 투쟁이라고 보았다. 즉 인류의 역사는 서구의 문명국이 비서구의 야만국을 정복하면서 그 문명을 확대해 가는 과정으로 인식하고 이러한 인류사관에 근거하여 '서구문명국=강자=도덕적 선, 비서구문명국=약자=도덕적인 악'이라는 독특한 등식을 도출해 내었다.[38] 그

---

37) 박찬승, 〈한말 · 일제시기 사회진화론의 성격과 영향〉(《역사비평》 32, 1996, 봄), 342쪽.
이 밖에도 김병곤 〈사회진화론의 발생과 전개〉, 윤건차 〈일본의 사회진화론과 그 영향〉, 조경란 〈중국에서 사회진화론 수용과 극복〉을 게재하여 '사회진화론 수용의 비교사적 검토'를 개괄적으로 하고 있다.

는 당시의 국제사회를 약육강식·적자생존의 열국경쟁의 사회로 인식하고 이 같이 힘이 지배하는 냉엄한 사회에서 하나의 민족이 독립국가로 존속하기 위해서는 힘을 길러 강자, 즉 적자가 되는 길밖에 없다고 보았다. 따라서 그는 조선도 스스로 문명화하여 강자가 되지 못하면 타국의 지배하에 들어갈 수밖에 없을 것이라 전망하고 조국이 힘을 길러 적자가 되도록 하는 것이 자신의 사명이라고 생각했다.

윤치호는 미국사회에서 강자의 권력을 정당화하는 권력사상이라고도 할 수 있는 사회진화론을 흡수해서 그의 세계관의 근간으로 삼았으며 또한 서구의 비서구사회에 대한 정복의 확대를 그리스도교의 신의 축복으로 칭송하는 '행복의 神義論'에 취해 있던 19세기 말의 '그리스도적 제국주의' 형태를 그리스도교의 원리적 본질로서 이해하고 수용했다.[39]

사회진화론에 기초를 둔 개화자강론은 1890년대 독립협회 시기에 더욱 구체적으로 나타난다. 독립협회 지도부는 당시의 국제정세를 약육강식과 우승열패의 법칙이 지배하는 상황으로 인식하고 이 같은 생존경쟁의 때에 애국지사는 반드시 국가를 부흥케 할 책임이 있다고 주장했다. 《독립신문》에는 약소국이 되어 제국주의의 지배를 받지 않도록 하기 위해 대한제국의 자주적인 개화자강을 강조한 글들이 매우 많다. 그러나 그 논설 가운데에는 서구문명 지상주의와 사회진화론에 입각한 제국주의 지배의 불가피론을 펴는 경우도 많았다. 즉 독립협회 지도부는 제국주의의 식민지 침탈을 비판하는 시각을 갖지 못하고 오히려 이를 선망하면서 개화자강을 통해 제국주의의 대열에 가담하려는 희망을 가졌던 것이다.[40]

이처럼 1890년대 후반부에 사회진화론적 사고는 신문을 통하여 지식인들과 국민들에게 확산되기 시작하여 국제사회에 있어서 힘의 메카니즘을 설명하고 서구적 근대화의 필요성을 일깨워 주는 역할을 했다.

사회진화론은 한국에서 수용되던 초기부터 몇 가지의 특징을 보이는데 하

---

38) 양현혜, 《윤치호와 김교신—근대조선에 있어서 민족적 아이덴티티와 기독교》(한울, 1994), 45쪽.
39) 양현혜, 위의 책, 54쪽.
40) 박찬승, 앞의 글, 344쪽.

나는 지식인들이 사회진화론의 관점을 국제사회에만 적용시켜 인종과 국가간의 갈등과 싸움을 설명하는데 주력하고 국내사회에는 적용하고 있지 않다는 것과 둘째로 지식인들이 사회진화론을 통해 강자의 권리를 옹호하면서 제국주의의 속성에 대해 비판하지 못하고 스스로 그들을 정당화하게 되었으며 그럼으로써 약자가 약자일 수밖에 없는 까닭을 약자의 무능 탓으로 돌리게 되었다는 것이다.41)

사회진화론적 원칙인 '생존경쟁'과 '우승열패'는 1890년대 말 이후 계몽적인 글에서뿐만 아니라 학생들의 교과서나 노래에서도 많이 사용될 정도로 대중적인 어휘가 되었으며 다윈의 진화론도 신문과 회보의 다양한 글들을 통해서 구체적으로 소개되고 있다.42)

사회진화론은 90년대 후반 이후 점차 국내에서 확산되게 된다. 이는 1905년 대한제국이 일본의 이른바 '보호국'으로 전락한 이후 국권회복운동의 방법으로서 의병투쟁론과 자강운동론이 제기된 것과 맥락을 같이한다. 즉 자강운동론이 강력히 대두했던 데는 이 시기에 본격적으로 수용되기 시작한 '사회진화론'의 영향이 컸다. 1905년을 전후한 시기 대한제국의 지식인들은 신지식층의 경우에는 주로 일본유학을 통해 사회진화론을 수용했고, 개명유학자의 경우에는 주로 양계초의 《飮氷室文集》을 읽음으로써 사회진화론을 수용했던 것이다.

사회진화론은 유길준·서재필 등에 의해 우리 나라에 도입되고 특히 1903년부터 양계초의 《음빙실문집》이 보급되면서 계몽운동을 일으키는 기본 이론으로 정착되었다.

한국의 계몽운동에서 사회진화론은 국가유기체설과 이론적으로 결합되어 발전되었으며 이 두 이데올로기의 결합은 계몽운동에서 다음과 같은 기능을 하고 있다. 첫째, 국가는 사회진화론적 싸움, 즉 생존경쟁의 단위로서 강조되었다. 따라서 국가는 적자생존에 의해 발전할 수도 있고 자연적 도태에 의해서 멸망할 수도 있다. 둘째, 국민들에게 국가에 대한 소속감을 일깨우면서 국민을 통합시키는 기능을 하였다. 그런데 국가유기체론도 사회진화론이 한

41) 전복희, 《사회진화론과 국가사상》(한울, 1996), 133쪽.
42) 전복희, 위의 책, 140쪽 참조.

국에 수용된 과정처럼 일본과 중국을 통해 수용되었다. 특히 블룬칠리의 국가유기체론이 큰 영향을 미쳤는데 그의 《일반국법(Allgemeines Staatsrecht)》은 1896년 중국에 와 있던 미국의 선교사 마틴(W. A. P. Martin)에 의해서 《公法會通》이라는 제목으로 번역되어 발행되었고 이 중국어판은 같은 해에 한국에서 한국인이 서문을 붙여 발간하여 한국의 외교정책에 이론적인 도움을 주었으며 1897년 제정된 한국 최초의 근대적 헌법에 영향을 주었다고 한다.[43] 당시 한국의 많은 지식인들은 국가유기체론을 블룬칠리의 저서를 직접 읽고 접했다기보다는 양계초의 《음빙실문집》을 통해서 또는 일본의 가토의 저서를 통해서 간접적으로 영향을 받았으리라 생각된다.

이와 연관하여 당시 지식인들이 가졌던 국가와 개인 사이의 유기적 관계에 대한 파악은 두 가지 경향으로 나눌 수 있다. 하나는 개인의 권리신장에 대해 특별히 중점을 두는 경향으로 민권을 국권의 기반으로 보고 국가생존을 위해 민권이 보장되어야 한다는 경향이며,[44] 다른 하나는 민권보다 국권에 더 비중을 두는 경향으로 이것이 당시에 지배적인 경향이었다.

국권에 대한 강조는 당시 조선이 처한 시대적 위기, 즉 패망의 위기로부터 국가를 구출하기 위하여 민족의식을 기반으로 한 국민통합을 강조하기 위한 것이었으며 따라서 민권의 중요성과 그 신장을 주장하는 민권운동을 한다 하더라도 이를 국가의 근대화와 독립을 달성하기 위한 수단으로 파악하고 있었기 때문이다. 애국계몽운동이 보여주는 이러한 문제는 다음과 같은 요인들에 의해서 야기되었다고 볼 수 있다.[45]

첫째, 한국에서는 수많은 사상과 가치가 수용 초기부터 부국강병이라는 목적 아래 수용되었다.

둘째, 서로 다른 사상적 · 역사적 배경을 갖는 서구사상과 가치가 한꺼번에 수용되자 한국의 지식인들은 그것들의 사회적 맥락이나 사상사적 배경을 제대로 이해하지 못한 상태에서 당시의 한국적인 이해와 필요에 따라 단편적

43) 전복희, 위의 책, 157~158쪽.
44) 警世生, 〈人權은 國權의 基礎〉(《大韓學會月報》 4호, 1908), 18쪽.
전복희, 위의 책, 170쪽.
45) 전복희, 위의 책, 183쪽.

이고 선택적으로 수용했다.

셋째, 때때로 서구사상을 유교사상의 이해를 기반으로 파악하는 일종의 절충주의적 오류를 범하기도 했다. 우리는 이러한 예를 사회진화론과 민권사상이 원형적으로 서로 대립되는 이론임에도 불구하고 애국계몽운동에서 서로 보완적으로 결합 수용되는 데서 발견할 수 있다.

사실 사회진화론이 제기되는 정치적 정세의 문제와 수용 주체의 입장에 따라 사회진화론이 갖는 의미도 변화될 수 있다.

이런 점에서 다음과 같은 견해는 주목할 만하다. "진화의 주체를 국가로 봤을 때와 민족으로 봤을 때는 큰 차이가 있다. 국가의 진화를 생각했을 때는 엉뚱하게도 경부선 철도가 일제에 의해 부설되는 침략상황을 진화로 보는 등의 오류가 발생할 가능성이 많고 또 국가가 1910년 망했을 때는 진화의 주체가 없어졌으므로 진화론의 근거가 없어졌으니 변절해 가게 된 이론적 함정에 빠지게 된다고 생각된다. 1905년부터 국가의 운명과 더불어 계몽주의자가 점차 변절해 갔던 것은 그것을 말한다. 그러나 진화의 주체를 민족으로 봤을 때는 국가는 망해도 진화의 주체인 민족은 있으니까, 梁起鐸·朴殷植·申采浩처럼 독립운동의 길을 택할 수 있었다고 보이는 것이다."[46]

그런데 사회진화론의 주체를 국가가 아닌 민족으로 볼 때에도 문제가 생긴다. 예컨대, 신채호·박은식 등의 민족주의가 논리적으로 제국주의를 인정할 수밖에 없다는 데 있다. 주체를 이동하면 제국주의란 민족주의가 대외적으로 표현된 것이다. 독립협회와 애국계몽기의 민족주의가 갖는 한계성은 분명 진화론과 관련되어 있는 것 같다. 그러므로 사회진화론적 사고에 기반한 자주독립사상, 부국강병의 자강사상은 약육강식의 제국주의 논리를 그대로 시인하는 것으로, 침략하는 자보다 침략 당하는 자가 더 어리석다는 결론을 함축하고 있다. 이 점에서 사회진화론을 수용했던 신채호가 일제하에서 맑스주의를 수용했다가 다시 무정부주의 수용으로 발전해 나간 것은 매우 중요한 시사를 준다.[47]

---

46) 조동걸, 〈일제식민지시대 국내 독립운동의 이해와 과제〉(《일제식민지시대의 민족운동》, 한길사, 1988), 39쪽.

47) 신용하, 《신채호의 사회사상연구》(한길사, 1984) 참조.

4) 사회과학의 수용

개항 이후 사회과학의 수용에 대한 연구들은 개별과학 분야에서 부분적으로 이루어져 왔다.

한국의 근대정치학은 그 시작에서부터 대상 없는 정치학이었다. 왜냐하면 근대정치학은 일본을 경유하여 그리고 도일유학생을 매개로 하여 주체적 연구대상이 없이 이루어졌다. 유길준의 《정치학》은 전문적인 정치학 교과서로 기획된 것으로 국가론, 정치사상사 등 다방면에서 정치이론적으로 체계화한 한국 최초의 정치학 저술로 평가될 수 있다.[48] 근대정치학은 주로 일본을 통해서 수용되었는데 유길준·안국선 등의 정치학은 초기에는 다원주의적 학문의 경향을 볼 수 있으며 1900년 초에 정치학을 전공한 김상연의 《국가학》(1906)의 경우는 블룬칠리의 영향을 많이 받았음을 알 수 있으며 이후에 수용된 정치학은 국가학이 주류가 된다.[49]

다음으로 우리 나라에 사회학이 소개된 것은 20세기 초였다. '사회'라는 단어는 19세기 말에야 우리 나라에 처음 소개된 번역어이다. 따라서 우리의 전통인 文史哲과 달리 사회학은 20세기 들어와서야 우리에게 소개된 대표적인 서양학문이라 할 수 있다. 사회학도 중국과 일본이라는 두 통로를 거쳐 들어왔다. 일본에서 공부한 이인직은 1906년에 월간잡지인 《소년한반도》에 1호부터 5회에 걸쳐서 사회나 사회학의 제목으로 사회 및 사회학의 정의, 사회의 종류, 사회이론의 중요성, 스펜서의 진화론 등을 소개하였다. 일본에서 Sociology를 사회학으로 번역했으므로 이인직도 사회학이라는 용어를 사용했다. 또한 당시 일본에서는 사회학이 세태학으로도 불렀다고 한다.[50]

한편 사회학이 중국을 통해 '群學'의 이름으로 우리 나라에 처음 소개된 것도 1905~1906년 무렵인 것으로 보인다. '군학'이라는 말이 처음으로 활자

---

48) 유길준, 한석태 역주, 《정치학》(경남대 출판부, 1998).
49) 안용준, 《개화기 서구정치학의 도입에 관한 연구》(경남대 박사학위논문, 1998), 208쪽. 서구 정치학의 수용에 관해서는 이 논문과 한석태, 〈개화기 정치학에 관한 연구〉(《사회과학연구》 4, 경남대 사회과학연구소, 1992) 참조.
50) 이기준, 《한말 서구경제학 도입사연구》(일조각, 1985), 238쪽.

화된 것은 1909년에 나온 장지연의 《萬國事物紀原歷史》였다. 장지연은 이 책에서 '군학'이라는 새 학문의 역사와 꽁트, 스펜서의 사상을 소개하였다.[51] 처음에 이렇게 두 낱말로 우리에게 알려졌던 새 학문은 얼마 가지 않아 '사회학'이라는 낱말로 쓰여지게 되었다.[52]

경제학의 경우, 서구의 체계적인 경제학이 수용되기 이전에 '경제학(economics)'이라는 용어가 활자화되어 지식사회에 널리 알려지게 된 것은 1884년 《한성순보》를 통해서였다. 이기준은 서구 경제학 도입사를 초창기(1881~1893), 중기(1894~1903), 말기(1904~1909)로 나누어 다루고 있다. 초창기에는 유길준·권동진·이종일 등이 일본에 유학하여 경제학에 대해 부분적으로 수용하는 단계이며 중기는 이 기간에 많은 도일유학생이 경제학을 연구하여 몇 권의 저서와 역서를 출간하고 경제학교육에 종사할 뿐만 아니라 귀국 후에도 계속 경제학에 관한 글을 발표하는 시기이다. 그리고 말기는 상당수의 도일유학생이 경제학을 연구하여 일본의 기관지에 경제학관계의 전문논문을 발표하고 또한 귀국하여 경제학 교육에 종사한 기간이다.[53]

다른 분야에서와 마찬가지로 근대적 의미의 법학 즉 서양법학의 수용은 일본과 중국을 매개로 이루어진다. 즉 한국이 서양법사상을 받아들이는 방법은 일본의 蘭學으로 시작된 명치법 문화와 청말 이른바 양무론의 서적들을 통한 간접 수용으로 시작되었다.[54] 1895년 최초의 법학교육기관인 '법관양성소'가 설립되고 법관양성소의 교과목은 법학통론·민법·민사소송법·형법·형사소송법 및 기타 현행법률 등이었으며 그 후에 헌법·행정법·국제법·상법 등이 추가되었다.

한국에서 최초로 영미법학서가 소개된 것은 중국에서 번역된 《만국공법》

51) 이준식, 〈일제침략기 개량주의 사회학의 흐름〉(《사회학연구》, 1986), 256~257쪽.

52) 최재석, 〈한국의 초기 사회학 : 구한말-해방〉(《한국사회학》 6, 1974).
박영신에 의하면 한반도에 대한 일본의 영향력이 커짐에 따라 새로운 강자 일본의 번역어인 '사회학'이 쓰여졌고 학문과 사상의 중심부가 중국에서 일본으로 옮겨졌다(박영신, 〈한국 사회학의 사회학적 역사〉, 《사회학 이론과 현실인식》, 민영사, 1992, 425~426쪽).

53) 이기준, 앞의 책(1985).

54) 이원순, 〈한국근대문화의 서구적 기초〉(《한국사학》 1, 한국정신문화연구원, 1980), 75~79쪽 참조.

이며[55] 《만국공법요략》(1909), 《國際公法志》(1909) 등의 국제법에 관한 책자도 발간되었다. 한국 지식인들이 《만국공법》 중에서 흥미를 가졌던 것은 均勢외에도 '자주'의 문제가 있었는데 원래 '주권'이니 '자치'니 '자주'라는 말은 《만국공법》에서 처음 사용된 것이었다.[56]

한국에서 서양법사상 수용의 특징으로 특히 주목할 만한 것은 중국의 양무론과 일본의 난학에서 출발한 명치법 문화에서 간접적으로 수용한 것으로 이는 서구인문사회과학 수용의 일반적 특징이라 할 수 있다. 또한 법적인 측면에서 한국이 서양국가와 접촉하는 정치적, 외교적 강도와 순서에 따라 미국의 영향이 제일 빠르고 컸지만 나중에는 일본 법학서를 통해 독일 법사상이 강하게 정착하게 된다는 점이다. 이는 서양인문사회과학 수용에서 일본의 역할을 알 수 있는 중요한 사례이다. 그리고 전체적으로 보아 한말의 서양법 수용은 대체로 소극적 보수적인 면을 가지고 있었으며 따라서 서양적 민주주의와 법사상을 독특한 동양적 권위주의와 국가주의로 각색하여 받아들였고 뒤따른 일제하의 일본판 서양법학이 이것을 그대로 계속시켰다는 것이다.[57]

5) 서양 인문사회과학 수용의 특징과 문제점

개항 이후 1910년까지의 서양철학과 사회과학 수용의 몇 가지 특징을 살펴보자. 전체적으로 개국 전야의 서양학문 수용의 태도를 비교해 보면 한국은 중국과 일본보다 적극성과 자주성이 결여되어 있었다. 특히 "조선의 유학자들은 '서교'와 '서학'을 구별하지 않고 한데 몰아 배척하고 말았다. 이에 따른 서학(양학)수용의 시간차가 근대화에서 일본의 성공, 조선의 좌절을 결정지었다"[58]고 할 수도 있다.

그리고 인문사회과학의 수용통로는 우선은 중국문헌을 통해, 그리고 일본

---

55) 최종고, 《한국의 서양법 수용사》(박영사, 1982), 404쪽.
56) 이광린, 〈한국에 있어서의 '만국공법'의 수용과 그 영향〉(《한국개화사의 제문제》), 158쪽.
57) 최종고, 앞의 책, 427~428쪽.
58) 강재언·이규수 역, 〈머리말〉(《서양과 조선 : 그 이문화 격투의 역사》, 학고재, 1998).

문헌의 한역판 등을 통해 이루어졌고 다음으로 직접 일본을 통해 대부분 이루어졌다. 서구로부터의 직접적인 수용은 대단히 제한적이었음을 알 수 있다. 이와 연관하여 서양학문의 수용과정에서 중국·일본과 비교해 볼 때 번역에 대한 심사숙고가 미흡했음을 알 수 있다. 예를 들면 사회학의 수용과정에서 중국에서 '군학'으로 번역하고 일본에서 '사회학'으로 번역하면서 나름대로 그들의 필요와 요구 그리고 해석에 따라 번역한 것에 비해 우리는 "왜 '군학'이어야 하며 왜 '사회학'이어야 하는가를 그 바탕과 뿌리에 다가서 묻고 되묻지 않았다"59)

다음으로 서양인문사회과학 수용에서 서양콤플렉스와 진보콤플렉스는 분리할 수 없게 결부되어 있으며 이는 특히 사회진화론의 수용에서 잘 나타난다. 이는 개항 이후의 역사를 서구적 가치기준과 현대적 시각으로 이해하여 전통시대와 단절적으로 이해함으로써 전통적 학문과 근대적 학문과의 관계에 대한 해명이 어렵다는 오늘날의 현실에서도 확인될 수 있다.

이 글은 서양 근대 인문사회과학의 수용사에 대한 본격적인 연구라 하기에는 매우 미흡하다. 보다 본격적인 연구는 각 학문영역에서 상당히 진행되고 있고 이를 토대로 보다 포괄적인 인문사회과학 수용사에 대한 충실한 연구가 가능하리라 생각한다

〈金載賢〉

2. 한국어 연구

1) 언문일치의 첫걸음

(1) 두 문체의 대립

19세기와 20세기의 교체기는 우리 나라의 새로운 학문이 싹튼 시기였는데,

59) 박영신, 앞의 책, 425쪽.

어느 다른 분야보다도 한국어 연구의 싹이 먼저 텄음을 볼 수 있다. 그 때의 연구는 한글과 문법에 관한 것들이었다.

文字문제는 19세기의 90년대에 들어 시급히 해결해야 할 국가적 과제로 등장하였다. 그 이유는 그 때까지 우리 나라에는, 개화기 학자들의 말을 빌면, '言文二致'가 계속되어 왔기 때문이었다. 입으로는 우리말을 하면서 글로는 漢文을 쓰는 기형적인 문자생활을 해 온 것이다. 이런 상태로는 개화와 더불어 갑자기 커진 문자의 사회적 기능을 감당할 수가 없었던 것이다. 이리하여 言文一致의 이상을 적극적이고, 전면적으로 추구하는 일이 긴급한 시대적 요청으로 등장한 것이다. 문자개혁의 첫 신호탄은 1894년 11월 21일에 공포된 《公文式》에 관한 勅令(14조)이었다.

> 法律과 勅令은 모두 國文을 기본으로 삼되, 漢文으로 번역을 붙이거나 國漢文을 섞어 쓴다(法律勅令 總以國文爲本 漢文附譯 或混用國漢文).

漢文과 國漢文을 들어 어정쩡한 것이 되기는 했지만, 국문(한글)을 기본으로 삼는다고 선언한 것은 매우 중요한 의미를 갖는 것이었다. 같은 해 12월 12일에 고종이 종묘에 誓告한 글(《獨立誓告文》)이 《官報》에 국문, 한문, 국한문의 세 가지로 실려 있음은 위의 칙령을 따른 것인데, 국문을 맨 앞에 싣고 있음이 눈길을 끈다.

위에 든 국문, 한문, 국한문 중에서 '언문이치'의 장본인인 한문은 뒤로 물러날 운명에 처해 있었고 국문과 국한문이 앞으로 누가 새 시대를 담당할 것인가를 놓고 경합을 벌이게 되었다. 그런데 그 어느 것을 택하거나 한글의 체계와 맞춤법을 정해야 할 필요성이 크게 대두되어 1907년에 國文硏究所를 개설하기에 이르렀던 것이다.

한글체계와 맞춤법의 연구는 자연스럽게 국어의 音韻에 관한 연구를 이끌어 내었다. 가령 '·'자를 그냥 쓸까 없앨까 하는 문제라든가, 받침으로 새로운 글자(ㅈ ㅊ ㅋ ㅌ ㅍ ㅎ 등)를 더 쓰는 것이 좋은가 하는 문제의 해결은 국어의 음운체계에 대한 깊은 성찰 없이는 불가능하였다.

文法은 서양에서 새로 들어온 학문이었다. 한편으로는 영어 문법을 통해서

이 학문이 우리 나라에 소개되었고 다른 편으로는 일본에서 새로 만든 일본어 문법을 통해서 한국어 문법에 대한 생각이 움트게 되었다. 한국어 문법 연구는 19세기의 마지막 10년간에 시작되었으나 20세기에 들어서야 책으로 간행되기에 이르렀다.

개화기 이전의 우리 나라에서 언문일치에 가장 가까운 문체를 지적하라면 아마도 대개는 諺文體라고 대답하기에 주저하지 않을 것이다. 이것은 주로 고전소설과 편지 등 일상생활에 사용되어 일반 서민 사이에 제법 광범한 지반을 가지고 있었다. 따라서 언문일치의 실현을 가장 강렬하게 추구한 개화기에 있어서 언문체 즉 國文體가 응당 대표적인 문체로 됨직한 일이었다. 그러나 실제로는 종래 매우 미약한 존재였던 國漢文體가 크게 대두하여 국문체와 대립하였고, 마침내 이것이 도리어 대표적인 문체가 되었다.

국문체가 대표적인 문체로 채택되지 못한 원인은 이것이 종래 문자생활의 하층부를 담당해 온 까닭에 갑자기 한문이 맡았던 상층부까지를 감당하기 어려운 결점이 있었기 때문이었을 것이다. 이에 대하여 국한문체는 한문에 가까웠으므로 이런 결점이 없었다. 사실상 19세기 말, 20세기 초의 국한문체는 한문에 토를 단 정도의 것이었다. 따라서 이것은 언문일치와는 거리가 먼 것이었으나, 점차 한문투가 적어져서 한자는 국어 속에 굳어진 漢字語의 표기에만 국한되기에 이르렀다.

개화기에 있어서의 문체의 대립에는 매우 심각한 일면이 있었다. 가령 1883년에 나온《漢城旬報》는 순전히 한문을 사용했음에 대하여 1886년에 나온《漢城周報》가 한문·국한문·국문의 세 문체를 아울러 사용했음은 그 초기의 일면을 보여주는 것이었다. 그 뒤 이 두 문체는 상당한 각축을 벌였다. 신문에서는 일시 국문체가 우세했으나 점차 국한문체가 일반화되어 갔다. 그러나 국문체도 점차 그 기반을 굳히고 넓혀 갔다.

개화기에 있어서 문체의 단일화 작업은 결국 실패로 돌아가고 말았다. 그리하여 국한문체와 국문체의 대립은 오늘날까지도 계속되고 있는 것이다.

(2) 국한문체

개화기에 있어서 국한문체의 수립과 보급을 위하여 각별한 노력을 아끼지 않은 사람은 兪吉濬이었다. 그는 1883년 봄에 漢城判尹 朴泳孝의 권유로 신문 간행을 준비하면서 그 創刊辭와 解說文을 국한문으로 썼다고 한다. 이 신문이 간행되지 못한 탓으로 그의 글은 발표되지 못하였으나 개화기에 의식적으로 국한문을 쓴 최초의 시도로서 기억될 만한 일이었다. 위에서 《한성주보》가 한문·국문과 함께 국한문체를 사용했음을 지적한 바 있는데 이 역시 유길준의 영향인 것으로 추측된다. 1886년에 鄭秉夏의 《農政撮要》가 국한문의 단행본으로 간행되었는데, 저자는 《한성주보》를 낸 博文局에서 일하고 있었다. 따라서 초기의 국한문체는 유길준 및 박문국과 관련이 있었던 것이다. 그 뒤 유길준의 《西遊見聞》이 1889년에 완성되고 1895년에 간행되어 국한문체의 보급에 크게 공헌하였다.

유길준은 이 책의 서문에서 국한문체를 택한 이유로서 ① 말뜻을 평순하게 하여 문자를 조금 아는 사람이라도 쉽게 알게 하고, ② 스스로 글을 쓰기에 편하고, ③ 우리 나라 七書諺解의 법을 따라 상세하고 분명하게 하기 위한 것이라고 하였다. 여기서 우리는 특히 ③에 주목한다. 종래 그가 국한문체를 쓴 것은 1881년 일본에 갔을 때 접촉한 후쿠자와(福澤諭吉)의 영향이라고 하는 일설이 있었으나, 위의 ③은 그가 우리 나라 문자생활의 전통 속에서 이 문체를 인식했음을 분명히 보여준다.

이렇게 시작한 국한문체는 1894년 甲午更張으로부터 《官報》을 비롯한 공사문서와 거의 모든 학교 교과서에 쓰이게 되고, 그 뒤 대부분의 신문·잡지에 채택되면서 그 기반을 굳히게 되었다.

이리하여 국한문체가 대표적인 문체로 확립되어 갔으나, 당시에는 이것이 어디까지나 과도기적인 현상으로 생각되고 있었던 사실을 주목할 필요가 있다. 즉 당시의 몇몇 신문 논설도 이런 의견을 표명하고 있지만, 李能和는 1905년 학부에 제출한 《國文一定意見書》에서 지금으로서는 국한문체를 사용하는 편법을 강구하지 않을 수 없으며 국문체만을 사용하는 것은 백년 이후 시대에나 있을 수 있을 것이라는 뜻의 말을 하였다. 이와 비슷한 견해는 李光洙에 의해서도 표명되었다. 1910년 《皇城新聞》에 실린 〈今日 我韓 用文에 대하여〉라는 제목의 글에서 그는, "純國文인가 國漢文인가" 하면 "순국문으로만 쓰고 싶으며 또 하면 될 줄을 알되 그 심히 곤란할 줄을 알음으로", 무엇보다도 "신지식의 수입에 저해가 되겠으므로" 우선 국한문을 쓰지 않을 수 없다고 결론을 맺고 있다. 이 글에서 주목되는 것은 이광수가 당시의 국한문은 "순 한문에 국문으로 懸吐한" 것임을 지적하고 그 개혁의 방향을 구체적으로 제시한 점이다. 즉 그는 "固有名詞나 한문에서 온 名詞·形容詞·動詞 등 국문으로 쓰지 못할 것만 아직 한문으로 쓰고 그 밖은 모두 국문으로 하자"고 주장하고 있다.

이 개혁은 실제로 1908년에 창간된 잡지 《少年》 등에 의해서 이미 시작되어 있었고 그 뒤 이광수를 비롯한 문필가들에 의해서 수행되었다. 이로써 비로소 국한문체가 진정한 언문일치에 접근하게 되었고, 국한문체와 국문체의 차이는 다만 한자어를 한자로 쓰느냐 한글로 쓰느냐의 차이에 지나지 않게 되었다.

(3) 국문체

國文體는 종래의 언문체의 전통을 이은 것이었지만 단순한 계승에 그치지 않고 현저한 발전과 지위 향상이 있었음을 주목할 필요가 있다.

국문체의 지위 향상에 가장 공이 큰 것으로 기독교를 들지 않을 수 없다. 개화기 이전에 있어서 언문이 불교에 의해서 많이 보급되어 왔음은 주목할 만한 사실이었는데, 기독교는 국문체로 성경을 비롯한 많은 책들을 번역하여 적극적인 선교에 힘썼던 것이다.

우리 나라 최초의 민간지로 건양 원년(1896) 4월 7일에 간행된 《독립신문》이 국문체를 채택한 것도 기독교와 깊은 관계가 있는 것으로 생각된다. 창간호 논설에 "모두 언문으로 쓰기는 남녀 상하 귀천이 모두 보게 함이요 또 귀절을 떼어 쓰기는 알아보기 쉽도록 함이라"고 밝히고 있는데, 특히 빈칸 띄어쓰기를 한 것은 놀라운 선견이라 하지 않을 수 없다. 이것은 이 신문을 창간하였고 줄곧 그 논설을 쓴 徐載弼의 생각이었다. 이보다 앞서 圈點 띄어쓰기를 한 예는 더러 있었으나 빈칸 띄어쓰기는 《독립신문》이 처음이었다. 서재필은 국어학자는 아니었지만 미국에서 학문을 닦으면서 우리 나라 문자 개혁의 필요성을 절실히 느꼈고 《독립신문》 간행에 즈음하여 그의 개혁안을 실천에 옮긴 것이었다. 국문에 관한 서재필의 생각은 그 창간호 논설에 분명히 나타나 있거니와, 《독립신문》 2권 92호(1897년 6월 10일)에 실린 그의 논설에서 더욱 분명하게 표명되었다. 이 논설에서 말과 글은 같아야 하는데 이는 국문으로만 달성될 수 있으며 국문의 표준화를 위하여 '옥편' 즉 사전을 만들어야 함을 말하고 빈칸 띄어쓰기를 다시 한번 역설하였다. 이것은 언문일치의 이상을 천명하고 사전 편찬의 필요성을 주장한 첫 글로서 길이 기억될 역사적 문장이다.1)

《독립신문》에 이어 《믹일신문》, 《뎨국신문》 등이 국문체로 발간되어 한때는 신문의 문체가 국문체로 굳어지는 느낌조차 있었다. 그러나 본래 국문체로 발간된 《대한황셩신문》이 광무 2년(1898) 《皇城新聞》으로 改題하고 국한문체를 택하게 되면서 신문에 국한문체가 일반화되기 시작하였다. 이것은 당시의 지식층의 요구였던 것으로 믿어진다. 이 뒤에도 가령 《大韓每日申報》가 국한문체로 내면서 따로 《國文報》를 낸 것은 일반 민중을 위한 것이었으나, 점차 국문체는 신문에서 자취를 감추게 되었다.

우리 나라의 고전문학을 보면 시가에서는 국한문이 주류를 이루어 왔고 소설에서는 국문이 주류를 이루어 왔다. 이 전통이 개화기에 와서도 그대로 이어졌으나, 부분적이기는 했으나 소설에 국한문이 등장한 사실은 주목할 만하다. 예를 들면, 최초의 신소설 작품이라고 일컬어지는 李人稙의 《血의 淚》는 국한문으로 《萬歲報》(1906)에 연재되었다(다만 한자에는 한글로 음을 달았다). 우리 나라의 현대소설이 본격적으로 시작된 1920년대 초에도 국한문으로 쓰인 작품이 많이 있었음을 생각할 때, 이 경향도 제법 줄기찬 일면이 있었음을 알 수 있으나, 차츰 국문으로 통일되어 고전문학 이래의 전통이 지켜진 것이다.

개화기에 있어서 의식적으로 국문체의 확립을 위하여 힘을 기울인 학자는 周時經이었다. 그는 1898년에 《國語文法》의 초고를 국한문체로 썼었다고 하니(1910년에 이 책을 낼 때에는 국문체로 고쳤으나 미처 못 고친 곳이 더러 있었다), 그의 국문체에 대한 신념은 그 뒤에 생긴 것이라고 해야겠다. 그의 최초의 저서인 《國文講義》(속 제목은 《대한국어문법》)는 1906년에 간행되었는데 그 〈略例〉는 한

1) 자세한 것은 李基文, 〈독립신문과 한글 문화〉(《周時經學報》 4, 1989) 참고.

문으로, 발문은 국한문체로, 본문은 국문체로 되어 있다. 그리고 1907년에 그가 《西友》 2호에 기고한 〈국어와 국문의 필요〉란 글은 국문체로 되어 있을 뿐 아니라, 내용도 이의 확립을 강조한 것이다. 이로 보아 주시경이 국문체에 대한 신념이 확고하게 된 것은 대체로 1907년경이 아니었던가 한다. 1914년에 간행된 《말의 소리》는 그의 마지막 저술로서 그 자신이 써서 석판으로 인쇄하였는데, 잘 다듬어진 순수한 국문체로 되어 있다. 그런데 그는 국문체에 만족하지 않고 한걸음 더 나아가 '가로쓰기'를 꿈꾸고 있었다. 이 책의 맨 끝 페이지에 '가로쓰기'를 한 것이 있으며 더구나 그 내용은 '가로쓰기'가 글의 이상임을 명언하고 있다. '가로쓰기'에 대한 그의 시안은 이미 1909년에 국문연구소에 제출한 그의 최종 〈硏究案〉에도 나타난다. 이렇게 볼 때 주시경은 문자문제에 있어서 매우 급진적인 이상주의자였음을 알 수 있다.

2) 초기의 국문 연구

(1) 지석영의 〈국문론〉과 〈신정국문〉

池錫永은 우리 나라에서 처음으로 牛痘를 실시한 의학자로 널리 알려졌으나 일찍부터 국문에도 큰 관심을 가지고 있었다. 그는 1896년 11월에 〈국문론〉을 발표했는데,[2] 이것은 이 방면의 최초의 글이었다. 특히 이 글 첫머리에서 "우리 나라 사람은 말을 하되 분명히 기록할 수 없고 국문이 있으되 전일하게 하지 못하여" 이것을 개선할 필요성을 역설한 것은 앞으로 전개될 국문 연구의 시작을 알리는 선언 같은 느낌을 준다. 그러나 그 내용은 음의 고저를 표기해야 한다는 주장을 편 것이다. 이 주장은 그의 〈大韓國文說〉(1905)에 이어졌으며 이를 토대로 국문체계의 통일안을 작성하여 정부에 소청한 것이 재가되어 1905년 7월 19일에 공포를 보게 되었던 것이다. 이것이 유명한 〈新訂國文〉이었다. 이 〈신정국문〉의 내용을 요약하면 다음과 같다.

ㄱ. 五音象形辨

---

2) 《대죠션독립협회보》 1권 1호, 1896년 11월.

국문 初聲字들의 制字原理를 발음기관의 상형으로 설명한 것이다. 이것은 물론 池錫永의 독창적인 학설이 아니요, 오래 전부터 있어온 것이며 姜瑋의 《擬定國文字母分解》(1869)에도 이런 설명이 보인다.

ㄴ. 初中終三聲辨

崔世珍의 《訓蒙字會》 범례의 체계에 의거한 것이다. 다만 '中聲獨用十一字' 속에 그가 새로 만든 '='자가 포함되어 있는 반면 '·'자는 제외되었다. 한편 《訓蒙字會》의 '初聲獨用八字'에서 'ㅿㆁ'을 빼어 '初聲獨用六字'(ㅈㅊㅋㅌㅍㅎ)로 하였다.

ㄷ. 合字辨

이것도 《訓蒙字會》을 그대로 따른 것으로, 《훈몽자회》에서는 '각'자를 예로 들었는데, 여기서는 '강'을 예로 들어 설명한 것이 다를 뿐이다.

ㄹ. 高低辨

上聲과 去聲 및 長音에 대해서 글자 오른쪽에 점을 찍도록 규정한 것이다. 《小學諺解》의 범례에서 암시를 받은 것인데, 이미 우리 나라 사람들이 구별하지 못하는 '東'과 '動'의 聲調의 차이를 표시하려 한 것은 지나친 일이었으나, '눈'[雪]과 '눈'[眼]의 차이를 구별하려 한 것은 좋은 착안이었다.

ㅁ. 疊音刪正辨

'·'를 없앰으로써 당연히 'ᄀᆞᄂᆞᄃᆞ…' 등 14자가 없어짐을 확인한 것이다.

ㅂ. 重聲釐正辨

된소리의 표기를 관습대로 'ㅺ ㅼ ㅽ ㅆ'와 같이 된시옷으로 할 것을 규정한 것이다. 개화기에는 일반적으로 된소리는 'ㄲ ㄸ ㅃ ㅆ ㅉ'로 표기해야 한다는 주장이 유력했는데(姜瑋·李鳳雲·周時經) 池錫永은 이것을 따르지 않았다.

이상의 간단한 요약에서 설명한 바와 같이 〈신정국문〉은 국문체계의 개혁안이라고 하지만 전반적으로는 매우 보수적인 것이었다. 받침으로 8자만을 사용할 것과 된소리 표기에 된시옷을 사용할 것을 규정한 것은 그 대표적인 것이다. 개혁이라고 한다면 '·'를 없애고 '='를 새로 만든 것뿐이다. 이것은 '·'는 'ㅣㅡ'의 合音이라는 주시경의 주장의 영향을 받은 것인데, '·'를 없앤 것은 주시경의 뜻과 같지만 'ㅣㅡ' 합음을 나타내는 '='를 새로 만든 것은 그의 뜻과 어긋난 것이었다. 말하자면 〈신정국문〉은 정작 개혁해야 할 것은 아니하고, 엉뚱하게 새로운 글자를 만들어 당시의 식자들 사이에 큰 물의를 일으키게 했던 것이다.

이 〈신정국문〉은 개화기에 있어서 국문체계의 재확립을 위한 최초의 공적 노력으로서 하나의 역사적 사건임에 틀림없다. 그리하여 그 시행을 위한 노력도 상당히 있었던 흔적이 엿보이나, 성공을 거두지는 못했다. 위에서도 지적했듯이 새로 만든 '='자가 큰 불씨가 되었을 뿐 아니라 전체적으로 만족할 만한 체계가 제시되어 있지 못하였다. 그러나 여러 학자들의 힘을 합하여 새로운 국문체계의 확립을 위한 노력을 하게 하는 하나의 계기를 마련한 것은 〈신정국문〉이 가져온 뜻밖의 소득이었다고 할 수 있다. 즉 학부에 국문연구소가 설치된 것은 이 〈신정국문〉이 직접적인 원인이 되었던 것이다.

(2) 리(이)봉운의 《국문정리》(국문정리)[3)]

이것은 얄팍한 팜플렛인데, 그 끝머리에 "대죠션 건양 이년 일월 일"이라 있어 1897년 1월에 간행되었음을 알 수 있다. 이 책은 주로 국문에 대하여, 특히 음절의 장단을 구별하여 표기할 필요가 있음을 말하였다. 그리하여 'ㅏ, ㅑ' 등은 장음 표기에 쓰고 'ㆍ, ‥' 등은 단음 표기에 쓰자는 일종의 개혁안을 제시하였다. 李鳳雲은 외국인에게 국어를 가르친 것으로 알려져 있는데, 음절의 장단에 대한 관심도 이 경험에서 생긴 것으로 짐작된다. 이봉운이 한국어에 장단이 있음을 말한 것은 옳았지만, 그가 제안한 표기법은 아무런 이론적 근거도 없는 것이어서, 이 책의 주장은 학계에서 잊혀지고 말았다.

(3) 주시경의 〈국문론〉과 그 뒤의 연구

주시경의 〈국문론〉은 1897년에 《독립신문》에 실린 것으로, 그는 그 당시 培材學堂 學員(학생)으로 이 신문사의 '會計兼校補員'의 일을 보고 있었다. 전후 2차에 걸쳐 실려 있어 사실상 두 개의 논설이라고 할 수 있다.[4)]

---

3) 이에 대한 자세한 논의는 金敏洙, 《新國語學史》(一潮閣, 1964), 359~363쪽 참고.

4) 《독립신문》 2권 47·48호, 1897년 4월 22·24일, 2권 114·115호, 1897년 9월 25·28일.

이 글은 22세의 청년이 쓴 글이라고는 믿어지지 않을 정도로 훌륭한 것이다. 전편에는 오늘날 읽어보아도 별로 흠잡을 데가 없는 당당한 문자론이 전개되어 있고 후편에는 그가 생각하고 있던 맞춤법에 관한 구체적인 방안들이 제시되어 있다. 위에서 지적한 바와 같이, 전편이 실린 뒤에 서재필의 국문에 관한 논설이 발표되어 후편은 그 영향을 받았음을 볼 수 있다. 이 후편의 내용에서 특히 주목되는 것은 가령 '강'(江)이나 '산'(山)과 같이 이미 우리말이 된 것은 국문으로 써도 좋지만 그렇지 않은 한자의 음을 국문으로 써 놓으면 한자 모르는 사람은 말할 것도 없고 그것을 아는 사람도 그 뜻을 알아 맞추기 어려움을 지적한 점이다. 당시의 이른바 國漢文混用體가 한문에 국문으로 토를 단 것이었고 국문체란 것도 이것을 그대로 국문으로만 옮겨 놓은 것이 많았음을 비판한 것이다. 이것은 언문일치의 가장 기본적인 문제를 지적한 매우 중요한 발언이다. 그리고 명사 또는 대명사의 예를 들어 이들과 조사를 구별하여 표기할 것을 주장한 점도 주목된다. '이거시'라 쓰는 것은 문법을 모르기 때문이요 마땅히 '이것이'라 써야 한다는 것이다.

그런데 이 글에 (1) '·'의 'ㅣㅡ' 합음설과 (2) 새로운 받침설('ㄷ ㅌ ㅈ ㅊ ㅍ ㅎ ㄲ ㅄ ㄵ ㅀ' 등의 받침을 써야 한다는 주장)이 전혀 나타나지 않음이 의아스럽게 느껴진다. 오늘날 남아 있는 주시경의 가장 이른 저술인《대한국어문법》(1906)에 보면 그가 '·'의 'ㅣㅡ' 합음임을 처음 깨달은 것은 1893년이었으며 새로운 받침에 관한 주장은 그가 1896년 5월에 독립신문사 안에 조직한 國文同式會에서 주장한 것으로 되어 있다. 이들은 사실상 주시경이 전 생애를 통하여 주장한 가장 중요한 학설이었고 특히 새로운 받침설은 그 당시로서는 매우 급진적인 것이었는데, 뒷날 그가 국문연구소의 위원으로 가장 힘주어 주장한 것도 이 두 가지였다.

(4) 이능화의 〈국문일정의견〉

이것은 당시 法語學校 교관이었던 李能和가 광무 10년(1906) 5월에 학부에 제출한 하나의 건의서로서, 어문정리사업의 필요성을 역설한 것이다. 그 구

李基文 編,《周時經全集》상(亞細亞文化社, 1976) 소수. 필자의 이름은 '쥬샹호'인데 周時經의 처음 이름은 周相鎬였다.

체적 방안으로 '國文字典'(국어사전)의 편찬, '國語規範'(주로 文字체계의 통일안)의 저술 및 소학교과서의 한자 옆에 국문을 달아 쓸 것 등을 말하고 있다. 학부가 국문연구소를 설치한 것이 이 건의서가 제정된 바로 이듬해였음은 이 둘 사이에 무슨 관계가 있음을 느끼게 한다. 이능화 자신이 후일 국문연구소의 설치에 이 건의서의 작용이 있었음을 술회하고 있다.

3) 국문연구소의 업적

(1) 국문연구소에 관한 자료

국문연구소는 학부대신 李載崐의 청의로 각의를 거쳐 1907년 7월 8일에 학부 안에 설치되었다. 훈민정음 창제 당시의 正音廳(諺文廳)을 제외한다면, 이것은 국문을 연구하기 위한 최초의 국가적 기관이라 일컬을 수 있는 것으로 우리 나라 문화사상 중대한 의의를 가지는 것이었다.

반드시 국가적 기관이라야 중대성을 띤다는 것은 물론 아니다. 19세기와 20세기의 교체기에 국어 국문에 대한 자각이 싹트고 이에 대하여 연구하는 학자들이 생겼는데, 이들이 국문의 연구를 위해서 협동적인 노력을 이룩했던 최초의 기관이라는 데 일차적인 중요성이 있는 것이다. 그 뒤 일본제국주의의 압박 밑에서 조선어학회와 같은 민간학회가 조직되어 국어·국문의 통일사업을 완수했는데, 이것이 국문연구소의 전통을 계승·발전시킨 것임을 생각할 때 국문연구소의 역사적 의의가 얼마나 큰 것인가를 알 수 있다.

이리하여 국문연구소는 일찍부터 국어학자들의 관심을 끌었으나 이에 관한 자료가 없어서 무슨 일을 어떻게 해서 어떻게 결말을 지었는지 자세한 것을 알 수가 없었다. 국문연구소에 관해서는 일인학자 오쿠라(小倉進平)가 그의 《朝鮮語學史》(1920)에 간단하게 써 놓은 것이 있을 뿐이어서 우리 나라 학자들도 이것에 의존할 수밖에 없었다. 그리고, 국문연구소의 직접적인 자료로는 金允經이 《朝鮮文字及語學史》(1938)에 실은 〈硏究案〉(油印)의 일부가 알려졌을 뿐이었다.

앞으로 이 글에서 밝혀지겠지만, 국문연구소는 그 토의과정에서 위원들이 〈연구안〉을 제출하면 그것을 등사하여 나누어 주었고(처음에는 위원들이 다시 〈參互硏究案〉을 내어 이것도 등사하여 나누어 주었다) 마지막에는 국문연구소의 사업을 마무리짓는 〈보고서〉를 제출했었다. 이 보고서는 각 문제에 대한 위원들의 표결의 결과를 종합하여 〈의정안〉을 작성하고 여기에 각 위원의 최종적인 〈연구안〉을 첨부한 것이었다.

불과 90여 년 전의 일임에도 이런 자료들의 행방이 묘연했었는데, 이 자료들이 모두 보존된 것은 불행 중 다행한 일이다.

위에 말한 토의과정의 자료는 당시 국문연구소 위원이었던 주시경이 간수했던 것이 고스란히 남아 있어서 발견되었고(高麗大學校 亞細亞問題硏究所 六堂文庫), 報告書 一件 書類는 일본에서 발견되었다(東京大學 小倉文庫). 이로써 국문연구소에 관한 모든 사실이 분명하게 밝혀지게 된 것이다.[5]

(2) 개설의 동기와 목적

국문연구소가 개설된 1907년은 매우 다사다난한 해였다. 이보다 2년 전에 을사조약이 체결되었었고, 국문연구소가 설치된 바로 그 달에 헤이그(海牙)密使事件이 있었고, 뒤이어 고종양위의 詔書가 내리고 순종이 즉위하였다. 그 다음 달에는 군대 해산식이 있었다. 이러한 일련의 사건으로 온 나라 안이 술렁대고 있었던 때다. 이런 때에 국문연구소가 설치된 것은 당시의 학계에 문자 문제에 관한 관심이 매우 컸으며, 정부 당국자들이 이 문제의 심각성을 충분히 인식했었음을 보여주는 것이다. 국문연구소야말로 우리 나라 개화기에 있어서 새로운 문화운동의 가장 빛나는 성과의 하나라고 하지 않을 수 없다.

국문연구소 개설의 동기는, 크게 보면 개화과정에서 제기된 문자문제의 심각성과 이를 해결하기 위하여 개화의 초기부터 학자, 언론인 등이 기울여 온 노력의 집적으로, 공동연구에 의한 국가적인 통일체계를 확립할 필요성이 분명해진 데 있었다고 할 수 있다. 그러나 모든 역사적 사건이 그렇듯이 국문연구소의 개설도 직접적인 동기가 있었던 것으로 생각된다. 그 동기는 앞에서 이

---

5) 國文硏究所에 대한 자세한 것은 李基文, 《開化期의 國文硏究》(1970) 참조.

미 말한 〈신정국문〉과 〈國文一定意見〉이라고 할 수 있다. 특히 〈신정국문〉은 하나의 국문체계의 개혁안으로서는 여러 가지 결점을 지니고 있었으니, 비록 지석영이 당시에 상당히 유력한 인사였다고 하더라도 한 개인의 안을 정부가 그대로 공포했다는 것은 졸렬한 처사였다는 비난을 면할 수 없는 일이다. 앞으로 밝히려고 하지만, 국문연구소에서 행한 연구제목들을 보면, 〈신정국문〉의 내용을 재검토하기 위하여 세워진 기관이라는 강한 인상을 준다.

당시 학부 편집국장으로서 사실상 국문연구소 개설 초기부터 주동적인 위원으로 활약한 魚允迪은 국문연구소에 낸 그의 최종 〈硏究案〉에서 다음과 같이 국문연구소의 개설을 설명하고 있는데, 매우 타당한 것으로 생각된다. 즉 국문은 오랫동안 한문에 눌려 왔으나 '甲午維新'으로 공사문서에 통용되게 되고 비로소 국문이 귀함을 알게 되어 이를 연구할 필요를 다투어 말하게 되매, 이능화·주시경·지석영 등이 나왔고, 이로 말미암아 국문의 빛이 다시 밝아지게 되었으나 여러 학자의 학설이 각기 달라 그 폐해가 크니 그것을 통일하는 방법을 모색하지 않을 수 없었다. 이것이 바로 학부에서 국문연구소를 설치한 이유라 하겠다.

국문연구소를 세운 목적이 국문의 연구 및 정리에 있었음은 두말할 것도 없다. 여기서 '國文'이란 말에 주의할 필요가 있다. 이 말을 우리는 위에서도 자주 썼지만 이것은 우리 나라의 문자체계를 의미하는 것이다. 따라서 우리 나라의 말, 즉 국어는 국문연구소의 연구대상에서 일단 제외되어 있었던 사실에 유의할 필요가 있다.

국문연구소의 목적은 '國文硏究所 規則' 제1조에 "本所에서는 國文의 원리와 연혁과 현재 行用과 장래 발전 등의 방법을 연구함"이라고 구체적으로 표명되어 있다.

(3) 직원과 운영

위의 목적을 달성하기 위하여 국문연구소는 개설(1907년 7월 8일) 며칠 뒤(7월 12일)에 직원들을 임명하였다. 위원장에 尹致旿(학부 학무국장), 위원에 張憲植(학부 편집국장), 李能和(관립한성법어학교장), 玄檃(정3품), 權輔相(내부 서기관), 周時經, 上村正己(학부 사무관)의 6인, 간사에 柳基浟(학부 視學官), 서기에

白萬奭(학부 주사)이 각각 임명되었다. 그 뒤 8월 19일에 학부 편집국장이 갈리어 장헌식이 해임되고 어윤적이 임명되었다. 위의 위원 중 주시경만은 민간인으로서 아무 관직도 없었으니 그가 위원에 임명된 것은 순전히 그의 학자로서의 명망에 의한 것이었음을 알 수 있다. 그리고 일본인 우에무라(上村正己)가 끼어 있는데, 이 무렵에는 이미 우리 나라 정치를 감시하기 위하여 정부 각 기관에 일본인들이 배치되어 있었으니, 국문연구소와 같은 민족주의적인 문화기구에 감시의 눈을 게을리하지 않았음은 이상할 것이 없다고 하겠다. 이 일본인은 실제로 한 번도 연구안을 낸 일이 없다.

국문연구소가 그 최초의 회의를 가진 것은 그 해 9월 16일이었다. 이 회의에서 연구소의 운영에 관한 전반적인 문제들이 토의된 것으로 추측된다. 그 중에서도 위원의 補選과 '국문연구소 규칙'의 작성이 논의된 것 같다. 그 결과 9월 23일자로 李鍾一(정3품), 李億(정3품), 尹敦求(6품), 宋綺用(전 교관), 柳苾根(9품)의 5인이 새로 위원에 임명되었다.

그런데 위원 속에 정작 지석영의 이름이 보이지 않는다. 지석영이 국문연구소 위원으로 임명된 것은 1908년 1월이었다. 짐작건대 국문연구소가 주로 그의 〈신정국문〉을 검토하게 될 것이므로 그를 참여시키지 않기로 했다가 뒤에 그를 참여시키는 것이 오히려 좋다는 결론을 얻게 된 것이 아닌가 한다.

이 뒤에도 직원의 이동이 있었는데, 1908년 5월에 간사가 된 李敏應(학부 서기관)이 6월에 위원을 겸임하게 되었다. 그리고 같은 해 8월에 이억이, 1909년 10월에 현은·이종일·유필근 등이 해임되었다. 이들은 처음부터 별로 열의가 없었던 사람들이었다. 그리하여 마지막까지 남은 사람은 위원장 尹致旿 외에 위원은 魚允迪·李能和·權輔相·周時經·尹敦求·宋綺用·池錫永·李敏應의 8인이었다.

비록 큰 시대적 사명을 띤 기관이긴 했으나, 처음부터 그 규모가 적었으며 그나마 운영이 순탄치 못했었다. 직원도 위원을 빼고는 모두 학부 사람으로 겸직하게 했으며 비용도 학부에서 임시로 내기로 되어 있었다.

국문연구소의 운영은 처음 두 번의 회의에서 정한 '국문연구소 규칙'에 의하여 행하여졌다. 이에 의하면 회의는 매달 3회 열기로 했으며 그 방법은 다음과 같다.

처음에 위원장이 위원들의 의견을 참작하여 문제를 제출한다. 각 위원이 그 문제에 대해서 연구안을 제출한다. 이것을 등사하여 위원들에게 배부하면 동료 위원들의 의견을 참작하여 다시 자기의 연구안(參互硏究案)을 제출한다. 이 참호연구안에 위원장이 評訂案을 첨부한다. 이것을 전체회의에서 토론하여 출석 3분의 2 이상의 贊票로 의결한다.

이 방법은 실제로 제1회 문제에 대해서 적용되었으나 너무 번거로워 다소 간소하게 개정되었다. 회의를 매달 2회만 열기로 하고 위원들의 연구안에 대하여 위원장이 지명한 3인이 의안을 작성하여 이것을 가지고 토론하여 다수표로 의결하기로 하였다. 요컨대 회의의 횟수를 줄이고 진도를 빠르게 하려는 의도가 엿보인다.

(4) 사업의 경과

국문연구소는 1907년 9월 16일에 제1회 회의를 연 뒤로 그 해에 5회, 이듬해에 12회, 다시 그 이듬해에 6회, 도합 23회의 회의를 열었는데 최종회의는 1909년 12월 27일이었다. '국문연구소 규칙'대로 회의가 열리지 못했음을 알 수 있다.

이 회의에서 위원장이 문제를 제출한 것은 모두 10회 14문제였다. 이제 그 제목들을 보면 다음과 같다.

제1회 國文의 淵源
제2회 國文 字體 및 發音의 沿革
제3회 ㆁ ㆆ ㅿ ◇ 四字의 復用 當否
제4회 ㆅ, ㅱ, ㅸ, ㆄ, ㅹ 五字의 復用 當否
제5회 ㄱ ㄷ ㅂ ㅅ ㅈ 重音(古稱 並書 俗稱 된시옷) 書法 一定
제6회 中聲에 =字 刱製 ·의 廢止 當否
제7회 ㄷ, ㅅ 二字 用法
제8회 初終聲 ㅈ, ㅊ, ㅋ, ㅌ, ㅍ, ㅎ 通用 當否
제9회 七音과 淸濁의 區別 如何
제10회 四聲票의 用否 / 國語音의 高低音 / 字母 音讀 一定 / 字順 行順의 次序 一定 / 綴字法

마지막 제10회를 제외하고는 모두 1회에 1문제씩으로 되어 있다. 국문연구소는 위의 14문제에 대한 토론과 의결을 사실상 1908년 말까지 끝냈었다. 그리하여 일단 학부대신에게 그 결과를 보고한 것으로 보도된 바 있다. 그러나 1909년에 들어 〈國文硏究 議定案〉과 마지막까지 남은 8위원의 최종적인 〈연구안〉으로 이루어진 〈보고서〉가 작성되었다. 이 때에는 과거에 토의된 문제들을 10제로 요약한 점이 주목된다(이에 대해서는 이 글에서 밝혀지겠기에 여기서는 약한다). 이것이 완성된 것이 1909년 12월 27일이요 그 이튿날 즉 28일자로 〈보고서〉를 학부대신에게 제출하였다.

그런데 이 〈보고서〉에 대해서 정부는 그 뒤 아무런 조처도 취하지 않았다. 그 결과 국문연구소 위원들이 어려운 환경 속에서 3년 동안 애써 만든 〈국문연구 의정안〉이 이 세상에 공포되지 못하고 학부의 미결서류 속에 깊이 묻히고 말았다. 그 이유로서 우선 생각할 수 있는 것이 학부대신의 경질이다. 국문연구소를 개설하고 그 일을 계속해 온 이재곤은 〈보고서〉가 제출되기 2개월 전 즉 1909년 10월 21일에 사임하고 李容稙이 새로 취임하였는데, 이용직은 친일파로서 이완용내각에 발탁된 인물이었다. 따라서 그가 국문연구소의 〈보고서〉에 대한 처리를 일부러 천연시켰으리라고 추측하는 것은 지극히 당연한 일이 아닌가 생각된다. 학무국장 윤치오가 〈국문연구 의정안〉의 내용에 불만이 있었다는 설도 있으나 이것은 확인할 길이 없다. 그는 국문연구소의 위원장이었으나 그의 견해는 어느 자료에도 나타나 있지 않은 것이다.

국문연구소는 1909년 12월 28일자로 〈보고서〉를 제출함으로써 그 사업을 완료하였다. 이로써 국문연구소는 사실상 폐지된 것이다. 그러나 위에서 말한 바와 같이 그 〈보고서〉의 처리가 천연되어 그 이름만은 그냥 남아 있다가 1910년 8월, 나라의 이름과 함께 이 연구소의 이름도 없어지고 말았다.

(5) 〈국문연구 의정안〉

위에서 말한 바와 같이 국문연구소는 1909년에 들어 그 전에 10회에 걸쳐 14문제에 대해서 의결했던 것을 다시 최종적으로 정리하여 학부대신에게 보고하였다. 이것이 바로 〈국문연구 의정안〉으로 국문연구소 위원들의 협동적 노력의 결정일 뿐 아니라 개화기의 국문연구의 총 결산이라고 할 수 있는 것이었다.

1909년에 들어 국문연구소에서는 그 전의 14제를 10제로 요약했었다. 그리하여 〈의정안〉과 최종 〈연구안〉은 모두 10題로 되었다.

이 〈의정안〉을 완성하는 것이 국문연구소의 목표였으며 이것은 정부에 의하여 공포될 것으로 예견되었던 것이나, 마침내 공포되지 않고 말았을 뿐 아니라, 그 내용조차도 세상에 알려지지 못한 것은 유감된 일이 아닐 수 없다.

여기에 〈국문연구 의정안〉의 내용을 요약하면서 간단한 평을 붙이기로 한다.

가. 국문의 연원과 자체 급 발음의 연혁

淵源, 字體, 發音을 나누어 논하였다. 연원에 대해서는 단군시대부터 우리나라의 문자를 개관한 것인데 그 서술이 간결하고 오늘날 보아도 거의 흠잡을 데가 없다. 단군시대에는 문자가 있었다는 증거가 없으며 그 뒤 한자가 들어와 한문으로 글을 쓰게 되어 '言文一致'의 상태가 되었다고 하고 신라시대에 한자를 이용하여 국어를 표기하는 방법이 생겼으나, 사용하기 어려운 흠이 있었다고 지적하였다.

그러나 이것이 "國文을 造作할 사상의 胚胎"라고 본 것은 탁견이었다. 훈민정음은 세종대왕이 즉위 25년(1443)에 창제하고 《訓民正音》이란 책을 짓게 하여 28년(1446)에 반포하였다고 했다. 훈민정음보다 앞서 우리 나라에 古代文字가 있었다 하나 문자로 인정하기 어렵다고 부인한 것도 매우 타당한 견해라고 하겠다.

자체에 대해서는 먼저 "字體는 상형이니 古篆을 倣造한지라"라고 하여 鄭麟趾의 訓民正音序에 나오는 "象形而字倣古篆"을 그대로 인정하였다. 종래 훈민정음의 기원에 대해서는 많은 설이 있었고 국문연구소에서도 이능화는 梵字 起源說을 주장했는데, 이런 것을 받아들이지 않은 것은 지극히 온당한 태도였다.[6] 자체의 변천으로는 *初聲字* 중에 'ㆁ, ㆆ, ㅿ'이 없어진 사실, 'ㄲ

6) 훈민정음의 制字 원리가 분명히 밝혀진 것은 1940년 《訓民正音》 원본이 발견되어 그 〈解例 制字解〉에 자세한 설명이 있음이 드러난 뒤의 일이다. 國文硏究所 위원들이 원본을 보지 않고 鄭麟趾의 "象形而字倣古篆"을 인정한 것은 매우 온당한 태도가 아닐 수 없다.

ㄸ ㅃ ㅆ ㅉ'가 'ㅲ ㅳ ㅄ ㅶ', 'ㅺ ㅼ ㅽ ㅾ'과 혼동된 사실, 'ㆅ'은 'ㅎ'과 혼동되어 없어진 사실, 순경음 4자는 우리 나라 발음에는 없는 것이어서 폐지된 사실, 終聲은 훈민정음에 "終聲復用初聲"이라 해서 초성 17자를 다 종성에 쓴 예가 있으나 뒤에 'ㄱ ㄴ ㄷ ㄹ ㅁ ㅂ ㅅ ㆁ'의 8자만 종성에 쓰게 된 사실 등을 지적하였다.

그리고 'ㆁ', '‥' 등의 새 글자가 만들어지기도 했으나 널리 사용되지 않았음을 덧붙였다. 자체의 연혁이란 곧 문자체계의 역사를 의미했는데, 이 부분의 서술이 충분치 못한 것은 개화기에 이용할 수 있는 우리 나라의 옛 문헌들이 매우 적었기 때문이었다.

발음의 연혁에 대해서 먼저 훈민정음에서는 각 글자의 발음을 한자로 표시했으나 《訓蒙字會》에 와서 'ㄱ'을 '其役'(기역), 'ㅏ'를 '阿'(아) 등으로 이름을 지었음을 지적하였다. 그리고 초성 중 'ㅇ, ㆆ, ㅿ, ㆁ'은 당초에는 약간의 차이가 있었던 듯하지만 대체로 비슷하여 'ㆁ'만 남게 되었다고 하였다. 다음으로 개화기에 가장 큰 문제가 된 중성의 'ㆍ'에 대해서는 그 발음이 'ㅡ'자와 비슷하여 국어의 음으로서는 발음하기 어려워 지금은 그릇되어 'ㅏ'자와 발음이 같게 되었다고 하였다. 여기서 우리는 'ㆍ'에 관한 주시경의 학설이 채택되지 않았음을 알 수 있다.

나. 초성 중 ㆁ, ㆆ, ㅿ, ◇, ㅱ, ㅸ, ㅹ, ㅸ 八字 복용의 당부

먼저 'ㆁ'자는 지금에 사용되는 글자요 'ㅇ'이 없어진 글자이니, 'ㆁ'을 'ㅇ'으로 고쳐야 한다고 하였다. 이것은 위의 제1제에서도 엿볼 수 있었던 것으로, 魚允迪 위원의 주장을 따른 것으로 추측되지만, 그릇된 것이다. 역사적으로 보면 본래는 'ㅇ', 'ㆁ' 두 글자가 있었다가 이들이 하나로 합하였는데 없어진 것은 'ㆁ'이었던 것이다. 따라서 제2제는 본래대로 두는 것이 오히려 옳았을 것이다.

이들 여덟 글자는 다시 쓸 필요가 없다고 하는 데 모든 위원의 의견이 일치하였다. 'ㅇ, ㆆ, ㅿ'은 위의 제1제에서 말한 바요 '◇'자는 'ㅱ'의 變體요 'ㅱ, ㅸ, ㅹ, ㅸ' 등 순경음자들은 국어음에는 없으니 쓸 필요가 없다고 하였다.

다. 초성의 ㄲ, ㄸ, ㅃ, ㅆ, ㅉ, ㆅ 6자 병서의 서법 일정

이것은 된소리의 표기에 관한 문제인데, 이 同字 並書가 다수표로 결정되었다. 李能和·周時經 등이 이것을 주장하고 池錫永은 그의 〈新訂國文〉대로 된시옷을 주장했으며, 어윤적은 어느 쪽이나 다 같이 써도 무방하다고 하였다. 동자 병서가 타당한 이유로서는 이것이 音理에도 맞을 뿐 아니라 훈민정음 제자의 본의이기도 하다는 것이다. 다만 'ㆅ'은 국어음에 'ㅎ'만 써도 되므로 다시 쓸 필요가 없다고 하였다.

라. 중성 중 '·'자 폐지 '='자 창제의 당부

이것은 지석영의 〈新訂國文〉에서 가장 크게 말썽이 된 것이다. 앞서도 설명했지만, '·'의 본음이 'ㅣ'와 'ㅡ'의 합음이라는 주시경의 학설에 의거하여 지석영은 '·'가 일반적으로 'ㅏ'와 혼동되어 사용되므로 이것은 폐하고 그 대신 'ㅣㅡ' 합음자로 새로 '='를 만든 것이었다. 이에 대하여 이 〈議定案〉에서는 '·'의 본음이 'ㅡㅣ'라는 明證이 없으므로 '='자를 만드는 것은 부당하다고 결론하였다. 그리고 '·'는 'ㅏ'와 혼동되었으나 "制字하신 本義와 行用하던 慣例로도" 폐지함이 부당하다고 하였다. 이로써 〈신정국문〉의 규정은 국문연구소에서 완전히 부정된 셈이다. 지석영의 주장에 찬동한 것은 李敏應뿐이었고 李能和·宋綺用·尹敦求는 반대하였고 魚允迪·周時經·權輔相은 '='를 만드는 것은 부당하되 '·'를 폐지하는 것은 타당하다고 하였다. 이 마지막 주장이 더욱 온당한 것인데, 아마도 위원장이 이능화 등의 의견을 택하여 그렇게 된 듯하다.

마. 종성의 ㄷ, ㅅ 2자 용법 급 ㅈ, ㅊ, ㅋ, ㅌ, ㅍ, ㅎ 6자도 종성에 통용 당부

이것은 주시경이 가장 강력히 주장하여 제기된 문제인 바, 그의 주장대로 'ㄷ'뿐 아니라 'ㅈ, ㅊ, ㅋ, ㅌ, ㅍ, ㅎ'을 모두 받침에 사용하도록 결정되었다. 이 규정에 전적으로 찬성한 이는 어윤적·주시경·권보상·윤돈구였고 반대한 이는 이능화·지석영·이민웅이었다.

이들 받침을 써야 하는 이유로 제시한 것은 저 위에서 말한 주시경의 이론을 그대로 따른 것이다.

바. 자모의 7음과 청탁의 구별 여하

이것은 음성학의 문제로서 자음의 새로운 분류를 결정한 것이다. 예전에는 '발음의 작용되는 부문'으로 牙·舌·脣·齒·喉·半舌·半齒의 7음을 구별하였고, '발음의 輕重 淺深'으로 全淸·次淸·全濁 등을 구별했으나 이것을 다음 표와 같이 분류하기로 정한 것이다. 7음을 5음으로 한 것은 동양 음운학의 전통적인 체계의 테두리를 벗어나지 않았으나, 청탁의 구별에 있어서는 격음을 새로 마련하고 'ㄴ, ㅁ, ㅇ, ㄹ' 등 불청불탁을 全淸에 넣음으로써 전통적 체계를 깨뜨리고 말았다. 이 체계에서는 아직 서양 음성학의 영향은 전혀 보이지 않는다.

	牙 音	舌 音	脣 音	齒 音	喉 音
淸 音	ㅇ ㄱ	ㄴ ㄷ ㄹ	ㅁ ㅂ	ㅅ ㅈ	
激 音	ㅋ	ㅌ	ㅍ	ㅊ	ㅎ
濁 音	ㄲ	ㄸ	ㅃ	ㅆ ㅉ	

사. 4성표의 용부 급 국어음의 고저법

四聲(平·上·去·入)은 국어음에 없으므로 사성표는 쓸 필요가 없고 '高低長短音'만 구별하여 장음은 글자의 '左肩'에 1점을 가한다고 규정하고 있다.

이 문제 역시 지석영의 〈新訂國文〉에서 제기된 것인데, 그의 주장 중에서 한자음에 관한 것은 채택되지 않고, 국어음에 관한 것만 채택된 것이다. 단 〈신정국문〉에는 장음의 경우 1점을 '右肩'에 가하기로 되어 있었는데 여기서는 '左肩'에 가하기로 결정을 보았다.

오늘날 우리가 따르고 있는 철자법은 장음을 전혀 표시하지 않고 있다. 이것은 문자 이외에 기호를 쓴다는 것이 여간 불편하지 않기 때문이다. 그러나 장음을 표시하지 않는 데서 오는 불편도 적지 않다. 이 문제는 아직도 완전한 해결을 보지 못하고 있다고 할 수 있다.

아. 자모의 음독 일정

이것은 한글 자모의 명칭을 새로 결정한 것이다. 전통적인 명칭은 '기역', '디귿', '시옷' 등에서 제2음절의 불규칙성이 있었으나 이들을 '기윽', '디읃',

'시옷'으로 고쳐 모두 'ㅇ'로 규칙화하였다.

ㅇ 이응 ㄱ 기윽 ㄴ 니은 ㄷ 디읃 ㄹ 리을 ㅁ 미음 ㅂ 비읍
ㅅ 시읏 ㅈ 지읒 ㅎ 히읗 ㅋ 키읔 ㅌ 티읕 ㅍ 피읖 ㅊ 치읓
ㅏ 아 ㅑ 야 ㅓ 어 ㅕ 여 ㅗ 오 ㅛ 요 ㅜ 우 ㅠ 유
ㅡ 으 ㅣ 이 ㆍ ᄋᆞ

이것은 어윤적의 주장을 따른 것이다. 'ㅇ'을 모든 자음의 맨 앞에 놓은 것도 그의 주장이었다(이 주장에 대해서는 뒤에 설명될 것이다).

자. 자순 행순의 일정

자모의 순서는 훈민정음 이후 여러 책에 서로 같지 않으나 초성은 牙舌脣齒喉의 순서로, 그리고 청음을 먼저 놓고 격음을 나중에 놓으며, 중성은 《訓蒙字會》의 것을 그대로 따르기로 결정을 보았다.

ㅇ ㄱ ㄴ ㄷ ㄹ ㅁ ㅂ ㅅ ㅇ ㅈ ㅎ ㅋ ㅌ ㅍ ㅊ
ㅏ ㅑ ㅓ ㅕ ㅗ ㅛ ㅜ ㅠ ㅡ ㅣ ㆍ

行順이라 함은 '가갸거겨…'로 시작하는 문자표의 순서를 말하는 것인데 중성으로 벼리를 삼고 초성의 순서대로 벌여 놓기로 결정하였다.

아야어여오요우유으이ᄋᆞ
가갸거겨고교구규그기ᄀᆞ　　以下 倣此

차. 철자법

"綴字法은 訓民正音 例義대로 仍舊 綴用함이 可하도다"라고 간략하게 규정하였다. 당시의 학자들은 철자법이란 말을 초성·중성·종성을 결합하는 방법이란 뜻으로 이해했던 것 같다.

이상 〈國文硏究 議定案〉의 내용을 요약하여 보았다. 전체적으로 볼 때 이것은 매우 훌륭한 문자체계와 철자법의 통일안이라고 평해서 조금도 지나침이 없다고 믿는다. 'ㆍ'를 그냥 쓰기로 한 것을 제외한다면 〈국문연구 의정안〉은 오늘날 우리가 사용하고 있는 문자체계와 철자법의 원리를 그대로 보여

주고 있는 것이다. 현대의 문자체계와 철자법은 1933년 朝鮮語學會의 〈한글 맞춤법 통일안〉에 의해서 수립된 것인데 이미 이보다 4반세기 전에 국문연구소가 그와 같은 원리에 도달했던 것은 지극히 중요한 史實이 아닐 수 없다.

(6) 각 위원의 연구안

위에서도 지적한 바와 같이 국문연구소의 〈보고서〉는 〈국문연구 의정안〉과 마지막까지 남은 8위원의 최종 연구안으로 이루어져 있다. 이 연구안은 〈의정안〉의 내용을 밑받침하는 기초 자료로서 〈의정안〉을 이해하는 데 도움이 될뿐 아니라, 그 당시의 학자들의 가장 중요한 연구 업적으로 높이 평가되는 것이다. 이 연구안은 '國文硏究'라는 표제 밑에 4책으로 되어 있는 것으로 개화기에 있어서 우리 나라 학자들의 연구가 자못 높은 수준에 도달했었음을 보여주고 있다.

이 4책을 검토해 보면, 처음 3책은 어윤적·이능화·주시경 3인의 안이요 나머지 1책이 권보상을 비롯한 5인의 안이다. 처음 3인의 연구안은 분량도 많을 뿐 아니라 그 내용도 훌륭하여 이 시대의 국문연구를 대표하고 있다고 해도 조금도 지나침이 없다.

여기서 각 위원의 연구안의 내용을 자세하게 소개하는 것은 너무나 번거로운 일이어서 피하기로 하고 각 연구안의 현저한 특징만을 지적해 두기로 한다.

가. 어윤적

학부 학무국장으로 국문연구소 위원을 겸하고 있었던 어윤적의 학문에 대한 관심은 주로 역사에 있었으나[7] 국문에 대해서도 당시로서는 매우 높은 식견을 가지고 있었다. 위의 〈국문연구 의정안〉에 대한 검토에서 우리는 그의 학설이 가장 많이 반영된 사실을 알 수 있는데, 이것은 국문연구소에 있어서의 그의 영향력이 매우 컸음을 말해주는 것이다. 이것은 그가 국문에 대한 자못 정확한 지식을 가지고 실증적 태도로 그의 학설을 세웠으므로 당시의 학설에서 흔히 볼 수 있는 독단이 적었다는 데 원인이 있는 것으로 생각된다. 우리 나라 단군시대에 문자가 있었다고 하나 이것은 '推想的 空論'에

7) 魚允迪은 《東史年表》(초판 1915, 재판 1935)의 편자로 널리 알려져 있다.

불과하다고 배척한 점, 훈민정음의 기원에 대해서 여러 가지 설이 있으나 훈민정음 서문에서 鄭麟趾가 말한 "象形而字倣古篆"이 가장 믿을 만하며 이 古篆은 곧 梵字라고 하기도 하나 고전은 어디까지나 한자를 말한 것이라고 주장한 점 등이 그의 견실한 학문 태도를 보여주고 있다.

훈민정음의 제자 원리에 대한 어윤적의 견해는《訓民正音》원본이 발견되기 이전에 있어서 가장 정곡을 얻은 것으로 크게 주목할 만한 것이다. 그는 무릇 문자구조의 원리에는 '象形'과 '演義'가 있는데 훈민정음에서 발음기관의 모양을 본떠 'ㅇ', 'ㅁ' 등을 만든 것은 상형이요, 'ㄱ'에 획을 더하여 'ㅋ', 'ㅅ'을 병서하여 'ㅆ'을 만든 것은 연의라고 하였다. 연의란 말은 그가 생각해 낸 것이지만, 위의 설명은《訓民正音解例》(制字解)의 설명에 부합하는 것이다. 한 걸음 더 나아가 그는 'ㅇ'이 모든 초성의 근본이요, '·'가 모든 중성의 근본이라고 보았다. 여기서 '·'를 중성의 근본이라고 한 것은《훈민정음해례》의 설명과 일치하는 것이며, 초성에 대해서까지 'ㅇ'을 근본이라고 본 것은 지나친 것이었다. 그는 훈민정음의 制字를 태극과 음양의 이치로 설명하려 했던 것이다.

制字上 '·'를 중성의 근본이라고 보는 그의 관점은 '·'가 모든 모음 중에서 가장 자연스럽게 나는 음이라는 결론에 도달하게 하였다. 이 때문에 '·'는 다른 모음들과 혼돈되기 쉽다는 것이다. 이리하여 그는 '·'가 'ㅣㅡ'의 합음이라는 주시경의 설을 부정하였으나 '·'자를 폐지하자는 점에 있어서는 주시경과 의견을 같이하게 된 것이다.

한편 모든 초성을 종성으로도 써야 한다는 주장에 있어서도 어윤적은 주시경과 의견을 같이하였다. 그는 명사, 형용사, 동사 등에 '承接詞'(조사 또는 어미)가 붙는 경우 이들의 표기를 항상 고정되게 하려면 'ㅈ, ㅊ, ㅋ, ㅌ, ㅍ, ㅎ'과 같은 받침도 써야 한다고 하였다. 이것은 주시경의 설명 방식과는 다르다는 점에서 주목된다(주시경의 설명에 대해서는 뒤에 언급될 것이다). 그의 설명 방식이 오히려 그 뒤 우리 나라에서 일반화된 설명 방식과 일치하는 것이다.

나. 이능화

법어학교장으로 다방면에 관심을 보여 많은 저서를 낸 이능화는 세계의

언어와 문자에 대한 해박한 지식을 가졌으며 국문연구소의 일에 대단한 열성을 보였었다.[8)]

그는 훈민정음의 梵字 기원설을 강력히 주장하여 훈민정음과 범자에서 모양이 비슷한 글자들을 예를 들기까지 하였다. 이 주장은 국문연구소 위원들의 찬동을 얻지 못했었다.

한편 그는 '·'를 없애서는 안 된다는 주장을 강력히 내세웠다. 그는 '·'는 본래 'ㅏ'와 혼동되었으나 외국에도 글자는 다르지만 발음은 같은 예가 있으므로 '·'를 없앨 필요가 없다고 하였다. 이 밖에도 몇 가지 이유를 들었으나 수긍할 만한 것이 못 된다. 그러나 이 주장이 관철되어 〈국문연구 의정서〉에서 '·'를 없애지 않기로 한 것은 옥의 티라고 하지 않을 수 없다.

제5제에 대한 이능화의 주장은 매우 독특하였다. 그는 ① 'ㄱ ㄴ ㄹ ㅁ ㅂ ㅅ ㅇ'은 '常用初終聲字'로, ② 'ㄷ ㅈ ㅊ ㅋ ㅌ ㅍ ㅎ'은 '活用初終聲字'로, ③ 'ㆁ ㆆ ㅿ ㅱ ㅸ ㆄ ㅹ ㆅ' 등은 '備考初終聲字'로 나누었다. 확실하지는 않으나 ①은 제한 없이 언제나 쓴다고 한 것을 보면 ②에는 어떤 제한을 생각하고 있었던 것 같다. 이 밖에도 그의 주장에는 쉽사리 수긍하기 어려운 것이 적지 않다.

다. 주시경

국문연구소 위원으로 주시경이 누구보다도 열성적으로 활약했음은 그의 연구안이 양으로 가장 많다는 사실에서도 드러난다. 주시경의 저서들이 전하기는 하지만, 그의 연구안은 국문에 관한 그의 연구를 종합한 것으로 그의 학문을 이해하는 데도 매우 중요한 자료가 된다.

그의 연구안에서 먼저 주목되는 것은 그가 훈민정음의 制字 원리에 대해서 정면으로 언급하고 있지 않은 사실이다(그의 다른 저서들에서도 이것을 볼 수 없다). 아마도 그는 이 문제에 대해서 확고한 결론을 얻지 못했던 것 같다.

이미 저 위에서 지적한 것처럼 국문에 대한 주시경의 주장은 '·'의 본래의 발음은 'ㅣ'와 'ㅡ'의 합음으로서 이것은 폐지해야 마땅하다는 것과, 된소

8) 李能和의 저서로는 《朝鮮佛敎通史》, 《朝鮮基督敎及外交史》, 《朝鮮女俗考》, 《朝鮮巫俗考》, 《朝鮮解語花史》 등이 있다.

리는 'ㄲ ㄸ ㅃ ㅆ ㅉ'로 표기해야 한다는 것과 받침으로 'ㄷ ㅈ ㅊ ㅋ ㅌ ㅍ ㅎ' 등을 사용해야 한다는 것에 중점을 두고 있었다.

이 연구안에서 우리는 주시경의 새로운 받침 이론에 관한 가장 세련된 서술을 볼 수 있다. 모든 음은 '本音' 외에 환경에 따라 달라지는 '臨時의 音'을 가지고 있는데, 어느 나라 말이든지 그 본음으로 적는 것이 원칙이라는 것이 그의 주장의 핵심이다. 즉 '찾고'에서 'ㅈ'이 제대로 발음되지 않으나 이것은 '임시의 자연한 音理'에 의한 것이며 이 경우 本音은 엄연히 'ㅈ'이라는 것이다. 오늘날 우리가 'ㅈ ㅊ ㅋ ㅌ ㅍ ㅎ' 등의 받침을 쓰고 있는 것은 주로 주시경의 영향이라고 할 수 있는데, 정작 그의 '본음', '임시의 음'에 관한 이론이 그 뒤 우리 학계에서 잊혀지고 만 것은 애석한 일이다. 왜냐하면 이것은 국어의 음운체계에 대한 매우 깊은 통찰에서 우러난 것으로 이 이론을 더욱 발전시켰더라면 현대 국어학의 빛나는 업적이 되었을 것으로 생각되기 때문이다.

라. 권보상

국문연구소 위원에 임명될 때 내부 서기관이었다는 것 이외에 權輔相에 대해서는 알려진 것이 없다. 그런데 그는 국문연구소 개설 이래 충실한 위원으로 일했으며 그의 연구안은 23장의 짧은 것이기는 하지만 자세히 읽어 보면 매우 주목되는 내용이 담겨져 있다.

국문의 기원에 대해서 그는 '古篆'의 뜻을 매우 넓게 해석하였다. 즉 漢文, 梵字, 蒙文 등을 모방하고 이들을 일괄하여 고전이라고 했음에 틀림없다는 것이다. 그러나 여기서 모방이란 것은 '考察的 感念'을 준 것에 지나지 않은 것으로 훈민정음은 전체적으로는 하나의 독창적 문자체계라는 점을 강조하였다.

중성 'ㆍ'에 관한 권보상의 이론은 주로 어윤적과 이능화의 주장을 반박한 것인데, 매우 날카로운 데가 있다. 이 이론에서 우리는 그가 언어와 문자의 구별에 대한 명백한 인식을 가지고 있었음을 발견한다. 국어가 있은 뒤에 이것을 표기하기 위하여 국문이 생겼는데, 'ㆍ'가 중성의 처음이라고 해서 이것이 모음의 근본이라 하는 것은 잘못임을 그는 밝혔다.

받침에 관한 문제에 있어서도 그는 이론상으로는 모든 초성을 종성에 쓰는 것이 옳음을 분명히 하고, 그러나 이것을 일반화시킴은 그리 쉬운 일이 아님을 지적하였다. 그가 특히 문법 교육이 필요함을 지적한 점은, 오늘날의 관점에서 보아도 타당한 것이다.

된소리 표기를 된시옷으로 하자는 것을 빼고는, 권보상은 대체로 주시경과 의견이 일치했으나, 그는 이론적, 실제적으로 독자적인 근거를 가지고 있음이 주목된다. 특히 그가 위에서도 지적한 것처럼 언어와 문자의 차이를 분명히 인식하고 있었으며, 연구안의 다른 부분에서 드러나는 것이지만, 언어는 변화한다는 사실과 문자 표기는 보수성을 지닌다는 사실에 대한 인식을 가지고 있었음은 주목할 만하다. 이러한 인식은 당시의 다른 학자들에게서는 볼 수 없는 것이었다.

마. 송기용

宋綺用은 국문연구소 창설 이래 한 번도 연구안 제출을 게을리한 일이 없는 충실한 위원이었으나 독창적인 학설은 별로 가지고 있지 못하였다. 된소리 표기에 대해서는 주시경의 의견을 그대로 따랐고 '·'를 없애는 것도 옳지 않고 '='를 만드는 것도 옳지 않다고 한 것은 이능화의 학설을 따른 것이었다. 그리고 받침 표기에 대해서도 대체로 주시경의 의견을 따랐으나 "隨機應用하자"고 한 점에서 차이를 보여준다.

바. 지석영

〈신정국문〉 당시의 지석영의 의견과 조금도 다름이 없다. 그의 의견은 전반적으로 보수적임을 특징으로 하여 어윤적이나 주시경과는 거의 모든 문제에서 대립을 보였다. 그의 주장은 〈의정안〉에서 완전히 무시되었다고 해도 과언이 아니다.

된소리 표기로 된시옷을 주장하면서, 지석영이 'ㅅㄱ'의 'ㅅ'은 본래 'ㅅ'이 아니라 한문에서 같은 글자를 생략할 때 쓰는 부호 '〈'라고 한 것은 기발하지만 옳지 않은 착상이었다. 그리고 자신이 새로 만든 '='자에 대해서도 그의 설명은 너무나 빈약했다. 심지어 그는 그 용법이나 용례를 하나도 들지 않고 있다.

사. 이민응

학부 서기관으로 나중에 국문연구소 간사와 위원을 겸했으며 국문연구소 〈보고서〉도 李敏應의 글씨로 되어 있는데, 정작 그의 연구안은 제4제와 제5제 두 문제에 관한 것밖에 보이지 않는다. 그 내용을 보면 그는 지석영의 의견을 추종하고 있다.

아. 이돈구

특별히 독창적이라고 할 만한 의견이 없다. 그는 주시경의 영향을 많이 받은 듯하다. 그리하여 된소리 표기에 'ㄲ ㄸ ㅃ ㅆ ㅉ'을 쓸 것과 모든 초성을 종성으로 쓰기를 주장하였다. 그러나 '·'에 대해서는 폐지하자는 설이 매우 타당하나 좀더 연구하여 본음을 밝힐 것을 주장하였다.

4) 문법의 연구

(1) 서양인의 연구

우리 나라에 독특하고도 完美한 알파벳 文字(한글)가 있음이 서구학계에 처음 알려진 것은 18세기 말의 일이었다. 이것은 하나의 경이였다. 그리하여 이 문자의 체계와 계통을 밝히려는 연구를 하게 되었다. 이 연구는 19세기의 20년대와 30년대에 아벨레뮈사(Jean Pierre Abel-Rémusat), 클라플로트(Heinrich Julius Klaproth)와 같은 유명한 학자들에 의하여 시작되어 서구 문자학계의 주목을 끌게 되었다. 이처럼 한글에 국한되었던 서구인들의 관심이 우리 국어에 미친 것은 19세기 후반에 들어서의 일이었다. 이 연구는 주로 선교사들에 의하여 시작되었다. 서양 선교사들은 새로운 언어에 접했을 때 그 문법서와 사전을 편찬하고 그 언어로 성경을 번역하는 일을 무엇보다도 먼저 하는 것이 통례로 되어 있었다. 이것은 전도를 위해서 필수불가결한 것이다.

문법(grammar)이란, 서양에서 발달한 학문이다. 그리하여 국어 문법이 처음 서양인들에 의해서 씌어졌다는 것은 당연한 일이라고도 할 수 있다.

처음으로 국어의 문법에 관한 저술을 한 사람은 영국 선교사 로스(John Ross)였다. 당시 우리 나라는 선교사의 입국을 금했으므로 그는 만주에 있으면서 국어를 공부하여 1877년에 《朝鮮語初步》(Corean Primer)를 중국 上海에서 발행하였다. 이것은 국어 회화책인데 그 첫머리에 국어의 음운과 문법에 관한 설명이 보인다. 그 뒤 그는 이 책을 수정하여 《朝鮮語法》(Korean Speech, with Grammar and Vocabulary, 1882)를 내었다. 국어의 음운과 문법에 관한 설명이 훨씬 자세해졌음이 주목된다. 로스와 함께 만주에 있었던 선교사 매긴타이어(John MacIntyre)도 《朝鮮語論》(Notes on the Corean Language, 1879)를 내었다. 이들의 책은 주로 평안도 방언을 기록하고 있음이 특징이다. 아마도 만주에서 주로 평안도 사람들로부터 국어를 배운 듯하다. 이 책들은 그 내용이 잘되고 못되고는 고사하고, 지금으로부터 120년 전의 평안도 방언을 전해주는 점에서 그 가치가 매우 크다고 하지 않을 수 없다. 이들은 성경을 국어로 번역하였는데 이 역시 평안도 방언으로 되어 있어 좋은 자료가 된다.

1881년 파리 外邦宣敎會 소속으로 우리 나라에 파견된 불란서 선교사들이 편찬한 《朝鮮語文典》(Grammaire Coréenne par les Missionaires de Corée de la Société des Missions Etrangères de Paris)이 일본 요코하마(橫濱)에서 출판되었는데, 이것은 본격적인 문법연구의 시초라고 할 수 있는 책으로 그 뒤의 연구에 큰 영향을 미쳤다. 그러나 이 책은 서양 문법의 틀에 국어를 맞춘 것이어서 국어의 특징을 드러내지 못하고 있다. 가령 이 책은 국어에 아홉 품사를 설정했는데 그 중에는 관사, 전치사까지 들어 있다. 이것은 서양의 문법체계를 국어에 그대로 적용한 데서 온 것이다. 그리고 부록으로 계절, 十干, 十二支, 方位, 親族關係의 명칭 등을 들고 맨 끝에 각종 회화의 실례를 들고 자세한 설명을 한 것과 짧은 이야기 10여 편의 원문과 번역을 싣고 있다. 이것은 이 책이 순수한 학문적 필요보다는 실용적 목적을 위해서 씌어졌음을 말해주고 있다.

영국 외교관으로 1884년에서 1892년까지 仁川 부영사를 지낸 스코트(James Scott)는 1887년에 《언문말책》(En-moun mal Ch'aik · A Corean Manual or Phrase Book with Introductory Grammar)을 저술하였다. 제1편은 언문의 발음, 품사의 설명이요, 제2편은 회화 연습으로 되어 있다. 스코트는 《英韓辭典》(English-Corean Dictionary, 1891)의 편자로도 알려져 있다.

미국 선교사 언더우드(H. G. Underwood, 元杜尤)의 《韓英文法》(An Introduction

to the Corean Spoken Language)이 1889년에 일본 요코하마에서 간행되었다. 이 책은 제1편 문법, 제2편 영어와 국어의 對譯으로 되어 있다. 이 역시 실용을 위주로 한 책임은 위에서 말한 책들과 다름이 없다. 내용에 있어서 품사 분류에 관사, 전치사가 없어지고 그 대신 후치사(postposition)가 등장한 것은 위에서 말한 불란서 선교사들의 문법보다 한걸음 발전한 것이라고 하겠다. 후치사란 체언에 붙는 토를 가리킨 것이다.

캐나다인 선교사로 국어로 성경을 번역했을 뿐 아니라 우리 나라 문화에 대해서도 몇 권의 저서를 남긴 게일(J. S. Gale, 奇一)이 1893년에 낸 《辭課指南》(Korean Grammatical Forms)은 국어 용언의 활용어미를 실례로 들어 설명한 책이다. 이것은 서양인이 국어를 배울 때 가장 어려운 것이 용언 어미라는 점에 착안하여 집필한 것으로, 국어의 용언 어미 264종의 경우를 들어서 설명한 것은 그 자료만으로도 훌륭한 업적이 되는 것이다.

이상 19세기에 있어서의 서양인들의 한국어 연구, 특히 문법에 관한 저서들에 대하여 간략히 설명하였다. 뒤에 말할 바와 같이 우리 나라 학자들의 문법 연구는 1880년대에 시작되었으나 문법책이 간행된 것은 20세기에 들어서서의 일이었다. 여기서 우리 나라 학자들의 연구가 이들 서양인들의 손에 간행된 문법책들의 영향을 얼마만큼 받았는가 하는 것이 문제된다. 앞으로 더욱 면밀한 검토가 있어야 할 것으로 생각되지만, 지금까지의 연구로는 이 영향은 매우 적은 것으로 보인다.

여기에 또 한 가지 붙여 말하고 싶은 것은, 서양 선교사들의 국어문법에 관한 저술이 19세기에 매우 많았던 것과는 대조적으로 20세기에 들어와서는 아주 적었다는 점이다. 위에 말한 책들의 개정판을 제외하면 1923년에 간행된 에카르트(P. A. Eckardt)의 《朝鮮語 交際文典》(Koreanische Konversations Grammatik mit Lesestücken und Gesprächen)과 1939년에 간행된 핀랜드의 알타이어학자 람스테트(G. J. Ramstedt)의 《한국어 문법》(A Korean Grammar)을 들 수 있을 뿐이다.

(2) 유길준의 《대한문전》

우리 나라 사람으로 최초로 문법에 관심을 가져 문법책을 저술한 사람은

兪吉濬이었다. 그 자신의 말(1909년에 간행된《大韓文典》의 緖言)에 의하면 그가 처음 국어문법의 초고를 쓴 것은 1881년 일본에 유학갔을 무렵이었다고 한다. 그는 그 뒤 여덟 번이나 원고를 고쳐 썼다고 한다. 이 초고 중에서《朝鮮文典》이란 이름이 붙은 두 책이 지금 전하고 있다.

이 필사본 중의 하나에는 "光武 八年 六月"(1904)이란 기록이 보인다. 그리고 역시《朝鮮文典》이란 이름의 油印本이 있는데 그 끝에 1906년 5월에 이 책을 구했다는 기록이 있으므로 이보다 앞서 되었음이 확실하다. 이것이 1907년에《少年韓半島》란 잡지에 연재되었다.[9] 이 유길준의 문법이 단행본으로 간행된 것은 융희 3년(1909)이었다. 이것은《大韓文典》이란 이름으로 되어 있다.

그런데 융희 2년(1908)에 崔光玉의 저서로《대한문전》이 간행된 것이 있다. 이것은 유길준의《대한문전》보다도 오히려 1년이 앞서는 것으로, 종래 우리 나라 사람이 쓴 최초의 문법책이라고 일컬어져 온 것이다. 최광옥은 당시에 널리 알려진 애국지사요 기독교 신자로 황해도에 학교를 세워 민중교육에 힘썼으며, 大成學校 교장을 지낸 일도 있는데 그의 이 책의 내용은 위에 말한 유길준의《조선문전》과 전체적으로 비슷한 것이다. 그리고 유길준도 그의《대한문전》서언에서 자기의 제4차 원고본이 세상에 흘러나가 간행되었다는 뜻의 말을 하여, 최광옥의《대한문전》이 자기의 원고본에 의한 것임을 비친 바 있다.

위에서도 지적한 것처럼 유길준이 1881년 일본에 유학했을 때 그의 국어문법을 쓰기 시작했다는 것은 그의 문법의 기본 성격을 결정하는 중요한 요인이 되었다. 그는 당시 일본에서 간행된 일본어 문법을 그의 국어 문법의 모델로 삼게 되었던 것이다. 그는 그 뒤 미국에도 유학했으나 그의 문법에서 영어문법의 직접적 영향은 찾아보기 어렵다. 아마도 국어의 구조가 일본어와 비슷하고 영어와는 다른 점이 많기 때문이 아니었을까 생각된다.

유길준은 1896년부터 1907년에 이르기까지 12년 동안 일본에서 망명생활을 했는데 이 동안에 그의 문법책이 완성된 것으로 추측되므로, 사실상 그의《대

9) 여기에는 저자의 이름이 없다. 저자 兪吉濬이 일본에 망명중이어서 이름을 밝히지 않은 것으로 보인다.

한문전》은 전후 두 차례에 걸친 일본 체류시에 이루어진 것이라고 해도 지나친 말이 아니다.

유길준의 국어문법 연구가 일본어 문법의 영향을 받은 것은 우선 책 이름으로 '文典'이란 말을 쓴 것에서부터 찾아볼 수 있다. 19세기 후반에 일본에서 나온 일본어 문법책들은 다 그 이름에 '문전'이란 말을 사용하고 있는 것이다. 아마도 유길준이 처음 유학시에 참고한 것은 나카네(中根淑)의 《日本文典》(1876)이었고 나중 망명시에 그의 원고를 고칠 때 주로 참고한 것은 그 무렵에 간행되어 널리 읽힌 오쓰키(大槻文彦)의 《廣日本文典》(1897)이었던 것으로 추측되고 있다. 이 밖에도 그의 《대한문전》에는 당시 일본에서 간행된 몇몇 문법책의 영향을 쉽게 찾아볼 수 있다. 그는 당시의 일본어 문법 연구에 대해서 깊은 지식을 가지고 있었던 것으로 보인다.

여기서 우리는 일본유학에서 문법에 대한 관심이 싹텄던 유길준이 19세기 말엽 미국에 유학하면서 언어학과 영어 문법의 연구에 깊은 관심을 기울이지 않았음을 아쉽게 생각한다. 그의 《서유견문》에 보면 제13편 '學業하는 條目'에 '言語學'이 포함되어 있다. 그런데 그는 이것을 주로 실용적인 외국어의 학습 내지 연구로 이해한 것 같다. 다만 "各國의 言語를 比較하여 그 根本의 異同을 考究함이라"고 한 끝 구절은 그가 비교언어학에 대해서도 알고 있었음을 암시하고 있다.

《대한문전》은 우리 나라 문법연구의 초창기로서, 모방의 단계를 대표하는 것이라고 할 수 있다. 실상 유길준의 모델이 된 일본어 문법들 자체도 모방의 영역을 벗어나지 못하는 것들이었다. 초창기에 있어서는 모방도 여간 어려운 일이 아니다. 유길준이 여덟 번이나 원고를 고쳐 썼다는 것은 그의 노력이 얼마나 컸던가를 말해주는 것이다.

유길준은 우리 나라 최초의 문법가라는 명예를 지니고 있다. 그러나 그의 《대한문전》은 그 뒤의 문법가들에게 이렇다할 영향을 주지는 못했다. 그의 문법은 주시경의 그것에 압도당하고 만 것이다.

(3) 주시경의 《국어문법》

주시경 자신의 증언에 의하면 그가 《國語文法》을 쓰기 시작한 것은 1893

년이요 이것을 일단 완성한 것은 그의 나이 겨우 23세 되는 1898년이라고 한다. 이 기간은 그의 培材學堂 학생 시절에 해당한다.

우리는 아직도 주시경이 어디서 언제 문법에 관한 지식을 얻었으며 어떻게 그처럼 젊은 나이에 그의 문법체계를 수립할 수 있었는지 자세한 것을 전혀 모르고 있다. 문법이란 학문이 새로 도입된 초창기에 국어의 특수성을 살린 문법체계를 수립했다는 것은 확실히 하나의 기적이요 신비라고 하지 않을 수 없다. 그러나 그의 저서의 여기저기에서 우리는 이 신비를 풀 실마리를 찾을 수 있을 것처럼 느껴지기도 한다.

그 자신이 쓴 기록에 의하면 그는 17세 때에 "英文의 子母音을 解하고 轉하여 國文字의 자모로 解할새 모음의 分合됨을 연구"(《國語文典音學》)하였다 한다. 이것은 그의 국어연구가 영어의 지식에서 시작되었음을 말하는 것으로 그의 학문의 일면을 보여주는 것이다. 그는 실제로 영어·중국어·일본어의 문법 연구에 관심을 가졌던 것으로 생각된다. 그의 《국어문법》에서 품사의 이름에 대하여 註를 단 속에 "근일 日本과 支那에서 漢字로 문법에 쓰이는 명칭이 있으나…"라고 한 것에 그 일단이 나타나 있다. 그리고 무엇보다도 《국어문법》의 방침을 밝힌 《이 온 글의 잡이》에서 그가 한 다음말은 지극히 주목할 만한 것이다.

> 이 글은 今世界에 두루 쓰이는 文法으로 웃듬을 삼아 꿈임이라. 그러하나 우리 말에 맞게 하노라 함이라.

이것은 그의 문법연구의 기본 태도를 천명한 것이다. '今世界에 두루 쓰이는 文法'이란 말은 당시의 상황으로 보아 세계 여러 나라에서 쓰이고 있는 문법이란 뜻으로 해석된다(주시경이 실제로 알고 있었던 것은 영어·일본어·중국어의 문법 정도였을 것이다). 그러나, 그는 이런 외국어의 문법을 그대로 모방하려 하지 않고 어디까지나 '우리 말에 맞게' 하려고 노력했던 것이다. 이것이 주시경의 문법을 독창적으로 만든 가장 큰 요인이 된 것이다.

위에서 본 바와 같이 유길준은 줄곧 '文典'이란 말을 썼는데, 주시경은 줄곧 '文法'이란 말을 쓴 것이 좋은 대조를 이루고 있다. 역시 《국어문법》의 《이

온 글의 잡이》에 "이 글은 광무 이년 무슐에 다 만들었던 것을 이제 얼마큼 덜고 더함인데 이름을 한자로 국어문법이라 함은 그 때의 이름대로 함이라" 라고 되어 있다. 이로 보아 1898년에 이미 이 책의 이름은 《국어문법》이었음을 알 수 있다. 그가 이 '문법'이란 말을 보았을 가능성이 있는 책들을 찾아보면 우선 저 위에서 말한 언더우드(H. G. Underwood)의 책의 內題인 《韓英文法》을 들 수 있고, 일본에서 20세기 벽두부터 문법이란 말이 널리 사용된 사실을 들 수 있다. 연대로 미루어 보거나, 주시경이 언더우드를 잘 알고 있은 사실로 미루어 보아 언더우드의 책에서 영향을 받았을 가능성이 많으리라고 생각된다.

주시경의 문법에 관한 저서로 최초로 출판된 것은 《대한국어문법》이다. (표지에는 《國文講義》라 되어 있다) 이것은 그가 서울 尙洞靑年學院에서 가르친 교재로서 간행되었다(1906). 그런데 이 책은, 그 발문에도 있는 것처럼, 음운에 관한 부분뿐이다. 그의 《국어문법》 첫머리에 해당되는 것이다. 이 점 1908년에 간행된 그의 《國語文典音學》과 성격이 같은 것이라고 할 수 있다. 말하자면 그는 《국어문법》을 간행하기 전에 두 차례나 그가 말하는 '音學'에 관한 저술을 낸 것이다. 그의 《국어문법》이 간행된 것은 1910년 4월이었다 (이 책의 再版이 《朝鮮語文法》이란 이름으로 1911년에 간행되었다).

《국어문법》의 특징으로서 무엇보다도 먼저 지적해야 할 것은 그 문법 술어라고 할 수 있다. 그는 순수한 국어 요소를 소재로 해서 '임', '긋', '엇'과 같은 新語들을 만들어 썼던 것이다. 이에 대하여 그는 학술용어란 한자로 만들든 국어로 만들든 정의를 내려야 하기는 일반인데, 국어문법에 국어를 쓰는 것이 옳은 일이며, 한자로 지으면 오히려 그 뜻으로만 해석하려는 폐단이 있고 일본이나 중국에서 쓰는 술어들은 국어에 적당하지 않은 것이 있다고 말하고 있다. 주시경의 식견이 얼마나 높은 데 있었는가를 알 수 있다. 그는 맹목적인 국수주의자가 아니었다.

《국어문법》 전체의 가장 큰 특징은 그 독창성이다. 그도 역시 외국어 문법책 또는 외국인이 쓴 국어문법 책을 참고했을 것임에는 틀림이 없다. 위에서도 인용했지만 그 자신 "이 글은 금세계에 두루 쓰이는 문법으로 옷듬을 삼아 꿈임이라"고 했던 것이다. 그러나 곧이어 "그러하나 우리 나라 말에 맞게 하노라 함이라"고 한 것이 주시경의 문법연구의 특징이라고 하겠다. 따라서 그의 문법체계에서는 앞에 말한 유길준이나 뒤에 말할 金熙祥에게서 볼 수 있는 것과 같은 직접적인 외국문법의 영향 관계는 찾아보기 어렵다.

주시경은 국어에 9품사를 두었는데 그 중에 주목되는 것은 '언', '겻', '잇', '끗'이다. '언'은 오늘날 일반적으로 관형사(매김씨)라고 하는 것으로 《국어문법》에서 처음 나타나는 것이다. 그리고 그는 '먹다, 먹고', '희다, 희고'에서 '먹', '희'만을 움(동사), 엇(형용사)이라 하고 '다'는 끗, '고'는 잇이라고 했던 것이다. '겻'이란 '사람이', '소를'의 '이·를' 등을 말한다. 말하자면 그의 문법적 특징은 체언과 토, 용언의 어간과 어미를 나누어 별개의 단어로 본 것이라고 할 수 있다.

주시경의 《국어문법》은 우리 나라 문법연구에 큰 영향을 미쳤다. 당시 사회적으로 명망이 높았던 유길준의 《대한문전》보다도 그의 《국어문법》이 더 큰 영향을 미친 이유는 무엇인가. 그것은 《국어문법》의 내용이 매우 독창적이며, 그것을 가르치는 주시경의 지성에 많은 젊은이들이 큰 감명을 받았기 때문이었다.

(4) 어윤적의 연구

국문연구소 위원이었던 어윤적은 문법가라고는 할 수 없으나 그의 최종 〈硏究案〉에 문법에 관련된 것이 보인다. 즉 제5제(종성의 ㄷㅅ 2자 용법 및 ㅈㅊㅋㅌㅍㅎ 6자도 종성에 통용 당부)에 관한 부분에서 그는 언어 구성에 있어서의 중요 재료는 명사, 형용사, 동사의 3종이지만 承接詞가 없으면 활용을 못하나니, 이 넷을 문자로 일정하게 표기하는 것이 바람직하다고 하였다. 그의 주장은 제5제에서 제기된 문자들을 모두 받침으로 사용해야 이러한 일정한 표기가 가능하다는 것이었다. 즉 '붓은', '젓은'으로 써야지 '부슨', '저즌'으로 써서는 '붓', '젓', '은'의 표기가 고정되지 않는다는 것이다. 이것은 현대 맞춤법의 가장 중요한 원리에 대한 설명으로 오늘날 통용되고 있는 것과 조금도 다름이 없다.

여기에 나타난 것을 보면 어윤적은 동사, 형용사는 어간만으로 보고 어미를 독립된 품사로 보았음을 알 수 있다. 이 점은 주시경의 견해와 일치한다.

승접사란 어윤적의 글에서만 볼 수 있는 독특한 이름이다.

(5) 김희상의 《초등국어어전》

1909년에 金熙祥의 《初等國語語典》이란 책이 간행되었다. 그 뒤 그는 이것을 개정하여 1911년에 《朝鮮語典》을 내었고 다시 1927년에는 《울이글틀》이란 책을 간행하였다. 이로 보아 그가 매우 열성적인 문법 연구가였음을 짐작할 수 있다.

김희상의 생애에 대해서는 자세한 것은 알 수 없으나 《울이글틀》의 서문에 의하면 그는 배재학당 출신이요 나중에 개성 好壽敎女學校에서 교편을 잡은 일이 있었다.

이 《울이글틀》의 서문은 그의 국어문법 연구의 내력과 태도를 잘 보여 주고 있다. 그는 1901년 여름방학을 이용하여 전일에 배운 영어문법을 복습하기 위하여 그것을 우리말로 번역하여 여러 번 읽어 보다가 우리말에도 이런 것이 있었으면 하는 생각이 떠올랐다고 한다. 그리하여 이 영어 문법 번역을 기초로 하여 국어문법을 엮어 보려 했으나 어려움을 느끼다가 우리말에 관계되는 서적을 읽어서 좋은 참고를 얻어 《초등국어어전》을 지었다고 하였다.

위에서 본 것처럼 김희상은 영어문법의 번안에서 시작했기 때문에 영어문법의 영향이 뚜렷이 나타나 있다. 그 중에서도 관계대명사를 설정한 것과 '높은, 붉은, 적은, 많은, 오는, 가는, 이, 그, 저, 무슨' 등을 형용사라고 한 것은 현저한 예라고 하겠다. 활용되는 단어와 되지 않는 단어를 구별하지 않고 명사 앞에서 명사를 수식하는 말을 모두 형용사라고 한 것은 영어 문법의 형용사를 본뜬 것이다.

그러나 그의 문법에도 국어의 특수성을 드러내려고 한 노력의 흔적이 엿보인다. 가령 품사를 7품사로 하고 그 하나로 토를 설정했는데 이것은 주시경의 문법에서 겻, 잇, 끗이라고 세 품사로 다루었던 것을 하나로 통합한 것이다. 그리고나서 오늘날의 문법에서 말하는 조사와 용언의 어미 등으로 토를 다시 분류하였다.

이상으로 19세기 말과 20세기 처음 10년간에 있어서 우리 나라 학자들이

거둔 국어문법 연구의 중요한 업적을 더듬어 보았다. 이 때는 문법이란 학문이 처음으로 우리 나라에 들어온 초창기였으니 외국문법의 모방을 벗어나기 어려웠다. 그러나 이미 이 때에 국어문법 체계의 특수성을 밝히려는 노력이 있었던 것은 주목할 만한 일이라 하겠다.

5) 주시경의 국어 연구

위의 서술에서 우리는 주시경의 국어 연구에 대해서 상당히 자세하게 말해 왔다. 여기서 그것을 종합하여 볼 필요가 있음을 느낀다. 주시경은 이른바 개화기를 대표하는 국어학자였고, 그 뒤의 국어학에 큰 영향을 미쳤으므로 앞에 쓴 것과 다소 중복되더라도 그의 생애와 학문에 대해서 여기에 종합적으로 논할 가치가 있는 것으로 믿는다.

주시경(호 한힌샘)은 1876년에 황해도에서 태어나서 망국의 한을 겪은 지 5년째 되던 1914년에 세상을 떠났다. 38년 7개월의 짧은 일생이었다.

그가 서울로 올라온 것은 12세 되던 해였다고 하지만, 그 당시의 새로운 학문에 접하게 된 것은 18세 되던 1893년이었다. 그의 이력서에 의하면 이 해에 배재학당의 강사인 朴世陽·鄭寅德에게 산술과 만국지지 등을 배웠다고 한다.

그런데 다른 기록에 의하면(《國語文典音學》) 이보다 한 해 앞서 17세 되던 해에 英文 萬國地誌를 학습하면서 영문의 자음과 모음을 알게 되어 그 지식으로 국문을 생각하게 되었고 그 이듬해에 이미 '·'가 'ㅣㅡ'의 합음이라는 학설을 세웠다고 한다. 여기에는 1년의 착오가 있는 듯한데, 그의 이력서가 옳은 것으로 본다면, 이 학설을 세운 것은 그가 배재학당에 입학하던 해요 또 갑오경장이 있었던 해였다. 그 뒤 1900년까지 그의 교육은 주로 배재학당에서 이루어졌는데, 그는 학생이면서 이미 사회인이요 지사로 인정을 받아 1896년 독립신문사의 일을 보게 되었고 1897년에는 독립협회 위원이 되었던 것이다.

한편 그는 학생이면서 동시에 학자였다. 독립신문사의 일을 보게 되자 곧 그는 신문사 안에 國文同式會를 조직하였는데 이것은 국문의 연구 단체로서는 최초의 것이었다. 그는 이 회에서 '·'에 관한 자기의 결론('·'는 본래 'ㅣㅡ'의 합음이라는 것과 이것은 폐지해야 한다는 것)과 받침에 관한 새로운 원리('ㄷ ㅌ ㅈ ㅊ ㅍ ㅎ'과 'ㄲ ㄺ ㄿ ㄻ ㅀ ㄾ ㅄ ㄵ ㄳ' 등을 써야 한다는 것)를 주장한 것으로 보인다. 그러나 이런 주장은 너무나 시대에 앞선 것이어서 동조자가 없었다. 한편 그는 이 무렵에 《국어문법》을 집필하고 있었다. 그리하여 1898년에 이것을 일단 완성했던 것이다. 이것은 그의 나이 23세 되던 해의 일이다.

20세기에 들어서면서 국어·국문을 연구하는 학자요 교육자로서의 그의 면모가 뚜렷해졌다. 그는 서울 안의 어느 학교에서나 거의 자청하다시피 하여 가르쳤으니, 낮뿐 아니라 밤에는 야학, 일요일에나 방학에는 강습소를 열어 국어·국문에 관한 새로운 지식을 보급하였다. 그는 이 방면의 연구 단체라면 빠진 일이 없었다. 그 중 국문연구소의 위원으로 활약한 것은 특기할 만한 일이었다.

그는 저술에도 큰 힘을 기울였으니, 그 중에서도 《국어문법》은 그의 필생의 저작이었다. 그의 첫 저작인 《대한국어문법》(1906)과 둘째 저작인 《국어문전음학》(1908), 그리고 마지막 저작인 《말의 소리》(1914)는 모두 《국어문법》 중의 '音學'(요즈음 술어로는 음운론)이 독립된 것이라고 할 수 있고 그의 국문연구소 최종 연구안도 국문에 관한 훌륭한 저작이라고 할 수 있다. 그리고 朝鮮光文會(1910년 창설)에서 국어사전을 편찬한 것도 빼놓을 수 없다. 이 사전은 완성을 보지 못했으나 우리 나라에서 맨처음 있은 국어사전 편찬이었다.

주시경의 학문에 대해서 생각할 때 무엇보다도 큰 감명을 받는 것은 그 조숙성과 독창성이다. 조숙성은 그 당시의 다른 학자들에게서도 전혀 찾아볼 수 없는 바 아니지만, 독창성은 견줄 만한 예를 찾기 어렵다. 배재학당에서 배웠다고 하지만, 그의 국어 연구는 거의 독학이었는데, 그가 국어 연구에서 도달한 높은 수준의 독창성은 하나의 기적이라고 하지 않을 수 없다.

그의 저서들을 볼 때, 주시경은 국어 음운연구에 시종 깊은 관심을 가졌었고 이에 큰 자부심을 가졌었음을 짐작할 수 있다. 그의 《말의 소리》은 국어 음운론에 관한 하나의 기념비적 업적이라고 할 수 있는데, 이 책을 포함한 그의 여러 저술에 나타난 음운 이론은, 'ㅋ ㅌ ㅍ ㅊ'은 'ㄱ ㄷ ㅂ ㅈ'과 'ㅎ"

의 섞임이라고 본 것을 비롯하여, 독창적인 견해로 가득차 있다. 그 중에서도 '本音'과 '臨時의 音'의 이론은 크게 주목된다. 저 위에서도 잠깐 언급했지만 여기서 다시 설명하면, '꽃이' 할 때에는 'ㅊ'이 제대로 발음되지만, '꽃만' 할 때에는 'ㄴ'으로 발음되는데 이것은 '임시의 음'이요 '본음'은 어디까지나 'ㅊ'이니 우리가 글을 쓸 때에는 이 '본음'으로 써야 한다는 것이다. 어찌된 일인지 이 이론은 그의 제자들에 의해서 계승되지 않았지만, 이것은 주시경 자신이 가장 강력히 주장한 음운 이론이었으며 또 오늘날 새로이 평가되어야 할 중요한 이론이다. 이 '본음'과 '임시의 음'은 20세기 후반에 들어 미국 언어학에서 발달된 생성음운론에서 말하는 기저표시(underlying representation)와 음성표시(phonetic representation)에 각각 일치하는 것이다. 이 이론은 그의 통찰력이 얼마나 날카롭고 깊이 있는 것이었던가를 보여 준다.

한편 그의 《국어문법》이 국어의 문법체계를 자못 독창적으로 파악했음은 위에서 지적한 바와 같다. 여기서 일일이 말하려 하지 않지만, 그의 마지막 저작인 《말의 소리》에 보이는 '늣씨'에 대해서 언급해 두고자 한다. 이에 대한 충분한 설명이 없는 것이 유감이지만, 이것은 분명히 1930년대 이래 현대 언어학에서 발달해 온 형태소(morpheme)란 개념과 일치하는 것으로 보인다. 다만 착상에 그치고 이론적으로 발전시키지 않았음이 흠이라고 하겠다.

주시경의 정성어린 국어 연구와 그 보급을 위한 헌신적 노력의 밑받침이 된 것은 무엇인가. 그것은 나라를 사랑하는 마음이었다. 그의 학문과 교육은 애국을 떠나서는 있을 수 없었다. 그의 애국이 어떤 것이었던가를 말해 주는 한 일화가 있다. 그는 배재학당의 영향으로 기독교 신자가 되었었는데, 1906년 崔益鉉追悼會에서 돌아오는 길에 무력침략보다 정신침략이 더 무섭다는 것을 깨닫고는 그 날로 大倧敎로 개종하였다고 한다. 그러나 망국의 비운을 막을 수 없는 형세 속에서 그의 焦悶은 날로 커갔다. 특히 105인사건으로 동지들이 많이 투옥된 뒤로는 더욱 그랬다. 그는 결국 이 초민 속에서 세상을 떠난 것이다.

〈李基文〉

3. 한국사 연구

1) 연구의 필요성

한국사학이 근대적 학문으로 발돋움하는 것은 20세기에 들어서이다. 실학시대부터 계승되어 온 내재적인 전통과 개항 이후 수용된 서양의 학문에 일정하게 자극을 받은 한국사학은 19세기 말의 계몽적인 사학의 단계를 넘어서서 근대적인 학문으로 성립되어 갔다. 20세기 초의 '근대민족주의사학'이 바로 한국사 분야에서 근대적인 학문으로 성립된 것으로 파악하고 있다.

어느 시대나 역사학은 溫故知新의 방법론을 학문적으로 심화시키는 가장 중요한 대상으로서, 중국과 한국에서 특히 발전하였다. 옛것을 익혀 새것을 알게 되는 학문으로서는 역사학만한 것이 없었다. 이와 같은 성격 때문에 역사학은 하나의 독립된 학문이면서 모든 학문의 역사적 근거를 찾는 역할을 감당하기도 했다. 특히 동양의 학문에서는 經學과 함께 반드시 역사학이 있었고, 사상적인 체계와 논리를 구성함에 역사적인 근거가 필요하였으므로 역사학은 경학에서 분리되지 않은 채 존재하였다. 중세에 이르기까지 역사학이 경학과 사상(철학)에서 분화되지 않은 것은 이 때문이었다. 중세까지 넓은 의미의 인문학에 포괄되어 있으면서 인문학 전반과 분화되지 않은 역사학은 인문학에서 자신을 분화시켜 자신의 개성적인 성격을 독립시킴으로써 근대적인 학문으로 발돋움하게 되었다.

역사학이 독자적인 존재는 아니었지만, 미분화된 인문학의 기초적인 요소로서 기능하였기 때문에 역사학은 그 시대의 일반적인 사상과 학문을 논할 때뿐만 아니라 經世를 논할 때에도 빼지 못할 분야였다. 태평한 시대에는 역사학이 지배자의 통치자료로 이용되기도 하였는데, 사서의 명칭에 《資治通鑑》이라는 말은 이 점을 잘 나타내고 있다. 지배자가 통치를 위해 역사에서 교훈을 찾는 것, 그것은 바로 역사학의 교훈적 역할을 강조한 것이라고 할 것이다. 그러나 변화와 격동의 시기를 맞게 되면 역사학은 통치자료로서의 위치에서만 머물 수가 없게 된다. 민족이나 국가의 자기존재를 재확인하고 격동의 시기를 헤쳐 나가는 진로를 거기에서 찾아내야 했다. 역사학이 특히 변화의 시기에 요청되면서 자기 시대의 예언자적인 역할을 감당하였던 것은 이 때문이다. 자기 시대가 잠들려고 할 때 역사학은 과거를 돌아보면서 이를 대상화하여 現存과 관련시켰고 이 작업을 통해 그 대상의 미래를 예시하는 역할을 감당해 왔다. 이 점은 한말에도 예외가 아니었다.

한말 한국의 역사학에 대해서는 그 동안 많은 연구들이 있었다. 그러나 이 시기의 역사학은 아직도 해명되지 않은 문제들이 남아 있다. 우선 근대 역사학이 언제 어떻게 시작되었으며, 그것은 어떤 단계를 거쳐 발전하게 되었는가 하는 근원적인 물음이 아직 해명되었다고 볼 수 없다. 한국사의 시대구분에서 보면 한말 서세동점의 시기가 근대의 시작으로 연결되는데, 바로 그러한 때에 그 시대 역사의식의 산물이자 지성의 중요한 부분을 차지했을 역사서술이 왜 거의 보이지 않는가 하는 것은 눈여겨 보아야 할 대목이다. 특히 이 시기는 학파로서의 실학이 사라지고 개화를 준비하는 시기인 만큼, 그 시기에 있었을 실학기와 개화기를 교량해 주는 역사학은 어떤 것이었을까 하는 점도 밝혀야 할 문제다.

그런데 실학기에서 개화기에 이르는 이 시기에는 역사서술이 그렇게 흔하게 나타나지 않지만, 그런 가운데서도 이 시대의 공백을 메워 주는 역사학은 존재했을 것이다. 그렇다면 이 때에 있었을 역사서술은 어떤 인물, 어떤 저술에 의해 면면되어 갔는가 하는 점도 문제시해야 할 대목이다. 특히 주목되는 것은 개항을 전후한 시기에 중인들에 의한 역사서술이 나타나고 있는데, 이런 것은 어떻게 봐야 할 것인가 하는 점도 이 시대 역사학을 다루면서 풀어야 할 과제임에 틀림없다. 또 한말 본격적인 개화기에 이르면 근대 역사학은 근대학교의 시작과 더불어 역사 교과서가 주도하는 듯한 인상을 받게 되는데, 통사적인 역사 서술이 뚜렷이 나타나지 않은 상황에서 역사 교과서가 주었을 파장도 고려해 보아야 할 것으로 본다.

둘째로 이 시기의 역사학 연구에서 다루어야 할 과제로는 개항기를 맞으면서부터 본격화되기 시작한 외국인들의 한국사 연구와 그것이 한국인들의 한국사 연구에 미친 영향을 살펴보는 것이다. 종래 이 점에 대해서도 연구가 없지 않았으나 당시의 문헌 자체를 분석하는 과정을 곁들인 연구는 없었다고 본다. 종래의 연구에서는 일본의 것에 치중하였는데, 그 밖의 나라에서 간행된, 특히 서양언어로 쓰여진 한국사 서술에 대한 연구는 거의 없었다고 보여진다. 당시 한국을 소개하는 서양 서적 중에는 한국을 종합적으로 다루면서 한국의 역사를 다루는 경우는 더러 있었으나 한국의 역사 자체를 다루는 서적은 그리 흔치 않았다. 앞으로 개항기의 한국사 연구에서는 이런 문제들에 대해서도 관심의 영역을 넓혀야 할 것이다. 이와 함께 당시 외국의 역사학이 한국사 연구에 끼친 영향도 적지 않았던 만큼 그 점도 이 시대 역사학을 다루면서 간과해서는 안될 대목이다. 여기에는 서양의 역사소개가 영향을 끼친 경우도 있지만, 역사이론서나 사회과학의 이론 자체도 큰 영향을 미치고 있었다고 생각된다.

셋째 개항·개화기에서 애국계몽기로 들어서면서 나타나기 시작한 본격적인 한국사 연구의 과정을 체계적으로 고찰하고 거기에 나타나기 시작한 역사서술에서 포착할 수 있는 역사정신과 역사연구 방법론을 검토해 보아야 한다는 것이다. 앞에서 잠시 언급한 바와 같이, 개화기에는 근대 학교의 설립에 따라 역사 교과서가 정부에 의해 먼저 간행되었다. 그런 역사교과서는 외국, 특히 일본의 한국사 연구에 일정하게 영향을 이미 받고 있어서 민족의식적인 관점에서 볼 때 문제를 안고 있었다. 뒤에서 다시 보겠지만, 일본의 한국사 연구는 근대학문이라는 명분으로 이 때 이미 고대 일본의 한국지배를 합리화하는 주장을 내비치고 있었는데, 한국의 역사교과서 저자들은 이런 침략적 사관을 간파하지 못하고 그들의 주장을 용납했다. 그러나 일제의 침략이 노골화하던 시기에 이르게 되면 역사를 바르게 인식하고 가르치는 것이 바로 나라의 독립을 수호하는 것과 상통한다는 것을 이해하게 되면서, 역사의식에 기초한 국권수호운동이 전개되었다. 이 무렵이면 이제 역사는 곧 독립운동의 방편으로 인식되어 식자들의 역사연구가 민족의 생존권 수호의 차원으로 승화되었다. 국망에 이르기까지 본격적인 통사가 나오지 못했지만, 민족주의 역사학이 나타나게 되는 것은 바로 이렇게 역사의식이 변화하는 한말의 상황과 밀접하게 관련되어 있다.

한말의 역사학은 19세기 후반 외세의 침투를 경험하면서 자신의 좌표를 민족사의 흐름 속에 정확하게 설정해야 할 필요성을 느낀 데다가 국권을 수호하기 위한 에너지원을 민족사에서 탐색하려는 일련의 작업과 연관된다고 할 것이다. 민족적 에너지원의 발굴은 민족사를 정확하게 검토하는 데서 가능하였다. 이것이 바로 자기 역사를 새롭게 점검해야 하는 작업으로 연결되었다. 민족사에서 자신의 현재를 재확인하는 작업은 자신을 개방해야 하는 시대적인 요청 속에서 진행되었다. 때문에 폐쇄적으로 자기를 탐색하던 그 이전과는 사뭇 방법을 달리할 수밖에 없었다. 이제 과거라는 사실을 담는 역사탐구의 작업도, 새 술은 새 부대에 담아야 한다는 말과 같이, 이제 새로운 부대를 필요로 하였다. 한국의 근대 역사학이 민족주의적인 성격을 띠고 방법론적으로 차원을 달리하면서 나타나게 되는 것은 바로 이 같은 시대적인 요청에 부응하려는 당대 지성의 자세와 깊이 관련되어 있었다.

이 글에서 다루고자 하는 것은 실학시대에서 개항기로 넘어오는 시기에서부터 한국의 역사학이 어떤 과정을 거쳐서 진행되며 그것이 한말에 이르러 민족주의 역사학으로 발전하게 되는 과정이 어떠한지를 전반적으로 검토하는 것이다. 그리고 한말 일제 초기의 민족주의 역사학이 어떻게 성립되었으며 그 성격은 어떠한지를 검토하는 것도 이 글의 중요한 내용이 될 것이다.

근대 학문으로서의 한국사 연구에 대해서는 그 동안 많은 연구자들에 의해 다양한 업적들이 생산되었다. 실학시대 이후에 나타난 역사학자들에 대한 개별적인 연구가 있었는가 하면, 시대별·분야별 연구도 돋보였다. 그 동안의 업적들에 유의하면서 여기서는 실학 이후의 근대한국사 연구의 추이를 살펴보고 한말 일제강점 초기의 민족주의 사학이 성립되는 데까지를 하한으로 하여 정리해 보고자 한다.

2) 근대 한국사 인식의 추이

(1) 실학시대 후기에서 개항기의 역사학

실학시대에는 한국의 중세 역사학이 전환기를 맞았다. 私撰史書들이 풍부하게 간행된 것은 물론 그 내용도 다양하고 특색들이 있었다. 붕당으로 인해 정치와 학문이 서로 의존관계에 있었고, 당색에 따라서 역사를 보는 관점과 한국사의 인식체계 등이 상이했다. 역사서술의 형식적인 측면이 달라졌던 것은 어쩌면 자연스럽다고 할 것이다.[1)]

먼저 실학시대에 나타난 역사서술 형식의 뚜렷한 점은 綱目體 형식의 역사서술이었다. 물론 編年體나 紀事本末體가 없었던 것은 아니었다. 그러나 이 때 특히 많이 나타난 것은 주자와 그의 제자 趙師淵이 《資治通鑑綱目》에서 시도한 강목체 서술이었다. 강목체 서술 형식은 실학시대에 유행처럼 나타난 역사서술의 형태였다고 할 것이다.

강목체 형식과 함께 실학시대 역사학의 특징의 하나는 사론으로서의 正統論의 등장이라 할 것이다. 정통론 사론은 특히 李瀷과 安鼎福으로 계통지어지는 남인계의 학풍에서 뚜렷이 나타났다. 이익이 馬韓正統論을 제시한 이래 남인계를 중심으로 정통론사학이 한때 풍미했다. 정통론사학은 특히 한국의 고대사를 체계화함에, 종전에 단군조선→기자조선→위만조선으로 계통화하고 삼한을 위만조선에 부설해 왔던 고대사 인식체계에 변화를 가하여, 단군조선→기자조선→삼한으로 정통을 삼고 위만조선을 삼한에 대한 僭僞의 국가로 정리해 버렸다. 정통론자들은 삼한을 역사적인 정통국가로 설정하고 위만조선을 참위로 규정하는 데서 보이는 바와 같이, 역사는 정통과 참위를 준별하는 뚜렷한 역사의식을 가져야 한다는 주자 강목의 필법을 추종했던 것이다.

그러나 정통론 사학을 가능하게 했던 華夷觀에 변화가 오고 北伐論이 北學論으로 바뀌는 추세 속에서, 새로운 역사연구의 분위기가 조성되었다. 柳得恭의 《渤海考》를 비롯하여 韓致奫(韓鎭書)의 《海東繹史》, 李肯翊의 《燃藜室記述》이 나타나는 것은 이런 역사의식의 변화와 관련이 깊다고 할 것이다. 이 같은 역사의식은 정통론 사학에서는 볼 수 없는, 한국사 연구의 새로운 면모를 보여주는 것이었다. 발해사 연구가 한국사의 범주에서 논의되었을 뿐만 아니라, 李種徽의 《東史》에서는 한국고대사의 체계가 단군의 주류가 부여·고구려로 계승된다는 새로운 주장까지 나오게 되었다.

19세기 전반기, 학파로서의 실학이 끝나는 것은 세도정치의 등장과 무관하

---

1) 이 점에 관해서는 이만열, 〈17~18세기 史書와 古代史認識〉(《韓國史硏究》 10, 1974).

지 않다. 세도정치의 등장으로 학문의 폐쇄성은 더욱 심화될 수밖에 없었다. 실학시대에 꽃피었던 역사의식은 위축되었고 역사서술 또한 활발하지 못했다. 그러한 시대상황에도 불구하고 19세기 중엽에는 과거의 전통성을 잇는 몇몇 역사 서술과 특수 분야에 관한 역사서술을 대하게 된다. 후자의 경우는 특별히 주목되는 바가 있다.

19세기 전반기에 관심을 끈 사서로서는 丁若鏞의 《彊域考》와 앞에서 언급한 한치윤(한진서)의 《해동역사》로 알려져 있다. 이들 사서들은 18세기의 《동사강목》 등의 고증학적인 측면을 심화, 발전시키는 한편 정통론 사학을 차원 높게 극복하고 있었다. 이들 사서들을 이어서 역시 19세기 전반기에 몇몇 사서들이 나타났다. 그 중 洪敬謨(1774~1851)의 《大東掌攷》의 〈歷代考〉와 《叢史》의 〈東史辨疑〉는 19세기 전반기에 저술된 것이며, 그의 조부 洪良浩로부터 이어받은 家學적 전통 위에서 이뤄진 것이었다. 〈역대고〉는 李萬運의 《紀年兒覽》을 참고하여 편찬한 것이지만, 군주편향적 시각이 강화되었다거나 정통론에 약화되어 있다는 점 등은 차이가 있다. 〈동사변의〉는 사실 및 지리의 고증이 돋보이고 있는데, 그는 특히 한국 상고사에서 "이설이 분분한 28항의 문제들을 여러 문헌자료들을 비교하면서 밀도있게 고증"하였다.2)

19세기 중엽에 이르러 李源益(1792~1854)도 《東史約》이라는 역사서술을 남겼다. 그는 서술원칙의 하나로 정통론을 고수하면서, 단군으로부터 시작된 정통이 箕子를 거쳐 신라 문무왕 9년 이후와 고려 태조 19년 이후로 이어지는 것으로 보았으며, 따라서 삼한·삼국시대는 無統으로 보았다. 따라서 그는 정통론에 입각한 한국사 체계를 단군(정통)→기자(정통)→위만(僭國)→삼한(無統)→삼국(無統)→신라 문무왕 9년 이후(정통)→고려 태조 19년 이후(정통)→조선(정통)으로 정리했던 것이다. 이원익의 《동사약》은 강목체적인 서술체제를 갖고 있긴 하지만, 고증사학의 면모도 보여주고 있어서 강목법 사서와 고증적 사서의 중간적 형태에 속하는 사서로 지적되기도 한다.3)

2) 이 점에 관해서는 한영우, 〈19세기 전반기 洪敬謨의 歷史敍述〉(《韓國民族主義歷史學》, 一潮閣, 1994).

3) 이원익의 《동사약》에 대해서는 한영우, 〈19세기 중엽 李源益의 歷史敍述〉(위의 책) 참조.

19세기 중엽에는 새로운 형태의 역사서술이 싹트기도 하였다. 종래의 사서들이 대부분 양반 식자들이나 관료들에 의해 쓰여졌던 것과는 달리, 이 무렵에 이르면 향리나 서얼, 일반 시정인들의 전기류에 해당하는 책들이 간행되었다. 여기에는 향리의 역사를 쓴 李震興의 《掾曹龜鑑》(1846)을 비롯하여, 서얼들의 역사를 쓴 《葵史》(1858), 중인의 전기를 쓴 趙熙龍의 《壺山外記》(1844) 등이 있는데, 이들은 "양반 아닌 중간신분층을 주제로 하는 사회사적 저술이었고, 자기가 소속된 신분층의 사회적 진출을 주장하는 현실개혁의 의도에서 저술된 것이었고, 또 전기를 중요시하는 인간 중심의 서술이었고, 그리고 새로운 사료를 발굴 이용하고 있었다"고 지적된다.[4] 그 밖에 19세기 중엽에 간행된 사서로서는 劉在健의 《里鄕見聞錄》(1862), 李慶民의 《熙朝軼事》(1866), 朴周鍾의 《東國通志》(地理考, 1868) 등이 있다.

실학에서 개화기로 넘어가는 과도기적 단계의 역사서술로서는 앞서 말한 몇 개의 사서와 함께 安鍾和(1860~1924)를 빼 놓을 수 없다.[5] 그는 개항 직후인 1878년에 《東史聚要》를 완성하여 1904년에 《東史節要》라는 이름으로 간행하였는데 이는 고려 말까지의 인물 800여 명을 다룬 것이다. 그는 이 저술에서 '근대화에 필요한 인간상의 역사적 근거를 마련'하려고 하였으며, 단군 중심의 고대사체계를 계승, 발전시켜 민족주의사학이 성립될 수 있는 중요한 교량적 역할을 감당한 것으로 평가되고 있다. 안종화는 이어서 1909년에는 《國朝人物志》를 간행하였는데, 조선시대의 인물 3,000명을 다룬 이 책은 일제의 한국병탄 계획이 노골화하던 시절, '조국사상이 油然하게 자생'토록 하기 위해, "조선시대에 국난을 이겨낸 전쟁영웅들과 왕조체제의 개혁을 모색한 조선후기 실학자들, 그리고 신분제의 질곡을 깨면서 새로운 개화세력으로 성장해 가던 위항인들, 그리고 도가나 처사를 자처하면서 이단사상

---

4) 이 시기의 서얼과 향리 및 중인의 역사를 다룬 《葵史》와 《掾曹龜鑑》 및 《壺山外記》에 대해서는 이기백 교수의 〈19世紀 韓國史學의 새 樣相〉(《韓沽劤博士停年紀念史學論叢》, 지식산업사, 1981) 참조.

5) 최기영, 〈안종화〉(조동걸·한영우·박찬승 엮음, 《한국의 역사가와 역사학》 하, 창작과비평사, 1994).
韓永愚, 〈開化期 安鍾和의 歷史敍述〉(《韓國文化》 8, 1987).
———, 앞의 책, 1994.

을 키워 온 인사들을 부각"시켰다고 지적되고 있다.[6] 따라서 인물 중심으로 우리 역사를 정리한 안종화는 이런 일련의 역사편찬 작업에서 '사회진화론에 입각'하여 '근대 시민사회의 형성을 역사적 과제'로 '전통적인 성리학적 역사관을 부분적으로 벗어나' 근대적 역사관으로 나아가는 과도기적인 역할을 감당하였던 것이다.[7] 그러나 그의 책은 20세기에 들어서서 출간된 것이기 때문에 다음에서 언급될 사서편찬보다 시기적으로도 앞선 것이라고 말할 수는 없다.

(2) 개화기 계몽주의 역사학

한국의 역사학에서 근대적인 성격을 부분적으로나마 띠고 나타나는 것은 갑오개혁 이후다. 개항 이래 외세의 침투를 경험하면서 내재적으로 수용, 축적하기 시작한 근대적인 의식－사회진화론·자강주의, 민족주의·제국주의 등－은 현실문제를 분석하고 거기에 대응하는 능력으로 성장하고 있었다. 한편 한말 지식인들은 현실적으로 부닥친 위기의 타개 능력을 유구한 역사와 전통에서 찾으려고 하였다. 말하자면 한국인이 갖고 있는 잠재적인 문화능력에서 그 타개책을 모색하고 있었다는 점에서 역사의식과의 관련성이 엿보이기도 했다. 이 때 역사의식은 단순히 과거를 조망하는 것만이 아니고, 과거의 역사적인 경험이 나라의 미래를 전망하는 지혜를 제공하고 있었다는 점에서 예언자적인 성격도 갖고 있었다. 한말 지식인들이 한국사에 새롭게 접근하여 연구하고 가르치려는 자세를 갖게 된 것은 이런 상황에서 이뤄졌던 것이다. 그랬던 만큼 이 시대의 역사학은 일정하게 역사연구의 방법과 서술면에서 전근대적인 것과 구별되는 새로운 면모를 드러내게 된다.

한국에서 근대적 성격을 가진 역사학의 일차적인 특징은, 그 이전 봉건시대의 역사학과는 달리, 역사학의 학문적 독자성을 모색하는 한편 개성적인 민족사를 강조하고 있다는 점에서 찾을 수 있다. 동양의 고·중세 사학이 經史一體의 성격을 벗어나지 못했다면, 이 때의 역사학은 하나의 독자적인 학문영역으로 독립해 가는 과정이었다. 다시 말하면, 한국사의 독자성은 먼저

---

6) 한영우, 위의 책, 338쪽.
7) 최기영, 앞의 글, 34쪽.

경·사의 미분화에서 오는 역사학의 비독자적인 학문영역을 독자적인 학문영역으로 분리시키는 데서 시작되었지만, 더 나아가서는 과거 한국의 역사를 中華史의 일부 혹은 그 부용으로 취급해 오던 데서 이제 한국사를 중화사에서 독립시켜 독자적인 자기위치를 갖게 하는 것을 의미했다.

일반적으로 근대 역사학은 역사인식 면에서는 사실의 실증을 위해 객관적인 사료비판과 논증을 중요시하고 인과관계를 분석적·종합적인 연구방법을 통해 규명하며,[8] 동양적인 과거지향적·순환론적인 역사이해를 강조하기보다는 미래지향적이고 발전적인 역사인식을 강조하는 편이다. 역사주체를 인식함에도, 고·중세의 역사학이 영웅과 지배자를 중심으로 하고 있음에 비해서 근대역사학은 민중을 전면에 내세우고 있다. 그러기에 근대역사학은 왕실이나 지배자 대신 민중을 강조하였다. 또 근대역사학은 이데올로기적 역사인식을 거부하기 때문에 한말 국사학도 조선 후기에 성행했던 정통론과 명분론 등 이념을 강조하던 교조주의적 역사서술을 점차 탈피하고,[9] 과학적인 역사서술에 접근해 갔던 것이다.

우리 나라에서 소략하긴 하지만 근대적인 성격을 띠면서 먼저 나타나는 역사책은 갑오개혁 이후 학부에서 간행한 교과서류다.[10] 1895년에 各級學校

---

8) 근대 역사학의 효시로 불리는 랑케(Leopold von Ranke, 1795~1886)는 비판적 방법을 통하여 실증을 강조하고 철학적 역사를 극복하였으며, 역사주의적 방법론적 근거라 할 '본래 일어난 그대로(wie es eigentlich gewesen)'라는 명제 아래 역사의 개체와 그 발전을 시간적 과정에서 사실대로 탐구하려고 하였다(차하순, 《현대의 역사사상》, 탐구당, 1994, 22쪽).

9) 趙東杰, 《現代韓國史學史》(나남출판, 1998), 64쪽.

10) 이 점과 관련, 다음과 같은 연구들이 있다.
金麗汃, 〈開化期國史敎科書를 통해서 본 歷史認識(Ⅰ)(Ⅱ)—歷史輯略을 중심으로—〉(《史學志》 14·16, 檀國大, 1982).
김홍수, 〈한말 역사교육 및 교과서에 관한 연구〉(《역사교육》 29, 역사교육연구회, 1981).
———, 〈한말의 국사교과서 편찬〉(《역사교육》 33, 역사교육연구회, 1983).
이경란, 〈구한말 국사교과서의 몰주체성과 제국주의〉(《역사비평》 15, 역사비평사, 1991).
이연복, 〈우리나라 근대역사교육사연구-구한국의 역사교육을 중심으로-〉(《서울교육대학논문집》 11, 서울교육대, 1978).
조 광, 〈개항기의 역사인식과 역사서술〉(《한국사》 23, 한길사, 1994).
조동걸, 〈한말 사서와 그의 계몽주의적 허실〉 상(《한국독립운동사연구》 1, 한

令이 반포되고 서울에서만 壯洞·정동·계동·廟洞 학교가 설립되면서 '본국사'가 교육되기에 이르렀다. 이에 앞서 학부는 국사교과서 편집을 시작하여 1895년에는 《朝鮮歷史》·《朝鮮歷代史略》·《朝鮮略史》를, 1899년에는 《東國歷代史略》·《大韓歷代史略》·《普通敎科東國史略》을, 1906년에는 《普通敎科大東歷史略》·《新訂東國歷史》·《中等敎科東國史略》을, 그리고 1908년 이후 한말에는 《대한력ᄉᆞ 상》·《初等本國歷史》와 《초등대한력ᄉᆞ》·《初等大韓歷史》·《初等大東歷史》와 《初等本國略史》·《初等本國歷史》·《新撰初等歷史》·《國朝史》를 간행하였다.[11]

이들 교과서들은 실학정신을 계승하면서 '자존적 국가의식'을 바탕으로 '부국강병·萬邦對峙·근대주의·보편적 세계사·우승열패'의 개화사상의 역사의식[12]을 담고 있다. 초기에 국한문 혹은 한문으로 쓰여졌던 이들 교과서들은 뒤에 차차 국문을 전용하게 되었다. 이들은 대부분 편년체적 서술을 유지하였으며, 고대사를 중점적으로 다루었으며 때로는 정통론을 고집하는 것도 있어서 근대적 성격과는 거리가 있는 것도 있었다. 근대의 서술에 인색한 것은 당대사 서술에 소홀했다는 측면과 함께 과거회귀적인 역사의식을 엿보게 한다. 고대사에서 중국에 대한 사대의 예를 벗어나지 못한 서술이나 근대의 서술에서 淸으로부터의 독립을 강하게 주장하지 못한 것은 이 책들이 갖는 한계라고 할 수 있다.

학부 편찬의 역사책은 당시 학부 편집부에 있던 玄采나 金澤榮 등이 맡았으나 뒷날에는 차차 개인적인 저술로 확대되었다. 1906년에 나온 교과서는

국독립운동사연구회, 1987).

———, 〈한말 사서와 그의 계몽주의적 허실〉 하(《한국학논총》 10, 국민대 한국학연구소, 1987 ; 《韓國民族主義의 成立과 獨立運動史硏究》, 지식산업사, 1989)에 재수록.

홍영백, 〈한말 세계사 관계사서의 내용과 그 한계〉(《소헌남도영박사화갑기념사학논총》, 태학사, 1984).

홍이섭, 〈구한말 국사교육과 민족의식〉(《인문과학》 36, 연세대 인문과학연구소, 1974).

朴杰淳, 《韓國近代史學史硏究》(國學資料院, 1998).

11) 한말의 自國史 교과서에 대해서는 조동걸, 위의 글(1987).
朴杰淳, 앞의 책, 27~53쪽 참조.

12) 朴杰淳, 위의 책, 27~32쪽.

'國民敎育會', 元泳義·柳瑾, 현채 등의 저자들이 썼다. 비록 내용과 형식면에서 어설픈 측면이 있고 그래서 동시대의 민족주의자들로부터 호된 비판을 받긴 하였지만,[13] 이들 교과서들은 당시 개화의 풍조를 소화해 가는 과정에서 젊은이들로 하여금 自國史를 새로운 방식으로 인식케 하는 하나의 가교를 놓았던 것으로 이해된다.

한말 자국사의 인식과 연구는 먼저 고전을 복간하는 데서 시작되었다. 한국의 개화가 실학사상의 내재적인 발전과 계승이라는 측면을 갖고 있었던 만큼 한말에는 연암 박지원과 다산 정약용, 완당 김정희의 영향이 컸고 그들에 대한 연구열 또한 높았다. 실학자들의 저술이 복간되고 거기에 대한 연구가 진척되었다. 이 때《연암집》을 비롯하여 다산의《목민심서》·《흠흠신서》·《아언각비》 등이 복간되었고, 張志淵은 다산의《아방강역고》를 증보, 개정하여《대한강역고》로 편찬하였다. 복간사업은 崔南善이 설립한 朝鮮光文會를 통해 활발히 전개되었다.[14]

한말 안으로는 봉건사회가 붕괴되고 밖으로는 외세의 침략이 가중되는 시기에 지식인들의 역사의식은 교과서를 편찬하는 외에 자기역사를 새롭게 인식하고 자기시대의 역사를 정리하는 작업으로 나타났다. 通史類로서 대표적인 것은 崔景煥·鄭喬의《大東歷史》[15]와 김택영의《歷史輯略》, 현채의《東國史略》을 들 수 있다. 시대사의 성격을 띤 것으로 한말 자기 시대의 풍운의 역사를 정리한 것으로는 黃玹의《梅泉野錄》과 개화파 인사로서 독립협회 회원이기도 했던 정교의《大韓季年史》 등이 있다.

여기서 짚고 넘어가야 할 문제는 개화파 지식인이 편찬한 우리 나라 통사

---

13) 특히 신채호는 한말의 교과서류를 두고, '新史의 體'라고 부르기도 하였지만 그것이 서술의 편명, 술어를 고치는 정도였기 때문에 "털어놓고 말하자면 韓裝冊을 洋裝冊으로 고침에 불과한 것"이라고 비판했다(신채호,《朝鮮上古史》;《丹齋申采浩全集》上, 형설출판사, 1977, 61쪽).

14) 조선광문회의 복간사업에 대해서는 이만열,《韓國近代歷史學의 理解》(文學과知性社, 1981), 125~129쪽 참조.

15)《大東歷史》에 대해서는, 필자는 최경환·정교 두 사람이 써서 1896년경부터 독립협회 회원들의 일종의 교과서로 사용하다가 뒤에 1905년에 출판한 것으로 보았으나, 조동걸 교수는 이 책을 '두 사람의 공저'로 보면서도 '정교의《大東歷史》가 따로 있으므로 편의상' 분리해서 보았다(조동걸, 앞의 글, 1989, 169~175쪽·181쪽. 이만열, 앞의 책, 121쪽 참조).

에 이미 일본의 한국사 연구가 상당 부분 무비판적으로 수용되고 있었다는 점이다. 《대동역사》는 신라 박혁거세 9년조에서 일본의 러시아정벌(러일전쟁)을 언급하고 한일관계를 엉뚱하게 '同文同種之國'으로 또 '脣齒輔車之勢'로 설명하여,[16] 역사인식 및 시대의식의 한계를 노출하고 있다. 이 책이 독립협회의 교과서로 채용된 것이 확실하다면, 이러한 한계는 결국 독립협회의 역사의식과도 상통하는 것이라고 말하지 않을 수 없다. 또 현채의 《동국사략》이 일본인 하야시(林泰輔)의 《朝鮮史》를 편역한 것으로 알려져 있는데, 그가 다소 수정해서 수용했다 하더라도, 그 한계는 너무나 뻔한 것이다.[17] 여기에다 김택영의 《역사집략》은 하야시의 《조선사》에서처럼 단군의 역사를 佛家의 所出인양 의심한 것이라든지 신공왕후의 신라정복과 任那日本府說을 무비판적으로 수용하고 있어서 이미 같은 시대의 신채호 같은 이들에게 혹독한 비판을 받았다.[18]

시대사의 성격을 띤 것으로 《매천야록》과 《대한계년사》 등을 거론한 바 있다. 전자는 한말 우국시인이며 지리산 밑 구례에서 17년간이나 일본인 침략의 추이를 주시하면서 국운을 걱정했던 황현이 유교사관의 근간이 되는 통감강목·춘추필법에 기초를 두고 근대사의 현실에도 유의하면서 당대사를 서술했던 것이다. 후자는 황현과는 달리 독립협회 회원으로 회원에게 국사를 가르치기 위하여 《대동력사》를 교열·저술한 적이 있는 정교가 쇠약해 가는 조국을 보면서 침략세력에 대한 항거에 역점을 두고 붓을 들었던 것이다. 그런 점에서 두 책에 나타난 두 지식인의 역사의식은 일치하고 있었음을 보여준다.[19]

이렇게 근대적인 것이 수용되는 과정에서 전통과의 괴리에서 오는 한계를 극복하지 못한 데다가, 후술할 바와 같이, 일제의 식민주의 사학이 밀려오고

---

16) 《大東歷史》 新羅 始祖王 九年 大皇帝陛下光武七(八)年 日本征露國…皆克之 蓋我大韓之與日本爲同文同種之國 壤地相接脣齒輔車之勢….
17) 현채의 《東國史略》에 대해서는 이만열, 앞의 책, 123~124쪽 참조.
18) 신채호, 앞의 책, 57~58쪽 참조. 신채호는 여기서 장지연의 《大韓疆域考》도 같은 오류를 범하고 있다고 비판하였다.
19) 한말의 역사인식과 역사의식에 대해서는 鄭昌烈, 〈韓末의 歷史認識〉(《韓國史學史의 硏究》 한국사연구회편, 을유문화사, 1985), 189~228쪽 참조.

있는 데도 그것을 제대로 의식하지 못하는 상황에서 朴殷植과 申采浩 같은 강렬한 역사의식을 가진 역사가를 만났다는 것은 그 시대의 한국의 지성계를 위하여 다행한 일이 아닐 수 없다. 그들은 자기 시대가 갖는 봉건적인 모순을 의식하는 한편 밖에서부터 밀려드는 제국주의 침략세력을 잘 간파하고 있었다. 따라서 한국의 근대민족주의 역사학은 이들의 역사의식을 통해 건설되고 있었다.

3) 민족주의 사학의 성립

(1) 일제 식민주의 사학의 침투

일제의 식민주의 사학이란, 일제가 한국을 침략, 강점하고 그것을 정당화·합리화하기 위하여 안출한 역사학을 총칭해서 말한다. 여기에는 일제 어용학자들의 주장이 대부분이지만, 국적에 관계없이 일제의 침략 정당화에 가세한 역사학은 여기에 포함될 수 있을 것으로 본다.

일제 식민주의 사학에 관해서는 이미 언급된 것이 있지만,[20] 그것이 한국의 근대 민족주의 사학의 성립에 일정하게 자극과 영향을 미쳤기 때문에 여기서 잠시 언급한다. 한말·일제하에 성립된 한국의 민족주의 역사학은 식민주의 사학을 비판, 극복하려는 강력한 의지를 가지고 출발한 일면을 갖고 있다.

에도(江戶)시대에 시작된 일본의 한국사 연구는 메이지(明治)시대에 이르러 광개토대왕의 비문을 입수하여 그것을 해석하는 과정에서 본격화되었다. 1883년에 광개토대왕 비문을 입수한 일본의 참모본부는 이 비문을 해독하기 위해 저명한 한학자·역사학자들을 동원, 1889년에 책임자(橫正忠直)의 이름

---

20) 金容燮, 〈日帝官學者들의 韓國史觀〉(《思想界》, 1963. 2).
——, 〈日本·韓國에 있어서의 韓國史敍述〉(《歷史學報》 31, 1966).
洪以燮, 〈植民地的 史觀의 克服〉(《亞細亞》, 1969).
李萬烈, 〈日帝官學者들의 植民主義史觀〉(앞의 책, 1981).
——, 〈19世紀末 日本의 韓國史硏究〉(《淸日戰爭과 韓日關係》, 韓國史硏究會 편, 一潮閣, 1985).
趙東杰, 〈植民史學의 성립과정과 近代史敍述〉(《韓國民族主義의 發展과 獨立運動史硏究》, 知識產業社, 1993).

으로 '고구려비출토기'를 발표하였다. 이 글은 일본 사학계에 큰 반응을 일으켜 침략주의적인 관점에서 고대 한일관계사를 다루는 중요한 계기를 만들어 주었다. 그들은 4세기 말의 광개토왕 무렵부터 倭가 신라·백제를 정복하고 고구려와 대결할 수 있을 정도의 강력한 야마도(大和)정권을 수립했다는 것과 이러한 사실이 고구려의 금석문에 의해서 나타났다는 점에서 더욱 신뢰할 수 있다고 주장했다. 고대일본이 한국에 출병하여 남하하는 고구려의 대군과 투쟁, 한국을 지배하게 되었다는 것은 일제가 추구하는 현실의 대륙정책과 실로 잘 부합되는 것이었다.[21]

이 무렵 참모본부가 아닌 일본의 근대 역사학에서도 한국사에 대한 연구가 진행되었다. 1877년에 설립된 동경제국대학은 1889년 사학회를 결성하고 그 기관지로서 《史學會雜誌》(1892년에 史學雜誌로 개칭됨)를 간행하면서 근대적 학문연구 방법을 내세워 일본사는 물론 동양사와 그 일부로서 한국사 연구도 진행시켰다. 이렇게 일본의 한국사 연구는 그들의 한국 진출에 발맞춰 대학과 군대에서 각각 진행시키고 있었다.

이렇게 시작된 일본의 한국사 연구는, 1894년을 분기점으로 그 전 시기에는 주로 고대사를 중심으로 정치·군사적인 관점에서 진행되었지만 그 후에는 근대사에 사회경제적인 관점이 중시되었다. 청일전쟁 전에 그들이 한국에 진출할 수 있는 명분을 찾기에는 고대사의 연구가 필요했고, 청일전쟁 후에는 한국을 그들의 식민지로 만들려는 구체적인 계획과 그 계획 실천에 필요한 역사이해가 절실히 요청되었기 때문이다. 침략에 필요한 현실적인 역사연구는 고대사가 아니라 근대사였고, 사회경제사였다.[22] 20세기에 들어서서 일본의 한국사 연구는 뒷날 식민주의 사학의 기본골격의 하나인 소위 停滯性이론이 타율성이론 및 일선동조론의 등장과 전후하여 본격적으로 이론화되는 것은 이러한 배경이 있다.

한국사의 내재적 발전을 무시한 정체성이론[23]은 1902년 한국을 시찰한 후

21) 旗田巍, 《日本人의 韓國觀》(李基東 譯, 一潮閣, 1985), 126쪽.
22) 1894년 청일전쟁을 전후하여 일본의 한국사 연구의 경향이 변화되고 있는 점과 그 이유에 대해 이만열, 앞의 글(1985)은 당시 발표된 일본인 학자들의 논문과 저서들에 관해서도 언급해 놓고 있다.
23) 이 점에 관해서는 강진철, 〈日帝官學者가 본 韓國史의 停滯性과 그 理論〉(《韓

쿠다(福田德三)가 1903~04년에 〈한국의 경제조직과 경제단위〉를 발표하면서 본격화된다.[24] 한국의 역사는 수많은 정치적 변동에도 불구하고 사회경제면에서는 발전을 거의 볼 수 없다는 것이 정체성론의 요지로서, 후쿠다는 이러한 "부패·쇠망의 극치에 달한 (한국의) 민족적 특성을 근저에서 소멸시켜" 일본에 동화시킬 자연적 命運과 의무를 갖는 중대한 사명을 일본이 지고 있음을 강조하였다. 이 논문은 러일전쟁을 앞두고 한국에 대한 일본의 책임을 강조하는 데에 목적이 있다고 하겠는데, 이 점은 바로 일제 어용학자들이 일제의 한국 지배의 정당성을 러일전쟁에 앞서 주장했다는 점에서 주목되는 것이었다.

정체성사관의 연원으로 불려지는 이 논문은 일본의 한국 진출이 식민지적 수탈을 목적으로 한 것이 아니고 봉건제 단계에도 이르지 못한 한국을 근대사회로 발전시켜 주는 데에 있다는 것으로 요약된다. 그 뒤 이 이론은 여러 일제 관학자들(河合弘民·山路愛人·喜田貞吉·黑正巖·四方博·森谷克己)에 의해 더욱 발전하여 일제의 한국 침략과 지배를 정당화하는 가장 강력한 이론으로 되었고 해방 후 오늘날까지 한일관계에서 '傳家의 寶刀'처럼 그들의 식민 수탈 행위를 정당화하는 데에 이용되었다.

정체성사관이 등장한 직후에 타율성이론의 모태인 滿鮮史觀이 나타난다.[25] 이는 만주사를 중국사에서 분리시켜 조선사와 하나의 체계로 묶으려는 것으로 일제의 중국 침략에 앞서 동양사학자들이 안출한 것이다. 그들은 만주사를 중국사에서 분리시켜 중국이 만주에 대한 영토권 주장을 하지 못하도록 그 논거를 제시하려고 하였다. '만선'이란 말도 러일전쟁 후에 설립한 남만주철도주식회사의 동경지사 내에 '만선역사지리조사실'을 만들고 거기서 '만선역사지리보고서'(16책)를 간행하는 데서 보편화되기 시작했다. '만선사'는

國史學》 7, 韓國精神文化硏究院, 1986) 참조.

24) 이 논문은 처음에 《內外論叢》에 게재되었고, 1907년에 《經濟學硏究》에 수록하였으며, 다시 改稿하여 1915년판 《經濟學硏究》 前篇에 수록하였다.

25) 만선사관 및 타율성사관에 대해서는 旗田巍, 〈滿鮮史의 虛像〉(《日本人의 韓國觀》), 188쪽.
李龍範, 〈韓國史의 他律性論 批判〉(《亞細亞》 1969년 3월호).
이만열, 앞의 책(1981), 276~279쪽 참조.

그 체계에서부터 한국사의 독자성을 부정하는 한편 만주에서 일어난 민족·국가들이 한반도사에 큰 영향을 미쳤다는 점에서 한국사의 타율성을 끌어내는 계기가 되었다.

타율성사관은 한국사가 한국인의 자율적인 결단에 의해 전개된 것이 아니라 외세에 의해 타율적으로 전개되었다는 것으로, 거기에 의하면 한국사는 웅건한 자주독립의 모습은 볼 수 없고 외세에 굴종하는 비겁한 역사뿐이었다. 한국의 역사는 시작에서부터 기자·위만과 같은 외세의 지배를 받았으며, 그 대신 수·당과 대결하며 동북아시아에서 그 자웅을 가리던 웅혼한 고구려사는 간 데 없고 왜소하기 짝이 없는 나약한 역사만 남게 되었다. 독립자주의 상징으로 일찍부터 존숭되어 온 단군은 신화로서 취급되어 우리 역사의 영역에서 추방되어야만 했다. 따라서 한국이 일제와 같은 외세의 지배를 받게 된 것은 한국사를 지배해 온 타율적 역사전개의 당연한 결과로 보였다. 외세의존적인 한국사는 한국인으로 하여금 의타적·사대적인 민족성을 갖게 만들었다는 주장까지 가능하게 되었다.

식민주의 사관의 하나로 등장한 日鮮同祖論은 일선동종론·일한일역론·일선동원론 등으로도 불려지는데, 한마디로 일본과 한국은 같은 조상, 같은 민족, 같은 영토에서 출발하였다는 것이다. 그것은 또한 일제의 한국 강점을 침략이 아니라 동조·동종의 옛 역사로 환원시키기 위한 것으로 대치되며 따라서 그들의 침략행위를 호도·은폐시키려는 것이다. 이 주장은 처음에는 일제의 한국 강점을 정당화하는 데 이용되었으나, 3·1운동 이후에는 한국인들의 독립운동을 저해하는 이론으로 둔갑하였다. 나아가 일선동조론은 내선일체·황국신민화의 사상적 기저로서 원용되었고, 일제 말기에는 신사참배나 창씨개명 등의 민족말살책으로 한국민의 민족적 자존심을 크게 훼손하는 극단적 정책으로 이어졌다.

한말·일제 강점기에 안출된 일제 식민주의 사관의 형성·발전과정은 여기서 상론하지 않겠다.[26] 다만 식민주의 사관으로 한국의 역사가 크게 훼손당해 민족정신이 파괴되어 갈 때, 여기에 자극을 받아 민족자주성과 국권 회

26) 식민주의사관의 형성·발전 및 그 내용에 대해서는 강진철·김용섭·이용범·이만열 및 하타다(旗田巍)의 앞의 글들을 참조.

복이 바로 민족사를 되찾는 데서 시작된다는 것을 강조하면서 민족사 연구를 민족주의운동과 결부시킨 일련의 역사학의 흐름이 있었다는 것은 지적하는 것이 좋겠다. 그것이 근대민족주의 사학이다.

(2) 근대민족주의 사학의 성립

한말·일제하 한국인에 의해서 계몽주의 단계의 역사학이 자신의 정체성을 채 확립하기도 전에 일제의 식민주의 사학이 침투하였다. 한말 계몽주의 사학은 근대적인 모양새를 갖추고 침투하는 식민주의 사학에 대해 적극적으로 대응하는 데에는 때로 한계가 노출되고 있었다. 특히 일제 강점기에 들어서서 식민주의 사학이 본격적인 채비를 차리고 있을 때, 한국인 역사가들 중에는 식민주의와 근대성을 구분하지도 못한 채 일제 관학자들의 위장술에 그대로 놀아나는 경우도 없지 않았다. 조선사편수회에 그럴듯한 명분을 걸고 관계하는 이들이나 식민주의 사학의 정체성론 등에 동조하는 이들이 나오게 된 것은 이 때문이다.

이와는 달리 실학시대의 사학이 갖는 실증성과 계몽주의 역사학이 갖는 근대성을 내적으로 수용하여 진전시키는 한편 식민주의 사학의 도전에 대응하면서 민족주의 의식을 키워간 역사학자들이 있었다. 여기에는 박은식·신채호를 비롯하여 金敎獻(1868~1923)[27]·李相龍(1858~1932)[28]·黃義敦(1887~1964)[29]을 들 수 있는데, 이들의 역사학적 성향은 강렬한 민족주의 의식에 기초해 있었다. 그러나 이들의 역사학이 강렬한 민족주의 의식에 기초하고 있다고 해도, 그들의 사상에서 근대성이 자리매김하고 있는가는 일률적으로 말하기 곤란하다. 단지 이들 중 몇몇 분들에 의해서 근대민족주의 역사학이 태동·발전하였고, 근대역사학이 이념적으로나 방법론적인 측면에서 세계

27) 韓永愚, 〈1910年代 李相龍·金敎獻의 民族主義的 歷史敍述〉(앞의 책, 1994).
28) 尹炳奭, 〈石洲遺稿〉(《韓國近代史料論》, 一潮閣, 1979).
韓永愚, 위의 글.
29) 朴永錫, 〈海圓 黃義敦의 民族主義史學〉(《汕雲史學》 創刊號, 1985).
沈勝求, 〈해원 황의돈의 역사학연구〉(《北岳論叢》 9, 1991).
조동걸·한영우·박찬승 엮음 〈황의돈〉(《한국의 역사가와 역사학》 하, 창작과비평사, 1994).

학계와 어깨를 나란히 할 수 있을 정도로 그 수준을 높였던 것은 사실인만큼 그 문제에 대해 언급하는 것이 중요하다고 본다. 여기서는 근대민족주의 사학과 관련하여 박은식과 신채호만 거론하고자 한다.

한말 일제강점 초기에 이르면 우리 나라의 역사학이 이념면에서나 방법론에서 질적인 고양단계에 이르게 된다. 박은식에 의해 근대민족주의 사학이 태동되고 신채호의 의해 근대민족주의 사학이 성립되었다고 할 수 있기 때문이다.

박은식(1859~1925)[30]은 한말 해서지방에서 '朴夫子'라는 명성을 가졌을 정도로 주자학자로서 發身하였던 학자다. 그러나 그가 상경하여 독립협회운동에 참여하고 언론계에 종사하게 되었을 때, 급변하는 시대에 적절히 대응하지 못하는 주자학에 회의를 느끼게 되었고 드디어 양명학으로 옮겼다. 뒤에 그가 〈왕양명실기〉을 쓴 것은 이 때문이다. 그는 한말 언론·교육·사회운동 등에 심혈을 기울이는 한편 때때로 역사를 연구하고 역사의식을 고취하여 기울어져가는 나라를 바로잡아 보고자 노력하였다.

그는 한말《황성신문》·《대한매일신보》등 신문과《서북학회월보》·《서우》등의 잡지에 역사관계 논설과 논문을 발표하여 민중을 깨웠다. 일제 강점기에 들어서자 1911년 망명길에 올라 고구려의 고도요 발해의 유적지이기도 한 桓仁縣에서 이듬해 3월 그곳을 떠나기까지《東明王實記》·《泉蓋蘇文傳》·《明臨答夫傳》등을 구상 혹은 집필하였다. 이 때 대종교의 尹世復의 집에 우거하였기 때문인지 그의 역사의식에는 단군숭배의 강렬한 의식이 나타나고 있다. 1914년에는 상해에서《安義士重根傳》과《韓國痛史》를 집필하였고,《한국통사》는 그 이듬해 상해에서 간행되었다. 1918년에는 러시아령 雙城子에서《渤海史》·《金史》를 역술하고《李儁傳》을 저술하였다. 3·1운동 이후 나라를 회복할 수 있다는 희망을 가지고《韓國獨立運動之血史》를 저술하게 시작하여 1920년에 이를 간행하였고 이 무렵에 스스로 完史라고 자부

30) 백암 박은식의 역사학에 대해서는 다음 연구가 참고된다.
이만열, 〈朴殷植의 史學思想〉(《숙대사론》9, 1976).
———, 〈民族史學〉(《韓國史》22, 국사편찬위원회, 1978).
———, 〈民族主義史學의 韓國史認識〉(앞의 책, 1981).
愼鏞廈, 《朴殷植의 社會思想硏究》(서울대 출판부, 1982).

한《李忠武舜臣傳》을 저술하였다.

白巖의 역사서술에서 전기류와 고대사에 관한 것도 없지 않지만, 돋보이는 것은 근대사연구다. 그의《한국통사》는 대원군 이후의 우리 나라가 멸망해가는 과정을 일제의 침략에 초점을 맞추어 서술한 것이고,《한국독립운동지혈사》는 1884년 갑신정변으로부터 3·1운동을 거쳐 1920년의 독립군의 항일무장투쟁에 이르기까지 일제의 침략에 대한 한민족의 독립운동사를 정리한 것이다. 이 두 책은 한국의 근대사를 최초로 정리한 것으로 근대사 연구의 고전적인 성격을 띠고 있다고 할 정도로 그 가치가 높다.

그의 저술에 나타난 박은식의 사학에는 몇 가지 특징이 보인다. 첫째 주목되는 것은 國魂 중심의 사학 정신이다. 그는《한국통사》에서 나라의 멸망과정을 썼지만, 그 서언에서 역사를 쓰는 목적이 민족의 정신 즉 神을 보존함에 있다고 다음과 같이 강조하였다.

> 옛 사람들이 말하기를 나라는 가히 멸할 수 있으나 역사는 가히 멸할 수 없으니, 대개 나라는 '形'이나 역사는 '신'이기 때문이다. 지금 한국의 '형'은 훼파되었다고 하나 '신'은 가히 홀로 존재하지 못하겠는가. 이것이《통사》를 만드는 소이이다.

박은식이《통사》의 서언에서 지적한 '신'은《통사》의 결론에서는 '魂'이라 하였는데, 이는 국가를 이끄는 정신적인 요소를 말하는 것이다. 그렇게 본다면 서언에서 말한 '형'은 국가를 형성하는 물질적인 요소에 해당하는 '魄'을 의미할 것이다.

박은식은《한국독립운동지혈사》에서 국가를 구성하고 있는 두 요소를 '혼'과 '백'으로 보았다. 즉 국교·국학·국어·국사를 혼으로, 전곡·차승·성지·선함·기계를 백이라 하였다. 그는 국가를 유지하기 위해서는 이 두 요소가 다 필요한 것이라 하고 그 중에서도 물질적인 '백'보다는 정신적인 '혼'이 중요하다고 보았다. 그는 민족정신인 '신' 또는 '혼'이 살아 있는 한 그 나라는 망하지 않는다고 하였다. 그는 인류가 이 지구상에서 야만적인 모습을 벗어나 도덕·논리·정교·법제 등의 국가 제도를 이룩함에는 역사만한 것이 없으며 역사가 존재하는 곳에는 국혼이 존재한다고 하였다. 그가 국혼의 소재처인 국교·국사가 망하지 않는 한 그 나라는 망하지 않는다고 주장한 것으로 보아, 그가 역사를 쓰는 목적은 바로 나라를 잃은 백성에게 국혼의 소재처인 자기 역사를 환기시켜 국권을 회복하고자 하는 데에 있었던 것이다.

둘째로 박은식 사학의 특징은 역사서술 체제와 내용에서라고 말할 수 있다. 그는 '근세신사'의 체제를 따라 서술한다고 하였다. 이는 한말 사학이 갖고 있는 전근대성을 극복한 것이라고 할 것이다. 박은식의 사학은 그의 주저인 《통사》·《혈사》의 시대구분이나 가치평가에서 자주적이며 진보적인 요소를 보이고 있다. 그가 《혈사》에서 민중을 적극 수용한 것도 그 하나라고 할 것이다.

박은식 사학의 특징은 세째로 영웅사관을 일정하게 갖고 있다는 점이다. 이것은 비교적 그의 역사학의 초기 단계에서 보였던 것으로 일제 강점 초기에 저술한 전기류(천개소문전, 몽배금태조, 김유신전, 안의사중근전, 이준전, 동명왕실기, 명림답부전 및 이충무순신전)에서 두드러지게 나타난다. 이 시기의 많은 지식인들이 그러했듯이, 박은식도 나라가 망해가는 상황에서 국권회복의 독립투쟁을 위해서는 영웅이 출현해야 한다고 주장하였다. 그에게는 영웅이란 '국가의 간성이요 인민의 사령'이었다. 이러한 영웅대망의 역사관은 뒷날 민중을 역사의 주역이라고 인식하는 역사관으로 서서히 바뀌어가지만, 비록 초기였지만 그가 한때나마 영웅사관을 가졌다는 것은 그의 역사학의 한계였다고 생각된다.

국혼 중심의 강력한 민족주의의식에 근거한 박은식의 역사학은 '옛것에 근본을 두고 새것에 참여한다'는 '舊本新參'의 성격을 지니고 있었는데, 이 점에서 역사서술의 근대성이 엿보이기도 한다. 그러나 역사의 주체를 인식하는 면에서는 '영웅'을 상정하고 거기에서 완전히 떠나지 못하는 등의 한계도 보이고 있다. 따라서 박은식의 역사학은 '계몽주의 역사학'의 단계에서 '근대민족주의 역사학'으로 넘어가는 가교적 역할을 감당한 것으로 이해된다.

한국의 근대민족주의 역사학은 丹齋 申采浩(1880~1936)[31]에서 성립된다고

---

31) 신채호에 관해서는 다음의 연구가 참고된다.
이만열, 〈단재 신채호의 고대사인식 시고〉(《한국사연구》 15, 1977).
———, 〈민족주의 사학의 한국사인식〉(《한국사론》 6, 국사편찬위원회, 1981).

할 것이다. 신채호 역시 주자학의 교육을 받고 자라났으나 철저하게 주자학을 비판하는 사상가가 되었다. 그는 한말《황성신문》·《대한매일신보》등 언론계에 종사하며〈역사와 애국심과의 관계〉등의 논설로 역사의식을 고취하였다. 그에게는 역사야말로 '애국심의 원천'이었다. 그는 또한 제국주의에 대항하는 사상체계로 민족주의를 강조하면서 그것을 역사학연구와 연결시켰다. 그는 외세의 침략이라는 현실적인 상황에서 애국심의 기초였던 역사와 민족주의를 결합시키는 한편 근대역사학의 이론을 개발함으로써 '근대민족주의 역사학'을 성립시켰던 것이다.

그는 먼저 백성에게 역사의식을 고취하기 위해서는 영웅들의 전기를 써서 보급해야 한다고 주장하였다. 1906년에 梁啓超의《伊太利建國三傑傳》을 역술, 간행하고 이태리의 '삼걸'과 같은 존재를 우리 역사에서 찾아내기로 하고 1908년부터《聖雄李舜臣》과《乙支文德》그리고 1909년에는《東國巨傑 崔都統傳》을 썼던 것은 이 때문이다. 영웅 호걸들의 전기를 통해 민족의식을 고취하겠다는 것이었다. 때문에 이 단계에서는 그의 역사관이 영웅사관의 단계를 벗어나지 못했다고 할 것이다.

그의 역사연구는 1908년《대한매일신보》에《讀史新論》을 연재하면서부터 본격화되었다. 그는 한말 계몽주의 사학이 일제의 소위 근대사학을 무비판적으로 수용하면서 국사학 연구의 주체성을 상실해 가고 있는 것을 보면서 그들을 혹독히 비판하는 한편 민족주의 정신에 근거한 한국사의 체계를 모색하여 이같이《독사신론》을 발표하여 일약 학계의 주목을 받게 되었다 이 글은 최남선이 자신이 경영하고 있던 잡지《소년》에 전재할 정도로 주목을 끌었을 뿐만 아니라 한국의 고대사를 전혀 새로운 관점에서 조명한 것으로 이후 '단재사학'의 중요한 골간이 되었다. 그러나 1910년 나라가 망하자 그는 더 이상 국내에서 활동할 수 없었다. 그는 만주·러시아·북경·상해 등지로

―――,〈民族史學〉(《韓國史》22, 1978).
―――,〈丹齋史學의 背景〉(《韓國史學》1, 정문연, 1980).
―――,〈단재사학의 배경과 구조〉(《창작과비평》56, 1980).
―――,〈民族主義史學의 韓國史認識〉(앞의 책, 1981).
―――,〈丹齋 申采浩의 역사연구방법론〉(《산운사학》1, 1985).
―――,《丹齋 申采浩의 歷史學研究》(문학과지성사, 1990).

전전하며 독립운동에 매진하는 한편 고적답사와 국사연구를 계속하였다. 신채호는 1920년 전후하여 《朝鮮上古文化史》와 《朝鮮上古史》·《朝鮮史硏究草》 등 그의 주저라고 할 저술을 남기게 되었다.

신채호는 민족운동가 혹은 사회사상가라기보다는[32] 그의 저술이 대부분 역사에 관한 것을 남긴 역사가였다. 특히 그의 업적은 고대사에 집중되어 있다. 때문에 그에 대한 평가는 그의 역사가로서의 위치를 자리매김하는 데에 중점을 두어야 한다고 생각한다. 역사가로서의 그의 위치는 한마디로 우리나라 근대민족주의 역사학을 성립시켰다는 것이다. 그의 역사학은 근대역사학의 이론과 방법을 심화시키는 한편 근대 민족주의를 역사학과 접맥시키고 있었다.

이렇게 근대민족주의 역사학을 성립시킨 '단재사학'의 특징은 어떤 것인가. 단재가 가장 심혈을 기울여 천착했고 그의 민족주의적인 성격이 잘 드러나고 있는 한국고대사 연구나 그의 근대적인 역사학의 성격이 잘 드러나는 사관과 역사학의 방법론에 대해서는 이미 언급[33]된 바 있으므로, 여기서는 그 개요만 언급하고자 한다.

단재의 역사연구는, 현존한 자료에 의하면, 고대사에 거의 국한되어 있다. 이미 거론한 단재의 네 개의 저술(《독사신론》·《조선상고사》·《조선상고문화사》·《조선사연구초》)을 보면 거의 고대사에 관한 것이다. 그의 고대사 인식은 부여·고구려 중심의 전승체계와 전후삼한설을 근간으로하여 한국고대사를 새롭게 체계화한 것을 비롯하여, 단군 인식을 새롭게 정리하고, 한국고대사의 영역을 단군·부여족의 중국지배와 백제의 해외경략 등으로 새롭게 설정하였다. 특히 단재는 한사군 문제를 고구려 연대삭감 문제와 결부시켜 중국의 한 나라와 고구려가 동아시아의 패권을 둘러싸고 오랫동안 투쟁하는 데서 나타난 것으로 보고 거기에서 위만조선의 문제와 한사군의 위치문제 그리고 남북 兩樂浪說 등을 새롭게 제기하였으며, 郎家사상 등 단재 이전에는

32) 운동가 혹은 사상가로서의 신채호에 관해서는 다음의 글이 참고된다.
신용하, 《申采浩의 社會思想硏究》(한길사, 1984).
신일철, 《申采浩의 歷史思想硏究》(고려대학교 출판부, 1981).

33) 李萬烈, 《丹齋申采浩의 歷史學硏究》(문학과지성사, 1991) 참조.

거의 잊혀지다시피 된 한국의 고대문화를 단편적인 자료들을 토대로 엮었던 것이다.

역사관의 문제와 관련, 그는 먼저 역사를 〈'아'와 '비아'의 투쟁의 기록〉으로 인식하였다. 그의 《조선상고사》 총론의 일절로 알려진, "역사란 무엇이뇨. 인류사회의 '아'와 '비아'의 투쟁이 시간부터 발전하며 공간부터 확대하는 심적 활동의 상태의 기록"이라는 구절에서 보여주는 바와 같이, 그는 역사를 사회·민족·국가의 제 요소들이 전개하는 활동들의 변증법적인 결과물로 이해하였다. 여기서 그가 '투쟁'이란 표현을 쓴 것은, 말 그대로 갈등과 투쟁을 의미한다기보다는, 역사를 움직여 가는 여러 주체들의 서로간의 관계와 각 주체의 내부에 있는 제 요인들의 동적인 관계를 총칭해서 이른 말이라고 생각된다. 물론 그들의 관계에는 갈등과 투쟁이 아닌 것도 있을 수 있을 것이다. 이렇게 그가 역사를 여러 주체들의 동적인 관계를 통해 파악하였다는 것은 대단한 탁견이라 하지 않을 수 없다.

그가 이렇게 역사를 '아'와 '비아'의 동적 관계 속에서 발견하려 한 것은 '한말·일제하'라고 하는 상황에서 당시 벌어지고 있던 민족간의 갈등관계가 우리 민족사에 지대한 영향을 미치고 있는 현실을 반영하였기 때문이었을 것이다. 무엇보다 역사를 통해 민족의 자주성을 강조하려 한 단재였던 만큼 그는 우리 민족사상 '아'와 '비아'의 관계에서 가장 자주성을 강하게 나타냈던 고구려를 민족사의 주맥으로 삼고 고구려가 차지했던 만주를 우리 민족사의 주무대로 삼으려 했던 것이다. 이것은 역사를 '아'와 '비아'의 관계에서 인식하려 한 단재사학에서 특히 강조하려 했던 점이었을 것으로 판단된다.

그의 역사연구 방법이 근대적이라는 것은 한국의 역사학을 전근대에서 근대로 진입시킨 중요한 역사적 의미가 있다. 그는 구사비판, 사료의 선택과 수집, 사료의 비판 등에서 과거의 우리 나라 역사학의 수준을 훨씬 뛰어넘는 이론을 구사하고 있다. 신채호는 '사실의 고증'을 역사학에서 가장 중시해야 할 임무로 생각하고 그 방법을 여러 모로 새롭게 제시하였다. 그가 주장한 고증의 방법은 類證·互證·追證·反證 및 辨證 등이며, 그가 제시한 고증의 방법을 역사연구에 실제로 활용했을 뿐 아니라 언어학적 방법과 지명이동설에도 적용해야 할 것이라고 주장하였다. 그렇다 하더라도 그가 자신의 주장과 이론을 역사연구에 얼마나 충실하게 적용하려 했는가는 문제가 있지만, 그의 이러한 방법론의 제시만으로도 서양의 근대역사학이 추구하던 경지에까지 이르렀음을 알 수 있다.

그의 역사서술론 또한 방법론으로서 매우 독특한 일면을 보이고 있다. 그는 역사서술에서 체계성과 종합성 객관성 및 사실성이 갖추어져야 하는데 이를 위해서는 역사연구에서 系統과 會通을 구해야 하며 心習을 없애 편견을 제거하며 본색을 존치시켜 사실 그대로의 역사를 서술해야 한다고 강조하였다. 단재의 이같은 역사방법론은 이념을 앞세우는 민족주의 사학이 빠지기 쉬운 당위적·교조적인 역사연구와 그 서술을, 객관적이고 과학적인 수준으로 끌어올렸다고 생각된다. 이같은 그의 역사연구 방법론은 근대적인 성격을 띤 것으로서 그의 역사학의 민족주의적 성격 못지 않게 중요한 의의를 갖는 것이라고 할 것이다.

그의 역사학이 근대성과 관련되면서 나타난 중요한 점은 역사의 주체를 어떻게 인식하느냐의 문제다. 그는 한말 한때는 역사의 주체를 영웅으로 상정한 적이 있었다. 그래서 각종 영웅전을 집필하였다. 그러나 나라를 지키고 역사를 발전시키자면 한두 사람의 영웅에 의해서 가능한 것이 아니고 국민에 의해 가능한 것인데, 그러자면 먼저 국민이 새로워져야 한다고 인식하게 되었다. 새로운 국민 즉 '신국민'에 눈뜬 것이다. 이는 한말의 애국계몽운동이 일어나는 시기와 맥락을 같이한다. 나라가 망하자 그는 역사의 주체를 국민에서 민중으로 인식하게 된다. 이 때는 그의 반주자학적 의식이 절정에 달한 때였고, 〈조선혁명선언〉을 쓰는 등 무정부주의와 연계하려던 즈음이었다. 하여튼 그가 역사의 주체를 민중으로 인식하였다는 것은, 이 무렵 세계사에서도 역사의 주체를 바로 민중으로 인식하려는 것과 궤를 같이하는 것이다. 여기서 우리는 신채호가 민중을 통해 민족의 실체를 좀 더 명확하게 설정하게 되었으며 따라서 그의 민족주의 사상도 민중에 바탕하는 단계로 진입하고 있다고 할 것이다. 그리고 그의 역사학 또한 민중을 민족의 중심으로 인식하게 되는 그러한 민족주의 사학의 단계로 나아가고 있음을 확인하게 된다.

단재는 또한 역사연구에서 주자학적 이데올로기를 제거하려고 노력하였다. 역사의 주체를 민중으로 인식하던 때에 그의 역사학에서는 정통론이나 대의 명분론을 철저하게 제거해야 한다고 주장하게 된다. 우리 나라 사학사에서 역사학을 편협한 의리론·정통론과 이데올로기성에서 해방시켜 사실을 객관적으로 밝히는 '역사과학'의 위치로 끌어올린 것은 바로 단재였다. 그래서 그의 다음의 말은, 그의 강열한 민족주의 의식과 전혀 상치되지 않는다고 단언할 수는 없지만, 한국 사학사에서 '역사과학'을 성립시키는 중요한 주장으로 받아들이지 않을 수 없다.

> 역사는 역사를 위하여 역사를 지으란 것이요, 역사 이외의 무슨 딴 목적을 위하여 지으라는 것이 아니요, 詳言하자면 객관적으로 사회의 유동상태와 거기서 발생한 사실을 그대로 적은 것이 역사요, 저작자의 목적을 따라 그 사실을 좌우하거나 첨부 혹 변개하라는 것이 아니다(申采浩, 《朝鮮上古史》 총론(《丹齋申采浩全集》 上, 1977), 35쪽).

신채호는 평등성에 기초한 민족을 그의 민족주의의 근간으로 하고 있다는 점에서 근대 민족주의의 성격을 갖고 있으며 역사학 방법론에서도 근대적인 성격을 갖고 있다고 하여 그의 역사학을 근대민족주의 역사학으로 규정하게 되었다.

신채호 이후의 역사학은 '반식민사학'의 형태를 띠고 분화의 길을 걷게 된다. 3·1운동으로 축적된 민족적인 역량이 일제의 더욱 교묘한 통치술인 '문화통치'를 맞는 한편 세계사적으로는 유물사관을 기초로 한 공산주의가 국내에 유입·확산되자, 이러한 조류와 관련되어 국내에서도 국사연구가 여러 갈래로 분화되면서 넓은 의미의 '반식민주의 사학'을 형성하게 되었다. 거기에는 '민족주의 사학'을 계승하는 흐름과 유물론을 강조하는 마르크스주의 사학 그리고 진단학회를 중심으로 한 소위 '실증주의 사학' 등 크게 세 흐름이 나타나게 되었다. 이런 점에 관해서는 장을 달리하여 설명될 것으로 안다.

〈李萬烈〉

Ⅲ. 근대 문학과 예술

1. 근대 문학의 발전
2. 근대 예술의 발전

Ⅲ. 근대 문학과 예술

1. 근대 문학의 발전

1) 개화기의 시대적 과제와 문체, 문학장르의 관련

개화기의 문학을 말하기 위하여는 그 문학과 불가분의 관련을 가진 그 시대 문체 즉, 개화기의 문체[1]의 동향을 살펴 두어야 한다. 개화기의 문체 선택은 그 시기의 시대적 과제에 긴밀히 대응하고 있었다. 그것이 개화기의 시대적 과제에 대응하는 방식으로 나타날 수 있었던 것은, 이 시기에 한창 문체 변동이 진행되고 있었던 특수한 사정과 관련을 갖는다. 개화기의 작가들은 문체 선택에 있어서 우리 문학사의 여느 시대의 작가들과는 판이한 입장에 놓일 수밖에 없었다. 국문체·국한문체·한문체의 세 문체가 각각 제 나름의 주장을 앞세우면서 작가쪽의 선택을 요구했던 것이 개화기 문체의 실상이었기 때문이다.

종전에 국문체와 한문체의 이중구조를 보이던 문체가 국문체·국한문체·한문체의 삼중구조로 처음 나타난 것은 1886년에 간행된 《한성주보》를 통해서였다. 《한성주보》의 창간호는 종전의 두 문체 이외에 다음과 같이 국한문체로 작성한 기사를 싣고 있어, 이 시기에 문체 변동의 시동이 걸렸음을 보

---

1) 앞으로도 빈번하게 사용할 '개화기의 문체'란 용어는 국문체, 국한문체, 한문체 같은 표기 문자의 차이를 가리키는 데 적절한 용어는 아닌 듯하다. 문체의 일반적 개념이 '미리 정해 놓은 제재에 대한 최량의 표현 수단의 선택' 또는 '어느 한 주제의 둘레에 모여드는 다양한 의미, 미묘하게 틀리는 의미의 상호 관련간의 선택' 《Graham Hough(김영수 역), '문체와 문체론'(예원각, 1976, 24쪽)이라고 한다면, 우리들이 관용해 온 '개화기의 문체'란 용어는 이런 개념과는 동떨어진 것이다. 사정이 이와 같음에도 불구하고 이 글에서는 학계의 관행을 따라 이 용어를 그대로 사용하기로 한다.

여 주었다.

예문①…[늑쥬총논]디형둥굴미구술갓탄고로일홈을디구라ᄒᆞ니바다와뉵디와…
예문②…[勅諭抄錄]十月初八日朝報云 傳敎에 ᄀᆞᆯᄋᆞᄉᆞᄃᆡ 去年事를 웃지 참아말ᄒᆞ랴 星霜이 已周ᄒᆞ니予心에傷悼홈미이를것업도다.
예문③…[周報 序]洪惟我聖上睿智天縱規謨宏遠旣通和列國命統理衙門設博文局…

위의 인용에서와 같이 개화기 문체의 삼중구조의 하나로 나타났던 국한문체는 정병하의《農政撮要》를 비롯한 몇몇 단행본의 문체로 채택되면서 기세를 올렸다. 그러나 당초에 널리 지지층을 확보하면서 등장한 것이 아니었던《한성주보》의 국한문체 및 국문체는 수구세력의 집요한 반대에 부딪혔던 듯하다. 그 결과 삼중구조의 문체를 동시에 채택하여 개화기 문체 변동의 계기를 마련하였던《한성주보》는 뒤로 갈수록 순한문체만의 신문으로 주저앉고 말았다.

《한성주보》가 제기하였던 삼중구조의 문체에 다시 새로운 활력을 불어넣은 것은 1895년에 간행된《西遊見聞》과 1896년에 창간된《독립신문》이었다.《서유견문》을 국한문체로 간행한 유길준은 이 책의 서문에서 이 문체를 선택한 이유를 "語意의 平順홈을 取하야 文字를 略解하는 자라도 易知하기를 爲홈"이라고 밝혔다.《독립신문》을 국문체만으로 발간한 서재필 역시 이 문체 채택의 이유를 유길준과 비슷하게 밝혀 놓았다. 그는《독립신문》이 "한문은 아니 쓰고 다ᄂᆞᆫ 국문으로만 쓰는 거슨 샹하 귀천이 다 보게 홈이라"라고 말하면서, 국문이 "배호기가 쉬흔이 됴흔 글"이라고 했다.《서유견문》의 간행과《독립신문》의 창간 이후, 국한문체와 국문체는 서서히 한문체를 압박하면서 그 시대에 걸맞는 문체로서의 모습을 드러내기 시작했다.

1896년에서 1898년 사이에 여러 신문, 잡지들의 문체로 채택되면서 기세를 올려 가던 국문체와 국한문체는 1898년에 창간된《제국신문》과《황성신문》의 문체로 채택되면서 상당히 안정된 양상을 보였다. 이 두 신문을 통해 국문체와 국한문체가 당대의 문체로서 안정된 양상을 보였다고 말할 수 있는 것은, 이 두 신문들이 1896년~1898년 사이에 국문체 및 국한문체를 채택하였던 다른 신문, 잡지들과는 성질을 달리 한다고 보기 때문이다. 1896년~

1898년 사이에 간행된 다른 신문, 잡지들이 《그리스도 신문》, 《대조선독립협회회보》처럼 기독교계에서 발행한 것이거나 어떤 특정 단체의 기관지로 발행한 것이었던 것과는 달리 이 두 신문들은 일반 대중을 상대로 발행하였다는 점이 중요한 차이점이있다고 말할 수 있을 것이다.

일반 대중을 상대로 경쟁을 벌였던 《제국신문》과 《황성신문》의 부침을 문체 경쟁의 결과만으로 받아들이기는 어렵다. 신문의 경쟁에는 문체 이외에도 다수의 경쟁 요인들이 작용할 수 있기 때문이다. 그러나 당대의 대중이, 《제국신문》이 한문을 모르는 여성들까지 독자로 포용할 수 있도록 국문체로 판을 짰고, 《황성신문》이 주로 남성 독자들을 포용할 수 있도록 국한문체로 판을 짰다는 점을 중요한 차이점으로 받아들여, 전자를 '암신문', 후자를 '숫신문'으로 불렀다는 사실은 당대에 있어서 신문의 문체 선택이 얼마나 중요한 경쟁 요인이었던가를 알려 주는 자료이다.[2] 당시에 만들어진 자료를 참고하면 《제국신문》은 독자 확보 경쟁에서 《황성신문》에게 패배한 것으로 되어 있다.[3] 그러한 결과를 낳은 데는 물론 여러 원인들을 꼽을 수 있겠으나, 문체 선택 또한 중요한 원인들 중의 하나였을 것임에 틀림없다.

이 두 신문의 경쟁 이후, 개화기의 문체 경쟁에서 국한문체가 점차로 세력을 장악해 나가는 형세를 보였다. 다시 말하여 개화기의 국한문체는 종전에 한문체가 누리던 권위, 곧 지식인, 상류 지배층, 남성의 문체로서의 권위를 물려받아, 한문체·국문체를 압도하여 나갔던 것으로 추정되는 것이다.[4] 국한문체가 개화기의 주도적인 문체였다는 점은 무엇보다도 당시의 신문·잡지·서적의 대다수가 이 문체를 채택하였다는 사실로 나타난다. 당대의 문체를 주도한 국한문체의 이러한 형세는 다수 논객들의 주장에 힘입어 이루어진 것으로, 이광수의 다음 논설은 개화기 공간에서 벌어졌던 문체 논쟁의 추이를 보여 주는 것으로 주목할 만하다.

---

2) 최 준, 《한국신문사》(일조각, 1965), 85쪽.
3) 이종일, 〈묵암 비망록〉(《韓國思想》 17, 한국사상연구회, 1980) 및 《각회사조사》('안춘근 문고' 중의 필사본, 정신문화연구원 소장, 1908).
4) 이기문, 《개화기의 국문연구》(일조각, 1970), 17쪽.

> 然則 엇던 文體를 使用홀가. 純國文인가. 國漢文인가! 余의 마음디로 홀진딘 純國文으로만 쓰고 십흐며, 또 ᄒᆞ면 될 쥴을 알되…今日의 我韓은 新智識을 輸入홈이 급급홀 쎄라. 이 쎄에 해키 어렵게 純國文으로만 쓰고 보면 新智識의 輸入에 저해가 되깃슴으로 此意見은 잠가 두엇다가 他日을 기다려 베풀기로 ᄒᆞ고 只今 余가 주장ᄒᆞᄂᆞᆫ 바 文體ᄂᆞᆫ 亦是 國漢文 幷用이라(이광수, '今日 我韓用文에 對하여', 《황성신문》 제3430호~제3432호, 1910. 7. 2~1910. 7. 27).

국한문체를 당대의 문체로 받아들일 수밖에 없다는 이광수의 위와 같은 주장 이후에 당대의 논객들은 더 이상 문체 문제로 부심할 수 있는 여유를 갖지 못하였다. 1910년 8월 29일에 일제가 우리 국권을 송두리째 빼앗아 버린 마당에 문체 문제에 대한 논의는 더 이상 진행시키기 어려웠던 것이다. 국가의 상실이라는 뜻밖의 사태 전개로 말미암아 우리는 국한문체를 주도적인 문체로 하는 오랜 세월을 살아 가지 않을 수 없게 된 것이다.

위에서 살펴본 개화기의 문체 변동은 개화기 문학 작가들이 그들 나름의 문체를 선택하고, 그 문체로 시대의 과제에 대응하며 그들 나름으로 적절한 장르를 결정, 창안하는 데 중요한 영향을 미쳤다. 다음에 개화기 작가의 여러 유형 인물들이 시대의 과제에 어떻게 대응했으며, 문체와 장르 선택에서 어떤 태도를 취했던가를 약술하기로 한다.

(1) 위정척사파

한말에 대두한 衛正斥邪思想을 따르고 실천한 이들을 위정척사파라고 부른다. 본래 위정척사사상은 조선왕조 체제를 지탱하던 孔孟程朱의 학통을 유일한 '正學'으로 지켜 나가려던 사상이다. 이 사상에서는 위의 정학만을 존중할 뿐, 유교 내부에 있어서의 양명학 등의 다른 학설이나 유교 외의 다른 학문이나 사상 등을 '邪學'으로 이단시하여, '정학'을 지키고 '사학'을 물리치고자 했다. 이 유형에 속하는 이들은 中華를 중시하고, 그 밖의 다른 종족을 '夷狄'으로 천시하는 華夷觀에 사로잡혀, 강렬한 反帝意識을 확립했으면서도 反中世意識과는 동떨어진 행동을 보여주었다. 중세적인 의식에서 헤어나지 못한 그들은 문체 선택에 있어서도 당연히 한문체만을 고집하였다. 개화기의 문체 변동과는 아랑곳없이 한문체를 고집한 그들로서는 장르 선택에 있어서도 한시 등 한문학만을 고수했다. 이 유형에 속하는 이들로는 위정척사사상을 발전시킨 李恒老·崔益鉉·奇正鎭 등과 柳麟錫을 들 수 있다.

(2) 온건보수파

위정척사파와 마찬가지로 한문체를 사용한 계층이면서 중세체제를 옹호하는 데 있어서는 위정척사파와는 달리 적극적인 행동으로까지 나서지는 않았던 문인들을 온건보수파라고 부른다. 그들은 위정척사파와 마찬가지로 강렬한 반제의식을 확립했다. 이 유형에 속하는 인물인 梅泉 黃玹이 乙巳勒約의 소식에 접한 직후 '絶命詩' 7수를 남기고 음독, 자결하였다는 사실이 그 점을 생생하게 보여 주는 예가 된다. 반제의식에 있어서는 그렇듯 확고한 태도를 견지했으면서도 반중세의식에는 확고한 태도를 보이지 못했던 것이 이 유형에 속하는 문인들의 특징적인 모습이었다. 그들이 반중세의식을 제대로 확립하지 못했다는 사실은 무엇보다도 그들이 선택한 문체가 한문체였다는 점으로써 짐작할 수 있다. 그들의 문체로 한문체를 고집한 온건 보수파 문인들은 문학 장르에 있어서도 한시와 같은 한문학 계열만을 고수할 수밖에 없었다.

(3) 개화자강파

개화자강파란 한말에 반제의식과 함께 반중세의식을 확립한 일군의 인물들을 일컫는 이름이다. 개화자강파의 핵심적인 인물들은 장지연·박은식·신채호·이기·양기탁 등으로 이들의 다수는 원래 유림에 속하는 이들이었다. 조선왕조사회의 유림들이 그러했듯이 이들은 경학과 한문학에 힘을 쓰던 이들이었는데, 독립협회운동·만민공동회운동 같은 한말의 급격한 정치·사회 변혁운동을 경험하면서 의식의 전환을 일으켜 개화자강파로 전신하였다.

개화자강파로 전신한 뒤, 이들은 자신들의 잘 닦여진 한문 구사 능력에도 불구하고 국한문체를 선택하였다. 이들은 국민 지식의 계발과 주체성의 확립을 위하여는 국문체를 사용하는 것이 마땅하다고 생각하였다. 그러나 수백년에 걸쳐 사용해 오던 한문을 하루 아침에 버리는 것은 용이하지도 않고 또 기능적이지도 못하다는 점으로 말미암아 국한문체를 선택한 것이다.

당대의 문체로 국한문체를 선택한 개화자강파 인사들은 문학 장르에 있어서는 전대의 국문 문학을 계승·발전시켰다. 이들은 시가 문학에 있어서는 전대의 가사·시조·민요 형태들을 계승·발전시켰으며, 서사 문학에 있어서는 애국 전기 문학을 발전시켰다.

(4) 일본체험파

여기서 말하는 '일본체험파'란 일본 유학생이란 명칭과 크게 다르지 않다. 일본 유학생이란 관용적인 명칭 대신에 '일본체험파'란 다소 생소한 명칭을 쓰는 것은 반드시 학생 신분이 아니더라도 일본 문물을 체험한 이들까지 포함시킬 수 있다는 점을 고려한 결과이다. 이 유형에 속하는 인물들 중 선구에 해당하는 인물들로는 유길준·정병하 등을 들어 볼 수 있다. 이 두 인물들 중 유길준은 비록 짧은 기간이기는 하지만 일본에서 유학 생활을 경험했다. 그와는 달리 정병하는 일본의 교육기관에서 본격적으로 수학한 경우가 아니라 1882년경 짧은 기간에 걸쳐 시찰이라는 명목으로 일본 문물을 체험한 경우이다.[5)]

이 유형에 속하는 이들은 당대의 문체로 국한문체를 선택했다. 1880년대에 일본을 체험한 유길준·정병하가 각각 《서유견문》·《농정촬요》 같은 저술을 국한문체로 남겼다든가 1900년대에 일본을 체험한 최남선·이광수 등이 그들의 저술들 중 많은 양을 국한문체로 남겼다는 사실이 그 점을 뚜렷하게 보여준다.

이 유형에 속하는 이들의 숫자는 많은 편이다. 따라서 그 많은 이들이 시대의 과제에 대처하였던 모습을 일괄하여 말하기는 어렵다. 말할 것도 없이 예외적인 모습을 보여 준 이들의 숫자도 적지 않기 때문이다. 그런 예외에도 불구하고 이 유형에 속하는 이들이 당대의 과제에 대처하였던 모습을 하나의 경향으로 말한다면 반제의식에는 비교적 철저하지 못하였던 반면, 반중세의식에는 그들 나름으로 상당한 이해를 보였다고 할 수 있을 것이다.

이 유형에 속하는 이들은 새로운 문학 장르들을 수입, 창안하여 정착시키는 데 가장 생산적이었다. 개화기의 소설로서 신소설을 발전시킨 이들은

---

5) 유영익, 《갑오경장연구》(일조각, 1990), 187쪽.

이 유형에 속하는 이들이었으며 뒤에 근대소설을 발전시킨 이들도 이 유형에 속하는 인물들이었다. 또한 개화기 시가로서 이른바 7·5조의 창가와 신체시를 발전시킨 이들도 이 유형에 속하는 인물들이었으며 뒤에 근대시로서의 자유시를 실험하고 그것을 발전시킨 이들도 이 유형에 속하는 이들이었다.

(5) 민중계몽파

여기서 민중계몽파라고 명명한 유형은, 그들 자신은 넉넉한 한문 구사 능력을 갖추었으면서도 한문 해독 능력을 거의 갖추지 못한 서민층이나 부녀자들을 위하여 국문체의 선택을 실천한 이들을 가리킨다. 이 유형에 속했던 개화기의 인물은 비교적 적은 수에 국한되었다고 할 수 있다. 《제국신문》을 국문으로만 발행하였던 이종일을 비롯한 편집 동인들과 국문판《대한매일신보》의 발행에 종사하였던 이들이 이 유형에 속하는 현저한 경우이다.

이 유형에 속하는 이들은 시대의 과제에 대하여 위에서 살펴본 제3의 유형 인물들인 개화자강파 인사들에 가까운 모습을 보였다. 원래 이 유형의 인물들은 개화자강파 인사들과 이념상으로 맥을 같이 하면서도 민중의 계몽을 고려하여 국문체를 선택한 이들이기 때문이다. 이 유형의 인물들은 문학 장르의 선택에 있어서는 뚜렷한 모습을 보이지 못하였다. 가사·민요 등 전통적인 시가들을 계승, 발전시키려는 다소의 노력이 없었던 바는 아니지만, 이 유형의 인물들의 문학에 대한 기여는 극히 미미하였다.

(6) 친기독교 개화파

친기독교 개화파란 한말에 내한한 서양 선교사들이 설립, 주재한 교회·학교·신문·잡지의 영향을 받아 개화사상을 품게 된 이들을 일컫는 명칭이다. 널리 알려져 있듯이 한말에 이땅에서 활동한 초기 선교사들은 입국 이전부터 이 땅에서의 선교 문체로 국문체를 선정하였다. 성서의 번역을 주로 국문체로 시도한 것이 그 증표이다. 그들은 입국 직후에 열린 선교회의에서도 "모든 기록은 한문식을 버리고 순한글식으로 한다"는 선교 정책을 채택함으로써 기독교의 문체는 곧 국문체라는 입장을 공고히 하였다.[6]

기독교 교회의 그러한 입장은 그 뒤 《독립신문》·《매일신문》 같은 일반 신문, 《협셩회회보》 같은 학교 신문, 《죠션 크리스도인회보》·《그리스도신문》 같은 종교 신문들을 국문체로 발행한 모습으로 나타났다. 이 땅에 들어와 활동한 초기 기독교 선교사들의 그러한 문체 선택은 당시의 기독교 신자들이나 친기독교 인사들에게 광범한 영향을 미쳤다.

친기독교 개화파 인사들은 서구로부터 유입된 기독교의 영향을 입으면서 상당한 정도의 반중세의식을 가질 수 있었다. 그러나 주로 서양 선교사들의 계몽으로 이루어진 그들의 의식 변화는 온전한 의미의 반제의식을 형성하기에는 미흡한 것이었다. 친기독교 개화파 인사들이 개화기 문학에 남긴 자취는 크지 않다. 《독립신문》을 비롯한 개화기의 신문·잡지들에 애국·독립가 유형의 작품들을 발표한 데서 그들의 자취를 찾을 수 있다. 친기독교 개화파 인사들은 애국·독립가 유형의 작품들을 제작하면서 기독교 찬송가의 영향을 받기도 했다. 개화기에는 일정한 시가의 틀이 확립되어 있지 못했기 때문에 기독교 찬송가와 친숙한 이 유형의 인사들이 그 영향을 받았던 것은 이해할 만한 것이다.

위에서 살펴본 바와 같이 (1)~(6) 유형의 인물들은 시대의 과제, 문체, 장르에 대하여 각각 입장을 달리 하면서 개화기 문학의 작가로 활동하였다. 그 결과 그들이 개화기 문학의 장르로 내놓은 것은 시가쪽으로는 한시, 애국·독립가, '사회등' 가사와 같은 우국가·시조·가사·민요 개작·신체시 등이며, 소설쪽으로는 한문 소설·애국 전기 문학·신소설 등이다. 이렇게 다양한 개화기 문학의 장르들 중 이 글에서는 한시와 한문 소설을 제외한 여러 장르 유형들의 전개과정을 살펴보기로 한다.

2) 개화기의 시가 장르

개화기의 시가 장르는 다양하다. 한시에서 민요 개작, 신체시에 이르는 다양한 편차를 보이는 것이 개화기 시가의 실상이다. 개화기 시가 장르가 이렇

---

6) 김병철, 《한국근대번역문학사연구》(을유문화사, 1975), 18쪽.

게 큰 편차를 보이는 데는 몇 가지 이유들이 개재되어 있다. 그 이유들 중 첫째로 꼽힐 것은 이 시대의 문체 변동이다. 한시와 국문체로 쓰인 애국・독립가, 국한문체로 쓰인 '사회등' 가사와 같은 우국 가사가 한 시대의 시가 작품들로 뒤섞이게 된 것은 이 시대의 문체 변동과 관계를 갖는 양상이다. 둘째로, 개화기 같은 격동의 시기에도 시가 제작에 있어 전통의 지속과 변화라는 움직임이 나타난 결과이다. 개화기 시가 작품들에서 우리는 전통의 강력한 힘이 지속적으로 나타난 것을 볼 수 있다. 전대의 문학 장르인 가사, 시조 등의 형태가 이 시대의 시가 형태로 나타난 점, 우리 시가의 전통적인 율격인 4음보격이 이 시대에도 요긴하게 활용된 점 등이 이 시대의 시가에 나타난 전통의 지속적인 양상이다.

(1) 애국・독립가

개화기 시가의 유형들 중 애국・독립가는 종전에 볼 수 없었던 새로운 유형이었다. 이 유형의 작품들은 애국・독립・개화의 의지를 고취하기 위하여 제작된 단형의 국문 시가로서 창가라고도 불린다. 창가란 흔히 가창이 필수적인 시가처럼 이해되는 경향이 있으나, 모든 애국・독립가가 반드시 가창되었던 것은 아니다. 단형 국문 시가로서 애국・독립가의 형태적 연원은 다양하다. 어떤 작품은 가사를 단형화했으며, 어떤 작품은 민요의 형태를 빌렸고, 또 어떤 작품은 기독교 찬송가를 비롯한 서양 악곡에 얹어 부르도록 만들어졌다.[7]

애국・독립가 유형의 작품들 중 가장 일찍 발표된 작품은 '셔울 슌쳥골 최돈셩의 글'이라고 밝혀져 있는, 《독립신문》 제3호(1896. 4. 11)에 실린 작품이다. 이 작품은 2음보를 한 행으로 하여 2행씩 짝을 맞춘 귀글체 방식으로 모두 24행으로 이루어진 작품이다. 그 몇 행을 옮겨 보면 다음과 같다.

대죠션국 건양원년　　　텬디간에 사룸되야
ᄌᆞ쥬독닙 깃버ᄒᆞ셰　　　진츙보국 뎨일이니

7) 조동일, 《한국문학통사(4)》(지식산업사, 1986), 253쪽.

임군끠 츙셩ᄒᆞ고　　　　인민들을 ᄉᆞ랑ᄒᆞ고
정부를 보호ᄒᆞ세　　　　나라기를 놉히달셰

위에 인용한 '애국가'의 '대죠션국 건양원년/ᄌᆞ쥬독닙 깃버ᄒᆞ셰'라는 대목에서도 나타나듯이, 애국·독립가의 다수 작품들은 현실에 대한 밝은 전망이라는 공통된 현실인식을 보여 주었다. 《독립신문》에 실린 28편의 애국·독립가 작품들 중 낙관적인 현실인식이 가장 현저하게 나타난 작품은 '인천 제물포 뎐경턱'이 지은 'ᄋᆡ국가'이다.

봉츅ᄒᆞ세 봉츅ᄒᆞ세　　　　즐겁도다 즐겁도다
아국태평 봉츅ᄒᆞ세　　　　독립ᄌᆞ쥬 즐겁도다

꼿퓌여라 꼿퓌여라　　　　향기롭다 향기롭다
우리명산 꼿퓌여라　　　　우리국가 향기롭다

이 작품에서는 '즐겁도다 즐겁도다/독립ᄌᆞ쥬 즐겁도다'와 같이 '독립ᄌᆞ쥬'에 대한 慶賀의 느낌을 말하고 있을 뿐만 아니라, '봉츅ᄒᆞ세 봉츅ᄒᆞ세/아국태평 봉츅ᄒᆞ세'와 같이 국가의 태평을 송축하고 기대하는 느낌을 말하고 있다. 이 작품에서 이렇게 낙관적인 현실인식을 노래할 수 있었던 계기는 아마도 갑오경장(1894) 이후에 진행된 "청국에 의부(依附)하려는 정신을 버리고 자주독립의 기초를 確建한다"고 誓告한 洪範 14조의 정신과 '建陽'이라는 연호를 사용하게 된 역사적 사실에 있을 것으로 추정된다. 홍범 14조의 서고와 조선국 최초의 연호 사용은 명목만으로는 독립, 자주의 움직임에 틀림없었다. 그러나 홍범 14조의 서고와 연호 사용 직후이면서 이 작품이 발표되기 직전인 1895년 10월에 왕비인 민비가 일본인들에게 시해당한 을미사변이 일어났고, 그 여파로 말미암아 1896년 2월에는 국왕인 고종이 러시아 공사관으로 몸을 피하는 俄館播遷 같은 불행한 사태가 일어났다는 사실은 이 시기가 명목만의 자주 독립에 안주할 시기가 아니었음을 알려 주는 것이다. 이 시기의 실상이 그러함에도 불구하고 《독립신문》에 실린 애국·독립가의 다수 작가들이 낙관적인 현실인식에 사로잡혀 있었던 점은 두 가지 사실에 말미암았던 것으로 짐작된다. 다수 애국·독립가 작가들의 현실 파악 능력이 미숙하였으리라는 점과 그 작품들을 실어 주었던 《독립신문》의 현실 파악 능력 또한 넓고 깊지 못했다는 점[8]이 그것들이다.

《독립신문》 이외의 개화기의 신문, 잡지들을 통하여서도 애국·독립가 작품들은 다수 발표되었다. 그러나 다수의 작품 편수에도 불구하고 이 유형의 시가들은 작품의 현실인식과 형태에 있어서 새로운 전환을 마련하지는 못하였다. 아마도 직설적으로 교술을 행하였던 이 시가 유형의 한계를 극복하는 작업은 힘겨웠기 때문이었을 것으로 짐작한다.

(2) '사회등' 가사를 비롯한 우국가

갑오경장 이후 외세의 침략이 더욱 심각해지고 附外 세력의 발호가 날로 극성스러워지자, '항일·구국의 急先鋒'으로 기대를 모으던 《대한매일신보》는 항일·구국의 이념을 펴는 수단으로 문학 작품을 적극적으로 활용하는 방안을 마련해 냈다. 이 신문이 그러한 방안을 마련한 것은, 문학 작품이 합리주의적 논리의 바탕 위에서 성립된 이데올로기로서의 신문 논설의 한계를 돌파해 낼 수 있는 힘을 가졌다고 보았기 때문이었다.[9] 《대한매일신보》의 그러한 노력이 실현되어 나타난 것은 '사회등' 가사, '사조'란의 시조, 민요 개작 같은 우국의 시가와 '소경과 안즘방이 문답', '거부오헉' 같은 토론체 소설, 애국 전기 작품 등이다. 이 작품들 중에서 작품의 수량과 그에 따라 긴 시간에 걸쳐 큰 영향력을 미친 것은 '사회등' 가사이다.

'사회등' 가사는 4음 4보격을 활용하였다는 점에서 가사의 율격을 계승하였다고 할 수 있다. 그러면서도 분연체로 짜여지고 반복구를 활용하였다는 점에서 가사의 유장하면서도 응집력을 갖지 못한 형태에서 벗어난 양상을 보여 준다. '사회등' 가사의 형태와 함께 이 시가 유형의 중요한 특질을 형성하는 것은 풍자이다. 문학에 있어서의 풍자가 항의하려는 의도에서 태어난, 예술로 다듬어진 항의라면, '사회등' 가사의 풍자는 우리 강토를 유린하는 침략자와 그 침략 세력의 앞잡이로 전락한 부외 세력을 질타하고 공격·비판

---

8) 을미사변과 단발령이 기폭제가 되어 봉기한 의병들에 대한 관점 같은 것이 이 신문의 주체성이 든든하지 못하였음을 보여주는 실례이다.

9) 김윤식·정호웅, 《한국소설사》(예하, 1993), 19~27쪽.

하려는 의도로 충전된 것이다.

'사회등' 가사는 원래《대한매일신보》의 고정란인 '시사만평'의 성격을 이어받으면서 발생한 시가이다. '시사만평'란은 '사회등' 가사 이전에 산문으로 이루어진 만평을 싣고 있었는데, 율문으로 이루어진 '사회등' 가사 작품들로 그 만평의 기능을 대신하도록 한 것이다. 이 신문이 이렇게 '사회등' 가사로 하여금 산문 만평을 대신하도록 한 것은, '사회등' 가사가 갖춘 율문의 감응력이 산문 만평에 비하여 독자들에게 더 생생하게, 더 구체적으로 호소력을 발휘할 것이라는 점을 기대하였기 때문이다.

'사회등' 가사의 편수는 모두 610여 편에 이른다. 이 유형의 시가는 1907년 12월 18일자의 '聞一知十'에서 시작되어 1910년 8월 17일자에 이르기까지《대한매일신보》의 고정란에 거의 빠짐없이 게재되었는데, 긴 시간에 걸친 게재로 말미암아 시기에 따라 그 형태에 적지 않은 변화가 생기기도 했다.

一國을 헌動ᄒᆞ니 內閣大臣의 權利로다
나라權利 다팔아셔 自己地位 買得ᄒᆞ니
獨專其利 됴흘시고

二千萬衆 우리同胞 生命財産 엇지ᄒᆞ나
不顧生靈 져官吏들 貪虐에만 從事ᄒᆞ니
浚民膏澤 됴흘시고

三百四十 餘郡中에 남은土地 얼마런고
六里靑山 져긔잇다 六國山川 指點ᄒᆞ니
稍蚕食之 됴흘시고

六大部洲 列强國에 大韓獨立 公布터니
露日講和 된然後에 保護國이 웬말인가
弱肉强食 됴흘시고

이 작품은《대한매일신보》1907년 12월 18일자에 게재된 '문일지십'이란 작품이다. 이 작품은 '사회등' 가사의 첫 출발에 해당하는 것으로 알려져 있는 작품인데, 위에 인용한 대목들에서 볼 수 있듯이 전통적인 숫자 노래의 영향을 받아 각 연의 첫글자로 1~10의 숫자를 사용하면서 작품 전편을 10련으로 구성하였다. 위 작품에서 볼 수 있듯이 '사회등' 가사는 부정적인 인물 군상들을 비판·매도·풍자한 작품으로 4음 4보격, 분연체, 후렴구를 형태상의 특징으로 하였다.

(3) 민요 개작

민중의 노래인 민요는 어느 시대에나 그 시대의 민중에게 특별한 감응력을 가진 시가이다. 민요가 민중에게 특별한 감응력을 갖는 것은 그것이 민중의 생활 감정과 관심을 불러 일으킬만한 문제를 민중에게 친숙한 율격으로 노래하기 때문이다. 민중의 공동작인 민요는 어느 시대에나 창작 시가에 영향을 끼쳐 왔으나, 개화기에는 그 영향력이 더욱 커졌다고 할 수 있다. 특히 이 시기에는 이미 널리 알려져 있는 민요의 틀을 활용하려는 민요 개작 운동이 일어나 관심을 끌었다. 이런 움직임이 나타난 것은 민중의 역량을 동원하는 일이 절실하였던 이 시기에 이미 널리 알려져 있는 민요의 틀을 활용하는 것이 효과적이라고 판단하였기 때문이다.

민요 개작을 위한 움직임은《대한매일신보》에서 가장 현저하게 나타났다. 이 신문에서는 '歌曲改良의 의견' 같은 논설을 통해서 민요 개작의 방향을 제시한 이외에, 국문판 지면을 통해서 실제로 민요를 개작한 작품들을 연재하여 소개하기도 했다.《대한매일신보》국문판은 1907년 7월 5일에서 9월 13일까지 민요에서 제목, 율격과 여음을 빌린 작품들을 다수 게재했는데, 그 작품들 중에는 '담박고타령'·'아리랑타령'·'장타령'·'수심가' 등의 작품들이 포함되어 있다. 다음 작품은 이런 작품들 중에 처음으로 발표된 '담박고타령'으로, 민요 개작이 침략자에 대한 거친 항의와 동포들의 경각심을 깨우친 작품임을 보여 준다.

담박고야담박고야　　　너이국은엇더타고
동릐나건너담박고야　　우리대한에나왓는야

금을주러나왓는야　　　금도은도주기는커나
은을주러나왓는야　　　보는것마다다쎄앗네

《대한매일신보》의 민요 개작의 움직임 이후, 《태극학보》·《서북학회월보》 등 개화기에 족출했던 학회지들은 이러한 작업을 계속 추진하여 나갔다. 이러한 작업은 경우에 따라 괄목할 만한 작품을 산출하기도 했으나, 의도만큼의 성과를 이루어냈다고 말하기는 어렵다. 이런 작업을 담당하는 전문적인 필진이 형성될 수도 없었던 현실에서 민요 개작은 한계를 드러낼 수밖에 없었던 것이다.

(4) 개화기의 시조와 가사

조선 후기까지의 국문 시가에서 주도적인 역할을 했던 시조와 가사는 개화기에 들어와서도 중요한 역할을 담당했다. 시조는 간결한 형태의 작품이면서도 그 간결한 형태로 예사롭지 않은 삶의 깊이를 형상해 낼 수 있다는 점으로 아낌을 받아 온 시가 형태인데, 개화기에 있어서도 그런 역할을 계속하여 이어 나갔다. 개화기에 시조를 가장 많이 발표했던 지면은 《대한매일신보》로서 그 편수는 300여 편에 이른다. 이 신문의 '詞藻'라는 고정란에 실렸던 시조 작품들은 조선 후기의 시조 작품들과는 달리 한자로 만들어진 두 자 또는 세 자 제목을 붙였고, 시조 한 편을 3행으로 나누어 적었으며, 율격으로 보아 필요한 자리에 월점을 찍었고, 시조창의 전통을 이어 흔히 끝 행의 끝 음보를 생략하는 변화된 모습을 보여 주었다.[10] 특히 끝 행의 마지막 음보를 생략하도록 한 변화는, 삶의 현실에서 결핍이 긴장을 불러 일으키듯이 시조 작품에서도 긴장을 조성하여 시조가 원래 지녔던 유장한 풍격을 바꾸도록 하는데 도움을 주었다. 이 신문에 실렸던 시조 작품들 중 다수는 '사회등' 가사가 그러했던 것처럼 이 신문 편집진들이 제작했을 것으로 추정되는데 내용상 두 유형으로 나누어 볼 수 있다.

(가) 善心은활살이오, 惡心은관혁이라
包藏禍心奸細輩를, 저관혁이머지않다
보아라, 나의고든화살 百發百中.
('直矢', 1909. 8. 3.)

10) 조동일, 앞의 책, 278쪽.

(나) 박망치소리가, 흐응, 뚝끈어지더니, 홍
증치는 소리가 또 요란하구나, 아
애구, 지구, 흐응. 雙成禍로구나, 홍.
('雙成禍', 1909. 2. 12.)

위의 (가)는 제3행의 끝 음보가 생략된 개화기 시조의 일반적 형태를 보여 주는 작품이다. 이 작품에서는 당대의 부정적인 군상을 굳이 풍자의 수법을 빌리지 않은 채 직접 비판, 매도하는 방법을 택하고 있다. 이와는 달리 (나)는 시조의 형태에 민요인 '홍타령'의 여음을 복합하여 만들어 낸 작품이다. 원래 '홍타령'은 즐겁게 놀면서 홍을 내는 노래인데, 그 여음을 살려 홍겹게 노는 상황과는 판이한, 야유의 기능으로 전용한 솜씨는 놀랄 만하다고 할 수 있다. 이런 솜씨에서도 나타나듯이 (나) 작품은 당대의 부정적인 군상을 직접 비판, 매도하기보다 풍자로써 비난, 공격하는 방법을 택하고 있다.

이 신문이 게재한 시조 작품들 이외에도 개화기에는 《소년》과 《대한유학생회보》를 비롯한 잡지·학회지들에 다수의 작품들이 발표되었다. 이 작품들 역시 제3행 끝 음보를 생략하는 이 시대 시조의 일반적인 모습을 따르고 있었으나, 自保意識을 강렬하게 형상화 해내는 점에 있어서는 《대한매일신보》의 작품들에 미칠 수가 없었다.

4음보 연속체의 형태를 특징으로 하는 가사는 그 형태를 바꾸는 것이 용이하지 않은 시가 형태이다. 이 점으로 하여 가사는 문화적 격동기인 개화기에 들어와 분연체를 채택한 '사회등' 가사로 변화되기도 하는 한편, 여전히 옛 형태를 지속하기도 하였다. 형태는 옛 형태를 그대로 유지했으나, 그 형태로 노래한 삶의 모습은 격동하는 시대의 모습을 반영하지 않을 수 없었다. 개화기에 제작된 가사는 종교가사·기행가사·의병가사·학교가사 등과 같이 다양한 삶의 모습을 그린 작품들로 나타났다.

(5) 신체시

'신체시'란 개화기에 새로운 형태와 율격을 의도하면서 만들어 낸 시의 유형을 일컫는 이름이다. 신체시의 첫작품은 《소년》 창간호(1908, 11.)에 실린 최남선의 '*海*에게서 *少年*에게'인데, 최남선은 이런 유형의 작품들을 그저 '시'

라고만 분류했다.11) 따라서 '신체시'란 명칭은 후대에 분류의 편의를 위하여 만들어진 것임을 알 수 있다. 최남선은 이 작품에서 종전의 시가 형태와는 다른 새로운 형태를 실험하면서도 다른 한편 여전히 정형적인 틀에 얽매인 기묘한 형태를 이루어 냈다. 이 작품의 1, 2연에서 그 점을 살펴보기로 한다.

텨……ㄹ썩, 텨……ㄹ썩, 텩, 쏴……아.
짜린다, 부슨다 · 문허바린다,
泰山갓흔 놉흔뫼, 딥태갓흔 바위ㅅ돌이나,
요것이무어야, 요게무어야,
나의큰힘, 아나냐, 모르나냐, 호통짜디하면서,
짜린다, 부슨다, 문허바린다,
텨……ㄹ썩, 텨……ㄹ써, 텩, 튜르릉, 콱.

텨……ㄹ썩, 텨……ㄹ썩, 텩, 쏴……아.
내게는, 아모것, 두려움업서,
陸上에서, 아모런, 힘과權을 부리던者라도,
내압헤와서는, 꼼짝못하고,
아모리큰, 물건도 내게는 행세하디못하네,
내게는 내게는 나의압헤는.
텨……ㄹ썩, 텨……ㄹ썩, 텩, 튜르릉, 콱.

이 작품은 첫편만을 놓고 보면 자유시의 형태를 띠고 있다. 그러나 모두 6련으로 이루어진 이 작품의 각 연 대응행을 보면 제2행이 3 · 3 · 5의 같은 음절수로, 제3행이 4 · 3 · 4 · 5(6)의 같은 음절수로 이루어져, 정형적인 틀을 가지고 있음을 볼 수 있다, '해에게서 소년에게'의 이와 같은 기묘한 형태로 말미암아 그 형태를 '變格的인 정형시 내지 준정형시' 또는 '기형적인 자유시 내지 준자유시'에 해당한다고 했다.12)

이 작품은 온전한 의미의 자유시와는 준별되어야 할 작품이다. 그뿐만 아니라 이 작품은 우리 시의 율격의 자연스러움을 적지 않게 손상시킨 작품이기도 하다.13) 그러한 문제점으로 말미암아 최남선의 이 작품 이후 새로운 자

---

11) 권오만, 〈육당시의 장르 인식의 문제〉(《논문집》 19-1, 서울시립대, 1985).
12) 김춘수, 《한국 현대시 형태론》(해동문화사, 1958), 23쪽.

유시의 형태는 지속적으로 모색되었다. 자유시의 형태 모색에 참여했던 이들은 李光洙・玄相允・崔承九・金與濟・金億・黃錫禹・주요한 등으로 자유시의 온전한 형태는 1920년경에 들어가서야 이루어졌다.

3) 개화기의 서사 장르

개화기의 시가 문학이 한시・가사・시조・창가・신체시 등 여러 형태들로 이루어진 것처럼, 개화기의 서사 문학 또한 한문 소설, 역사・전기 소설, 토론체 소설, 신소설 등 여러 형태들로 이루어졌다. 일부 학자들은 위의 형태들 이외에 '夢遊錄系 소설' 형태까지 이 시기의 서사 문학의 한 갈래로 분류함으로써,[14] 개화기 서사 문학을 더 많은 갈래들로 나눌 수 있는 가능성을 제시하였다. 위에 제시한 개화기 서사 문학의 네 형태들 중 한문 소설은 개화기의 문체 변동의 와중에서 가장 보수적인 표기체인 한문체를 선택한 경우이다. 이와는 달리 역사・전기 소설, 토론체 소설은 작품에 따라 국한문체 또는 국문체를 선택하였고, 신소설은 거의 예외없이 국문체를 선택하였다.

역사・전기 소설들과 토론체 소설들의 대다수 작품들은 반봉건주의의 입장에서 개화를 지지하는 입장을 견지하였다. 그러나 이 두 유형의 작품군들이 반봉건의 입장에 선 개화쪽보다 더 힘을 기울였던 것은 반제국주의의 입장에 선 자보사상쪽이었다. 이 두 유형의 작품군들은 제국주의적인 침략 의도를 드러내면서 한반도를 장악하려는 일제의 음모에 대한 경각심을 일깨우기 위하여, 국난의 위기를 타개한 동서의 애국자들의 행적을 부각시키거나 현실의 모순과 비리를 풍자・매도하는 방법으로 국가와 민족이 위기에서 벗어나도록 고취하였다.

신소설 유형에 속하는 다수 작품들 또한 自保사상을 외면하지는 않았다.

---

13) 조동일, 앞의 책, 405쪽. 이 책에서 저자는 '해에게서 소년에게'가 정형시와 자유시를 각각 극단화하고저 한 시도가 나타난 작품이라고 지적한 뒤, 이 작품은 앞뒤의 행이 정형적인 규칙에 따라 연결되면서 음절수는 달라질 수 있는 우리 시가의 기본 원리를 양면으로 파괴한 작품이라고 비판했다.

14) 윤명구, 〈개화기 서사문학 장르〉(김열규・신동욱 편, 《신문학과 시대의식》, 새문사, 1981).

국가와 민족의 운명이 위태로운 시기에 자보사상의 강조는 필연적일 수밖에 없는 것이었기 때문이다. 그러나 이 유형의 작가들을 자보사상보다 더 강렬하게 사로잡았던 것은 근대적인 제도, 문물, 풍속이었다. 신소설에 빈번하게 등장하는 '이전'과 '지금'은 '옛'과 '오늘'을 양극화한 표현으로, '이전'은 곧 야만/완고, '지금'은 문명/개화의 모습으로 대비되어 나타났다.[15] 신소설 유형의 작품들에 빈번하게 나타난 이러한 대비를 통해서도 짐작할 수 있듯이 신소설의 작가들을 사로잡았던 것은 과거의 것들과는 판이하게 구별되는 근대적인 것 또는 서구적인 것들의 외양이었다.

이미 앞에서 살펴보았던 바처럼 개화기의 시대적인 과제로는 크게 두 가지를 들 수 있다. 제국주의의 침략으로부터 국가와 민족을 지켜야 하겠다는 자보의 몸부림이 그 하나요, 봉건적인 낡은 제도, 문물, 풍속에서 벗어나 근대화를 성취하겠다는 자기 쇄신의 노력이 다른 하나이다. 전자는 반제국주의적인 자주의 기치를 높이 든 것이라면, 후자는 반중세적인 개화의 기치를 높이 든 것이다. 개화기 서사문학의 중요한 갈래들인 역사·전기 소설, 토론체 소설과 신소설은 이와 같은 개화기의 시대적인 과제를 대하는데 관점을 달리 했을 뿐만 아니라, 문체·작품의 구조에 있어서도 서로 성격을 달리 했다. 다음에 개화기 서사문학 갈래들의 성격상의 차이를 간략하게 정리해 보기로 한다.

(1) 신소설

가. '신소설'이란 명칭과 그 개념

'신소설'이란 명칭은 언제, 누구에서부터 사용되기 시작하였으며, 그 명칭이 의미하는 범주는 어떠한가 하는 점이 자주 논의되어 왔다. 현재까지 밝혀진 것으로는 '신소설'이란 명칭이 해외의 작품이 아닌, 우리의 구체적인 작품에 사용된 최초의 예로는 1906년 2월 1일자 《大韓每日申報》에 실렸던 《中央新報》 발간 광고에 나타난 '明月奇緣'의 소개문이었던 것으로 알려져 있다.[16] 그 시기는 한국의 근대적 소설의 효시처럼 알려져 온 '血의 淚'의 발표보다

15) 이재선, 《한국현대소설사》(홍성사, 1979), 61쪽.
16) 이재선, 위의 책, 56쪽.

앞선 것으로, 이 명칭이 '血의 淚'의 작가 이인직의 창안이 아니라, 신문사에 의하여 안출된 것임을 명확하게 보여 준다. '신소설'이란 명칭이 처음으로 사용된 작품 '명월기연'에 관한 소개문은 다음과 같다.

> 《明月奇緣》은 漢雲先生의 著作인딕 才子佳人의 相別再會와 一沒一爛에 多情多恨의 態를 現ᄒᆞ야 趣味津津ᄒᆞ야 使讀者로 不知厭케 ᄒᆞᄂᆞᆫ 現代傑作의 新小說이오……此欄의 卽 本新報 特色之一也라.

작품 '명월기연'의 소개문에서 '신소설'이란 명칭이 사용된 이래, 이 명칭은 오늘날 우리가 개화기 소설의 한 형태를 가리키는 명칭으로 사용하고 있는 것과는 달리 보다 넓은 범주에 걸쳐 사용되었다. 그 구체적인 예로써 역사·전기 소설의 범주에 해당하는 장지연의 'ᄋᆡ국부인전'을 '신쇼셜'이라고 명명한 경우를 들 수 있다. 구체적인 역사·전기 소설 작품들을 '신소설'로 명명한 경우는 'ᄋᆡ국부인전'에 한정되는 것이지만, 애국·계몽 운동을 전개했던 개화기의 언론인들은 신소설이 계몽적이고 애국적인 내용으로 읽는 이들을 感發시켜야 한다고 역설했다. 그러한 주장을 담아 낸 글들이 박은식이 펴낸 《서사건국지》의 서문(1907)이며 《대한매일신보》 1908년 7월 8일자와 1909년 12월 2일자에 각각 실렸던 '近今 國文小說 著者의 注意'와 '談叢' 같은 글들이다. 위와 같은 의식의 연장선상에서 한동안 '신소설'이란 명칭은 고전소설과 구별되는, 개화기 소설과 동일한 의미를 가진 것으로 통용되기도 했다. 그러나 신소설 형태의 작품들이 역사·전기 소설과는 물론, 토론체 소설들과도 구별되는 성격을 가지고 있음이 밝혀져 있는 오늘에 있어서 신소설은 이제 더 이상 개화기 소설과 동일한 의미로 통용될 수 없게 되었다.[17]

---

17) 신소설이 곧 개화기 소설일 수 없음을 논한 대표적인 저술들은 다음과 같다.
이재선, 위의 책, 175쪽. 앞의 신소설로써 개화기소설이 전적으로 대표될 수 없다. 이와 전혀 태도를 달리하고 있는 소설의 양식이 있기 때문이다. 그것은 서로 다른 우의(allegory)에 의하여 이루어진 일종의 소설 형식이 존재했다는 점이다. 구체적으로 말하면 안국선의 '禽獸會議錄'과 장지연의 '애국부인전'이 그것이다. 전자는 동물을 매개로 한 동물 우의소설이며, 후자는 역사적 우의법을 채택한 역사전기소설이다.
조동일, 《한국문학통사 (4)》 (지식산업사, 1986). 이 책의 9-9장 '시대적 각성을 위한 산문 갈래'와 9-10장 '소설의 판도와 신소설의 위치'에는 개화기의 산문,

지난 시기와는 달리 신소설 곧 개화기 소설이라는 등식이 통용될 수 없게 된 오늘에 있어서 '신소설'이라는 명칭이 의미하는 개념은 무엇이어야 할까. 한 연구자는 그 개념을 명확하게 제시하는 일이 용이하지 않음을 지적한 뒤에,[18] '고대소설과 이광수 이후 소설의 중간 단계', '과도기의 소설'과 같은 종래의 개념을 앞세운 뒤, 개화기라는 사회 변동기에 문명 개화라는 새 정신을 담은 소설로서 새로운 소설 미학에 바탕을 둔 소설이라고 제시하였다.[19]

나. 신소설의 정신적 바탕과 소설 미학

신소설의 개념을 위와 같이 제시한 한 연구자는 신소설이 문명 개화라는 새 정신을 담고 있다고 말하면서 신소설에 담겨진 문명 개화의 정신이 '소극적'인 것이었다고 지적하였다. 신소설이 형상화해 낸 정신에 대한 이러한 지적은 당대적 의미를 갖는 것이면서 동시에 신소설이 우리 문학사에 놓이는 위치와도 관련되는 중요한 의미를 갖는 것으로 이해된다. 신소설에 드러나 있는 문명 개화의 이념이 소극적인 것으로 이해될 수 있는 것은, 신소설이 개화기의 시대적인 과제에 어떻게 대응했는가 하는 국면과 관련을 갖는다. 다시 말하여 그러한 평가는 대다수의 신소설 작품들이 개화기의 중요한 시대적 과제의 하나였던 제국주의적인 외세의 침략 앞에서 국가와 민족의 보위, 곧 自保의 문제를 간과했거나 등한히 했다는 사실과 깊은 관련을 갖는다는 것이다.

신소설의 몇몇 작품들은 자보의 문제를 상당히 깊이있게 다루기도 했다.

소설 갈래들이 폭넓게 다루어져 있는데, 그 갈래들에는 역사·전기 문학, 몽유록, 동물우화 형식의 토론문, 시사토론문, 한문소설, 신소설 등이 포함되어 있다(최원식, 〈개화기 소설 연구사의 검토〉(김열규·신동욱 편, 《신문학과 시대의식》, 새문사, 1981). 특히 70년대의 개화기소설에 대한 실증적 연구를 대표하는 이재선은 이미 초창기 연구에서 주목되었지만 그 후 소외된 일군의 소설을 '역사전기문학'이라고 명명하여 관심을 환기시켰다. … 이러한 작업으로 지금까지 독점적 지위를 누려오던 신소설의 가치가 상대화되고 축소되는 결과가 나타났다. 윤명구, 〈애국계몽기의 소설〉, (감태준 외, 《한국 현대문학사》, 현대문학사, 1989), 1906년을 전후하여 신문·잡지에 게재된 소설류로는 신소설이라고 칭해지는 소설 외에도 한문소설·토론체소설·역사·전기소설, 그리고 몽유록계 소설 등 매우 다양하였다.

18) 윤명구, 앞의 글(1981).

19) 윤명구, 위의 글(1989).

신소설들 중 최초의 단행본으로 발간된 작품 '혈의 루'가 그런 작품의 하나이다.[20] 그러나 신소설의 그러한 자보의식은 그 작품을 제대로 관통하고 있는 것도 아닐뿐더러, 신소설 작품들 사이의 경쟁이 강화되면서 철저하지 못하였던 그 의식마저 상실해 버리고 말게 된다. 그에 대신하여 신소설 작품군에 자리잡게 되는 것은 문명 개화를 앞세운 통속적인 홍미였을 뿐이다. 국가와 민족의 안전이 위협을 받거나 이미 국가를 잃어 버린 상태에서 문명 개화의 추구가 얼마나 허망한 것인가는 더 부연할 필요조차도 없을 것이다. 신소설에 드러나 있는 이념인 문명 개화를 '소극적'인 것으로 평가한 데에는 위에서 살펴 온 것과 같은 사정이 개재하였던 것이다.

미미한 자보의식과 강렬한 문명 개화의 지향 사이에서 신소설의 주제로는 흔히 애국 독립·신교육·여권 존중·계급 타파·자유 결혼·평민의식·자아 각성에 따른 현실 고발 등이 형상화되었다.[21] 위의 주제들을 형상화해 나가면서 신소설의 초기 작품들은 이념과 홍미의 균형을 유지하였다. 무엇보다도 이인직의 '혈의 루'가 그런 작품이고 '은세계' 역시 그런 작품이다. 그러나 이인직 신소설에서의 이념과 홍미의 균형은 그의 다른 작품들인 '鬼의 聲', '치악산'에서 홍미 중심으로 옮겨지면서 무너지기 시작하였다. 李人稙 신소설의 홍미 중심으로의 방향 전환은 이인직과 경쟁하던 작가들인 李海朝와 崔瓚植의 작품들에서 더욱 강화되는 양상을 보여주었다.[22]

결국 국가와 민족 수호와 문명 개화라는 개화기의 중차대한 시대적 과제에 대하여 극히 미미하거나 제한된 대응밖에 보이지 못한 것이 신소설 형태이었다. 그러나 시대적인 과제에 대한 신소설의 이와 같은 불충분한 대응에

---

20) 이인직의 신소설 작품인 '혈의 루'는 옥련의 부친인 김관일의 내적 독백을 통하여 다음과 같이 국가와 민족의 안위를 염려하는 모습을 보여 주고 있다.
오냐 죽은 사람은 할 일 없다 살아 있는 사람들이나 이후에 이러한 일을 당하지 아니하게 하는 것이 제일이라 제정신 제가 차려서 우리나라도 남의 나라와 같이 밝은 세상 되고 강한 나라 되어 백성된 우리들이 목숨도 보전하고 재물도 보존하고… 범같고 곰같은 타국사람들이 우리나라에 와서 감히 싸흠할 생각도 아니하도록 한 후이라야 사람도 사람인 듯 싶고 재물 있어도 제 재물인 듯 하리로다.

21) 전광용, 《신소설연구》(새문사, 1986, 20쪽).

22) 김윤식·정호웅 《한국소설사》(예하, 1993), 31~57쪽.

비하여 한결 괄목할 만한 성과를 이루어 낸 것이 서술 구조에 나타난 소설 미학이었다. 신소설의 서술 구조에 나타난 중요한 양상들을 들어 보면 대체로 다음과 같다.23)

첫째, 이야기 발단 부위의 시점이 종전의 回想視點에서 共時的 視點으로 바꾸어졌다는 점이다. 회상 시점이란 '옛날 옛적에…'라는 민담의 첫머리 대목처럼 서사 문학의 오랜 관습적 시점으로 사용된 것인데, 그것이 신소설에서는 '지금-여기-나의 체재'인 공시적 시점으로 바뀐 것이다.

둘째, 서사적인 시간의 흐름에 있어 單軌的이고 계기적인 구성이 많이 깨뜨려졌다는 점이다. 대다수의 전대 소설은 전기 형태로 이루어져 있기 때문에 시간의 흐름이 직선적이고 순차적이었다. 또한 전기 형태는 주인공의 탄생에서 죽음에 이르기까지 긴 시간의 흐름을 망라하는 것이기도 했다. 그와는 달리 신소설에서는 현재 속에 과거를 삽입시켜 시간의 흐름의 단순성을 변형시키기도 하고, 전대 소설에서 사족처럼 따라 붙었던 주인공의 행복한 말년 대목을 떼어 내기도 했다.

셋째, 숨김과 나타냄이라는 흥미 유발적 구성을 다수 활용했다는 점이다. 숨김이란 작중인물의 간계·모함 같은 것을 일정한 시간에 걸쳐 감추어 두었다가 적기에 드러냄으로써 흥미를 고조시키는 기법을 가리킨다.

넷째, 사건의 分節化에 대한 의식이 강화되어 있다는 점이다. 종래의 소설에서는 사건의 분절을 이끌기 위하여 '각설', '이때'와 같은 투식어가 사용되었다. 이와는 달리 신소설에서는 비록 철저한 것은 아니었으나마 章節의 구획을 활용함으로써 시각적 형태의 분절을 시도하였다.

다섯째, 문장에 있어 지문과 대화를 구분하였다. 또 대화의 앞머리에는 그 말을 한 이의 약칭을 적어, 그 말을 한 이를 선명하게 드러냈다. 그 밖에도 신소설의 서술 시점에서는 서술자의 논평이 수시로 개입하게 되는 全知的 시점 또는 '작가적 서술 상황'이 현저하게 축소되어 있다. 작품 구조에 나타난 위와 같은 괄목할 만한 변화와 함께 신소설은 여전히 전대 소설의 낡은 관습을 이어 나가기도 했다. 꿈의 예시적 기능과 우연성의 개재 같은 것이

23) 신소설에 나타난 서술 구조의 변모양상에 관하여는 이재선, 앞의 책, 195~198쪽을 주로 참고하였다.

그 현저한 예이다.

임화로 대표되는 종전의 신소설 연구에서는 신소설이 과거의 소설들과는 단절된 채 서구문학의 수입과 이식으로 이루어진 것으로 생각하였다. 이러한 이해를 반성하면서 신소설은 구소설 중 귀족적 영웅소설의 유형구조를 긍정적으로 계승한 것이라는 점과 신소설에는 개화사상을 역설하는 표면적 주제와 전래적 가치관에 바탕을 둔 이면적 주제가 공존한다는 점이 제기, 주장되어 신소설 이해에 새로운 시각이 마련되었다.[24] 이러한 이해는 가령 신소설의 한계처럼 인식되었던 꿈의 예시적 기능과 우연성의 개재 같은 것에 대한 평가에도 중요하게 작용할 것인 만큼 앞으로 깊이 있게 검토되어야 할 것이다.

다. 신소설의 중요 작가와 작품

신소설의 중요 작가들로는 李人稙·李海朝·崔瓚植·金敎濟 등을 들 수 있다. 이인직의 호는 菊初이며, 그의 작품들로는 '혈의 루'·'모란봉'·'귀의 성'·'치악산'·'은세계' 등이 있다. 이인직은 신소설이란 개화기의 소설 형태를 정립한 작가이며, 개화기의 문명 개화의 이념과 소설적 흥미를 결합해 낸 작가였다는 점에서 주목할 만하다. 다른 한편 그는 일제의 한국 침략에 앞장을 선 인물이었다는 점에서 친일인사라는 오명을 남기기도 했으며 그의 작품들에서도 친일적 성향을 드러냈다는 혐의를 받는다. 이해조는 東儂·怡悅齋 등의 호를 썼다. 그는 '화의 혈'·'춘외춘'·'소양정'·'고목화' 등의 신소설들 이외에도 판소리계 소설들을 윤색한 작품들 등 다수의 작품들을 남겼다. 이해조는 친일적인 성향을 띤 채 작품 활동을 전개했던 이인직과는 구별되는 작가였다. 그의 작품 활동은 1910년을 고비로 두 시기로 나누어진다. 앞 시기에는 비록 신채호의 작품 활동처럼 강렬한 것은 아니었으나 애국계몽운동에 일정한 기여를 했다는 평가를 받고 있다.[25] 최찬식은 호를 海東樵人 또는 東樵라고 했으며 '추월색'·'안의 성'·'금강문'·'능라도' 등의 작품을 발표했다.

---

24) 조동일, 〈소설사의 전체적인 전개에서 본 신소설〉(《신소설의 문학사적 성격》, 서울대 한국문화연구소, 1973).
김열규·신동욱 편, 앞의 책.

25) 조동일, 앞의 책(1986), 357쪽.
최원식, 〈이해조문학연구〉(《한국 근대소설사론》, 창작사, 1986).

啞俗이란 호를 썼던 김교제는 '치악산'의 후편을 비롯하여 '모란화'·'현미경' 등의 작품들을 남겼다.

(2) 역사·전기 소설

당면한 시대가 어려울수록 선인들은 그 시대의 난제들을 어떻게 풀어 나갔던가 하는 점이 궁금해지지 않을 수 없다. 과거의 역사를 가리켜 현재의 거울이나 교훈이라고 하는 것은 과거의 현재성 또는 현재의 과거성으로 말미암아 생겨난 말일 것이다. 거기에다 을사늑약 이후의 정세처럼 언론, 출판의 자유가 직접, 간접으로 위협을 받았던 때이었고 보면, 동서 고금의 각 민족이 처했던 국난기의 위인의 전기들을 번역·편술·출판하는 일은 그 자체가 우리 민족이 처한 현실을 적시하고, 비판하는 것을 대신하는 작업에 해당한다. 또한 그 작업은 우리 민중에게 동서 고금의 위인들이 어떤 지혜, 결의, 행동으로 국난을 극복할 수 있었던가를 들려 줌으로써 그들로 하여금 국난 극복의 대열에 참여하도록 격려, 고무하는 작업이 되었을 것이다. 그런 의미에서 이 시기의 역사·전기 소설을 가리켜 동물 우의소설에 가까운 역사의 우의법을 활용한 것이란 견해는 경청할 만한 것이다.[26)]

역사·전기 소설의 경우, 지은이가 제대로 소설의 골격을 갖추었다고 내세운 작품 편수도 많지 못하며 또 그런 평가를 받는 작품들도 많지 못하다. 지은이가 소설이라고 내세운 역사·전기 작품들로는 1907년에 박은식이 정치소설이라고 내어 놓은 '瑞士建國誌'와 역시 같은 해에 장지연이 신소설이란 이름으로 간행한 '애국부인전'이 있을 뿐이다. 앞의 작품은 스위스 건국의 영웅인 維霖惕露(Wilhelm Tell)의 투쟁을 다룬 것으로, 쉴러(Schiller)의 희곡을 저본으로 한 중국어본을 바탕으로 하여 만들어진 것으로 보인다. 민중의 계몽을 의도하여 만들어진 책이면서 난삽한 국한문을 사용했다는 점이 큰 한계이다. 뒤의 책은 프랑스 백년 전쟁의 영웅인 잔다르끄(Jeanne d'Arc)의 구국 항쟁을 엮은 것으로, 장지연은 구소설 형태의 '여장군전'[27)]이라 할 만한 작품을 만들어 낼 의도를 가졌던 듯하나, 소설적 구성의 필연성을 살려 내지 못

26) 이재선, 앞의 책, 175쪽.
27) 조동일, 앞의 책, 313쪽.

한 한계를 드러냈다.

어느 정도 소설로서의 골격을 갖춘 역사·전기물은 아니었다 할지라도 이 시기에는 다수의 역사물, 전기물이 활발하게 간행되었다. 그것들 중에서 주목할 만한 것들로는 현채와 주시경이 각각 번역한《월남망국사》와 신채호가 저술한《을지문덕전》·《이순신전》등이 있다.《월남망국사》는 월남 패망의 자초지종을 전하는 책으로 나라의 운명이 심히 위태로왔던 을사늑약 이후의 우리 독자들에게 심각한 영향을 끼쳤다. 을사늑약 이후의 신채호는 애국계몽운동에 가장 열정적으로 헌신했던 인물이다. 그는 역사·전기물의 경우에 외국의 영웅적 인물들을 소개하는 데 그치지 않고 우리 역사의 영웅들을 널리 알리는 데에도 힘을 쏟았다. 위의 두 책은 그의 그러한 노력으로 만들어진 것들이다.

(3) 토론체 소설

개화기에는 신문, 잡지들의 발간이 활발하였다. 개화기의 신문, 잡지들은 주로 개화기의 시대상을 반영한 애국 사상과 개화 사상을 그 지면에 게재했는데, 그렇게 게재된 글의 형태의 태반이 논설이었음은 더 말할 나위가 없다. 다른 시기의 신문·잡지에 비해 더 우세하게 그 지면의 중심부를 논설쪽에 배당한 개화기의 신문·잡지들은 논설쪽이 감당하기 어려운 감응력을 끌어내기 위하여 새로운 방안을 모색하지 않을 수 없었다. 개화기의 신문, 잡지들이 모색해 낸 그 새로운 방안들이 '사회등' 가사, 민요 개작 같은 율문 작품들을 게재하는 것이었으며, 시사적인 토론체의 글을 게재하는 것이었다.

이 시기의 신문, 잡지들에 실린 것들 중에는 시사 토론문의 형태에 그대로 머무른 글들도 있고 문학적인 인식과 意匠의 도움으로 토론체 소설로 분류하기에 별로 손색이 없는 것들도 있다. 이 경우, 토론체 소설이라는 범주에는 시사 토론문에서 소설로 상승했다고 할 만한 '소경과 안즘방이 문답'·'거부오히'·'즈유종' 같은 작품들과 흔히 '몽유록계 소설'로 분류되는 '夢見諸葛亮'·'디구셩미릭몽'·'동물 우화 소설'로 분류되기도 하는 '금슈회의록'·'경세종' 같은 작품들을 모두 망라하는 방법이 가능한 것으로 생각한다. '몽유록계 소설'은 꿈이라는 특별한 의장을 활용하고 있으나, 그것은 궁극적으로 토론을 위한 장치라는 점에서 그렇게 분류할 수 있는 것이다. '동물 우화 소설'의 우화 구조 역시 그 구조를 필요로 했던 것은 현실의 문제에 대한 토론을 전개하기 위해서였다고 말할 수 있기 때문이다.[28]

위에서 살펴 온 바와 같이 개화기는 격동의 시대였으며, 그 시대를 반영하는 개화기의 문학 역시 격동의 문학이었다. 개화기 문학의 그러한 격동하는 양상은 크게 세 갈래로 나누어 말할 수 있는데, 그 시대의 과제에 대한 대응 방식, 그 대응 방식을 작품으로 형상화할 때에 전통의 지속과 변화에 따라 채택하게 된 작품의 형태와 독자에게 다가가기 위한 문체의 선택이 그것들이다. 이 세 갈래의 개화기 문학의 특징적인 양상들은 이 글의 앞 부분에서 살펴보았듯이 작가쪽의 출신 성분 및 그가 형성해 가졌던 의식에 깊이 맞닿아 있다고 볼 수 있다.

개화기 문학에 대한 논의를 마치면서 이 시기의 문학 논의에 있어 유의할 점들 몇 가지를 적어 두기로 한다. 첫째, 개화기 문학을 과도기의 문학으로 이해하는 종전의 시각을 바꾸어야 하겠다는 점이다. 개화기 문학이 한국 문학사가 겪었던 미증유의 대전환기의 문학이기는 하지만, 그것을 과도기의 문학으로 이해하는 것은 그 이후에 전개된 문학의 완성도를 과대하게 또는 부당하게 평가하는 것이 되기 때문이다.

둘째, 이 시기 문학을 가리키는 명칭에 대한 문제이다. 이 시기 문학의 명

---

28) '몽유록계 소설'들을 넓게 토론체 소설의 범주에 넣을 수 있다고 본 것은 개화기의 이 유형의 작품들이 전대의 몽유록계 소설, 예를 들면 '구운몽'처럼 파란만장한 주인공의 일대기를 포용하는 구조로 사용되지 않은 채, 현실에서 만나기 어려운 인물을 만나 토론을 전개하는 구조로만 사용되기 때문이다. '동물 우화 소설'의 경우 또한 인간 문제의 토론 주체들을 동물들로 바꾸어 놓았다는 점에서 주체를 바꾼 토론체 소설이라고 이해할 수 있는 것이다.
조남현은 아래의 글에서 개화기 소설 양식의 변이 형태, 곧 토론체 소설·몽유록계 소설·동물 우화 소설들을 점검하면서 이 작품들의 분류를 끝내 보류하였다. 그러한 신중한 태도와 함께 그는 "개화기 서사양식의 일종이며 개화기 소설양식의 變異態에 해당하는 작품들이 눈에 두드러지게 '계몽적인 형태'에 경사되고 있음을 알게 된다"는 견해를 결말에 덧붙여 놓았다. 이 글에서 필자가 그 '변이 형태'의 작품들을 토론체 소설로 묶는 것이 가능하다고 보는 것도 그 형태의 작품들이 계몽적인 형태에 기울어지고 있다고 보기 때문이다(조남현 '개화기 소설양식의 변이현상', 《개화기문학의 재인식—근대문학연구·1》, 지학사, 1987).

칭으로서 '개화기 문학'이 상당한 문제를 안고 있는 것은 부정할 수 없는 사실이다. 그렇다고 해서 자주 거론되는 '애국계몽기 문학'이란 명칭이 모든 난점을 해결하는, 새로 채택할 만한 명칭인가 하면 그렇지도 못한 듯하다. 애국 계몽기 문학이란 명칭으로 이 시대의 문학 전체를 포괄하기에는 그렇지 못한 면들이 곳곳에서 드러나기 때문이다. 따라서 '개화기 문학'이란 명칭이 비록 문제점이 없는 것은 아니라고 할지라도, 그 문제점을 인식한 채 이 명칭의 변경을 지나치게 서두르지 않는 것이 온당할 것으로 생각한다.

셋째, 앞에서 살펴보았듯이 이 시기에는 근대화의 일환으로서 문명 개화 지향의 문학만이 존재했었던 것이 아니라, 국가와 민족의 위기를 헤쳐 나가려던 자보 지향의 문학이 엄존했었다는 사실이다. 개화기의 뒤를 이은 일제의 한반도 강점은 문학에 있어서의 이 자보적인 문학이 지속적으로 발전할 수 있는 맥락을 잘라 버렸다. 그 까닭에 우리는 광복 이후의 상당히 긴 기간에 걸쳐 이 자보적인 문학이 존재했다는 사실조차도 모를 지경이었으니, 그것을 계승·발전시키는 작업은 염두에조차 둘 수 없었다. 그 자보적인 문학의 발굴·소개·평가가 어느 정도 진행된 오늘에 있어 우리는 개화기 문학에 대한 이해의 폭을 확대하면서 그것들을 바르게 평가·이해하고, 계승·발전시키기 위한 작업에 힘을 기울여야 하겠다.

《權五滿》

2. 근대 예술의 발전

1) 음 악

1860년부터 1910년까지 50년간은 그 이전의 어떤 시기보다 음악과 음악사회를 변화시켰다. 이 변화는 안으로부터 봉건성의 사회모순을 극복하고 밖으로는 제국주의의 식민지 침투에 대한 민족공동체가 형성되는 계기가 되었다. 또 서양문명과 일본문명의 충격은 전통적인 한국음악이 지속·보존·변형·

극복 등의 반응으로 새로운 균형과 조정이 일어났으며, 군대·교회·학교를 중심으로 양악과 일본풍의 음악이 전개된 것도 큰 변화였다.

1860년을 근대 기점으로 설정한 것은 안으로 봉건성의 사회모순과 밖으로 세계제국주의에 의한 위기가 민족공동체를 형성하며 근대를 추구하였고, 그것이 음악인의 신분제 철폐와 음악의 상설무대화로 근대적인 소통체계를 확립하여 한국음악사에서 오랫동안 2분법적인 아악과 민악(민속악)이 이 시기에 모두 대중적인 소통화를 이룩하고, 또 산조음악과 창극 등의 민족음악양식이 새로운 변화로 전개되었으며, 그 음악인과 음악들이 외세음악인 서양과 일본음악에 대응하는 민족음악으로서의 성격을 뚜렷하게 드러내며 전개할 수 있었던 모든 음악사적 계기가 1860년이었기 때문이다. 1860년의 역사적 계기가 1894년 동학농민전쟁으로 분수령을 이룬다. 이것은 동학창도와 농민·천민들의 신분제적 토지소유원리 거부와 근대적인 음악전개가 1860년에 비롯되었고, 또 북경조약체결(중국과 영·프)에 따른 민족적 위기가 본격화하면서 부국강병의 국가시책에 따른 근대 병제 확립과 함께 양악의 국가적인 수용의 계기 역시 1860년에서 비롯되었기 때문이다. 1860년부터 안을 인간화 음악으로 이끌어 내고, 밖을 자주적 음악으로 대응하며, 그 음악사 전개를 그 이전 시기와 성격이 다른 민족음악으로서 전개한다는 점에서 1860년을 근대 기점으로 구분한다.

따라서 1860년부터 1910년까지를 근대음악사 前期로 보고 이 시기를 네 시기로 구분한다. 즉 1860년부터 강화도조약을 체결하는 1876년까지 약 16년간의 시기를 제1기, 1876년부터 동학농민전쟁이 일어나기 직전까지 약 18년간을 제2기, 1894년부터 1904년 제1차 한일협약이 강압적으로 체결되는 시기까지를 제3기, 그리고 국권회복운동이 전개되는 1904년부터 1910년까지 6년간을 제4기로 구분한다. 1910년부터 한국음악사회가 새로운 국면을 맞기 때문에 '근대음악사 후기'로 구분한다.

(1) 한국음악사회 구성

역사적으로 한국음악사회는 기층민중들의 음악사회를 구성하는 세 축, 곧 농민, 떠돌이와 붙박이 예인집단, 그리고 천민출신으로 조직된 神廳(才人廳)

등이 형성되어 있었다. 또, 성리학적 예악관에 바탕을 둔 樂壇은 중인출신들의 詩會, 선비들 중심의 시회와 樂會, 사대부 출신들의 악회와 書會, 그리고 궁정과 병영은 물론 지방 관아에서 이루어진 음악계 등이 있었다. 이 밖에 기층민중 중심의 신앙과 불교와 관련한 음악사회 등이 형성되어 있었으므로 음악사회는 중층적 구조이었다.

기층민중들의 음악이 민족음악의 토대가 될 수 있었던 점은 이들의 '생활의 음악화와 음악의 생활화'한 역사가 공고한 데서 비롯하였다. 기층민중들은 생산성 증대와 관련한 문화, 자연과 우주현상에 대한 신앙적 문화, 그리고 생산의 풍요로움을 구가하는 놀이문화를 복합문화로 발달시켰다. 특히, 17~18세기에 이앙법의 발달로 두레가 부각되자 풍물의 체계화가 이루어지고, 일·믿음·놀이 노래를 더욱 풍요롭게 발달시킨다.

예인집단은 주로 기층민중 출신의 예인들로서 종합예술집단을 말한다. 이들이 노래·악기·춤·인형극·재주(줄타기·땅재주·접시돌리기·솟대타기 등)·재담 등 전 장르를 종합한 전문집단을 형성하고 있었다. 떠돌이 예인집단들인 사당패·초라니패·솟대쟁이패·걸립패·굿중패 등은 떠돌면서 연행을 하였지만, 사회경제적 상황에 따라 浮沈을 거듭하였다. 붙박이 예인집단은 특정 지역에 붙박여 살면서 활동하는 예인집단으로 선소리패나 탈패, 또 광대패 등이 활동하고 있었다.

신청(재인청)은 당골 출신의 예인들의 조직체나 청사를 말한다. 이들은 북극성(辰)을 축으로 동·서·남·북의 (북두)칠성과 해(日, 日光帝釋)와 달(月, 月光帝釋)을 공간성(宇)으로 삼고, 현재의 연원성을 시간성(宙)으로 삼은, 곧 宇宙의 日月星辰으로 聖顯化하고, 음악·춤으로 민중들의 삶의 현장 속에서 생활하였다. 이들은 氣훈련, 구음장단, 가야금부터 춤에 이르는 一家교육, 살판과 죽을판의 줄타기와 땅재주 교육, 그리고 굿 현장에서 살아 갔다.[1)]

樂壇은 유학의 예악관에 바탕을 두고 왕권을 수행하는 궁정음악, 선비나

---

1) 신청출신들은 巫籍에 올라 巫稅를 냈으며, 巫夫들은 중앙과 지방의 장악원에 악공으로 차출되거나 軍營의 巫兵으로 차출된 빈민층이다. 노동은, 《한국근대음악사 I》(한길사, 1995), 172~173쪽. 한편, 官奴의 대부분이 신청출신들이었음은 노동은, 〈한국음악가론〉 I (《음·악·학》 IV, 음악학연구회, 1997), 127~180쪽 중 137쪽 이후를 참고.

사대부출신들의 악회나 기회, 중인출신들의 시회, 그리고 궁정과 지방의 관아와 병영의 음악을 모두 망라한다. 정치와 예를 완성하려고 최고의 덕목을 樂에 둔 조선은 장악원을 두어 왕권을 따르는 조직체로서 악의 실제적 제도화를 이루고, 모든 양반관헌 출신들에게 그 수양악기로서 거문고(琴)와 비파(琵)를 권장하고 있었다. 조선은 모든 윤리와 정치의 이념이자 인격의 완성을 악의 실현에 두고 있었다. 국가의 악단 역시 그 세계관인 일월성신을 음악으로 제도화시켰다.[2)]

기회는 관료출신이나 예순 살 이상의 노인들인 耆老들이 갖는 연회 모임이다. 효행을 장려하여 유교의 통치이념을 구현하려는 정책에서 비롯된다. 일반 노인들을 대상으로 한 양로연과 양반관료출신들의 기로회나 耆英會를 통하여 樂과 축시 그리고 투호놀이가 성행하였다. 악회는 다양한 계층들이 벌인 종합적 판 모임으로 선비들이 거문고 등을 일반화시킨 것이 바탕이 되어 전개되었다. 시회는 중인출신들이 중심이 된 시 동인 모임체(詩社)로서 歌壇을 만들어 漢詩·시조·가곡류를 창작했다.

(2) 근대음악사의 전개

가. 제1기

근대음악사 전기 제1기는 음악사회가 민족음악으로서 자각과 실천을 전개하는 1860년부터 1876년 개항까지 17년간의 음악사이다. 두 가지 점에서 그 이전의 시기와 크게 달랐다. 하나는 안으로 국가권력의 본질을 이룬 토지소유원리와 성리학적 정치체제가 급속히 무너져 가고 있었으며, 밖으로는 세계제국주의의 출현에 의한 민족국가가 위기에 직면한 시기이었다. 제1기는 1862년부터 전국 70여 개 지역에서 농민항쟁이 일어나 매년 지속되다가 마

---

2) 중앙의 장악원은 예조산하로, 지방의 장악원은 군영 산하로 두고, 1894년 그 직제를 폐지시킬 때까지 五禮에 따른 각종 제례·군례·연례 등의 의례를 치렀으며, 그 담당을 樂生과 樂工들이 하였다. 관노와 관비출신의 노비들도 동원되었다. 각 군영은 吹手·吹鼓手·細樂手 등을 조직하여 신호체제와 행진은 물론 국왕과 당상관들의 의례와 행차, 그리고 온갖 행사에 공·사적으로 동원되었다. 특히 각 군영의 세악수들은 전국 신청 조직체인 五都家체제로 관장하였다.

침내 1894년 동학농민전쟁이 일어날 정도로 신분제적 토지소유원리의 모순과 그 성리학적 정치체제의 통치이념이 급속히 와해되는 시기이었다. 또한 조선은 19세기 60년대에 대외적인 충격으로 민족적 위기감이 휩싸인 시기이었다. 1860년에 중국이 영국과 프랑스간에 북경조약을 체결하여 반식민지화로 전락되고, 조선 역시 제국주의의 이양선 출몰로 더 이상 세계질서의 예외지역이 아니었음이 민족적 현실이었다. 1866년의 조불전쟁과 1867년의 조미전쟁과 같이 민족국가의 위기가 현실로 나타나고 있었다.

가) 기층민중들의 새로운 음악전개

농민들은 봉건지배체제에 대한 저항 등 사회체제를 비판하는 노래들을 이 기간부터 조직적으로 만들어 유포하였다. 1861년 경상도 단성에서 "丹城이 哭聲이 되었네"와 比安에서 "참관이 거관하니 비안이 불안하네"와 같은 저항노래들이 쏟아져 나왔다. 이 노래들은 모두 봉건적 조세수탈과 지대수탈 세력에 대한 저항의 노래이다. 또 〈居昌歌〉가 1862년 농민들의 조직적인 항쟁을 예고하며 불려지고 있었다. 1865년 경복궁 중건시 〈경복궁타령〉이 기층민중들 사이에서 널리 불려지면서 지배층의 수탈현실과 고통받고 있는 기층민중의 징발과 경제수탈을 음악적으로 비판한다. 이 현장에 동원된 예인집단, 곧 무동패·중광대패·광대패·초막산민·선소리패 등이 공연하였다. 또 1861년 동학도들이 모임을 가질 때마다 '북을 치고 나발을 부는' 풍물이 항쟁의 음악으로 전개되었다. 한편 신청출신들은 '죽기를 작정하고 다른 곳으로 회피'하는 것도 모두 조선시대의 수취제도의 모순에서 나왔다. 이들이 집단적으로 연명하여 신분제도의 철폐를 제기하거나, '전주 통인청 대사습'을 통하여 신분상승을 꾀하기도 하였다.

신청(재인청)출신과 농민출신으로 고향을 등진 떠돌이 예인집단들이나 그 밖의 붙박이 예인집단들도 鄕市의 발달에 따라 도시의 상설 무대로 진출하여 상주하려는 변화가 일어났다. 전국 1,061개의 鄕市 가운데 최대 시장이었던 송파에서는 산대를 상설화하여 시장경제가 활성화되는 계기로 삼았고, 그 계기는 다른 예인집단에게 영향을 주었다. 19세기 중반 이후의 전국에 걸쳐 있는 5광대와 들놀음(野遊)패는 물론이고 신청이 참여한 각종 연행과 의식이 관아의 제당·동헌·객사 등지에 진출하여 공연되었다.

격상된 예술적 지위만큼이나 기층민중 출신들의 예술가들에 대해 새로운 역사평가를 시도하는 것도 이 시기의 변화된 역사인식이었다. 이미 1844년 趙熙龍의 《壺山外記》뿐만 아니라, 1862년 직하시사 출신 劉在建의 《里鄕見聞錄》은 308명의 이향인들 중에 음악인들을 평가하였다. 퉁소·비파·거문고 연주자이자 창작가(김성기 新譜)로 활동한 천민출신의 金聖基에 대한 평가가 그것이다. 또 1866년에 직하시사 출신의 李慶民의 《熙朝軼事》도 김성기와 함께 생황 연주의 임희지를 평가하였다.

나) 중인들의 중개성과 새로운 양상

앞서의 유재건과 이경민은 중인출신들로서 기록을 남긴 것은 성리학적 문화권에 대한 중개성이었다. 5광대와 들놀음, 또 떠돌이 예인집단과 신청출신들의 광대나 악공들의 연행을 관아로 끌어들여 사대부의 가족들까지 참여시킨 것도 후견인 역할을 한 중인들이었다. 이들은 수탈자로서 규탄의 대상이 되기도 하였지만, 봉건사회의 모순을 자신들에게만 책임지울 수 없으므로 지배층과 연결시켜 이득을 취하려는 데서 그 중개성이 가능했다. 또 '전주 통인청 대사습' 역시 중인들로 구성된 통인청이 신청출신들을 관장하여 그 음악문화를 사대부로 중개하고 있었다. 중인출신으로 향아전이었던 申在孝가 비록 기층민중들의 비판적 풍자성으로 가득한 판소리를 떠나서 안동 김씨와 대원군 정권의 보호를 받으며 진채선과 허금파 등의 여류 명창 후견인 역할을 하며 판소리 개작을 한 것도 권력층에의 중개성이었다. 그리고 서울의 선혜청과 병조는 물론 호조·내수사의 서리 등 경아전들이 악공들을 불러내어 풍악을 크게 개최하는 양상은 조선 후기 이래의 흐름이지만, 이 시기에 후견인 역할이 더욱 부각되어 있었다. 특히 제1기 이후 서울이 소비적·향락적 도시로 변해 가면서 한문문화권에 일찍부터 편입된 중인출신들이 18세기 이래로 詩會의 역사를 마지막으로 장식하며 개화사상가로 진출한다. 1870년대말 청계천의 광교를 중심으로 六橋詩社를 결성하였고, 1876년에는 박효관과 안민영의 《가곡원류》가 나왔다. 이 가곡집엔 김윤석과 하규일 등이 참여하였고, 때로는 인왕산 근처에 필운대라는 歌臺에 올라 가곡을 불렀다.

다) 제국주의 침략과 음악 대응

밖으로부터 서양제국주의의 이양선이 빈번하게 나타나고, 1860년 영국과 프랑스 함대가 북경을 점령하여 청나라를 굴복시키자 조선은 불안에 휩싸인다. 안으로는 왕권 쇠약, 정치기강의 문란, 삼정 문란을 비롯하여 국가재정원인 세원이 파탄으로 이어지면서 천주교 교세가 확장되자 사회적 불안이 커졌다. 천주교가 西學의 하나이었기 때문에 이를 대응하려는 東學이 1860년에 창도되면서 전국의 기층민중들 속으로 깊숙이 파고 들어갔다. 밖으로 서학에 맞서고 안으로 봉건체제를 일신하기 위한 동학은 그들의 신앙가사인 '동학가사'로 근대화를 모색한다. 1860년부터 1863년 사이에 만들어진 동학의 신앙가사집인 《용담유사》가 기존의 민요에 '노래가사 바꾸어 부르기'나 '즉흥적으로 얹혀 부르기'로 불려진다. 특히 〈칼노래〉는 〈칼춤〉을 추며 불렀다. 국가는 이 노래와 춤을 반체제의 노래와 춤으로 규정하고 1864년 崔濟愚(1824~1864)를 처형시켰다. 또 1876년 전라도 장흥에서 李中銓(1825~1893)은 〈장한가〉라는 유교가사를 만들어 불렀고, 1866년에 서장관으로 북경을 다녀온 洪淳學(1842~1892)은 〈연행가〉를 만들었으며, 신재효는 〈괘심하다 서양 되놈〉이란 단가를 만들어 각각 서양을 비판한다. 다른 한편으로 서양음악을 실학자이자 改新樂學者들을 중심으로 자주적으로 발전시킨다. 서양음악의 이론과 실제를 수용하기 시작한 시기는 1631년부터였다.[3] 제1기 기간에도 파리외방전교회 소속의 신부들 중심으로 〈성 시메온 송가〉·〈떼 데움〉·〈알렐루야〉·〈아베 마리아〉 등의 그레고리오 성가와 평균율에 의한 성가들이 불려졌다. 또 최양업 신부가 기존 민요에 신앙가사를 얹혀 부르는 '천주가사'도 광범위하게 불렸다. 이 시기에 崔漢綺(1803~1877)가 서양의 음향학을 비롯하여 음악과학적인 이론체계인 '音樂氣學'체계를 확립하고 자주적이면서 개방

---

3) 노동은, 《한국근대음악사》 I, 347·361쪽. 제1기 이전인 약 2백여년 전부터 정두원·김창업·홍대용·박지원·이덕무·박제가·정약용·이규경·서유구 등이 서양음악을 조선의 문화체계로 소개한다. 서유구는 서양음악을 '彼音'으로, 19세기의 이규경은 '西音', 후에 '西樂'-'洋樂'-'音樂'으로 되었다. 이미 18세기 중반 이후 홍대용이 양금(洋琴, dulcimer)을 들여와 율관 제도의 대안악기로 통용시켰고, 19세기 전반기에 自鳴琴(musical box)이 들어와 양악을 감상하고 있었다.

성을 가진 민족음악으로 발전시켜 서양제국에 대응했다.

나. 제2기

제2기는 1876년부터 동학농민전쟁이 일어나는 1894년까지 약 18년간의 기간이다. 조선은 제2기 80년대 직전부터 西勢東漸 앞에서 급격한 변화를 겪고 있었다. 1876년에 일본과 불평등조약을 체결한 뒤였으므로 서양제국과 무차별한 문호개방이 이루어진 변화이다. 일본과 수교한 이래 온갖 열강과 조약 체결이 이루어지면서, 조선은 1876년에 부산을 필두로 전국적으로 개항지가 개방되었다. 이로써 서울의 시전에서 지역의 포구에 이르는 우리 나라 전 지역에 걸쳐 상업·무역 등 각 분야의 민족자본 형성이 가로막히고, 자본주의 세계체제에 편입되어 조선의 민생과 국권은 위기에 휩싸인다. 조선은 민족위기를 극복하고 근대화를 추진하려는 斥邪衛正運動과 開化運動이 일어나 富國强兵·武備自强을 수립한다.[4] 1880년의 통리기무아문 설치 이후 각종 군제개편 등은 정부가 대응하려 하였던 강병책 일환이었다. 이 정책으로 서양식 신식 군악대가 설치된다. 또 문호개방으로 서양 기독교계의 찬미가, 학교의 일본과 서양노래, 각 공사관과 이들의 문화공간에서 서양음악이 문화충격으로 소통되었다.

가) 서양식 군악대 설치

조선에 서양식 군악대 설치는 두 방면에서 이루어진다. 1882년 10월 청국에 의하여 親軍右營에 銅號手 4명을 선발·훈련시킨 것이 밖으로부터 이루어진 예이다.[5] 이후 청국이나 일본 그리고 러시아 등이 국내에서 정치외교적 우위성을 가질 때와 군제개편이 될 때마다 군악대 설치가 달라지고, 일제에 의하여 1907년 군대해산과 직제개편을 할 때까지 계속된다. 안으로부터 이루어진 경우는 李殷乭에 의해서다. 그는 개화당의 일원으로 1881년 日本敎

4) 노동은, 〈개화기 음악연구 I〉(《한국민족음악현단계》, 세광음악출판사, 1989), 103~141쪽.

5) 《親軍右營都案》(장서각 도서번호 2-609) ; 《親軍別營謄錄》, 무자 5월 19일. 《親軍壯衛營將卒實數成冊》, 개국 503년 갑오 10월 29일. 《摠禦營謄錄》(장서각 도서번호 1411-30-1-9), 신유 3월 3일 ; 《敎導所出駐將兵成冊》 등 참조.

導團軍樂隊에 유학하여 프랑스 악대지도자인 다그롱(Charles Dagron)으로부터 신호나팔과 코넷(Cornet)은 물론 일반군악교육 전반과 군사훈련을 마치고, 1883년에 귀국, 廣州병대에서 나팔수를 양성하였다.

나) 교회-학교를 통한 서양음악 소통

제2기의 서양음악 수용통로는 두 산맥, 곧 군대와 교회이다. 성격상 군대가 기악에 관심을 가진다면, 교회는 성악에 더 관심을 기울인다. 교회를 통한 양악의 소통도 안팎의 전달자간의 성격이 두드러지게 나타난다. 밖의 경우는 1885년에 들어온 미국선교사 언더우드(H. G. Underwood, 1859~1916)와 아펜젤러(H. G. Appenzeller, 1858~1902) 등이 대표하고, 안의 경우는 徐相崙과 白鴻俊 등이 대표한다. 전자가 학교를 중심으로 영어식 찬송가를 교재로 삼는다면, 후자는 황해도 소래교회 등의 현장 교회를 중심으로 한자-한글식 찬송가를 소통시키는 데서 그 성격이 갈라진다. 1885년을 전후로 알렌부부, 헤론부부, 스크랜튼부부, 아펜젤러부부, 언더우드부부 등 국내에 들어온 미국선교사들은 당시 20대 청년들로서 청교도적 취향으로 미국 음악문화를 이식시키고 있었다. 1892년에 악보 없는 가사집 〈찬양가〉가 최초로 발간되었다.

교회가 학교설립을 한 것도 양악 소통의 큰 산맥을 이룬다. 정부가 1898년 6월에 선교허용을 공식화하기 때문에 제2기 기간의 미선교부는 주로 학교와 병원을 통한 간접적 선교를 통하여 '찬미가'를 보급할 수 있었다.[6] 제2기에 정부가 미선교사들에게 허락한 사업은 '학교와 병원'이었으므로 '교사'로 제한하였다. 그러나 이들의 초기 선교활동은 문화적 갈등을 심하게 겪고 있었지만, 선교사들에게 학교는 '조선을 복음화시키는 도구'이었으므로, 거의 예외없이 성경과목과 '찬미가'를 개설하고,[7] 근대지향의 양악으로 작용케 하였다.

서양음악의 통로는 또 가톨릭교회에 의한다. 1886년 5월 3일(음) '한불수호통상조규'가 조인되면서 가톨릭교회가 수난사를 마감하고 종교자유를 획득한

6) 《韓國外交文書》 11권, 美案 2, 242쪽.

7) 학교의 校史들은 '唱歌' 이름으로 기재하고 있지만, 당시에 일반화되지 않은 용어이다. 1906년 '보통학교령'과 '보통학교령 시행규칙'을 제정할 때 '唱歌' 교과목이 처음으로 공식화되었다.

다.[8] 명동성당이 착공되고, 많은 학교를 세웠는데, 1893년에 가톨릭이 운영하는 사립학교가 36개교이었고, 학생수는 246명이나 되었다.[9] 이에 앞선 1885년 가을에 서울 용산의 '예수성심신학교'를 세운 이래 리우빌(Liouville, 柳達榮) 신부와 마라발(Maraval, 徐若瑟)신부는 그레고리오 성가를 신학교 교과목으로 가르쳤다.[10] 1893년 藥峴聖堂 축성식 때는 조선에서 처음으로 '크레도(Credo)' 등의 그레고리오 성가를 공식적으로 불렀다. 한편 일반성도들이 제1기 기간 동안에 불렀던 최양업 신부의 천주가사가 '노래가사 바꾸어 부르기'형태로 계속 부른다.

다) 서양음악문화의 교류

조선이 국제간의 조약체결에 따라 조약 상대국가의 축하연주와 공사관에서 수비대들의 나팔수 활동 등 조선인의 서양문화경험은 점차 넓어진다. 1882년 5월 22일(양) 미국과의 수호통상조약이 조인되었을 때 조선의 대취타 연주보다는, 1883년 11월 26일에 조·독 조약체결을 축하하는 독일의 라이프찌히함대 군악대의 서울 외아문 공연이나 독일인 묄렌도르프(Paul George von Möllendorff, 1847~1901)의 전동 집 마당에서 연주가 부각되었다. 손탁(Antoinette Sontag)양이 민비에게 서양음악을 소개하거나, 손탁호텔과 정동구락부 등에서 주한 외교관들이 서양음악을 소통시키고 있었다. 한편 통상조약 체결로 양악기류가 유통되었다. 자동악기(mecanical instrument) 중 하나인 八音盒을 비롯한 각종 악기가 수입되고, 1884년 일본에서 수입한 물품 중 악기 45원어치도 있을 정도로 수요가 늘어난다. 1884년에 인천에 카를 볼터(Karl Wolter)가 무역회사로 설립한 세창양행에선 악기를 포함한 외국 물품을 판매하였다. 이들 악기들은 대부분 신식 군제개편에 따른 나팔수들의 악기류이다. 또 《한성순보》도 외국의 음악문화를 소개하고 있었다.

---

8) 崔奭祐, 〈韓佛條約과 信敎自由〉(《韓國敎會史의 探究》, 韓國敎會史硏究所 出版部, 1982), 187~207쪽 참조.

9) 盧吉明, 〈迫害期·開化期의 韓國天主敎會와 社會開發〉(《韓國天主敎會創設二百周年紀念, 韓國敎會史論文集》 I, 韓國敎會史硏究所, 1984), 197~199쪽.

10) *Compte Rendu de la Societé des M. E. P*, 《빠리외방전교회 연말보고서 : 1878~1894》.
한국교회사연구소, 《敎會史硏究》 4 중 자료, 1890년도 보고서, 253~254쪽.

라) 조선음악의 근대 대응

제2기는 국내적으로 관료들의 탐학이 극에 이르고 연이어 발생하는 가뭄과 토지직접 생산자이었던 농민들이 경향 각지에 火賊·水賊, 떠돌이 거지들의 流團, 才人들의 綵團들이 되어 지난 시기에 이어 출현하고 있었다. 또 군인들의 항쟁(1882)과 군제개편이나 갑신정변(1884) 등으로 국내는 정치적 변동을 겪어 갔다. 국외로는 열강들과 맺은 조약으로 경향 각지에서 개항이 잇따르며 조선사회가 격변한다. 개항장의 내국 상인들이 몰락하고, 시전과 장시 상인들이 淸·日商에 대한 점포철회 시위와 상회·상회사를 설립하여 대응했으며, 동학이 민중들과 결속해간다.

음악문화도 서양음악이 '힘의 언어'로 부각되어 가는 동안, 신청 조직체와 떠돌이 전문예인집단들은 안팎의 시대 격변을 버티어 갔다. 중인들의 詩社활동체인 '六橋詩社'가 19세기 80년대 전반까지 전승하며 근대화를 준비한다. 이 시기 전 계층과 함께 오랫동안 생활해온 '삼현육각패'가 계속 주도하였다. 피리(2)·젓대(대금)·해금·장구·좌고로 편성한 이 형태는 각종 연회 때 연주하는 擧床樂, 각종 춤의 반주음악, 각종 의례 현장에서의 제례악, 또는 행진음악은 물론 떠돌이 전문예인집단의 연행에 어김없이 등장하였다. 국가적인 나례행사나 耆會와 관아의 연향, 관료들의 행차, 산신제, 향교의 제향, 마을의 제사, 개인적인 연회는 물론 민중들의 삶의 현장에서 시나위판과 신청예술인들의 굿판, 마을의 명절놀이 때나 잔치나 그 밖의 각종 놀이나 예인집단 등의 연행과 공연에 삼현육각패가 등장하였다. 이 편성을 중심으로 풍물악기 편성도 하지만, 삼현육각 편성의 6중주는 시나위와 각종 기악중주곡에서 벌써 판소리 가락과 어울려 독주악기로 함축시키는 새로운 '산조시대'를 제3기에 가능케 한다.

다. 제3기

근대음악사 전기 제3기는 1894년 동학농민전쟁 시작부터 1904년 8월 제1차 한일협약이 체결되는 직전 시기까지의 기간을 가리킨다. 이 기간 조선은 밖으로 외세와 각종 불평등조약의 체결과 경제적 침략이 강화되어 가는 한편, 안으로는 지배층의 민중수탈이 강화된 시기이다. 국가는 갑신정변 이후 갑오개혁(1894~95)으로, 민중들은 1894년 농민전쟁으로 근대 변혁운동이 발전하면서 1897년 10월에 대한제국을 수립하였다. 대한제국기 기간 중 1896년부터 독립협회운동의 결과 1898년의 만민공동회나 농촌사회와 도시의 유민층을 중심으로 동학당·英學黨·활빈당 등이 조직되어 반침략과 반봉건투쟁을 전개한다. 이 기간 농민들은 정부로부터 이끌어낸 갑오개혁으로 천민 음악인 신분이 철폐되고, 각종 애국가로 분수령을 이루며 노래가사 바꾸어 부르기를 시도한 민중·민족적 노래운동, 그리고 김창조의 가야금산조에 이어 백낙준의 거문고 산조 확립, 판소리와 병행한 창극의 태동과 왕립군악대가 창설되는 등 새로운 근대음악양상으로 나간다.

가) 동학과 동학농민전쟁의 음악

동학과 동학농민전쟁의 주체들은 종교적으로 동학도이고 소작으로 농사를 지은 빈농층이다. 1894년 동학농민전쟁은 농민들이 동학도와 더불어 안으로 봉건성과 밖으로 외세적 국제화를 극복하려한 전쟁이다. 이 기간에 농민과 동학도들이 〈칼노래〉와 〈칼춤〉을 비롯하여 두레풍물과 노래, 신청출신들의 다양한 음악들이 민족음악으로 성격을 드러낸다. 1894년 벽두 수천 농민군들이 전라도 고부의 말목 장날에 모여 군수 조병갑을 징벌하기 위한 집회에서 '징소리와 나팔소리'를 앞세운 것도 두레풍물이었다. 신청출신들과 예인집단들이 갑오년에 앞장서서 공동체의 음악문화를 전문적으로 이끌어갔다. 孫化中 장군의 소속은 재인들로 구성한 농민군을 조직하였고 그 지도자도 세습무당출신인 홍낙관을 내세웠으며, 金開南 장군 역시 창우와 재인 천여 명으로 조직한 부대를 이끌어간 사실에서 이들이 신분해방에 앞장섰음을 확인케 한다.[11] 이들은 모두 신청출신들이어서 이미 줄타기를 비롯한 재주넘기 훈련을 마친 사람들인데다, "그 사납고 용맹함이 누구도 대항할 수 없어 사람들이 가장 두려워"할 정도로 정예부대로 활동하였다. 또 이들과 함께 농민들이 군사훈련을 전문적으로 받지 않았지만 두레풍물을 통한 마을공동체의 집단

11) 黃 玹, 《東匪紀略草藁》.
———, 《梧下記聞》 제2필의 97쪽과 제3필의 23쪽.
《重犯供草－興德郡 亂民取招査案》(규장각 도서번호 17282 13a－b) 참조.

생활이 있었기 때문에 관군은 물론 일본군과 맞설 수 있었다. 이들 巫夫와 才人 그리고 倡優와 떠돌이 예인집단들은 다름아닌 전문음악가로서 천민이자 빈민층을 형성하고 있었기 때문에 동학농민전쟁은 신분해방운동이었다. "노비문서를 소가할 事"라는 집강소의 폐정 개혁을 가능케 한 것도 이 때문이다. 신청출신들은 정부로 하여금 1894년 6월에 신분제도를 폐지하게 함으로써 한국음악사에서 가장 큰 분수령을 이끌어냈다. 한편 정부 관군이나 일본군은 신식 군제편성을 하고 있었으므로, 모두 양악대라는 점에서 농민군들의 민악이 민족음악으로 성격을 뚜렷하게 나타내고 있다. 이들이 만든 민족노래 〈새야새야〉·〈개남아 개남아〉·〈가자서라 가자서라〉·〈새새 파랑새〉 등이 그만큼 빛나고 있다. 관군은 洋鼓와 나팔이었고, 일본군은 군악대 2대를 동원하고 있었는데, 농민들은 '외국 수입품의 살인 기계'로 보고 있었다.[12]

나) 왕권강화와 서양식 군악대·곡호대 강화

조선에서 극동진출을 꾀하던 러시아가 독일·프랑스와 함께 3국간섭을 통한 일본의 견제세력으로 부각하자 조선은 친러정권과 친일정권의 쟁투장이 되어갔다.[13] 정부는 국권 강화를 목표로 1897년 10월에 대한제국 성립을 선포하고 개혁을 단행하였다. 대한국국제(1899) 공포로 외세의 경제적 침투저지와 소·중·사범학교를 세울 수 있는 신교육령 등 개혁조치를 내리고, 친위대나 시위대 등과 지방의 진위대 설치 등 군제개편을 하였다. 민중들은 그 어느 때보다 독립주권국가 확립의 열망이 강하게 나타나고 있었다. 제3기에 군악대 개편은 왕권강화를 위한 것이었다. 1888년 기존의 중앙군의 병제를 총어영 등의 3영과 1891년 서울방비의 경리청 등 4영이 확립되었다. 이와 함께 '곡호병'·'곡호대'·'취고수' 등의 이름으로 약 70여 명의 군악대원을 두었다. 기존의 4영에다 왕의 호위대인 용호영 등 친군5영제는 청의 영향권에서 이루어진 편제이고, 1895년에 군제개혁이 중앙과 지방에서 단행된 것은 일본군제 영향권에서 이루어졌다. 1894년 8월에 동학도 토벌을 목적으로 설치한

---

12) 吳知泳, 《東學史》, 127~31쪽
山口常光 編著, 《陸軍軍樂史》(東京 : (有)三青出版部, 1973), 92쪽 참고.

13) 陸軍士官學校 韓國軍事研究室, 《韓國軍制史》 近世朝鮮後期篇(陸軍本部, 1977), 335쪽.

교도대 '곡호수' 4명은 이 기간부터 일본군제의 영향권에 의한다. 1894~1895년간의 군제개혁으로 舊營체제가 폐지되고 신군제가 들어섰다. 친위대, 교도대, 훈련대, 신설대, 왕실호위대인 시위대가 그것이다. 1895년 시위대에 처음으로 '侍衛隊 軍樂隊'가 설치되었다. 대내외에 왕권 보호와 그 위용을 드러낸 군악대는 기존의 곡호대와 다른 이름을 사용하여 차별성을 두었다. 그러나, 군악대란 이름이 주어졌지만 '內吹' 2패(각 패당 38명) 편성이었다.[14] 다만 동호수, 곡호수, 곡호병, 곡호대 등이 주로 중앙군과 지방 군부대의 악대편성 이름이었다면, '군악수'·'군악병'·'군악대'·'군악장' 등은 '왕립악대' 이름으로 정착시켰다. 서양식 군악대 편성을 하려면 악기구입, 예산편성, 그리고 군악교사 확보가 있어야 한다. 이 과제는 1895년 이후에 해결되어 간다.[15]

1900년에 전국에 걸쳐 악대가 계속 증강되고, 악대지도자로서 '군악교사'인 '프란츠 에케르트'(Franz Eckert, 1852~1916)를 시위대 군악대에 초청하여 군악대 강화기를 맞이하였다. 편제에도 변화가 일어났다. 이미 설립된 바 있는 '시위연대 군악대' 51명과 '시위기병대 군악대' 51명 등 102명을 중심으로 프란츠 에케르트의 군악교육이 본격화한 지 3년 후가 되는 1904년 3월 12일에 '군악 1개중대가 설치'되어 2개 소대로 나누어 운영하였다.[16] 그리고 군악 1개중대는 관례적으로 시위 제 1 연대에 속하게 하였다.

다) 국가제정

대한제국의 위용을 국내외로 천명하려는 국가의지가 군악대 증강에만 있지 않았다. 그 정점이 '國歌'제정이었다. 대한제국은 국제외교의 의례상으로

---

14) 위의 책, 358쪽.

15) 《增補文獻備考》 권 110, 兵考, 25a. 친러 정권이 들어서자 1896년부터 1899년까지 러시아군제로 개편되자 군악대가 설치되었다. 궁중 시위를 맡은 侍衛隊 편성을 계기로 1896년부터 매년 '軍樂隊費'로 4,608元씩 각각 예산편성을 하고, 군악대를 운영하였다. 1897년 3월에는 '露國 軍樂器 購買費'로 3,096원을 정부 예비금에서 별도로 지급한 것도 그 예로서 신호나팔과 북을 비롯한 여러 양악기들을 러시아에서 구입하였다(《高宗實錄》, 건양 2년 3월 18일).

16) 〈칙령 제13호〉를 게재한 《官報》, 광무 8년 3월 15일. 군악대 편제는 1등 군악장(중대장) 1명, 2등 군악장과 3등 군악장(소대장) 2명, 정교 1명, 부참교이자 1등 군악수 8명, 상등병이자 2등 군악수 12명, 병졸로서 樂手 54명, 樂工 24명 및 부참교(서기) 2명 등 104명이 군악 1개 중대 편제이었다.

도 國歌·國旗·軍旗 등의 제정은 시급한 문제였다. 1902년 고종황제는 '국가제정'과 함께 '御旗·親王旗' 제작을 위한 '旗章造成所'를 설치한다.[17] 고종은 두 가지 국가 제정 지침, 곧 각국의 국가를 참조하여 새로운 국가를 만들되 '審定宮徵'하라는 지침을 내려 시위연대 군악교사인 에케르트가 국가창작에 나선다. 그는 이미 일본국가제정에 참여한 바 있었다. 대한제국국가는 1902년 8월 15일에 공식적으로 제정되어 각 국가에게 보내졌고, 각 부대, 각급 학교에서 부르고, 악대곡으로 연주되었다. 이것이 바로 〈대한제국애국가〉(Kaiserlich Koreanische Nationalhymne)이다. 당시 모든 나라의 '국가'가 '애국가'로 불렸으므로 〈대한제국애국가〉는 최초의 국가이었다. "上帝여 우리 황제를 도와 천만세에 복녹이 일신케 하소서"의 가사처럼 황제 중심의 충군애국이 그 핵심이었다.

라) 군가보급의 대중화

군악대와 곡호대 그리고 나팔수 등 군제개편과 함께 '軍歌' 보급도 이루어진다.[18] 군가가 근대군제확립과 함께 집단적인 정신과 정서의 기틀이 확립된다는 점에서 전 시대와 다르다. 이 시기 군대는 군가가, 사회일반은 애국가가 대중성을 확보하고 있었다. 군가는 군대 자체가 보급 진원지였다면, 애국가는 학교-교회가 중심적인 보급지였다. 두 분야 노래들은 충군애국으로서 노래운동의 성격으로서 서로 영향을 주고받으며 대중가로 자리잡아 갔다. 〈대군주 폐하께서 자주독립하옵신후〉·〈기초로세 기초로세〉 등의 충군애국 노래가 1897년 친위대의 군인들이 만든 군가이다.

마) 민간 '애국가' 제정운동

근대음악사 전기 제3기의 획기적인 음악사건은 '노래'를 '운동'으로 인식하였다는 점이다. 음악을 사회운동으로 인식한 것은 동학의 〈칼노래〉처럼 19세기 60년대 이래 전통이다. 이 시기의 가사는 충군애국으로서 '애국가'와 '독립가'가 압도적이었다. 이 노래들이 1896년《독립신문》에 게재되어 대중화된다. "부국강병 된 연후에/ 태극기를 높히 달아/日·淸국을 압제하고/오대주

17) 《官報》, 광무 6년 8월 15·20일.
18) 《皇城新聞》 48호, 광무 3년 1월 23일.

를 횡행하면/독립문이 빛이 나고/독립지에 꽃이 핀다" 등의 애국가가 그것이다. 학생·주사·기사·군인·예수교인 등이 애국가·독립가·애국독립가·자주독립 애국노래·독립문가·동심가·애민가·성몽가·성절송축가·대군주 폐하 탄신 경축가 등을 모두 애국가로서 보급하였다. 독립협회는 특히 '애국가'를 제정하여 '國歌'로 보급하려고 민간 애국가 제정운동을 주도하였다.[19] 1896년 9월 22일자 《독립신문》 논설은 애국가 제정의 필요성을 제안한 데 이어,[20] 각종 집회의 식순에 넣어 '애국가'를 대중화시켰다. 내용은 학부가 '국가제정위원회'를 조직하고, '율에 맞춰 작곡'하고, 외국의 음악교사를 초빙하여 각급 교원들 교육과 각급 학교에서 '조선백성들이 나라사랑'하는 실제적인 방법을 가르쳐 자주독립정신과 정서를 고양시키자는 내용이다. 이 시기 각종 경축회 모임이나 만민공동회 모임, 각종 민중대회에서 애국가(애국가·경축가·독립가·찬미가·군가)가 장엄하게 불려진다.[21] 이 운동은 1902년 정부로 하여금 '국가제정'을 이끌어내고, 독립과 민권운동을 고취시켰다.

바) 민족음악양식의 새로운 발전

제3기 기간에 민족음악양식이 새로운 발전을 가져와 음악사적으로 이 시기가 주목된다. 기악에서 '가야금산조'가 나왔고, 성악에서 '창극'이 나와, '산조시대'와 '창극시대'를 전개하였으니 이것은 새로운 한반도 전체 음악사에서 근대가 갖는 주요 음악사건이다. 모두가 사회경제적인 발전의 결과로 민중들이 음악에 대한 사회적 요구가 높아지고, 더욱이 한반도에 제국의 패권주의가 드세진 상황에서 나온 민족음악양식으로서 역사적이다.

가야금산조는 1890년대 전후에 金昌祖(1856~1919)에 의하여 확립된 민족기악양식으로서 가야금 독주곡이다.[22] 김창조와 더불어 한숙구와 박팔괘 그리

---

19) 愼鏞廈, 《獨立協會硏究》(一潮閣, 1981), 174쪽.
20) 《독립신문》 1권, 73호, 건양 1년 9월 22일.
21) 각종 모임에 애국가 제창은 물론 장악원 합주, 삼현육각, 풍물패, 무관학교의 군가, 친위대의 곡호대 행진, 배재학당과 경성학당 및 관립·공립소학교 학도들이 교기를 앞세운 행진도 있었다.
22) 김창조의 출생연대가 1856년 음력 7월에 전남 영암에서 태어나 1918년 8월 광주 북문에서 사망한 것으로 밝혀졌다. 김창조의 제자인 안기옥이 밝힌 글에서다. 김창조는 1915년경까지 가야금산조·거문고산조·가야금병창·젓대산조·

고 심정순 등이 역시 가야금산조를 즉흥적인 산조로 만들었다. 散調는 민족음악 창작원리가 '氣化'에 있고, 모든 독주악기의 '틀'이 되어 산조시대를 이루고, 신청의 '一家' 지향과 같은 음악생활에서 창작될 수 있다는 점이 그 특징이다. 이후 白樂俊에 의하여 1896년에 거문고산조가 나왔고, 박종기의 젓대(대금)산조를 비롯한 여러 악기의 산조가 하나의 원조에서 여러 유파가 발생케 함으로써 20세기 산조시대가 개막되었다.

한편 전 계층이 사회경제적 발전에 따라 도시와 농촌 그리고 상업발달지역의 조창이나 시전·장시를 중심으로 전문음악에 대한 감수성이 성숙하여 새로운 음악극 탄생을 바랐고, 각 나라의 음악이 활성화되는 데 자극되어 '창극'이 민족음악양식으로 나왔다. '唱劇'은 상설극장을 중심으로 무대예술이 부각되어 근대의 시대적 요구를 반영하며 등장한 총체적 음악극이다.[23] 한편 1902년 여름에는 일본인들이 전국의 개항지는 물론 교동에 연희장을 설치하고 매일 밤 '엔카(演歌)'식 '倭唱'과 가부키(歌舞伎) 등이 공연되고,[24] 한성 내에 거주하는 청국상인들이 1904년에 청룡관에서 京劇과 연행을 운영하자 많은 변화가 일어났다.[25] 1899년부터는 辯士를 대동한 일본의 활동사진(영화)이 전국 순회공연을 하면서 대중적 인기를 끄는 엄청난 변화가 일어나 이후 압도하는 대중매체로 자리잡는다.[26] 1903년에는 활동사진(영화) 상영에 '인산인

단소·해금 등의 창작품을 발표하며 연주생활을 하였다.
김창조의 가야금산조 장단구성은 진양조 5장—중모리 5장—중중모리 3장—자진모리 5장으로 되어 있으며, 한 장단마다 몇 개의 장으로 나누어지는 즉흥적 '장별제 산조'이다.

23) 도시 중심의 상설시장이 상설무대화로 된 서울의 경우, 1899년 초 사설극장으로 실내무대형 연회장이 아현 지역에 만들어졌다(《皇城新聞》, 광무 3년 4월 3일). 1900년에 龍山舞童演戲場을 비롯하여(《皇城新聞》, 광무 4년 3월 6일), 관립극장인 協律社가 1902년 여름에 설립되었다(《皇城新聞》, 광무 6년 8월 15일 이후).

24) 《皇城新聞》, 광무 6년 8월 5일. 일본 현지에서 1880년대부터 유행한 소오시(壯士)들의 '신파극'인 소오시게키(壯士劇)와 '엔카'(演歌) 등이 유입된다. 1908년에는 서울·인천·부산 등 개항지에 '歌舞伎座'가 세워져 있었다(《京城新報》, 1908년 8월 15일).

25) 《大韓每日申報》, 1904년 11월 16일자. 제4기에 가서 1907년에 演興社를 비롯하여 光武臺와 團成社도 만들어진다. 1908년 협률사가 圓覺社로 바뀌었고, 이 밖에 長安社·音樂社·團興社 등 여러 개의 극장이 서울에 생겨났다.

26) 李萬烈 編, 《韓國史年表》(역민사, 1985), 175쪽.

해'를 이루고 있었다.[27)]

이처럼 상설 실내극장에서 대중을 상대로 공연양식이 달라져 가고 있었다. 판소리를 비롯한 우리 나라 음악예술이 새롭게 변화되지 않으면 안되는 상황에서 '協律社'를 중심으로 판소리를 '창극화'한다. 협률사는 정부가 재정 충당을 목적으로 1902년에 설립한 관립극장이었다. 奉常寺 내에 설치한 협률사는 궁내부 내의 협률사가 관장하였다. 그 구성은 2차에 걸쳐 완료하였다.[28)] 이들의 주요 공연작품들은 판소리와 민요와 무용이 주축이었고, 평양날탕패 공연과 경서도 민요, 서도잡가, 기생가무, 줄타기, 재담(奇術), 잡희, 승무・검무・사자춤 등도 무대에 올려졌다. 특히 협률사에서 판소리를 창극화시킨 점이 역사적이다. 이후에 민족가극시대를 열었기 때문이다. 1903년 가을의 〈춘향전〉과 1904년 봄의 〈심청가〉가 창극으로 나왔다.[29)] 초기의 창극들은 1905년의 창작창극 《최병두타령》을 거치면서 본격화된다.

라. 제 4 기

한국근대음악사 전기 제 4 기는 1904년 2월부터 1910년 8월까지 6년 6개월간의 기간이다. 밖으로 일본이 조선의 식민지화를 위한 기초작업을 닦아 가는 시기라고 한다면, 안으로는 항일의병전쟁과 계몽운동으로 민족이 국권회복을 위한 시기이다.

우리 나라의 민악과 교방사(1897년에 장악원에서 직제개편) 음악 그리고 군악대・곡호대 등을 일본이 약화시키는 한편 공립학교를 통하여 일본의 '쇼오

---

27) 《皇城新聞》, 광무 7년 7월 10일.

28) 협률사는 1차로 서울의 太醫院과 尙衣司 등에서 관기들을 선발하였고, 2차로 金昌煥・宋萬甲・李東伯・姜龍煥・廉德俊・劉公烈・許錦坡・姜小香 등 명창과 경서도명창인 朴春載・文永洙・李正和・紅桃・寶貝 등 모두 170여 명을 선발한 전국적 조직체이었다. 이 구성원들은 당대 민악계의 명인들이었다. 협률사의 구성원을 보면 정부가 처음으로 民樂人들을 중심으로 조직한 점, 대중을 상대로 한 음악이 궁정의 雅樂이 아니라 민악이었다는 점, 그리고 신청(재인청) 출신들을 중심으로 조직한 단체라는 점에서 음악관이 시대적으로 전환하고 있었다. 1903년 협률사 고시를 통하여 "음률하는 공인을 임의 본사에서 관활"하면서 '음률하는 공인'을 통제하고 있었다(《뎨국신문》 1903년 3월 27일). 협률사 소속 음악예술인들을 대표하는 김창환이나 이동백・박기홍・유성준 등은 신청출신으로 巫夫 국창이었다.

29) 朴 晃, 《唱劇史硏究》(白鹿出版社, 1976), 23~26쪽.

카(唱歌)'와 '온가쿠(音樂)'를 음악교육으로 삼아 민족정서 해체를 획책한다. 그 강압성은 또 음악인을 기생조합으로 재편하는 등 우리 나라 전 음악분야에 나타난다. 반면, 민중들은 애국적인 노래운동으로 맞서 국권회복을 위한 민족적 계몽운동을 펼쳐 나간다. 학교설립을 통한 신교육운동이 노래를 통하여 대중들을 계몽하면서 민족적 자각을 높이려 이 기간 문화운동의 정점을 이룬다. 한편 의병들이 전국에서 일본과 무력투쟁을 시도하며 점차 국내외에서 항일의 독립군으로 발전한다. 여기에 의병가를 비롯 항일가 등이 항일의병투쟁 성격을 잘 나타내고 있다. 이 시기 《최병두타령》과 같이 반봉건성을 극명하게 드러낸 창극운동은 괄목할 만한 운동이었다. 한편 서양음악을 자주적으로 수용하고 조선음악을 체계적인 교육으로 발전시키는 '조양구락부'(후에 조선정악전습소)가 이 기간 마지막에 창립되었다.

가) 음악의 식민지 위기

제4기는 일본의 억압책으로 우리 음악은 위기를 맞는다. 첫째는 정부 소속의 교방사와 군악대·곡호대 등이 직제개편으로 약체화되고 음악예술인들이 통제받는다. 둘째는 자본을 장악한 일본인들이 각종 음악단체를 예속시켜 음악계를 관장한다. 셋째는 일본의 '쇼오카'와 '온가쿠'로 음악교육이 이루어지면서 일본정서화를 획책한다.

(가) 직제개편

통감부의 관제개편은 음악기관으로 이어져 약체화를 면치 못한다. 지금까지 예조에 부속된 掌樂院이 1894년에 宮內府에 흡수되었다가, 대한제국이 성립하는 1897년 이후에는 장악원 장례원과 協律課로 흡수되었고, 이어서 1900년 6월 19일에 협률과가 교방사로 바뀐다.[30] 그 인원도 722명이었으나 1905년 3월 4일에 장례원이 폐지되고 '禮式院' 신설과 함께 '예식원 장악과' 내로 교방사가 흡수되어 일본의 통제권에 들어간다.[31] 1907년 9월 1일에는 군부소관의 '군악대'가 장례원 소속으로 바뀌고, '帝室軍樂隊'로 개정된다.[32] 자주

30) 《日省錄》, 고종 31년 6월 28일.
〈草記〉, 갑오 6월 28일.
《官報》, 광무 4년 6월 21일.
31) 《官報》 호외, 광무 9년 3월 8일.

적인 대한제국 군대의 '군악대'가 아니라 궁내부 예식 군악대로 축소된 것이다. 대한제국은 어느 사이에 궁내부 '제실'이란 이름으로 약체화되었다. 이것은 1907년 7월 31일 통감부가 조선의 군대해산과 조선의 궁내부 장악에서 비롯된다. 따라서, 군대해산과 궁내부 관제가 일본 통제하에 개정되면서 음악기관도 약체화를 면치 못한다. 장례원은 기존의 예식원에서 개편되었을 때에 주요 변화가 생겼다. 일제 의도대로 조선음악과 서양음악의 용어가 일본용어로 바뀌는 음악사적 중요한 변화가 일어났기 때문이다.[33]

즉 조선음악의 직책을 '國樂師長'과 '國樂師'로 하고 '國樂 교수 및 國樂에 종사'하게끔 하여 李南熙·明完壁·金仁吉 등을 임용하였다. 또 서양음악은 '국악'용어와 다른 '樂師長'이나 '樂師'로 직책화시키고 '음악교수 및 음악에 종사'케 하고 白禹鏞·姜興俊·金昌熙를 임용하였다. 조선음악은 '국악', 서양음악은 '음악'으로 구분한 기준이 현재까지 이어져 오는 이 용어의 구분은 바로 일제에 의해서였다. 또 "국악사장이 국악 교수와 주악을 맡고, 국악사가 국악에 종사한다는 내용처럼 우리 나라 아악이나 향악 등의 장악원 음악을 '국악'이란 용어로 직제 변경을 하였다. '국악'이란 용어가 '아악류의 나라음악'이란 뜻이 없는 것은 아니지만,[34] 이 경우는 일제가 '일본식'으로 개편하여 조선음악을 약체화시키고 일본의 가가쿠(雅樂)로 대신하려는 다른 뜻이 숨어 있었으며, 그것은 조선을 식민지 정서기반으로 구축하려는 뜻이었다. 특히 대한제국의 재정고문이었던 메가타 타네타로(目賀田種太郞, 1853~1926)가 1904년 9월 30일에 들어와서 1907년 11월 9일 서울을 떠날 때까지 4년 넘게 궁내부의 사사로운 일과 제사, 궁내부 관련자들의 진퇴, 정부의 조선인 관리 등용규칙, 봉급령 정리, 일본관리를 간부로 임용하는 문제, 은행·교통개발, '풍속에 관한 문제', 교육재건과 외국선교사를 통제하는 문제 등을 실제적으로 주도하였다.[35] 그는 '國樂'과 '唱歌'·'音樂'이란 일본음악용어를 이미 일본음악교육 현장에 적용한 당사자였다. 이 용어들은 대한제국의 역사적인 용어

---

32) 布達 160호(9월 1일부)가 《官報》, 융희 원년 11월 11일에 게재되었다.
33) 포달 161호(《官報》, 융희 원년 11월 29일).
34) 鄭尙驥, 《農圃問答》, '正雅樂'.
35) 故目賀田種太郞 傳記編纂會, 《男爵目賀田種太郞》(東京 : 故目賀田種太郞傳記編纂會, 1938), 345~346·533~554쪽.

가 아니라 일본의 용어이다. '국악'이나 '창가'와 '음악'은 일본이 메이지(明治, 1868~1912) 연간에 일본 현지에서 일반화시킨 용어로, 메가타와 이자와 슈지(伊澤修二, 1851~1917)의 합동조어이다.[36] 1875년 메가타가 일본정부 유학생 감독관으로, 이자와가 유학생으로 미 매사추세츠州의 브리지워터(Bridgewater) 사범학교에 유학하고 1878년에 일본으로 귀국한 바 있다. 이자와와 메가타는 그 사범학교에서 음악교육학자인 메이슨(L. W. Mason, 1828~96)과 벨(G. Bell)을 만나 상호 협력관계를 유지하고,[37] 메가타와 이자와가 함께 연명하여 일본 문부성에 '쇼오카'실시를 위한 보고서를 1878년부터 올렸다. 그 핵심이 '국악의 일으킴(國樂創成)'이었다. '국악'은 'National Music'의 번역어이었지만, 그 내용은 일본의 국민음악이다.[38] 일본에서 '국악'의 의미는 전통음악만을 가리키는 것이 아니라 '일본음악과 서양음악을 절충하여 새로운 일본국민들이 부르는 음악으로 발전'하자는 뜻이 담긴 너무나 일본적인 용어이다.[39] 일본 근대음악교육은 '국악'에 바탕을 둔 근대음악교육이 초등학교 저학년에 적용하는 음악이 '쇼오카'이었고, 고학년 이상에게 적용한 음악이 '온가쿠'이다. 쇼오카와 온가쿠를 우리 식으로 발음한 '창가'와 '음악'이 일본통감부에 의해 쓰여진 용어이지 결코 우리 역사에서 발전시킨 용어가 아니다. 더욱이 이자와는 이후 동경사범학교장, 음악취조소장, 문부성 편집국장, 동경음악학교 교장 등을 지내다가 1896년 4월 1일에 대만총독부 민정국 학무부장으로 취임하였고,[40] 메가타는 청일전쟁과 러일전쟁시 일본 대장성 主稅局長을 지내면서 일본경제를 주도하다가 1904년 대한제국 재정고문으로 왔다.[41] 어느 사이 이들은 '일본의 국가주의'에 공조하면서 '국악'으로 아시아화를 획책하며, 두 나라의 민족정서를 해체시켜 나갔다. 한편 1908년 8월 24일에는 장례

---

36) '唱歌', '音樂', '國樂'의 구체 내용은 노동은, 《한국근대음악사》 1, 588쪽 이후 참고.

37) 노동은, 위의 책, 592쪽 이후.

38) 東京藝術大學 音樂取調掛 資料硏究班, 《音樂教育成立への軌跡》(東京 : 音樂之友社, 1976), 7쪽.

39) 東京音樂學校內 日本教育音樂協會篇, 《本邦音樂教育史》(東京 : 音樂教育書出版協會, 1934), 87쪽.

40) 上沼八郎, 《伊澤修二》(東京 : 吉川弘文館, 1988), 213쪽.

41) 故目賀田種太郎 傳記編纂會, 앞의 책, 343쪽.

원 장악과의 명칭이 '장악부'로 더 약체화되었다.[42] 이후 '이왕직 아악대'와 '이왕직 양악대'로 나뉘고 인원도 189명으로 축소되었다.

(나) 군악대 · 곡호대 약체화

이 시기에 가장 뚜렷한 변화는 군악대와 곡호대의 축소개편이다. 그것은 일제가 러일전쟁에서 승리하여 그 기세를 대한제국의 내정 간섭권으로 몰아 재정 · 외교 · 군사 · 학무 등 전 분야에 지배로 나타난 결과였다. 자연히 군악대 · 곡호대에도 커다란 변동이 생겼다. 시위대에 속한 군악대 1개 중대와 시위기병대 군악대 1개 소대도 감축된다. 직원에서나 군악대의 위상으로서나 또 인원에 있어서 감축되었다. 1907년 6월에 개편한 군악대는 석 달 후인 9월에 궁내부 장례원 소속의 '제실군악대'로 흡수되었다.[43] 더 이상 군부의 군악대가 아니라 침몰하는 왕실악대로 비운을 맞고 있었다. 한편 친위대 2개 연대의 곡호대나 공병중대와 치중병대의 각각의 '나팔수' 편성도 변동이 있었지만, 무엇보다도 각 지방에 편성된 진위 6개 연대를 8개 진위대대로 감축하였기 때문에 19개 대대의 '곡호대'도 8개의 곡호대로 축소되어 버렸다.[44] 또 전국적으로 편제된 나팔대 역시 일제 통감부에 의하여 약체화를 거듭하다가 1907년 이후 해체되어 버렸다. 1908년 8월 24일에 장례원 장악과의 명칭이 '장악부'로 바뀌면서 인원이 축소되자, 음악대로서 1910년 8월 한일합병을 맞았다. '이왕직 양악대'는 1915년에 해산할 때까지 우리 나라 근대음악 역사의 영광과 좌절의 산맥을 이루었다.

(다) 일제의 창기 — 기생조합 조직과 통제

일제 통감부는 정부의 직제개편 뿐만이 아니라 음악사회 전반을 통제함으로써 식민화의 발판 구축에 이용한다. 1908년 9월에 '警視廳令'의 '기생단속령'과 '창기단속령'으로 나타났다.[45] 1908년 6월 경시청은 이미 시곡동의 조

42) 《官報》, 융희 2년 8월 24일.
《大韓每日申報》, 1908년 7월 1 · 2일, 雜報.

43) 《皇室勅令》 34호, 이왕직 관제는 이후 1915년 3월의 제5호와 1916년 6월의 제1호 1920년 4월의 제3호 등 여러 번 개정을 통하여 왕가를 도태시키는 약체화를 획책하였다.

44) 《官報》, 광무 6년 11월 1일.

45) 〈警視廳令〉 5호, 융희 2년 9월 25일.
〈警視廳令〉 6호, 융희 2년 9월 25일.

선인들로 하여금 경시총감 앞으로 <京城遊女組合設立請願書>를 청원케 하고,[46] 유곽화로 통제하고 있었다. 통감부는 일본의 '藝娼妓'·'특별요리점'·'席貸業'·'貸座敷'·'待合' 등의 일본식으로 유곽업을 하였지만, 러일전쟁 이후 그 수요를 따를 수 없을 뿐 아니라 대한제국의 민족문화를 풍기문란문화로 몰아 약체화시키려는 의도에서 유곽화 획책이 이후 민가로 번져 가게 하였다.[47] 또 경시청이 발행하는 인가증이나 허가증 없이는 또 각종 여행이나 예술인들의 공연을 할 수 없도록 하였다. 이어서 통감부는 1909년 4월 <창기조합조직 명령건>을 실행하여,[48] 전국의 기생과 창기들을 중심으로 '기생조합' 또는 '창기조합'을 조직케 했다. 1909년 8월 경성에서 320인의 '한성창기조합' 창립도 그 한 예이다. 동시에 관기제도를 폐지시켜 궁내부를 비롯한 전국의 관청에 매인 모든 관기들이 사회로 쏟아져 나왔으며, 조양구락부가 설립되는 하나의 계기가 되었다.[49] 창기조합은 1910년 8월 이후 다동조합이나 광교조합 등 기생조합으로 바뀌고 1914년에 일본의 券番 이름을 딴 조선권번이나 한성권번 등이 생기면서 '권번'시대가 되었다.[50]

나) 식민지 전진기지로서 학교음악교육의 구축

한국근대음악사에서 가장 놀라운 변화가 제4기 기간, 특히 1906년 '제1차 학교령 시행기'(1906. 8~1909. 8)에 일어났다. 국가가 공·관립학교에 처음으

46) 경시청 제2과에서 작성한 <隆熙二年 妓生及娼妓ニ關スル書類綴> 警務甲種 記錄 제28호에 의한다.

47) 청일전쟁 직후 일본의 창기들이 들어오면서부터 妓生은 산업의 대상이 되어 갔다. 지금까지 연구는 '妓生'이나 '사당패'에 관한 접근은 주로 '性的 역할'을 중심으로 한 것이지, 지배체계와 일제의 性 장악 구명이 미흡했다. 李能和의 《朝鮮解語花史》(東洋書院, 1927)도 그 한 예이다.

48) <娼妓組合組織命令ノ 件伺>, 앞의 서류철, 0079쪽.

49) 조양구락부는 1911년에 조선정악전습소로 발전한다. 이 전습소는 河圭一·明完壁·咸和鎭 등과 金仁湜 등 우리 나라 아악계 대부들과 양악인이 교직원으로 있는 민간 음악학교이다. 이들이 전습소의 분교실로 운영한 조합이 '茶洞組合'(후에 大正券番이었다가 朝鮮券番으로 바꾸었다)이다.

50) 한편 일제는 1904년 이후 한국사회를 통제하는 각종 법적 장치를 마련하여 식민지화의 전초 단계를 획책하였다. 창작물 소통의 근거가 될 수 있는 것도 보안법이나 저작권법으로 통제한다. 또, 신청활동도 '巫卜雜術禁止令'으로 통제하였다. 1910년 8월의 <集會取締>를 제정하여 일제통치에 도전하는 안녕질서와 풍속은 물론 모든 집회가 원천 봉쇄되었다.

로 '唱歌와 音樂'이란 이름의 교과목을 공식화한 점과 처음 있는 그 교과목 내용이 일본의 음악교과 내용으로 대체시킨 점에서 큰 변화가 일어난다. 1906년에 공립학교와 관립사범학교에서 '창가'와 '음악'을 교과목으로 개설한 것은 한국음악사상 처음 있는 일이다. 물론 일반 사립학교의 경우 음악을 가르치고 있었지만, 대개 '찬미가'이거나 일본식 창가들이었다. 근대교육 정립은 근대군대 확립과 양대 산맥을 형성할 정도로 정부의 오랜 바람이었다. 국가적인 정책사업이었기 때문에 여러 학교를 신설하고 그 교과목을 두었지만, 1906년에 와서야 비로소 관·공립학교에 음악 교과목을 확립할 수 있었다. 그러나 학교에서 음악 교과목은 조선의 음악문화가 창의성으로 이끄는 교과가 아니라 일본식 교과였다.

(가) 통감부의 제1차·제2차 학교령 시행과 음악교과

대한제국이 음악을 근대교육으로 확립한 것은 1906년이었다. 그 동안 각급 관립과 공립학교에는 음악 교과목이 없었다. 1906년에 비로소 학교령에 따라 보통학교의 '창가', 고등학교의 '음악', 사범학교 본과의 '음악' 등 교과를 개설하였지만, 고등여학교를 제외하고는 대부분 시의에 따라 채택할 수 있는 교과목이었다. 사립학교도 제1차 학교령의 〈학부훈령〉과 〈학부고시〉에 의하여 '창가'와 '음악'을 관·공립학교처럼 적용시켰다.

정부가 1908년 1월 1일자로 '관립한성사범학교'에 일본인 고이데(小出雷吉)를 '音樂敎授'로 임용하여[51] 본과, 예과, 속성과에 재학하거나 졸업예정자들이 '音樂'교육을 받았으며, 이들이 관·공립보통학교 현장에서 '唱歌'교육을 하였다. 또 '풍금'(Organ)이 마련되어 연수받을 기회부여와 참관수업, 또 보통학교 교원(專科 검정) 검정과목에 '창가'과목이 개설되었다.[52]

한편 통감부가 주도한 관·공립학교와 달리 사립학교는 '항일애국사상의 온상'으로 성장하고 있었고, 일찍부터 음악교육에 관심을 기울여 왔기 때문에도 그 성격이 관·공립학교과 달랐다. 대한제국기의 시대인들은 국권회복이

---

51) 《官報》, 융희 2년 1월 10일.

52) 《萬歲報》, 광무 10년 11월 5일.
《大韓每日申報》, 융희 원년 8월 9일.
〈學部令〉 6호, 1909년 7월 5일, 〈보통학교령 시행규칙〉.

교육에 있다고 믿어 수 많은 학교를 설립하였다.[53] 1908년에 전국적으로 5천여의 학교가 있었다.[54] 특히 기독교계가 전체 사립학교 중에서 거의 절반에 해당할 정도로 많았다.[55] 그러나 1908년 8월에 시행한 조선통감부의 '사립학교령'은 私學이 더 이상 '애국사상의 온상 교육처'가 아니라 조선통감부의 인가를 받는 식민지 교육장으로 통제하기 시작한다. 1910년 5월 20일 學部 편찬의 일본식 창가집 강요나 일본 현지의 음악교육과정도 그대로 적용하였다.

(나) 제1, 2차 통감부 학교령과 음악 교과목의 성격

조선통감부가 對韓 식민지화를 정착시키려는 정책 중 교육 분야에 심혈을 기울였다. 그것은 민족 주체성을 말살하고 일본 신민으로 동화시킬 수 있는 교육정책이 바로 식민지 예비단계라고 파악했기 때문이다. 조선통감부는 2차의 걸친 교육령을 단행하고 식민주의 교육을 위한 법적 정비를 하였다. 음악교육도 예외가 아니다. 1906년 8월부터 제1차 학교령으로 식민주의 교육이 부식되고, 1909년 9월부터 제2차 학교령으로 교육침략을 강화하였다.

음악교과의 성격은 음악교과에서 나타난다. 학부-통감부가 내세운 음악교과목표는 일본의 음악교과목표 그대로였다는 점에서 문제가 아닐 수 없었다. 음악교과목표뿐만 아니라 모든 음악교육정책을 일본 현지대로 적용하였다. 다음은 1900년에 개정된 일본의 음악교육목표를 1906년 한국에 적용하며 일점일획도 틀리지 않게 그대로 적용한 예이다.

> 평이한 가곡을 唱케 하여 美感을 養하고 德性을 資함으로 要旨를 함이라. 가사 및 악보는 平易 雅正하여 理會키 易하고 且 심정을 快活純美케 할 것을 選함이라

이 목표는 보통학교 뿐만 아니라 고등학교와 사범학교에 적용하였고, 사립학교령이 시행된 이후 일본식 창가와 음악교육이 전 음악교육계에 작용하였다.

음악교과 도서의 성격은 음악교과도서에 나타난다. 음악교과도서는 음악교

53) 孫仁銖, 《韓國近代敎育史》(延世大 出版部, 1975), 40쪽.
54) 朝鮮總督府, 《朝鮮の保護及併合》(京城 : 朝鮮總督府, 1918), 378쪽.
55) 俵孫一, 《韓國敎育の現況》(京城 : 學部, 1910), 56쪽.

과영역의 학습내용을 학습자의 기본자료로 사용할 수 있도록 제작한 교재이지만, 그 교재를 만든 사람이나 집단의 성격 그리고 시대적인 상황에 따라 교재내용이나 그 해석을 담아 낸다. 통감부는 1908년 9월에 교과용도서 검정규정과 1909년 2월의 출판법 제정 시행으로 '안녕질서 파괴와 풍기문란'을 야기하는 교과용 도서는 불온 교과도서로 규정하고 통제하였다. 조선통감부의 안녕과 풍기를 모범적인 음악교과서가 대한제국 학부 이름으로 1910년 5월 20일에 편찬·발행하였으니, 《보통교육 창가집》 제1집이 음악교과서이다. 이 창가집은 이 기간 조선통감부의 모든 숨은 의도가 명명백백하게 드러난다. 이 창가집은 통합 음악교과서로 모든 검인정을 막았고, 민족현실이나 정신을 나타낸 노래는 배제시켰으며, 농촌에서 순수 생산활동을 독려하기 위한 노래가사를 채택하며, 일본 전래의 노래들을 그대로 번역하고 있으며, 한국음악정서를 근본적으로 파괴시키고 일본 정서화를 도모한 창가집이다. 이 창가집은 일본노래 雁(기러기) 뿐만 아니라, 〈나아가〉 역시 일본의 '수수메 수수메(進め進め)' 가사 그대로이고, 〈月〉·〈兎와 龜〉·〈學問歌〉·〈勸學歌〉 등의 노래가 일본인 작품이었고, 나머지는 서양 악곡을 번역하였다. 또한 요나누키(ヨナ拔キ) 장음계와 일본전통의 민요음계와 율(리츠)음계에다 2박자(duple), 그리고 짧은 노래형식으로 획일화시킴으로서 한국민중들이 역사적으로 발전시켜 온 음악구조를 해체시킬 수 있게 된다.[56] 이 모두가 일본이 국가적으로 추구한 '國樂창성론'이었고, '唱歌'와 '音樂'이었다.

다) 민족음악으로서 국권회복운동

19세기 60년대의 농민항쟁과 90년대의 동학농민전쟁 그리고 대한제국기의

---

56) 일본음계론은 1895년에 우에하라 로쿠시로오(上原六四郞, 1848~1913)부터 세계 제2차대전 직후 코이즈미 후미오(小泉文夫, 1927~1983)에 이르러 획기적으로 정립하였다. 그는 일본음계를 종족음악학 방법으로 접근하여 테트라코오드식 3음렬로 체계화시켰다. 일본인의 기본감성이 되어 동요를 만드는 민요음계, 〈기미가요〉(君が代)같은 일본 國歌의 율음계, 로쿠단(六段)같은 근대 호오가쿠(邦樂)곡을 이루는 미야코부시음계, 요나누키장음계는 근대의 대부분 창가에 이용되고, 요나누키 단음계가 엔카(演歌, 艶歌)를 형성케 하였다. 한국인들 대부분의 근대동요와 교가, 창가, 뽕짝은 일제를 경험하기 전에 없었던 일제강점하에 형성한 2박자 풍의 일본음악이다.

민중운동을 계승하면서 제4기(1904~1910)에 견고한 국권회복운동으로 전개한 것이 다름아닌 항일의병전쟁과 계몽운동이다. 의병전쟁과 계몽운동을 통하여선 민중들은 역사상 처음으로 '노래'를 '운동'으로 인식하고 실천하였다. 이 시기의 노래는 일회적이거나 상황에 따라 부르는 것이 아니라 국권회복운동의 중요한 투쟁양식이었다. 그리고 음악전문인들에 의하여 '음악으로서 운동'이 형성되었다. 노래운동의 경우는 '창가와 민요'가, 음악운동은 '창극'이 중심이었다. 전자는 노래가사 바꾸어 부르기로서 창가운동과 민요개작운동이 대표한다면, 후자는 창극 《최병두타령》이 대표한다. 따라서 창가와 민요 그리고 창극은 의병전쟁이나 계몽운동을 전개하는 한국의 전 민중들의 강고한 삶의 현장에 살아 있는 민족음악이었다.

제4기에 각급 학교와 교회, 군대, 연흥사·광무대·단성사·원각사·장안사·음악사·단흥사 등의 상설극장이나 단체, 손탁호텔, 아스토 하우스 호텔의 피아노, 주한외국공사관, 교동의 일본 가부키좌, 청계천변의 중국 경극장, 궁정과 전국의 지방관아와 정·당·정원·사랑방·시장의 가설무대·사찰공간·기방공간 등에서 창가·음악·춤·극·활동사진·만담·연행·판소리와 창극·산조·영산회상·예인집단들의 연희종목과 민악종목 등이 공연되었다. 이 종목들은 창가와 음악교원을 비롯하여 악대출신, 선교사, 전통음악인, 외국인들이 기존의 지배층과 후견인, 그리고 새롭게 부각된 시민들의 지지 속에서 음악사회를 형성하고 있었다. 또 새롭게 등장한 사진과 활동사진(영화), 그리고 축음기 등 일본 자본주가 한국에 진출하면서 대중들을 사로잡으며, 각종 공연이 이들 매체와 어울려 공연이 이루어지고 있다.

이 시기에 김창환·송만갑·박춘재·한성준·김봉업·김인호·이형순·홍도·보패 등이 중심이 되어 1907년 동문 전기철도회사 부속 활동사진소 부설 연극장에 '광무대'를 설립하고 전통음악의 전분야에 걸친 활동을 전개하였다. 1907년 전 협률사 자리에 설립한 관인구락부와 달리, 1908년 협률사가 개칭하여 새롭게 출발한 원각사는 김창환·송만갑·박기홍·이동백·정정렬·염덕준·김창룡·김초향·이화중선·신금옥·박녹주·김추월·한성준 등 과거 협률사 단원들이 중심이 되어 270여 명이나 활동하고 있었다. 이들은 연극과 창극 그리고 정재 등을 가지고 국내와 일본 오사카·쿄토·나고야·도쿄 등까지 순회공연을 하였다. 1907년에 설립된 단성사 외에도 1909년 12월에 조양구락부가 설립되어 전통음악과 양악분야의 인재양성 기관으로 발돋음하면서 1911년에 조선정악전습소로 발전한다.

(가) 음악사회비판

제4기에 전래의 조선음악공간을 비롯하여 학교·교회·극장·회관·호텔·주한 외교공관 등을 중심으로 전통음악을 비롯한 창가와 찬미가 등의 일악과 양악 등 복합적인 형태로 새로운 수용계층의 문화로 형성되자, 당대의 국권회복운동 차원에서 음악의 사회적, 민족적 기능에 대한 비평행위가 각 분야별로 전개되었다. 첫째는 각급 학교에서 부르고 있는 창가 가사가 한자 투이므로 누구나 알 수 있는 속어로 바꾸고, 또 기존의 민요에다 얹어서 누구나 쉽게 부르도록 각계각층이 비판하고 나섰다. 두 번째는 협률사나 원각사 등의 각종 극장을 통하여 민족음악문화가 활성화되지만, 국권회복운동을 외면하고 음악활동만을 전개하며 국민풍속을 해치고 있기 때문에 이를 폐쇄하거나 개량하자는 비판이 전개되었다. 세 번째는 국권회복의 사회적 비판정신에 힘입어 음악인들이 민족현실에 참여하여 《최병두타령》과 같이 음악창작무대를 기획하거나, 조선음악을 체계화시키려고 양악이론을 비판적으로 수용하거나, 또는 민간전문음악교육기관을 설립(조양구락부－조선정악전습소)하거나, 전국의 기생들이 고아원 돕기 자선공연을 꾸준하게 전개하거나, 일제가 통제하는 사회를 비판하는 등 일련의 활동이 전개되었다. 끝으로 교회가 정교분리로 이원화시켜 민족현실을 외면하는 태도를 비판한다. 특히 정교분리에 관한 미 북장로교 선교부와 헐버트(B. Hulbert ; 미 감리교선교사)간의 갈등이 1906년에 첨예화되었다. 이미 장로교공의회는 1901년 9월에 정교분리의 원칙을 세운 바 있다. 이 원칙에 대하여 헐버트는 그리스도교에 의해서 앙양되는 정의와 애국심은 국가와 나눌 수 없다며 정교분리책을 비판하고 기독교가 민족현실에 앞장설 것을 주장한다.[57] 교회의 정치간섭금지와 국가권력에 복종만을 요구하는 듯한 선교부는 기실 1905년 미국과 일본 사이에

57) *The Korea Review* 6~9월호를 인용한 김홍수, 〈교회와 국가관계에 대한 미 북장로교 선교부와 헐버트와의 갈등〉(《한국기독교사연구》 22, 한국기독교사연구회, 1988), 22~23쪽에서 재인용.

맺은 카츠라-태프트밀약을 계기로 변화되고 있었다. 헐버트처럼 지금까지 기독교는 1905년 윤치호가 역술하고 광학서관에서 펴낸 《찬미가》에 〈우리 황상 폐하〉·〈승자신손 천만년은〉·〈동해물과 백두산이〉 등의 노래를 민족 찬미가로 게재하여 회중들이 찬송하였으나, 그 이후부터 시라지고 있었다.

(나) 노래운동

노래운동은 이 시기에 한국 민중들의 국권회복운동으로 자리잡는 결정적 역할을 한다. 민중들의 공동체 정서와 의식을 견고하게 하여 항일로 나가는 길에 노래처럼 호소력 있는 양식이 없기 때문에 민중들 속에서 민족의 노래로 불타오른다. 통감부가 李聖植의 《중등창가》와 李基鐘의 《악전교과서》 저작물을 비롯한 모든 음악을 압수하거나 판매금지, 또는 통제하는 것은 노래가 민족정신을 강고하게 하고, 투쟁양식이 되어 독립고취와 일제항거가 되기 때문이었다.[58] 이 노래들이 일제에겐 '반체제음악'이자 '불량창가'이었다.

의병노래란 1900년대 전반기에 일제침략자들을 반대하며 투쟁한 의병들의 노래를 말한다. 그 노래들은 민중들을 계몽하여 독립을 고취하는 실력양성에 있었던 것이 아니다. 의병들이 창작하고 부른 이 노래들은 반일투쟁 자체의 존재방식이다. 1907년에 군대가 강제해산되자 각 지방의 군인들이 봉기하면서 새로운 전술과 전투력을 갖추고 민중세력과 하나가 되어 본격적인 의병전쟁이 전개되었다. 즉 신식무기와 함께 노래는 '군가식 의병투쟁가'로 전환하여 일본제국주의와 가열찬 전쟁을 펼 수 있었다. 많은 '의병가'가 이들의 처절한 항일 현장에 살아 있는 민족의 노래로 만들어졌다. 그 의병가로 〈의병격중가〉·〈의병창의가〉·〈의병대가〉·〈의병가〉·〈신태식 창의가〉·〈기좌창의군행소 창의가〉·〈용병가〉·〈봉기가〉 등이 널리 불렸다. 항일의병전쟁은 1908년 절정을 이르다가 대규모로 동원된 일본군의 '남한 대토벌작전'에 밀려 점차 유격전으로 전환하였다. 이후 만주와 연해주 등으로 이동하여 '독립군'으로 전환한 이들의 발걸음과 가슴 속에 의병가는 항일 혼불을 태우는 독립의 노래이자 민족의 노래였다. 그만큼 이들은 그 뜻에 두었기 때문에 일본식 창가나 기독교식 찬미가를 민요노래와 함께 이용하였다.

58) 大野謙一, 《朝鮮敎育管見》(京城：朝鮮敎育會, 1911), 31쪽.

계몽운동노래란 민족적 위기상황에서 우리 나라가 실력을 양성하고 근대화가 추진되어야만 국권회복을 할 수 있다고 보아 이를 표현한 노래를 말한다. 이 시기 계몽운동노래가 항일의병투쟁과는 달리 제국주의의 침략성을 제대로 인식하지 못한 한계가 있었으나, 민권과 민족현실을 내용으로 표현한 점에서 커다란 공헌을 한다. 노래가사에서 우리 나라의 역사적인 두 가지 과제, 곧 반봉건성을 떨치고 인간화된 사회를 반영하는 가사와 외세로 나타난 일본에 대하여 반일을 뚜렷하게 나타내고 있었다. 전국적으로 세워진 사립학교와 야학들이 국권회복의 계몽운동이 전개되면서 애국을 고취하는 가사가 크게 반영되어 있었다.

이 시기 '음·악'에서 '음'에 해당하는 음향적 재료는 민요개작운동처럼 민중들의 역사적 정서가 반영된 민요와 새 민요가 창작되었으며, 또 하나는 서양의 온음계(장, 단음계)와 일본 쇼오카(唱歌)의 근거인 요나누키(ヨナ抜き)식 5음음계에 2박자로 만들어진다. 이로서 한국의 전통음계와 3박자의 장단감이 상실되는 점을 공개적으로 지적되지 않은 채, 가사의 뜻을 살리는 노래풍으로 서양과 일본노래가 차용된 것은 한계였다.

한편 계몽운동노래는 학교가 보급원천으로 작용하고 있었기 때문에 청소년 학생들 속에서 널리 보급되면서, 이 시기 마지막에 白禹鏞·鄭士仁·金仁湜 등이 비로소 부각되었다. 이 흐름은 이후 李尙俊의 등장과 함께 10년대 음악사회를 이루는 계기가 되었다. 계몽운동노래는 크게 세분하면 배움·운동이 관련한 노래와 봉건타파 그리고 일본의 침략성을 일깨운 노래가 중심이다. '애국가적인 학도가·운동가·봉건타파가·친일비판과 항일가'가 이 시기를 대변하고 있으며, 그 중심은 '애국가'를 정점으로 하고 있었다. 이 시기에 김인식·정사인·이상준 등과 군악대 출신들이 시대적 요청 속에서 음악교사로 활동하고, 백우용이 대장으로 있었던 제실음악대는 민중들을 위한 음악회를 펼칠 수 있었다. 신청출신의 음악인들은 창극과 민족음악 형식을 창출할 수 있었고, 기생들도 자선음악회로 민중들을 지원했다. 그리고 민요의 개작운동 역시 전개되었다.

이처럼 음악인들이 사회와 민족현실을 창출한 노래들과 민중이 서로 뗄 수 없었던 것은 애국운동과 계몽운동이 국권회복운동이었기 때문이다. 이 관계는 대한제국시기의 민중운동에서 계승된 애국가의 전통이었다. 애국계몽운동으로 나타나는 노래, 곧 애국가·애국충절가·독립가·항일가·국권수호가·우국가·친일비판가·경세가·단결가·망국가·국민가·봉건타파가 등은 모두 이 범주에 속한다.

(다) 음악운동

제4기 한국의 전 민중들이 국권회복운동으로 의병전쟁과 계몽운동을 전개하자 음악사회를 형성하고 있었던 民樂人들은 '창극운동'을 아악인들은 '민간음악학교 설립'을 하였다. 전자는 《최병두타령》이 정점이었다면, 후자는 '조양구락부' 발족이 그것이었다. 전자가 근대음악이 구현해야 할 내용으로 인간과 민족이라는 양대 축 중에서 봉건성을 비판하고 인간적인 사회를 창극으로 드러냈다는 점에서 이 기간 음악을 대표한다. 후자의 경우 '조선악'을 전습하고 '서양악'을 수용 발전시키기 위한 근대적인 음악학교 설립을 위하여 '조양구락부'가 1909년 12월에 발족하였다는 점에서 주목된다. 조선 후기부터 풀어야 할 역사적 과제가 양악의 조선음악화이었기 때문이다.[59]

《최병두타령》은 1908년 11월 15일부터 약 보름간 원각사에서 공연한 창극으로서, 강원감사의 수탈에 대결하다가 살해당한 崔秉陶의 이야기를 극화시킨 작품으로, 봉건성을 비판하고 인간화 실현을 내용으로 하면서도 창극이라는 민족형식으로 현재화시킴으로써 이 시기 민족음악의 전형성을 이룬다. 민악인들이 주축이 되어 전개한 창극운동은 1908년이 절정기로서, 1908년부터 2년간 의병전쟁과 계몽운동이 가장 가열차게 전개하고 있는 국권회복운동시기와 함께 하였다. 이 작품은 이미 〈춘향전〉과 〈심청전〉을 창극으로 올린바 있고 창작판소리 〈어사와 초동〉을 지은 姜龍煥이 창극화하였다.[60] 그리고 정감사를 '불가살이'로 풍자하는 동요, 정감사와 그 밑에 기생하는 주구층을 풍자하는 아전의 별명노래, 농부가, 정감사를 풍자하는 초동가, 교군노래, 최병도 부인의 등장가, 천쇠의 급주노래, 상두소리, 달고소리 등 민중들의 역

---

59) 이들의 후원체인 '정악유지회'가 대부분 친일파로 지탄을 받고 있어서 처음부터 한계가 있었다.
노동은, 《한국민족음악현단계》(세광음악출판사, 1989), 152쪽.

60) 朴 晃, 앞의 책, 28쪽. 〈최병두 타령〉은 이인직이 소설 《은세계》 전반부로 개작하여 1908년에 동문사에서 발간하였다.

사적인 노래로 창극화함으로써 음악으로서도 최병도의 민중적이면서 정치적 삶을 리얼하게 반영시키고 있다. 1908년 7월 말에 연습계획을 세워 진행한 창극은 倡夫들이 중심이 되어 약 두 달 넘는 연습 끝인 11월 15일에 원각사에 올렸다. 그것은 풍속개량과 연극개량 등 시대적 요구에 즉응하기 위한 비상한 노력들을 기울였으며, 이러한 민족현실을 반영한 창극에 대중들의 엄청난 반응을 보였다. 그리고 이인직은 중도에 일본에 갔음으로 창극인들 중심으로 완성하였다.

(3) 새로운 과제

한국음악사에서 1860년대부터 1910년까지 '근대음악사 전기'를 이루는 점에서 지난 시기와 달랐다. 이 기간에 우리 나라는 안으로 인간화 실현에 바탕을 둔 다양한 음악사회가 기획되고, 밖으로 서양과 일본제국주의에 대응하면서 서양음악도 자주적으로 수용하며 음악사회를 전개한 뚜렷한 성격으로 말미암아 '근대'를 형성하였다. 그리고 그 형식에 있어서는 민중들의 노래(民謠)나 동학가사, 각종 계몽가와 애국가를 비롯하여 수천·수백년간 역사적인 민족형식을 새롭게 발전시켜 산조시대와 창극시대를 열어 간 그러한 '근대음악 전기'였다. 또 안팎의 민족위기 속에서 최한기가 민족의 음악기학론을 체계화하고, 서양의 노래와 음악들을 자주적으로 수용하여 발전시키는 바의 근대시기이다. 내용에 있어서도 인간화 실현과 외세극복의 줄기가 20세기에 들어와 의병전쟁과 애국계몽운동을 통하여 국권회복운동을 음악과 함께 한 점에서도 근대음악 전기는 한국음악사에서 민족음악을 구현하는 시기이다. 1910년 일제 강점이라는 국면에서 민족음악 구현은 새로운 역사적 과제가 된다.

〈盧棟銀〉

2) 미 술

근대적 현상을 내재적 요인에 의한 개화로 보느냐 외부로부터의 이식과 자극에 의한 변화의 양태로 보느냐는 견해에 따라 근대의 시점이 상향되기도 하고 하향되기도 한다. 내재적 요인에 의한 개화로 보는 견해에 따르면 시점은 조선 후기인 영, 정시대로 그 상향이 조정될 수 있으며, 외부적 충격과 자극에 의한 견해를 따른다면 1876년 일본과의 강화도조약을 통한 개항과 갑신정변, 동학농민전쟁을 거쳐 1897년 대한제국 선포에 이르는 문호개방의 시기인 개화기가 근대의 시점으로 설정될 수 있다.

근대적 자각현상을 전적으로 내부적 요인에 의한 것이라고 보는 견해는 주체적 입장이란 명분을 지니고 있기는 하나 자칫 국수적인 맹목에 빠질 위험이 있으며, 외부적 충격에 의한 것이 라고 보는 입장은 근대를 서구중심적인 역사전개의 양상으로 보려는 잣대에서 자유롭지 못한 일면이 있다. 우리의 근대는 내부적 자각의 요인도 전혀 없지 않으며 동시에 외부적 충격에 의한 자극적 요인도 배제할 수 없다. 이 두 주장은 배타적이기보다 상호보완을 통한 종합의 차원에서 보아야 진정한 우리의 근대적 양상이 제대로 파악되지 않을까 생각된다.

18세기부터 전통화단에는 적지 않은 새로운 현상들이 포착되는데, 그것은 내부적인 변화와 동시에 외부적인 영향의 두 갈래에서 살펴볼 수 있다. 우선 수용층의 변화가 현저해지고 있다.

지배계층에 눌려 있던 서민계층이 예술의 새로운 담당층으로 급부상함을 목격하게 된다. 서민문학과 서민미술의 유행은 서민사회의 위상이 그만큼 향상되었음을 시사한다. 서민예술의 대표격은 民畵라고 할 수 있다. 어느 시대, 어느 지역에서고 민화란 형식은 있게 마련이지만 조선 후기의 민화의 성행은 그 내용에 있어서나 형식에 있어 단연 독특하다는 점에서 그 유례를 다른데서 찾을 수 없게 한다.

민화란 글자 그대로 민간사회에서 통용되었던 그림이다. 수용층은 말할 나위도 없이 제작담당자도 서민층의 아마추어들에 의해 이루어졌다. 지금까지 미술은 특수층인 지배계급의 독점적인 향유물이었다. 서민계급이 미술작품을 향유할 수 있게 되었다는 것은 자신들의 생활에 대한 자각과 의식의 변모를 시사하는 것이다. 서민문학과 서민예술의 부상은 조선 후기사회의 내부적 변화를 말해주는 것으로 근대적 자각현상이 내부로부터 이루어졌다는 주요한 단서를 제공한다. 민화의 내용은 전통회화의 화목을 모방한 것도 없지 않으나 순수하게 민간의 생활감정을 담은 것이 적지 않은 편이다. 서민의 꿈과 생활의 안락을 기원하는 내용이 주류를 이루고 있다. 무엇보다 민화는 그 내용의 분류에 있어 20가지가 넘는 종별과 일정한 체계화를 이루고 있다는 점에서 그것의 형성 내역을 짐작케 한다. 아마추어들에 의한 것이기 때문에 형식에 있어서 치졸한 면이 적지 않으나 바로 이 같은 소박한 형식이 민화가 갖는 특성이며 기교에 병든 전문회화에서는 맛볼 수 없는 신선한 매력을 지닌다.

전통회화에서의 독특한 현상으로 꼽을 수 있는 것은 眞景山水의 등장이다. 진경은 실지의 자연경계를 실사하는 형식의 그림으로 오늘날의 사경산수 또는 실경산수에 해당된다. 우리 나라가 중국에서 볼 때 동쪽에 있다고 해서 東國眞景이라고 불렀다. 중국의 영향권에 있었던 당시의 전통화단에 관념적인 틀의 산수가 아닌, 실제 주변을 모델로 그렸다는 것은 대단한 파격이요 변화가 아닐 수 없다. 이같은 변화의 추이는 물론 미술에만 국한된 것은 아니다. 효종, 숙종대를 지나 영조, 정조대에 오면서 자생적인 문화가 그 어느 때보다도 활기 있게 전개되었다는 것은 외부로부터 유입되어 오던 문화의 전파에 있어 문제가 파생했다는 것을 뜻한다. 병자호란을 거친 후 한반도와 중원의 관계가 한동안 냉각기에 있었다는 것이 중원으로부터의 문화유입을 차단하게 된 요인으로 꼽힌다. 외부와의 관계가 원만하지 못할 때 자생적인 문화가 융성한다는 것은 극히 자연스런 현상이라고 할 수 있다. 당대의 일급 예술가들인 謙齋 鄭敾과 檀園 金弘道 등이 지금까지 눈을 주지 않았던 주변의 자연을 모델로한 그림을 그리면서 이에 자극받은 많은 추종자들이 생겨났다. 진경산수가 전통화단의 중심을 형성하기에 이른 것이다.

산수의 대상은 주로 금강산을 비롯한 서울 근교의 도봉, 인왕 등 전국의 명산이 포함된다. 서민예술형식인 민화의 발흥이 서민계층의 생활에 대한 애착의 발로라고 한다면 전통화단의 진경산수의 진작은 자신의 주변 자연에 대한 아름다움의 발견이라고 하겠다. 중국에서 전래된 관념적 산수에만 얽매여 있던 화가들이 실제의 자연을 대상으로 그리게 되었다는 것은 그 내용에 있어서 신선함 못지 않게 실지의 자연을 그리는데 있어 새로운 방식을 모색하지 않을 수 없게 한다. 예컨대 겸재가 금강산을 그리는데 암벽의 특징에 따르는 준법을 개발한 것 등이 이에 속한다.

진경에 못지 않게 俗畵의 성행도 눈길을 끈다. 속화는 풍속도를 말하는 것이면서 서민들의 생활풍속을 주 모티브로 다루었다는 데서 비속하다는 의미도 내포되어 있다. 서민들의 생활양상이 그림의 모델이 될 수 있었다는 것은 서민들 스스로에 의한 자신들의 생활에의 애착과 더불어 이를 지켜 보는 사람들에게도 반영되었다는 것을 가리킨다. 지금까지 문화의 주도층인 사대부계층과는 별도로 閭巷文人들에 의한 새로운 문화담당층이 형성된 것은 이와 관련있다. 기술잡직, 하급행정실무 등 미관말직의 관인들에 의한 문화계의 주도적 활동은 전반적으로 조선 후기문화의 질적, 형식적 변화의 주요한 요인으로 지목된다.

이미 18세기에는 중국 북경을 통한 서양의 문물에 대한 접근도 현저하게 나타나고 있다. 李瀷의 저술에서 근년에 燕行使로 갔다 온 사람 중에 서구화를 갖고 온 것이 많다는 기록이 있는 것으로 미루어 볼 때 당대 중국사행원들에 의한 서구문물에의 접근이 구체적으로 떠오른다. 연행사신이나 수행원들이 남긴 견문록－洪大容·朴趾源·金昌業·金景善－에 서양문물에 접한 구체적인 사례들이 기록되어 있다. 천주당의 견학이나 거기 그려진 서양화법의 벽화에 대한 소견들이 흔히 보인다. 서양화의 사실적인 묘법에 대한 감탄과 과학적인 원근법, 명암법 등이 기술되고 있다.

청에 볼모로 잡혀가 있던 昭顯世子가 환국하면서 독일인 신부 아담 샬(Joannes Adam Shall von Bell)로부터 성화와 성물들을 선물받아 온 사실이나 李承薰을 비롯한 연행인사들에 의해 구입되어 온 성화가 상당수 있다는 기록으로 미루어 적어도 18세기 후반경에는 서양화에 대한 지식이 어느 정도 넓게 유포되어 있었지 않았나 본다. 중국으로부터 국내에 잠입해 들어온 서양의 선교사들에 의한 각종 전도서와 교리서 가운데 들어 있는 삽도들이 서양화의 지식을 간접적으로 전달한 것으로 추정된다. 이 같은 직·간접의 서양화에 대한 지식의 파급이 급기야 화단에도 영향을 미쳐 전통적인 그림에 서양화의 화법인 투시도법, 명암법 등이 적용되는 이른바 태서법의 출현을 가져 오게 되었다. 泰西法이란 서양의 화법이란 뜻으로 동양 전래의 皴法을 무시하고 서양의 투시도법과 명암법을 구사하는 것을 말한다. 뜻을 존중하는

寫意의 화법 대신 현실에 입각한 사실적인 회화수법이 구체적으로 원용되었음을 말한다. 姜世晃·李喜英·洪世燮·姜熙彦 등의 일부 작품은 전통적인 화법에선 엿볼 수 없는 암석의 괴량감을 명암으로 묘출한다든지, 물살을 입체적으로 묘사한다든지, 하늘 부분을 청색으로 구현하여 대상을 구체적인 현실로 반영하는 것 등이다. 관념의 세계에서 현실의 세계에로 가치의 전환이 뚜렷하게 견잡힌다.

대한제국이 선포되고 서울에 외교공관이 세워지면서 서양인들의 내한도 활발해졌다. 이들 가운데 외교, 선교활동 외에 미술관계의 인사들도 몇몇 포함되고 있다. 1899년 궁정의 초청으로 온 미국인 화가 휴버트 보스(Hubert Vos)와 1900에 초빙되어 온 프랑스 세브르 출신의 도예가 레미옹(Rémion)은 그 대표적인 예이다.

보스는 한국뿐 아니라 중국의 황실에도 초빙되어 황제를 비롯한 주요관료들의 초상화를 그렸던 당대 대표적인 초상화가였다. 보스는 단기간 서울에 머물면서 고종황제 어진을 비롯 여러 고관대작들의 주문 초상화에 응했던 것으로 기록되고 있다. 국내에는 그 유품이 전해지지 않으나 그가 귀국할 때 가져 갔던 3점의 작품－고종황제 어진, 민상호초상, 경복궁 전경－이 그 유족들에 의해 유존되고 있다.

레미옹은 경인선 철도부설을 위한 기술자로 초빙되어 왔다는 기록도 있고 공예학교 창설을 위해 초청되어 왔다는 기록도 있다. 그러나 이 계획들은 실현되지 못한 채 귀국하고 말았다. 이들은 짧은 기간이긴 했지만 한국에 건너온 최초의 서양인 화가들로서 그들이 그리는 그림을 주변의 한국인들이 목격했을 것이다. 이는 연행사들이 중국 북경에서 서양식의 작품을 대한 것보다는 비록 간접적이긴하나 훨씬 가깝게 서양화를 체험할 수 있었던 기회라고 볼 수 있다.

한일합병 이후 일본인 화가들의 내방도 서양화의 유입에 커다란 자극제가 되었을 것으로 사료된다. 1902년 일본인 아마쿠사 신라이(天草神來)가 남산에 개인화실을 열었다는 사실과, 당시 조선에 체류했던 일본인 화가들의 동호회가 구성되었다는 점은 적지 않은 일본인 화가들의 이 땅에의 진출을 말해주는 것이다. 1906년 고지마 겐자부로(兒島元三郞)가 관립 한성사범학교 교사로,

1909년엔 히요시 마모루(日吉守)가 경성중학 미술교사로 부임되어 오는 등 점차 일본인 미술교사의 진출이 현저해지고 있다. 한국의 젊은이들이 미술수업을 통해 서양식 회화수법을 익힐 수 있었을 것이다.

공식적으로 한국인으로 최초의 서양화가가 된 이는 高羲東이었다. 1909년 일본 동경미술학교 서양화과에 입학하므로서 한국인에 의한 서양화 수학이 이루어지게 된 것이다. 고희동까지의 전단계로 18·19세기에 걸친 연행사들에 의한 서양화의 접견이 한국인들에 의한 최초의 서양화 체험이라고 한다면, 대한제국 출범 이후 서양화가들의 내한이 주변의 한국인들이 서양화를 대할 수 있었던 또 하나의 간접적 체험이라고 할 수 있겠다. 이 간접적인 체험에 비해 고희동은 직접적 체험이라는 점에서 이 땅의 서양화 효시를 1909년으로 잡아볼 수 있다.

1910년대는 서화미술회를 비롯한 미술교육기관이 창설됨으로써 지금까지 도제교육의 시스템에서 벗어난 최초의 아카데미의 출현을 보게 되었다. 이어서 1918년에 서화협회가 결성됨으로써 최초의 근대적 성격의 화단이 만들어지기 시작했다. 서화미술회는 3년 과정에 畵科와 書科를 두었으며 여러 선생을 두고 강의가 이루어진 미술학교 체제를 갖추었다. 교수진은 安中植·趙錫晉·丁大有·姜璡熙·金應元·姜弼周·李道榮 등이었으며, 여기서 배출된 신진으로는 吳一英·李用雨·金殷鎬·朴勝武·李象範·盧壽鉉·崔禹錫 등이다. 이들은 조선조 이후 근대기의 대표적인 화가들로서 1920년대 이후부터 1960년대에 이르기까지 전통화단을 이끌어 왔다.

書畵協會는 신구 서화계의 발전, 동서미술의 연구, 향학 후진의 교육, 공중의 고취아상을 증진한다는 목적으로 창설된 최초의 미술가 단체이다. 이 협회의 주요 사업으로는 휘호회, 전람회, 의촉제작, 도서인행, 강습소 운영 등으로 나타나는데 단순한 권익옹호의 미술가 집단이기보다는 전시·교육·출판 등을 아우르는 전문가 단체라고 할 수 있다. 창작의 진작과 아울러 미술의 대중보급에도 역점을 두고 있다. 회원 작품의 전시는 일반에 공개하는 행사로 예술향수가 보편화를 이룩했음을 시사한다. 미술교육은 과거의 제도가 없어진 시점에서 후진양성의 절실성을 감안한 것이다. 서화협회보의 발간은 오늘날의 미술잡지 형태를 취하고 있어 최초의 미술잡지라고 할 수 있다. 비록 두 차례의 발행으로 그치고 말았으나 미술의 대중보급에 잡지의 역할이 얼마나 큰가를 보여주었다.

서화협회는 안중식을 회장, 고희동을 총무로 해서 1918년에 출범했으나 바로 다음 해인 1919년 3·1운동으로 인해 전시는 이루어지지 못하다가 1921년에야 1회전을 갖게 되었다. 우리 나라 최초의 미술단체에 의한 근대적 성격의 미술전이었다.

〈吳光洙〉

3) 연극과 영화

개화기에 접어 들어서는 정치·사회·경제 등 모든 분야가 바뀌는 진통을 겪었던 만큼 문화예술계도 적잖은 변화가 있었다. 다만 문화예술분야 중에서도 연극만은 다른 장르에 비해서 전환점을 만들만큼 커다란 변화는 없었다고 보아야 할 것 같다. 왜냐하면 개화기의 특징은 아무래도 서구문물의 유입에 따른 기존양식의 변혁이라 볼 때, 연극장르는 그렇지 못했기 때문이다. 그렇다고 해서 연극이 19세기 이전의 행태를 그대로 반복했다는 이야기는 결코 아니다. 어쨌든 정치·사회·문화에 한걸음 뒤처져서나마 연극도 변화하고 있었던 것이다. 가령 과거에 없었던 屋內劇場이 생겨난 것에서부터 판소리가 分唱되어 창극이라는 새로운 장르를 발생시켰다든가 활동사진 즉 映畵가 들어오고 중국의 京劇이나 일본의 신파극이 들어온 것 등도 큰 변화임에는 틀림없다.

그러나 신체시가 등장하고 신소설이 유행한 문학장르와 비교해 볼 때 연극은 고작 판소리 형태의 변형이라 할 창극 몇 편이 나타난 정도이므로 무대예술의 변화는 그만큼 지지부진했던 것이 사실이다. 그것은 곧 창조자들이라 할 극작가·연출가·배우 등의 감각과 의식이 닫혀 있었고 서구문화에 둔감해 있었음을 단적으로 보여주는 것이라 하겠다.

이러한 연극장르의 낙후성은 결국 문학이나 미술 등 타분야의 빠른 발전을 뒤쫓지 못하는 결과를 낳았고 오늘날도 그 여파가 남아 있다고 믿어진다.

그러나 개화기에 접어들어 연극장르도 시대상황의 변화에 발맞춰서 적지 않은 변화가 있었다. 그 첫번째 변화가 과거에 없던 옥내극장의 개설이다. 농경사회가 오래 지속된 우리 나라에서는 모든 공연예술이 넓은 뜨락이나 마당, 산비탈, 들판 등에서 연희되었다. 그러나 19세기 말부터 부실하나마 옥내극장이 생겨나기 시작했다. 가령 阿峴무동연희장을 필두(1899)로 해서 용산무동연희장, 協律社, 광무대, 연흥사, 장안사, 단성사 등 7, 8개 극장들이 생겨났다. 그리고 이 무렵 서양인들이 활동사진 즉, 영화라는 것을 들여와 상업목적으로 돌리기 시작했다. 이 때가 1903년 6월경 동대문 전기회사 器械廠에서였다. 이것이 한국영화의 효시가 된다. 당초 한성전기회사가 시행하고 있던 電車사업의 도급자였던 미국인 콜브란(Collbran)과 보스트위크(Bostwick)가 상업목적으로 활동사진을 들여 왔고 신기한 영화를 처음 접한 시민들이 몰려들어 하룻밤에 천명 이상씩 관람했다. 그로부터 서울의 몇몇 극장에서 다투어 영화상영을 했고 이후 영화가 대중적 오락물로 자리잡기 시작하였다.

이러한 분위기 속에서 극장은 유일한 관립극장인 협률사였다. 궁중의 혼상제례와 종묘사직의 춘추향제 담당의 내부소관 奉常寺 건물 일부를 개조한 협률사는 야주현에 있었고 5백석 정도의 중형극장이었다. 군악대 운영을 위해서 개설한 협률사는 전국에서 명인, 명창, 무희, 무동 1백 70여 명을 불러모아 전속단체를 구성했고 각종 연희로 수익을 올리기도 했다. 급료를 받으면서 이들이 공연한 레파토리는 판소리, 민속무용, 재담 등 전통적인 연희물이었고 영화도 상영했다. 그런데 협률사는 많은 관중을 끌어들였음에도 불구하고 여론, 특히 지식층으로부터 비판을 받았다. 비판의 요지는 대체로 세가지였는데, 첫째 관인이 내탕금으로 세운 협률사가 극장수입으로 사복을 채운다는 것, 둘째 창부・기녀의 풍악으로 청소년들의 심지가 동요하고 가산을 탕진하면서까지 세월을 허송한다는 것, 셋째 황실극장이라면서 궁중영업을 하는 것은 잘못이라는 것 등이었다. 결국 당시의 고루한 지식층의 벽에 부딪쳐 협률사는 1906년 극장으로서 문을 닫을 수밖에 없었다. 협률사 건물은 관인구락부라는 사교장소로 바뀌고 광무대, 단성사, 연흥사 등 사설극장들만 공연장 구실을 하게 되었다. 이들 사설극장들 역시 레파토리는 판소리, 민속무용, 재담, 풍물 그리고 영화였고 배우들은 명창, 기생, 악사들이었다.

무대예술의 경우는 서양문물이 밀려오던 당대의 분위기에서 벗어나 있었다. 매사 '新'이라는 글자가 붙던 시대였음에도 연희만은 전통적인 것에서 한 발짝도 앞으로 나아가지 못한 처지에 놓여 있었다. 연극인들이 서양연극을 접할 기회가 전혀 없었기 때문이다. 1904년 청나라의 고전극 京劇團이 서울에 들어와서 경극을 구경할 수 있었던 것이 당시로서는 유일한 외래 연극감상이었다. 그 외에 활동사진이라는 것을 접할 수가 있었지만 대부분 서양문물을 찍은 다큐멘타리였으며 간혹 우리 나라 황태자의 근황을 찍은 필름을 구경하는 정도였다. 관객층은 상류층과 서민층이 주류를 이루었는데 이른바 중류층이라는 유식층은 연희를 멀리하면서 비판세력으로 머물렀던 것이 특징이다. 오늘날 중산층이 무대예술의 주 관객층이 되어 있는 것과는 매우 대조적인 현상이었다. 가령 당시 보도에 나타난 것을 보면 "단성사니 협률사가 설치된 후로 豪華子 富貴客들이 매야 該社에 追逐하여 蕩敗家産者가 근일 이래로 우심하다더라"[61]는 기사가 보이는가 하면 "내부대신 宋秉畯, 농상공부대신 趙重應 양씨와 각부 차관 일동과 통감부 고등관 수십명이 재작일 하오 7시에 신문내 圓覺社에 전왕하여 제종 연희를 일체 관람한 후에 명월관에 회동하야 진심 환락하고 작일 오전 3시경 제 각자 散去 하얏더라"[62]는 기사도 나와 있다. 이처럼 고관대작과 그 자제들이 극장의 고객이었다. 그뿐만 아니라 "총리대신 이하 각부 대신의 부인들이 연합하여 재작야 원각사에 전왕하여 져반 연희를 관람하얏다더라"[63]는 기사로 보아서 귀족의 부인까지 연극의 고객이었음을 알 수 있다.

그리고 고관대작들 중에서도 내부대신 송병준을 위시하여 永宣君 李埈鎔, 궁내부대신 閔丙奭·尹德榮·李址鎔·趙民熙·閔泳徽 등이 고정관객이었다. 이들은 대부분 당시의 연예인이라 할 기생들을 대동하고 관극하는 등 추태도 연출했다. 고관대작들의 이러한 스캔들 때문에 지식층의 연희에 대한 비판은 더욱 심해질 수밖에 없었고 이런 분위기는 일본제국주의자들에게 한국연희를 탄압하는 구실을 제공하였다.

61) 《大韓每日申報》, 1908년 2월 18일.
62) 《大韓每日申報》, 1908년 10월 18일.
63) 《皇城新聞》, 1908년 10월 23일.

개화기의 연극관객층이 귀족층과 하류층으로 구성된 것은 오늘날 세계연극의 관객층이 중상층에 기반을 둔 것과는 좋은 대조를 이루고 있다. 이러한 관객층 구성이 끝내 우리 연극관객층을 제대로 형성하지 못하는 원인의 한 가지였지 않나 싶다. 왜냐하면 지식층은 항상 연극을 경원하고 비판하는 경향이 있었기 때문이다. 예를 들면 당시 협률사를 비판하여 문을 닫게 한 것이라든가 그 후의 지속된 극장공연에 대한 비판은 대표적인 예라 할 수 있다. 지식인들은 특히 연희내용에 대해서 대단히 비판적이었는데 《황성신문》의 다음과 같은 사설은 하나의 단적인 예이다. 즉 그 사설에서 "문명 각국의 연희장은 개기 세인의 선악을 권징하며 국민의 충의를 감발하기 위하여 歌以諷詠하며 舞以形容하나니 연희장이 역 일교육의미를 寓하는 地어늘 금 소위 협률사와 단성사와 연흥사는 적족히 인심을 蕩逸케 하고 풍속을 淫靡케 할지니 기위 손해가…격절한 언사로 일장 연설하였는데 만좌제씨가 莫不嘆賀하였다"64)고 주장한 것이다. 당시 식자층이 《황성신문》 등을 통해 비판한 것은 판소리, 민요, 민속무용, 재담 등 전통연희였다. 신문논조를 좀더 분석해 보면 서양의 경우 연극으로 애국심을 고취하는데 우리는 판소리, 민속무용, 탈춤 등 사회성없는 작품으로 무뢰자제의 심지만을 방탕케 함으로써 장차 망국에까지 이르게 할지 모른다고 개탄하였다. 식자들은 우리의 전통공연예술을 淫詞로만 인식하고 배격한 것이다. 그들은 예술의 두 가지 기능, 즉 교화와 오락 가운데 교화만을 알고 있었다. 따라서 그들은 계백장군이라든가 성충·박제상·최영장군·윤관·정몽주 등 충신열사들만을 극화하라고 주문까지 했던 것이다. 일종의 새마을극을 주창한 것이다.

이러한 식자층의 전통연희 비판은 일본경찰의 한국전통예술 탄압의 구실이 되었다. 일본제국주의는 을사조약과 함께 이 땅에 경시청과 헌병사령부를 설치하고 1907년부터 우리 문화를 탄압하였다. 첫번째로 위생경찰규칙을 통해 공연시간을 오후 12시까지로 제한하였다. 당시에는 전통연희 공연방식대로 보통 새벽 두세시까지 공연하는 것이 관례였다. 두번째 조치는 극본검열이었다. 즉 1909년 7월부터 경시청이 각 연극장의 연희 원료를 취조하여 인

64) 《皇城新聞》, 1908년 5월 5일.

허한 후 시행케한 것이다.[65] 명목은 연희내용이 "음담패설에 불과하여 남녀의 불미한 행위가 層生"하기 때문이라는 것이었다. 그로부터 극장에는 경찰이 수시로 상주하며 감시하였다. 세번째 조치는 관객 40명 이상일 때만 공연할 수 있도록 하는 극장규칙의 강화였다. 그리하여 연흥사 같은 극장은 공연중 관객 40명이 차지 않아 공연을 중지당하고 관객에게 요금을 돌려주는 사태까지 발생하였다.[66] 그리고 네번째로 단체의 강제해산과 극장의 폐관조치였다. 《대한민보》, 1909년 7월 28일자 "경시청에서 각 연극장 취체규칙을 제정하는데 경성내 1, 2처만 존재케 하고 나머지는 해산케 했다"는 기사가 바로 그것이다. 그 후에는 경시청에서 각 극장 책임자들을 초치하여 연극을 못하도록 협박까지 하였다. 한국연희는 음탕해서 안된다는 것이었다. 1910년 5월 31일자 《황성신문》에 "경시청에서는 일작 각 연희장 총무 등을 초치하여 풍속에 방해되는 연예를 일체 정지하도록 說諭하였다"는 기사가 나와 있다. 본격적인 연극탄압이 시작되면서 각 극장에는 경시청과 헌병사령부 두 곳에서 감시관을 파견했는데 그것은 곧 임석경관과 헌병사령부의 고등탐정이었다. "근일 각 연극장 상등석에는 각 탐정자 등이 무료로 10여 명 이상씩 배석하여 무단히 시비를 거는 폐단이 있는 고로 그 극장주의 곤란이 막심하더라"[67]는 기사는 고등탐정의 행패가 작심했음을 보여준 것이다. 그런데 더욱 주목되는 것은 고등탐정들이 대부분 한국인이었다는 사실이다. 때때로 경시청의 한국인과 헌병사령부의 탐정간 쟁투가 극장 안에서 발생하기도 하였다.

이처럼 일제의 우리 무대예술 탄압은 합방 전부터 시작되었고 극본 검열제도와 공연감시의 임석경관제도 그때부터 시작된 것이다. 그로 말미암아 우리의 고유전통연희가 위축되었고 식자층의 전통공연예술 폄하로 인해서 발전이 부진할 수밖에 없었다.

그런 가운데서도 우리 연희자들은 중단없이 공연활동을 벌였다. 연희자들은 대체로 판소리 명창, 민요와 무용을 하는 기생·악사·무동·재담꾼 등으로서 고유전통연희에 능숙한 사람들이었다. 이들은 대부분 협률사에 속했으

---

65) 《大韓民報》, 1909년 7월 9일.
66) 《大韓民報》, 1909년 7월 28일.
67) 《大韓民報》, 1910년 8월 11일.

나 그 극장이 폐관됨으로써 연흥사·광무대 등 사설극장에서 활동했다. 그러나 1908년 7월 협률사가 朴晶東·金相天·李人稙 등 3인에 의해서 원각사로 개칭되어 사설극장으로 운영되면서 상당수 연희자들이 다시 모이게 되었다. 즉 남녀 명창·무희·무동·악사 등 70여 명이 원각사전속 급료를 받고 공연을 하게 된 것이다. 국창 이동백을 단장으로 한 원각사 전속연희단은 개관하자마자 〈춘향전〉 등 전래 판소리 5마당과 민속무용·풍물 등을 공연했다.

그런데 관중의 반응이 좋지 않았다. 왜냐하면 서구문물의 유입으로 사회가 급변하는데 비해 극장무대에 올려지는 공연물은 한결같이 옛것 그대로였기 때문이다. 연희자들이 시대추세에 맞추는 연희를 해야 한다고 인식하기 시작할 무렵 이동백·강요환 등 몇몇 중견급 명창들이 청나라에서 들어온 경극이라는 중국 전통극을 구경하게 되었다. 분명히 경극은 이동백 등을 자극하기에 충분했다. 경극은 우선 등장인물도 다양하고 그 독특한 분장과 연기양식이 새로웠기 때문이다.

우리가 청나라와 〈朝淸商民水陸貿易章程〉이라는 조약을 맺은 것은 1882년이었다. 그로부터 서울·부산·원산 등지에 청인들이 거주하게 되었고 청계천 2가는 청국상인가가 되기까지 했다. 7천여 명의 청인들은 오락이 필요했고 본국에 예술단을 요청하는 경우까지 있었다. 처음에는 곰놀이 등 잡희단체가 들어와 서울에서 놀이판을 벌이기도 했다. 그 후 청인들은 1904년 청계천 2가에 전용극장격인 淸國館을 개설했다. 이후 청국으로부터 경극단이 자주 들어와 공연을 하였으며 청국관 외에도 장안사 등 사설극장에서도 이따금 큰 공연을 가졌다. 당시 신문에 "청인연극, 근일 청국창부 80여 명이 거액의 자금을 판출하야 해 연극제구를 준비하고 동구내 장안사에서 일간 개장한다더라"[68]로 미루어 그 규모를 짐작할 수 있다.

경극은 그 다채로운 극적 구조와 음악적 발성 때문에 우리 나라 명창들에게 공감을 주고 창극의 아이디어를 제공하였다. 실제로 판소리를 분창하여 창극을 만드는 것은 결코 어려운 일이 아니었다. 왜냐하면 판소리 자체가 1인 다역의 극적 구조를 지니고 있기 때문이다. 따라서 창만 나누어 부르고

68) 《大韓每日申報》, 1909년 4월 16일.

무대뒤에 간단한 배경화만 걸어 놓으면 그대로 창극이 되었던 것이다. 실제로 원각사나 연홍사 같은 극장에서는 처음 남창·여창으로만 구분한 후 간단한 백포장의 무대장치로 공연하였다. 초기에 〈춘향가〉 정도를 창극화한 명창들은 조금씩 발전시켜 후에 토끼나 자라 같은 獸類魚族의 분장까지 할 수 있었다.

이처럼 원각사 연희자들은 개화기의 외세 물결을 좇아 새로운 연극을 시도하였으나 판소리 분창의 창극개발에 머물렀다. 당시 연희자들에게는 그것만도 극히 새로운 발견이었다. 그들은 〈춘향가〉 등 판소리 5마당을 창극으로 만드는 등의 노력을 경주했으나 곧 레퍼터리의 빈곤에 직면하게 되었다. 그들은 〈배비장전〉·〈장화홍련전〉 같은 고전소설을 극화하여 무대에 올리고 이들 창극을 신연극이라 선전하며 공연했다. 그러자 관객들이 반발하고 나섰다. 신연극이라면서 구연극을 공연한다는 것이었다. 가령 당시 신문에 보면 "원각사에서 각 신문에 광고로 게포하되 일체 구연극을 개량하고 충효의 열등 신연극을 설행한다 하므로 재작야에 관광자가 다수 來集하였더니 급기 임장에는 춘향가 일장 후에 즉시 閉社함에 내객 중 1인이 大聲詰駁曰 광고에는 신연극을 설한다 하고 춘향가만 창하니 是는 騙財的으로 欺人함이라 함에 일반 관광자가 개전 후 호응하야 원각사의 불신무미를 힐책하고 자금 이후는 원각사에 再到치 않기로 발서하야 일장 풍도를 大起하였다더라"[69]로 나와 있다. 신연극을 한다고 광고하여 관객을 불러모아 놓고서 창극을 한 것은 기만행위가 아니냐는 힐책이었다. 사실 원각사측에서는 고의적으로 관객을 기만한 것은 아니었다. 다만 원각사 연희자들과 관중과의 신연극에 대한 견해차가 있었을 뿐이다.

즉 원각사 연희자들은 창극을 신연극이라 보았고 관객은 창이 주가 되는 재래의 판소리 분창화는 신연극으로 볼 수 없다는 엇갈림이었다. 그러나 원각사 공연은 지속되었다. 극장이 있고 전속단원까지 있어서 비용이 계속 나가는데 공연을 지속하지 않을 수 없었던 것이다. 원각사측에서는 창작창극으로 분위기를 일신시키기 위해 설립자의 한 사람이었던 신소설 작가 이인직의 소설 〈은세계〉를 극화해서 무대에 올렸다. 그러나 관중의 반응은 대단치

69) 《大韓每日申報》, 1909년 7월 3일.

못했던것 같다. 그런데 여기서 한 가지 주목할 것은 이 작품이 과연 우리 나라 新劇의 출발이 되는 것이냐 하는 점이다. 근자까지 그 작품을 기점으로 신극사를 정리한 학자들이 있었지만 최근에는 그 작품을 창극으로 규정함으로써 신극의 기점을 1911년 革新團(林聖九 수도)의 창립공연부터 계산하는 경향이 있다. 원각사는 「은세계」 외에도 한두 편의 창작창극을 무대에 올린것 같다. 물론 그 동안 공연했던 재래의 레퍼토리는 배제하지 않았다.

이 시기 또 하나 주목되는 사항은 일본인들이 자기들만의 극장을 세워 본국의 극단을 초빙하여 자주 공연한 점이라 하겠다. 물론 일본인들이 오락물을 서울에 들여 오기 시작한 것은 1902년경부터였다. 일본상인들이 왕래하며 연예인들도 따라온 것이다. 일인들이 극장까지 설립하여 자기들의 연극을 공연한 것은 1905년 을사조약 이후였다. 즉 을사조약을 전후해 일인들이 서울에만도 1만 6천여 명이 거주했고 1910년도에는 3만 4천여 명이나 거주하였다. 서울인구가 고작 20만 명이었음에 비추어 일인들이 얼마나 많았던가를 짐작할 수 있다. 일인수가 늘고 통감부가 설치되는 등의 생활이 안정되면서 그들이 거주하던 을지로·충무로·남대문 밖 등에 극장을 개설하기 시작했다. 예를 들면 歌舞伎座 경성좌·壽座·어성좌 등의 극장들이다.

극장 개설과 함께 동경·경도·대판 등지에서 활약하고 있던 신파극단들이 공연하기 시작했다. 가령 이토우 후미오 이치자(伊東文夫一座), 미나미 이치자(南一座), 고토우 로우스케 이치자(後藤良介一座), 아니자와 이치자(愛澤一座) 등 신파극단이 바로 1908~1910년 사이에 서울에서 공연한 단체들이다. 이들은 신파극 〈금색야차〉·〈불여귀〉·〈피스톨강도 시미즈 조우키치(청수정길)〉 등과 셰익스피어의 〈햄릿〉·〈베니스의 상인〉을 공연하고 갔다.

이 때 이토우 후미오(伊東文夫) 등 일본의 저명한 신파극배우들이 내한하여 신파의 진미를 보여주었다. 당시 일본 신파극단들의 내한 공연은 초청된 경우가 대부분이었지만 자발적으로 순회공연한 경우도 없지 않았다.

당시 일인들이 서울에 극장을 설립하고 본국으로부터 신파극단을 초청하여 공연함으로써 이 땅에서도 신파극의 싹이 틀 수 있었다. 일본인 극장에서 신파극을 배운 林聖九가 1911년 12월 최초로 신파극단 혁신단을 조직하여 연극을 시작하였다. 일본인들이 1907년경부터 극장을 설립한 것이 한국신극의 발달에 일정한 기여를 하였다.

이상과 같이 개항으로부터 1909년까지의 공연예술계는 격동의 시대만큼이나 많은 변화가 있었고 주변국들과의 활발한 교류가 연예계를 새로운 방향으로 나아가게끔 만들었다고 말할 수 있다.

〈柳敏榮〉

4) 무 용

(1) 무도의 등장

우리 나라에서 춤이 본격적인 예술장르로 인식되기 시작한 것은 근대에 와서라 할 수 있다. 한국무용사에 있어서 근대춤의 기점은 1894년 갑오개혁에서부터 1950년대를 전후한 시기를 말하며 20세기 초는 개화기로서 사회 전부문에서 서구문화의 입김을 경험하고 있었다.

19세기 말 한국은 갑오개혁과 더불어 사회개혁이 한창인 시기였고 이러한 시대적인 특성은 한국 근대춤을 태동시키는 원인이 되었다. 이 시기의 가장 두드러진 성과는 교육적 개화인 신교육운동이다. 한국이 다른 열강에 비해 열세에 놓여 있었기 때문에 이를 극복하기 위한 대비책으로 교육을 통한 인재양성이 시급하였고, 신학문의 수용은 바로 이러한 취지에서 이루어진 것이었다. 근대사회로의 발전과정에서 이러한 사회적 분위기에 힘입어 여성의식은 눈에 띄게 향상되었다. 동학이 내세운 여성존중주의, 그리고 기독교의 보급으로 말미암아 여성교육의 필요성이 제창되면서 소위 '신여성'이라 하는 신교육을 받은 지식여성계층이 일정하게 형성되었고, 그들의 사회적 진출이 본격화되면서부터 여성사회는 커다란 일대 전환기를 맞게 된다.

예술계에서는 신문화운동이 전개되었는데 문학에서는 신소설·신체시 등 신문학운동이, 미술에서는 서양화가 뿌리를 내리는가 하면, 음악에서는 우리나라에 처음으로 양악이 도입되었고, 연극에서는 서구적인 양식의 연극인 신파극이 등장하였다.

이러한 변화의 물결은 춤문화에도 지대한 영향을 미쳤는데 1905년 한국춤과 서양춤을 총칭하는 '舞蹈'라는 용어의 등장과 함께 극장이라는 공연장소의 발생은 무용사에 있어서 획기적인 변화라 할 수 있다. 당시 무도란 신문화의 하나로 러시아·구미·일본 등의 새로운 춤을 의미하여 발레뿐만 아니라 러시아民樂舞(Hopark Dance)를 비롯한, 순수예술에 속하지 않는 서양 사교춤을 총칭하는 것이었다. 한국에서 무도의 효시는 1905년(광무 9) 청국공관에서 개최된 舞蹈會의 '蹈舞'라는 이름의 사교무용이라고 볼 수 있다.

그 이후 1920년에서 1925년 사이에 러시아 海蔘威(시베리아 연해주의 블라디보스톡을 지칭)에서 박시몬(Simon 朴)·玄哲·金東煥 등에 의해 사교무도와 러시아 민락무 등이 소개되면서 결정적인 무도시대를 맞게 되었다. 당시 민중들은 이들의 춤을 해외동포 학생들의 춤이라기보다는 민족의식과 문화의 차원에서 받아들이고 동조하였으며 이를 계기로 '기생', '쟁이'들의 여흥물로만 여겼던 춤에 대한 인식은 완전히 달라지게 된다. 사실상 '무용'이라는 말은 1914년 일본사람이 만든 것으로서 무용은 뚜렷한 개념이 없이 무도의 별칭으로 쓰여져 왔다.[1]

그러나 무도의 붐은 얼마 못가서 정체상태를 면치 못하여 그 결과 자취를 감추게 되었고 예술적 의미를 갖춘 춤이 소개된 것은 1926년부터라 할 수 있다.

(2) 권번춤의 무대화와 가무극의 번성

서구식 개념의 극장의 등장은 우리의 공연문화에 많은 변화를 주었다. 1902년 우리 나라 최초의 국립극장격인 協律社가 세워짐으로써 기생, 무동에 의해 각종 춤이 처음으로 무대화되기 시작했으며[2] 우리 나라 춤의 근대화가 극장무대화라면 기생은 춤을 최초로 무대화시키는데 중추적인 역할을 담당하였다.

기생이란 용어가 사용되기 시작한 시기는 영조 때로서 나라의 관청에 매어 있는 기생은 官妓로, 지방출신의 관기들은 鄕妓로, 서울의 관기들은 京妓

---

1) 송수남, 《한국무용사》(금광, 1988), 134쪽.
2) 이두현, 《한국연극사》(보성문화사, 1973), 138~141쪽.

로 일컬어졌다. 나라의 큰 잔치가 있을 때는 향기들이 서울에 동원되었는데 개화기 이후 이러한 전통은 기생조합에 의해 유지되고 있었다. 기생조합의 효시는 1911년 하규일에 의해 설립된 茶洞組合이다. 조선정악전습소의 학감이던 하규일은 향기출신들을 모아 다동에서 노래와 춤을 가르쳤는데 이 다동조합에 이어서 생겨난 조합이 廣橋조합으로 이는 경기들의 결성체이다. 이들 조합에 소속된 기생들은 명창들로부터 가르침을 받았기에 하류출신의 기생들과는 수준이 달랐다. 그러나 일제의 감시가 날로 심해지면서 기생조합은 일본식 教坊의 이름인 券番으로 명칭이 바뀌었고 이에 다동조합은 조선권번으로, 광교조합은 한성권번으로 명칭을 달리하였다. 당시 권번에서의 교육은 일정한 수업비를 받고 악기·노래·춤·한문·서예·도화·일어 등의 교양과목으로 이루어졌고 이런 교육과정은 각 분야의 명인이나 명창들을 중심으로 진행되었기에 민속무와 민속악의 전통은 그대로 이어지고 있었다[3].

개화기의 특기할 만한 현상 중 하나는 궁중춤과 민속춤이 한무대에 어우러짐으로써 정악과 속악의 경계선이 붕괴되었다는 것과 무대예술이 서서히 서양영화의 영향을 받기 시작했다는 사실이다. 1902년부터 1906년까지 4년 동안 존속하였던 협률사의 주요 레퍼토리는 창과 춤, 그리고 잡기였는데 구체적으로 보면 舞鼓·僧舞·劍舞·佳人剪牧丹·船遊樂·項莊舞·抛毬樂·鶴舞·북춤·獅子舞·평양날탕패·창부땅재주·幻燈 등이었다. 이상의 레퍼토리를 분류해보면 단연 가무는 주가 되었고 거기에 날탕패 같은 것이 섞여 있었으며 영화의 영향을 받은 환등이 추가되었음을 볼 수 있다. 이러한 현상은 협률사뿐 아니라 사설극장도 마찬가지였는데 대표적 사설극장인 광무대의 1900년대 레퍼토리를 보면 官技男舞·가인전목단·검무·승무·한량무·梨花舞·愼眞舞·失射舞·무고·地球舞·항장무·舞童 등이었고 새롭게 電氣光舞라는 이색적인 것이 있음을 볼 수 있다[4].

영화는 대중오락으로서뿐 아니라 서구문화를 직접 받아들이는 기폭제로

3) 송방송, 《한국음악통사》(일조각, 1988), 561~562쪽.

4) 유민영, 〈新文化수용과 公演〉(《세계로 향한 우리춤 뿌리찾기》 2, 춤의 해 학술분과편찬, 1992), 120쪽.

작용하였으며 이런 영화가 처음 활동사진으로 등장했을 때는 신문물에 대한 호기심 때문에 관심의 대상이 되었다. "오십전 혹은 삼사십전으로 세 시간 동안 어여쁜 여배우의 교태와 소름끼치는 자극과 노래와 음악과 춤을 싫도록 맛보고 게다가 서양원판예술을 풍성하게 감상할 수 있으니까 예서 바랄 것이 없다"라는 잡지 《朝光》(1937년 12월호)의 기사는 당시 영화에 대한 세인들의 폭발적인 관심을 짐작케 한다. 전기광무라는 이색적인 레퍼토리의 등장은 영화의 영향을 받아 탄생된 것이며 이는 춤을 영사기에 찍어 환등으로 보여줌으로써 대중적 감수성을 자극시켰다. 서양영화의 유행은 또한 음악과 춤을 연극무대로 끌어들임으로써 창·무·극이 통합되는 탈장르적 양상을 만들어 내기도 했다. 초창기 신무용가 趙澤元이 土月의 무대에서 보여주었던 춤들이 그 대표적인 예인데 土月會는 전통음악과 전통춤의 조우를 시도한 것이며 이런 가무극은 당시 대중의 인기를 끌면서 노래와 춤에 능한 배우들을 스타로 탄생시키기도 했다.

이와 같이 당시 춤은 연예 프로그램의 일환으로 하나의 독립된 춤으로서가 아닌 歌舞樂의 종합적인 형태를 띠고 있었다. 개화기에 설립된 협률사는 고종의 등극 40주년에 참석하게 될 외국의 귀빈들을 대접하기 위해 설립된 서양식 극장이다. 여기서는 1904년부터 창우, 기생들의 가무백희가 자주 공연되었고 1907년 협률사 자리에 우리 나라 최초의 서구식 극장인 圓覺社가 들어서면서 한국의 전통춤은 서구식 무대에 진출하여 관중의 이목을 끌게 되었다. 왕가 전용공연으로 이루어지던 관기들의 宮中呈才舞나 지방에서 명맥을 이어 오던 민속춤, 교방춤 또는 산대도감, 탈춤, 줄타기, 땅재주 등 흥미 본위의 구경거리가 일반인들에게 개방되면서 민중의 환호를 받기 시작하였다.

이 때 역시 춤은 단독공연으로 행해진 것이 아니라 명창대회격인 판소리 연주회에 곁들여진 것이었지만 궁중무용이 서구식 무대에서 일반에게 공개된 것은 당시 획기적인 일이었다. 여기서는 주로 궁중무용이 공연되었는데, 한일합방 이후 官妓制度의 폐지로 掌樂院에 있던 관기들이 지방의 기생조합으로 결집되면서 궁중무를 간략히 변화시킨 춤을 추는가 하면 일반 기생에 의한 민속무가 행해지기도 했다. 당시 상연된 춤으로는 옛 관기들의 것으로

牙拍舞, 선유락, 가인전목단, 항장무, 春鶯囀, 검무 등이 있었고 일반 기녀들의 민속무로는 승무, 농악무, 입춤, 살풀이 등이 행해졌다.[5]

이와 같이 기녀들의 무대활동은 꾸준히 진행되었고 1911년경부터는 신파극단과 더불어 가설극장에서 승무, 검무 등이 공연되는가 하면 1915년경에는 각 권번이 나름대로의 특색을 지니면서 우리의 전통춤을 보수적인 형태와 진보적인 형태로 나누어 계승, 발달시키기도 하였다.[6]

신문화운동의 전개와 더불어 탄생하기 시작한 근대춤은 다른 예술장르에 비해 다소 후진적이었다. 당시 사회는 전통적인 유교사상과 봉건적 인습이 잔존해 있었고 신지식인 계층의 전통예술에 대한 부정적 인식으로 말미암아 춤은 광대 또는 기생들이 하는 저급한 것으로 인식되고 있었다. 이러한 인식은 기생들의 예능활동을 점점 위축시켜 넓은 극장무대가 아닌 주로 큰 요리점의 작은 무대로 옮겨지게 하는 계기를 마련했고 이에 따라 춤의 종류나 내용도 점차 축소·변형되었다. 춘앵전·검무·四鼓舞·長生寶宴之舞·舞鼓 등으로 한정된 춤의 레퍼토리뿐 아니라 내용에 있어서도 길고 지루한 부분의 삭제는 원래의 宮中呈才의 모습을 찾아볼 수 없게 하였다. 따라서 기생들에 의해 주도된 춤의 극장무대화는 궁중무용이 지닌 장엄함과 화려함을 다소 변형시키고 향락적인 요소를 가미, 일부 부유층의 요구에 부응하는 춤으로 변질되어 권번에서 추게 됨으로써 전통춤을 퇴색시킨 부정적인 면도 있으나, 쇠퇴일로에 있던 전통춤의 명맥을 이어 주었다는 면에서 기생들의 역할과 그들의 춤은 무용사에서 중요하게 평가되고 있다.

따라서 무용사에 있어서 이 시기에 주목할 만한 점은 한국의 전통춤이 서구식 극장무대에 진출하면서 대중들의 호응을 받기 시작했다는 것이다. 이때 춤은 하나의 예술로서라기보다는 기녀들에 의해 상연되는, 외형적인 변화에 그친 서구식 무대의 사용이었다.

〈柳美希〉

---

5) 조원경, 《무용예술》(해문사, 1967), 120~121쪽.
6) 《每日申報》, 1915년 4월 27일, 〈共進會舞를 豫觀함〉.

5) 체 육

(1) 학교체육의 전개양상

1876년 개항과 함께 조선은 세계자본주의에 편입됨으로써 대내외적으로 반봉건, 반제국주의운동과 동시에 근대화라는 새로운 국면에 접어들게 되었다. 이러한 상황은 극심한 사회적, 문화적 갈등을 야기시킴으로써 교육을 통한 개화운동의 사회적 공감대를 형성하기에 이르렀다.

근대 초기의 교육은 선교사를 중심으로 사립학교 교육과 국내 개화엘리트들 중심의 관·사립학교 교육을 중심으로 이루어졌다. 1895년 敎育詔書의 발표는 근대화를 확립시키는 계기가 되었다. 그러나 1905년 을사조약에 이어 한일합병으로 이어지는 민족적 위기는 교육구국운동을 통한 국권회복운동으로 전개되었다. 이러한 과정에서 근대체육은 개화의 과도기적 구조변인 속에서 형성되었다.

가. 제1기 : 근대체육의 태동기(1876~1884)

우리 나라 근대체육의 제도적 태동은 元山學舍에서 시작되었다고 볼 수 있다. 개항 이후 외세열강들의 도전에 대처하기 위한 새로운 지식의 필요성이 대두되었고 이의 대응방안으로 1883년 우리 나라 최초의 과도기적 근대학교로 설립된 것이 원산학사였다. 원산학사의 체육사적 의의는 첫째, 文士보다 武士 학생수를 더 많이 선발한 점으로서 학교의 설립목적이 武備自强策에 있었음을 알 수 있다. 둘째, 무예만의 시험내용의 일부가 柳葉箭, 便殿, 기추의 3기를 부과한 것과 교과내용이 병서와 사격으로 구성되었던 점은 무예의 스포츠적 요소의 계승·발전이라는 의의를 지녔다고 볼 수 있다. 셋째, 근대적 의미의 체육활동이 학교교육을 통하여 대중화되는 기틀을 마련하였다는 점이다.

이와 같이 원산학사의 설립은 비록 근대적 체육활동은 아니었지만 신체활동이 근대식 학교의 중요한 과목으로서 프로그램화되었다는 점에서 체육이 근대적 학교의 제도권내에서의 영역을 마련하는 계기가 되었다.

나. 제2기 : 근대체육의 수용기(1885~1904)

1884년 갑신정변 이후 체육은 두 가지 측면에서 수용되었다. 먼저 기독교계 사립학교에서의 수용이다. 기독교계 선교사들의 입국을 계기로 서구의 문물이 적극 유입되기 시작하였다. 가장 초기에 설립된 기독교계 학교는 배재학당(1885)·이화학당(1886)·정신여학교(1895) 등이었다. 이들 학교는 서구의 근대적 스포츠 보급에 개척자적 역할을 하였다. 당시 이들 학교에서는 전인교육의 일환으로 신인문주의적 입장에서 선교사들이 특별활동이나 과외활동을 통해서 축구·정구·야구·농구 등을 보급하였다. 특히 우리 나라 최초로 설립된 이화학당은 1892년 페인(Josephine O. Pain)堂長이 취임하여 체조과목을 첨가하면서 여성체육교육의 효시가 되었다.

한편 1895년 고종의 교육조서에서 德養·體養·智養의 三育을 천명함으로써 체육이 정규교과목으로서 수용되는 계기가 되었다. 이때 체육은 관·공립학교에서 '체조'라는 과목으로 선택 또는 필수과목으로 채택되었다. 이러한 사실은 18세기 이후 독일·스웨덴·덴마크 등지에서 강조한 체력육성을 목적으로 한 국가주의(Nationalism)적 경향에서 영향을 받은 것이었다. 당시에는 체조과목을 지도할 교사가 부족하여 구한국군 군인출신들을 많이 기용하였다.

또한 우리 나라 최초로 1896년 삼선평(三仙坪 : 현 삼선교)에서 개최된 영어학교 운동회를 시작으로 학교체육을 통한 사회체육으로의 대중화에 기틀을 마련하였다.

다. 제3기 : 근대체육의 정립기(1905~1910)

1905년 을사조약이 체결되면서 체육은 국권상실에 대한 저항운동의 일환으로 애국계몽운동과 국권회복운동을 위한 인재양성적 측면으로 전개되었다. 특히 사립학교체육은 종전 개인의 심신발달 도모에서 민족주의적 성격으로 전환되었다. 학교체육은 교육구국운동의 요체로 삼아 덕육·지육보다 더욱 중요시하는 경향을 보였다. 따라서 학교체육이 구국운동의 일환으로 병식체조를 실시하거나, 사회체육단체와 연합하거나 학교운동회의 활성화에 공헌함으로써 민족주의적 연대감 형성에 노력하였다. 또한 이 시기에 서우학회 등 애국계몽학회는 학회보를 통하여 애국적 체육사상을 고취하는 데 이바지하였다.

반면 관립학교는 일제 통감부 관할 아래 놓이면서 자주성을 상실하게 되었다. 일제는 조기식민지화를 위한 학제개편을 단계적으로 실시하면서 병식체조 중심의 학교체육을 스웨덴식 학교체조로 전환시켰으며, 체조교과를 전학교에 필수화시켰다. 이와 같이 이 시기는 체육이 학교교육 교과로서 정립되는 한편 국가적 위기에 대응하는 사회운동으로서의 역할을 담당하게 되었다.

(2) 근대 스포츠의 소개

가. 육상경기

육상경기는 우리 나라 최초의 운동회였던 1896년 5월 2일 서울 동소문 밖 삼선평에서의 영어학교 운동회(당시 花柳會라 명명)로부터 경기적 형태를 갖고 발전하기 시작하였다. 이 때 경기내용은 300보 경주·600보 경주·1,350보 경주·공던지기·대포알 던지기·높이뛰기·당나귀달리기·2인3각 등 초기에는 유희적 성격을 벗어나지 못하였다. 그리고 용어사용에 있어서는 소년단거리달리기를 燕子學飛(제비가 나는 것을 배울 때의 비유)라고 부르는 등 한자문화권의 특성을 강하게 띠었다. 당시 300보, 600보 등의 종목명을 100m, 200m 등 국제적인 경기종목의 명칭으로 사용하게 된 것은 1920년대에 들어와서이다.

나. 축 구

축구가 우리 나라에 소개된 해는 1890년 관립외국어학교의 외국인 교사들에 의하여 소개되었다는 설이 지배적이다. 이후 학교체육활동의 일환으로 1896년경부터 외국어학교에서 축구를 가르치기 시작하여 운동회 종목으로 채택되었다. 당시 축구의 명칭은 競球·蹴球·擲球 등으로 불렸다. 축구의 대중화는 축구를 배운 졸업생들에 의해서 촉진되었는데, 1906년 현양운·신봉휴 등 80여 명이 발기하여 결성한 우리 나라 최초의 근대적 사회체육 단체인 '대한체육구락부'가 대표적인 축구동호인들의 친목단체였다.

다. 야 구

야구가 우리 나라에 들어온 것은 1905년 미국인 선교사 질레트(P. Gillet)가 황성기독청년회(현 YMCA 전신)회원들에게 야구를 지도하면서였다. 당시 명칭은 '打毬'라고 불렸다. 기록에 의하면 우리 나라 최초의 야구경기는 1906년 2월 17일 황성기독청년회원과 독일어학교의 대항경기였다. 이후 황성기독청년회 운동부를 중심으로 각 학교와 일본유학생들간에 교환경기를 중심으로 급속하게 보급되었다.

라. 농 구

농구경기는 황성기독청년회 총무였던 질레트에 의해서 처음으로 소개되었다. 질레트는 기독교청년회 회원들에게 농구를 가르치기 시작하였는데 그가 105인사건에 연루되어 귀국하게 되면서 국내의 농구 보급은 잠시 중단되기도 하였다. 이후 1907년 하기방학중 귀국한 도쿄유학생 팀과 기독교청년회원 팀(일부 서양인 포함)과의 우리 나라 최초의 농구경기를 계기로 다시 농구가 시작되었다. 1911년에는 우리 나라 최초의 여학교인 이화학당에 농구가 소개되었다. 그 후 1916년 미국인 반하트(Barnhart)가 기독교청년회 간사로 취임하면서 본격적인 농구 보급이 이루어졌다.

마. 테니스

테니스를 우리 나라에 처음으로 선보인 사람은 미국인 초대공사 푸트(Foote, 福德)였다. 1884년 갑신정변 이전에 이미 미국 공사관 직원과 개화파 인사들은 테니스를 즐겼으며, 특히 김옥균은 화동의 자택에 홈코트를 만들어 외국 공사들과 시합을 하였다. 이것을 두고 당시 수구파들은 정구장에서 김옥균이 나라를 판다고 비방하기도 하였다. 경기로서 테니스의 보급은 일본을 통한 연식정구로서였다. 당시 우리 나라에서는 정구라고 하지 않고 '擲球'라고 불렀다. 우리 나라 최초의 공식경기는 1909년 탁지부 관리들이 5월 2일 米倉洞 정구코트에서 여홍식 경기를 가진 것이었다. 1911년 경성일보사가 우승기를 제공한 제1회 京龍 정구대회가 용산코트에서 거행된 이후 정구발전이 촉진되었다. 1913년에는 이화학당에서 우리 나라 여성에게 최초로 테니스가 소개되었다.

바. 수 영

수영의 전래는 1898년 무관학교칙령에서 그 기원을 찾을 수 있다. 무관학교칙령에 "더위를 당하여 3주일을 학생에게 휴가를 주되 이 시기에 혹 游泳 연습을 명하기도 할 일이며…"라는 조문을 보아 학생들에게 수영 종목에 대한 교육적 지도를 고려하고 있음을 알 수 있다. 이 후 우리 나라 최초의 근대적 수영에 대한 기록은 1909년 7월 15일 부터 2주일 동안 무관학교 이학균 교장 이하 장교급 직원 20여 명과 학생 40여 명이 한강에서 수영하면서 하계휴가를 이용한 수영연습을 한 것이었다. 1916년 원산 송도원에서 원산청년회 주최로 수영강습회가 개최된 이후 경향 각지에서 여름마다 수영강습회가 열려 대중화에 기여하였다. 최초의 수영대회는 1926년 전조선수영대회가 동숭동 경성제대 수영장에서 개최된 것이었다.

사. 빙 상

스케이트가 우리 나라에 최초로 선보인 것은 1890년대 후반 미국의 알렌(Allen)공사 부부에 의해서였다. 경복궁 학원청에서 고종과 명성황후를 위한 피로연에서 선보인 것이다. 이후 한국인으로서는 1905년 질레트의 스케이트를 현동순이 15전에 구입하여 삼청동 溝川에서 얼음을 지쳤다는《동아일보》의 기록에서 그 기원을 찾을 수 있다. 당시의 스케이트는 앞뒤가 짤막하고, 보통의 구두에 나사못으로 조이는 것이었다. 당시 스케이트는 氷足戲라고 불려졌다. 빙상을 최초로 소개한 학교는 한성고등학교(현 경기고등학교)와 휘문의숙이었다. 이들 학교는 미국으로부터 스케이트를 직접 수입하여 연습을 시켰다. 1912년에는 용산에 氷滑場이 개장되어 누구나 무료로 입장할 수 있었다. 이화학당에서는 겨울이면 운동장에 물을 뿌리고 얼려 사용하기도 하였다는 것으로 보아 여성들에게도 인기가 있었음을 알 수 있다.

아. 사이클

최초의 자전거경기는 1906년 4월 22일 육군참위 권원식과 일본인 요시카와(吉川)가 훈련원에서 경기를 한 것이다. 당시에는 자전거를 '自行車'라고 불렀는데 자전거 자체가 개화적 산물의 상징으로서 일반인들의 관심이 높았다. 1913년 평양역전에서 열린 朝日일류선수 연합경기에서 1위를 한 엄복동선수는 국민적 영웅의 칭송을 받으며 삼척동자까지도 그의 이름을 알 정도였다. 이후 자전거 경기는 전국적으로 확산되면서 민족적 자긍심을 높여 주었다.

자. 골 프

골프경기가 우리 나라에 처음으로 소개된 것은 1900년 영국인에 의해 원산세관 구내골프코스가 개설된 후 시작되었다. 상세한 기록은 없으나 당시 세관 구내에는 6홀의 코스를 만들었다고 전해진다. 최초의 공식골프경기는 1924년 4월 20일 사단법인 경성골프구락부가 설립된 후 개최한 1925년 제1회 전조선선수권대회였다. 당시 경성 이외에는 대구와 원산에 9홀의 코스가 있었다. 1929년에 개장한 군자리코스는 우리 나라 골퍼들이 본격적으로 경기에 참가하게 된 기념비적 코스였다.

(3) 체육단체 결성

가. 대한체육구락부

1906년 3월 11일 결성된 우리 나라 최초의 근대적인 체육친목단체인 발기인은 김기정·현양운·신봉휴·한상우 등 30여 인으로, 그 달 20일 서울의 中署中谷에 첫 사무소를 개설하였다. 이 단체의 목적은, 첫째 청년의 기개 함양, 둘째 오락을 막힘없이 베푸는 것, 셋째 국민의 부패한 원기를 진작시키는 것에 두었다. 주요 활동은 서울 동서문 밖 삼선평에서 회원간의 운동회 개최, 황성기독청년회 등과의 각종 친선경기 등이었다. 이를 통해서 나약해진 청년들의 신체교육을 활성화시키는데 이바지하였다.

나. 황성기독청년회 운동부

서울기독교청년회(YMCA)의 전신인 皇城基督靑年會는 1903년 10월 28일에 서울에서 창설되었다. 이 단체는 원래 선교사들이 상류 지식층과 청년들에게 선교하기 위하여 교회와는 다른 기독교기관의 필요성에 의해 창설되었으나, 실제로는 교육·계몽·선교에 그 목적을 두었다. 이러한 목적에 따라 1905년 5월 22일 운동회가 결성되어 우리 나라 근대체육의 보급에 선구적 역할을 하였다. 당시 부회장이었던 헐버트(Hulbert), 총무 질레트(Gillet)를 중심으로 우리 나라 최초로 근대적 스포츠인 농구·야구·배구 등을 청년 및 일반인을 대상으로 보급하였으며, 각종 운동대회를 개최하는 등 명실공히 우리 나라 근대스포츠 발전의 효시가 되었다.

다. 대한국민체육회

大韓國民體育會는 1907년 10월 후일 상해 임시정부 국무총리를 지내게 되는 노백린의 발기로 결성된 우리 나라 최초의 조직적인 체육단체이다. 그 해 10월 15일 《황성신문》에 단체 결성의 취지서를 발표함으로써 체육의 중요성을 계몽·발전시키고자 하였다. 취지서에 나타난 단체결성 목적은 국민교육의 불가결한 요소인 체육이 덕육과 지육에 비해 부진함을 지적하고, 이 단체를 결성하여 체육을 발전시켜 국민교육의 올바른 방향을 제시하는데 있었다.

그러나 이후 이 단체의 활동은 잘 알려져 있지 않다.

라. 대동체육구락부

大同體育俱樂部는 1908년 8월에 국민체육진흥을 목적으로 조직된 체육단체이다. 이 단체의 발기인은 권성연·조상호·이기환·이종만·이용사·안종건·박주영 등이다. 결성목적은 국민들에게 체육학의 각 분야를 연구하여 개개인의 건강한 신체를 양성하고 체력을 향상시켜 국민의 단합된 힘을 통하여 강대한 국가를 형성함으로써 열강들과의 경쟁에서 국가를 지켜 후세에까지 국가와 국민이 안녕을 유지하려는 데 그 목적을 두었다. 그러나 구체적인 업적을 남기지 못하고 그 자취를 감추었다.

마. 대한흥학회 운동부

1909년 일본 동경에서 설립된 재일본유학생 통합단체인 大韓興學會 안에 조직한 운동단체이다. 대한흥학회의 설립목적은 친목단결, 학술연마, 국민의 지덕체 계발을 통한 국민교육계몽에 있었다. 이 단체는 당시 일본유학생들의 연합적 중심체로서 활발한 애국계몽운동을 펼쳐 나갔다. 이러한 학회설립취지에 맞추어 운동부를 결성하여 국내의 애국계몽운동에 있어서 체육의 중요성과 시급성을 계몽하였다. 이에 대한 활동으로 일본내에서 유학생들 중심으로 운동회를 개최하고, 학보를 통해서 지속적으로 체육계몽운동에 주력하였다.

바. 소년광창체육회

1909년 소년들의 신체를 단련시킬 목적으로 조직된 체육단체이다. 이 단체에서는 소년들을 대상으로 각종 체조와 打球會(야구경기)를 개최하였다. 이후의 자세한 활동은 잘 알려지지 않으나, 일반인을 중심으로 당시 소년들을 위한 운동단체를 결성하였다는데 그 의의가 있다.

사. 체조연구회

1909년 10월 한성(서울)의 체조교사들이 모여 결성한 단체이다. 당시 각급학교 체조교사였던 조원회·김성집·이기동 등이 중심이 되어 보성중학교에서 조직되었다. 이 단체의 목적은 국민의 신체와 정신을 건강하게 하여 국민의 완전한 자격을 갖추게 함은 물론, 각종 체조단체의 통합을 학생들의 체위향상과 체력단련의 효과적인 방법을 연구하는데 있었다. 특히 조원회는 병식체조가 아동의 신체발육에 이롭지 못한 점을 인식하여 1910년 미용술, 整容術을 중심으로 한《편유회법》이라는 신식체조서를 발간, 학생들에게 널리 보급시켜 초기 체조의 발전에 크게 공헌하였다.

그 밖에도 회동구락부(1908. 2. 2)·광학부락부(1908. 9. 13)·武道器械體育部(1908. 9)·射弓會(1909. 7. 15)·청강체육회(1910. 2)·성계구락부(1910. 11. 13) 등이 조직 결성되었다.

〈李仁淑〉

집 필 자

개 요 ································ 이만열

Ⅰ. 근대 교육운동

1. 근대 교육의 성립 ································ 변승웅
2. 근대 교육의 발전 ································ 변승웅
3. 근대 교육의 확대 ································ 손인수
4. 교육 구국운동의 추진 ································ 김흥수
5. 근대적 교과서 편찬 ································ 김흥수

Ⅱ. 근대적 학문의 수용과 사상

1. 근대 학문의 수용 ································ 김재현
2. 한국어 연구 ································ 이기문
3. 한국사 연구 ································ 이만열

Ⅲ. 근대 문학과 예술

1. 근대 문학의 발전 ································ 권오만
2. 근대 예술의 발전
   1) 음악 ································ 노동은
   2) 미술 ································ 오광수
   3) 연극과 영화 ································ 유민영
   4) 무용 ································ 유미희
   5) 체육 ································ 이인숙

한국사 45

신문화 운동 1

편찬간행 **국사편찬위원회**

초판1쇄 2003년 11월 30일
2쇄 2013년 6월 4일

번각발행 **탐구당**

등록일 1950년 11월 1일
등록번호 서울 제 03-00993 호

주소 서울특별시 용산구 한강대로 62 나길 6
전화 (02) 3785-2211(대표)
팩스 (02) 3785-2272
홈페이지 www.tamgudang.co.kr
전자우편 tamgudang@paran.com

ISBN 978-89-8236-611-6
978-89-8236-566-9(세트)

값 15,500 원